会计师事务所违法违规行为及法律责任

刘胜良 著

经济科学出版社

图书在版编目（CIP）数据

会计师事务所违法违规行为及法律责任/刘胜良著.
—北京：经济科学出版社，2012.8
ISBN 978-7-5141-1902-2

Ⅰ.①会… Ⅱ.①刘… Ⅲ.①会计师事务所-违法-研究-中国 Ⅳ.①D922.264

中国版本图书馆 CIP 数据核字（2012）第 150922 号

责任编辑：段　钢
责任校对：杨晓莹
版式设计：齐　杰
责任印制：邱　天

会计师事务所违法违规行为及法律责任
刘胜良　著
经济科学出版社出版、发行　新华书店经销
社址：北京市海淀区阜成路甲 28 号　邮编：100142
总编部电话：88191217　发行部电话：88191537
网址：www.esp.com.cn
电子邮件：esp@esp.com.cn
北京密兴印刷有限公司印装
787×1092　16 开　17.75 印张　450000 字
2012 年 7 月第 1 版　2012 年 7 月第 1 次印刷
ISBN 978-7-5141-1902-2　定价：38.00 元
（图书出现印装问题，本社负责调换。电话：88191502）
（版权所有　翻印必究）

前　言

当前，我国正着力创新会计师事务所的体制机制，完善相关政策措施，优化发展执业环境，全力引导和促进注册会计师行业又好又快发展。但是，部分会计师事务所仍然存在内部管理不到位、执业行为不规范、职业道德不遵守等违法违规行为，以至于近年来不断爆出会计师事务所承担刑事责任、民事责任等法律责任的典型案件，严重影响了注册会计师行业的发展。在这种背景下，加强行业监管，提高自律水平，完善违法违规行为的责任追究制度，依法依规地保护注册会计师行业的正当权益，显得尤为迫切。

本书以现行有效的法律法规、注册会计师职业准则和其他行业规范共计200余个规定为基础，从会计师事务所刑事违法行为及刑事责任、行政违法行为及行政责任、民事违法行为及民事责任、行业违规行为及违规责任四个方面，全面总结和罗列了会计师事务所的违法违规行为种类、相关条款及责任条款，内容全面，重点突出，是颇具实务价值的参考书和工具书。

本书具有以下特点：

一是违法违规问题涵盖全面、分类合理，目前市场尚无同类的系统性分析书籍。本书归纳出会计师事务所的违法违规行为共计700余项，包括：刑事违法行为25项、民事违法行为8项、行政违法行为和行业违规行为约700项。

二是本书具有极强的实务指导性，系笔者根据十余年来指导、参与数百家会计师事务所行政监管和行业自律惩戒工作的实践经验总结而成，是全面分析和提炼注册会计师法律法规和专业准则、规则的成果，对各种违法违规行为进行了准确地揭示，实务意义尤其突出。

三是本书对每一种违法违规行为都列示了定性和违法违规责任的法律法规依据，这些规定是从截至2012年5月的所有有效规定中筛选出来的。同时，考虑到少数法律法规将要修订的情况，本书引用了《注册会计师法》（修正案）等法律法规征求意见稿的相关内容，具有较强的前瞻性。

本书内容全面、针对性和专业性强，特别适用以下群体阅读：

（1）有关政府监管部门作为会计师事务所日常监管、执业质量检查和会计信息质量检查的参考书；

（2）注册会计师协会作为注册会计师后续教育培训、行业自律检查和会员服务的参考书；

（3）会计师事务所作为规范执业行为、加强内部管理、维护自身合法权益、促进科学发展的参考书；

（4）注册会计师和广大从业人员提高法律意识、依法进行自我保护、恰当运用职业准则、保持谨慎执业的工具书。

本书的配套书籍《会计师事务所违法违规典型案例》，从我国大量的法院判例、行政检查案例、行业自律检查案例中精选而成，具有极强的针对性和实务指导性，配套阅读将更加易于理解本书。

非常感谢长期以来关心、帮助我的所有领导、朋友，感谢多年来一起推动事务所发展和行业监管的合作伙伴，感谢所有为注册会计师事业倾注心血的社会各界人士，他们为本书的出版奠定了坚实基础，这也必将铸就注册会计师行业的辉煌。在本书即将出版之际，特别想表达几层意思：

一是深深地怀念我至真至善的父亲，祝他老人家一路走好！

二是衷心地祝福我平凡而伟大的母亲，保重身体，健康长寿！

三是感谢我的妻子，默默地付出、支持、理解和包容是我前进的动力！

最后，我将此书特别献给我的小女阳阳，愿她茁壮成长，天天开心！

刘胜良

2012年6月于四川成都

目　　录

第1章　总　　论 ... 1
1.1　会计师事务所违法违规行为概述 ... 1
1.1.1　刑事违法行为 ... 1
1.1.2　行政违法行为 ... 2
1.1.3　民事违法行为 ... 3
1.1.4　行业违规行为 ... 3
1.2　会计师事务所相关法律法规规定 ... 4
1.2.1　法律 ... 4
1.2.2　行政法规 ... 4
1.2.3　司法解释 ... 5
1.2.4　部门规章 ... 5
1.2.5　规范性文件 ... 5
1.2.6　地方性规定 ... 7
1.2.7　中国注册会计师职业准则体系 ... 8
1.2.8　其他行业规定 ... 11
1.3　会计师事务所的法律法规责任种类 ... 13
1.3.1　会计师事务所的刑事责任 ... 13
1.3.2　会计师事务所的行政责任 ... 14
1.3.3　会计师事务所的民事责任 ... 15
1.3.4　会计师事务所的行业违规责任 ... 18

第2章　会计师事务所刑事违法行为及刑事责任 ... 19
2.1　妨害对公司、企业的管理秩序罪 ... 19
2.1.1　虚报注册资本罪 ... 19
2.1.2　虚假出资、抽逃出资罪 ... 20
2.1.3　违规披露、不披露重要信息罪 ... 22
2.1.4　隐匿、故意销毁会计凭证、会计账簿、财务会计报告罪 ... 23
2.1.5　非国家工作人员受贿罪 ... 23
2.1.6　对非国家工作人员行贿罪 ... 24
2.2　破坏金融管理秩序 ... 25

2.2.1　内幕交易、泄露内幕信息罪 ································· 25
　　2.2.2　洗钱罪 ··· 26
2.3　危害税收征管罪 ·· 28
　　2.3.1　逃税罪 ··· 28
　　2.3.2　抗税罪 ··· 29
　　2.3.3　逃避追缴欠税罪 ··· 29
2.4　侵犯知识产权罪 ·· 30
　　2.4.1　假冒注册商标罪 ··· 30
　　2.4.2　侵犯商业秘密罪 ··· 31
2.5　扰乱市场秩序罪 ·· 32
　　2.5.1　串通投标罪 ·· 32
　　2.5.2　提供虚假证明文件罪 ······································ 33
　　2.5.3　出具证明文件重大失实罪 ································ 34
2.6　侵犯财产罪 ··· 35
　　2.6.1　职务侵占罪 ·· 35
　　2.6.2　挪用资金罪 ·· 35
2.7　贪污贿赂罪 ··· 36
　　2.7.1　行贿罪 ··· 36
　　2.7.2　对单位行贿罪 ··· 37
　　2.7.3　介绍贿赂罪 ·· 38
　　2.7.4　单位行贿罪 ·· 39
2.8　其他类型犯罪 ··· 40
　　2.8.1　伪造金融票证罪 ··· 40
　　2.8.2　玩忽职守罪 ·· 40
　　2.8.3　伪造公司、企业、事业单位、人民团体印章罪 ······ 42

第3章　会计师事务所行政违法行为及行政责任 ·················· 43
3.1　八种违规出具报告的行为 ··· 43
　　3.1.1　委托人示意作不实或者不当证明而注册会计师不予拒绝 ········ 43
　　3.1.2　委托人故意不提供有关会计资料和文件而注册会计师不予拒绝 ······ 44
　　3.1.3　委托人有其他不合理要求，致使注册会计师出具的报告不能对财务会计的重要事项作出正确表述，而注册会计师不予拒绝 ······ 44
　　3.1.4　注册会计师未按照执业准则、规则确定的工作程序出具审计报告 ····· 45
　　3.1.5　注册会计师明知委托人对重要事项的财务会计处理与国家有关规定相抵触，而不予指明 ······ 46
　　3.1.6　注册会计师明知委托人的财务会计处理会直接损害报告使用人或者其他利害关系人的利益，而予以隐瞒或者作不实的报告 ······ 46
　　3.1.7　注册会计师明知委托人的财务会计处理会导致报告使用人或者其他利害关系人产生重大误解，而不予指明 ······ 47

目 录

    3.1.8 注册会计师明知委托人的会计报表的重要事项有其他不实的
           内容，而不予指明 ··· 48

3.2 八种违反执业准则、规则的典型行为 ··· 48
    3.2.1 注册会计师承办业务未按规定受理并签订委托合同 ·············· 48
    3.2.2 注册会计师未按规定回避 ··· 48
    3.2.3 注册会计师未按规定履行保密义务 ······································ 49
    3.2.4 在未履行必要的审计程序，未获取充分适当的审计证据的
           情况下出具审计报告 ·· 49
    3.2.5 对同一委托单位的同一事项，依据相同的审计证据出具不同
           结论的审计报告 ··· 49
    3.2.6 隐瞒审计中发现的问题，发表不恰当的审计意见 ·················· 50
    3.2.7 未实施严格的逐级复核制度，未按规定编制和保存审计工作
           底稿 ··· 50
    3.2.8 违反执业准则、规则的其他典型行为 ··································· 50

3.3 八种未撤销或注销注册的行为 ··· 52
    3.3.1 注册会计师的注册不符合《注册办法》的规定 ····················· 52
    3.3.2 注册会计师完全丧失民事行为能力而未撤销注册 ·················· 52
    3.3.3 注册会计师受到处罚处分未按规定撤销注册 ························ 52
    3.3.4 自行停止执行注册会计师业务满1年而未撤销注册 ··············· 52
    3.3.5 以欺骗、贿赂等不正当手段取得注册会计师证书 ·················· 53
    3.3.6 省级注册会计师协会工作人员违规准予注册会计师注册 ······· 53
    3.3.7 依法被撤销注册或者吊销注册会计师证书而未注销注册 ······· 53
    3.3.8 不在会计师事务所专职执业而未注销注册 ··························· 54

3.4 四种不履行设立或监管中法律义务的行为 ··· 54
    3.4.1 向财政部门隐瞒有关情况、提供虚假材料或者拒绝提供反映
           其活动情况的真实材料 ·· 54
    3.4.2 会计师事务所申请人隐瞒有关情况或者提供虚假材料提出申请 ··· 55
    3.4.3 会计师事务所及其分所采取欺骗、贿赂等不正当手段获得批准
           设立 ··· 55
    3.4.4 会计师事务所及其分所未保持设立条件 ······························· 56

3.5 一种擅自从事审计业务的行为 ··· 57
    3.5.1 违法情形 ·· 57
    3.5.2 相关规定 ·· 57
    3.5.3 行政责任 ·· 58

3.6 十九种财政部门予以公告的行为 ·· 58
    3.6.1 会计师事务所设立后合伙人或者股东未在规定时间内办理完
           转入该所手续 ·· 58
    3.6.2 会计师事务所未按照规定办理有关事项备案手续 ·················· 58
    3.6.3 会计师事务所对分所的人事、财务、执业标准、质量控制等

　　　　　　不实施统一管理 ·· 60
　　3.6.4　会计师事务所和注册会计师违规买卖被审计的单位的股票、
　　　　　　债券或者购买被审计单位或者个人所拥有的其他财产 ·············· 62
　　3.6.5　会计师事务所和注册会计师索取、收受委托合同约定以外的
　　　　　　酬金或者其他财物，或者利用执行业务之便，谋取其他不正
　　　　　　当的利益 ··· 62
　　3.6.6　会计师事务所和注册会计师接受委托催收债款 ················· 63
　　3.6.7　会计师事务所和注册会计师允许他人以本人名义执行业务 ········· 64
　　3.6.8　注册会计师同时在两个或者两个以上的会计师事务所执行业务 ······ 64
　　3.6.9　会计师事务所和注册会计师对其能力进行广告宣传以招揽业务 ····· 65
　　3.6.10　会计师事务所未设立主任会计师或主任会计师不符合规定 ········ 65
　　3.6.11　会计师事务所未经批准设立分所 ····································· 65
　　3.6.12　会计师事务所向省级以上财政部门提供虚假材料或者不及时
　　　　　　报送相关材料 ·· 66
　　3.6.13　会计师事务所雇用正在其他会计师事务所执业的注册会计师，
　　　　　　或者明知本所的注册会计师在其他会计师事务所执业而不予制止 ····· 66
　　3.6.14　会计师事务所允许本所注册会计师只在本所挂名而不在本所
　　　　　　执行业务，或者明知本所注册会计师在其他单位从事获取
　　　　　　工资性收入的工作而不予制止 ··· 67
　　3.6.15　会计师事务所允许其他单位或者个人以本所名义承办业务 ········ 67
　　3.6.16　会计师事务所采取强迫、欺诈等不正当方式招揽业务 ············ 67
　　3.6.17　会计师事务所承办与自身规模、执业能力、承担风险能力不匹
　　　　　　配的业务 ··· 68
　　3.6.18　会计师事务所不按规定提取和使用职业风险基金或购买职业
　　　　　　保险 ··· 68
　　3.6.19　会计师事务所和注册会计师违反法律、行政法规的其他行为 ······· 69
3.7　二十一种违反财务管理规定的行为 ··· 69
　　3.7.1　未按规定建立内部财务管理体制和各项财务管理制度 ·············· 69
　　3.7.2　未按规定实行内部财务的集中统一管理 ··································· 70
　　3.7.3　未按规定整合财务和业务信息管理系统 ··································· 70
　　3.7.4　未按规定设置财会机构或配备专职财会人员 ··························· 70
　　3.7.5　任用会计人员未按规定实行回避制度 ······································ 70
　　3.7.6　未按规定建立健全财务预算管理制度 ······································ 70
　　3.7.7　未按规定加强对应收账款的管理 ·· 71
　　3.7.8　未建立严格的资金支付授权审批制度 ······································ 71
　　3.7.9　未按规定购买有价证券 ·· 71
　　3.7.10　未按规定建立健全财产物资的管理制度 ································ 71
　　3.7.11　未按规定加强负债管理 ·· 71
　　3.7.12　未按规定对收入和支出进行明细核算 ··································· 72

目 录

  3.7.13 未按规定建立有效的工时管理系统和成本控制系统 …………… 72
  3.7.14 未按规定制定工资薪酬政策和制度 …………………………… 72
  3.7.15 未按规定购买职业保险或计提职业风险基金 ………………… 72
  3.7.16 未按规定为党组织的活动提供必要经费 ……………………… 73
  3.7.17 未按规定加大教育培训投入 …………………………………… 73
  3.7.18 未按规定制定科学的业绩考核和收益分配制度 ……………… 73
  3.7.19 未按规定编制和报送年度财务报告 …………………………… 73
  3.7.20 未按规定建立会计档案管理制度 ……………………………… 74
  3.7.21 未按规定健全内部财务监督制度 ……………………………… 74
3.8 五种分所违法行为 …………………………………………………………… 74
  3.8.1 分所设立半年后未开展业务活动 ………………………………… 74
  3.8.2 分所以不正当手段争揽业务 ……………………………………… 75
  3.8.3 分所内部控制制度不严，出现严重质量问题 …………………… 75
  3.8.4 以个人名义或以分所名义对外签订业务约定书、出具业务
     报告、收取业务收入 ……………………………………………… 75
  3.8.5 分所有《中华人民共和国注册会计师法》和行业管理制度规定的
     其他违法行为 ……………………………………………………… 76
3.9 其他违反执业准则、规则的一般行为 ……………………………………… 76
  3.9.1 质量控制体系方面的违规行为 …………………………………… 77
  3.9.2 企业财务报表审计方面的违规行为 ……………………………… 83
  3.9.3 医院财务报表审计方面的违规行为 ……………………………… 128
  3.9.4 高新技术企业认定审计方面的违规行为 ………………………… 133
  3.9.5 企业内部控制审计方面的违规行为 ……………………………… 154
  3.9.6 验资项目方面的违规行为 ………………………………………… 158
  3.9.7 财务报表审阅方面的违规行为 …………………………………… 162
  3.9.8 历史财务信息审计或审阅以外的鉴证业务方面的违规行为 …… 165
  3.9.9 预测性财务信息的审核方面的违规行为 ………………………… 172
  3.9.10 基本建设工程预算、结算、决算审核方面的违规行为 ……… 175
  3.9.11 外汇收支情况表审核方面的违规行为 ………………………… 178
  3.9.12 外商投资企业外方权益确认表审核方面的违规行为 ………… 183
  3.9.13 企业破产案件相关业务方面的违规行为 ……………………… 186
  3.9.14 对财务信息执行商定程序方面的违规行为 …………………… 193
  3.9.15 代编财务信息方面的违规行为 ………………………………… 194
3.10 六种证券违法行为 ………………………………………………………… 196
  3.10.1 证券服务机构和人员违规买卖股票 …………………………… 196
  3.10.2 证券内幕人员违规买卖证券或者泄露信息或者建议他人
     买卖证券 ………………………………………………………… 197
  3.10.3 证券服务机构制作、出具有虚假记载、误导性陈述或者
     重大遗漏的文件 ………………………………………………… 197

3.10.4　证券服务机构擅自从事证券审计业务 …………………… 198
3.10.5　证券服务机构制作或者出具的文件不符合要求，擅自改动
已提交的文件，或者拒绝答复中国证监会审核中提出的
相关问题 ………………………………………………………… 198
3.10.6　经注册会计师审核的发行人利润实现数未达到盈利
预测的 80% …………………………………………………… 198

3.11　七种价格违法行为 ……………………………………………………… 198
3.11.1　未按规定公示服务项目、收费标准 ………………………… 198
3.11.2　超出政府指导价浮动幅度制定价格 ………………………… 199
3.11.3　擅自制定实行政府指导价的审计服务收费标准 …………… 200
3.11.4　违反规定以佣金、回扣等形式变相降低审计服务收费超出
政府指导价浮动下限 …………………………………………… 200
3.11.5　采取分解收费项目、重复收费、扩大收费范围或自立名目
等方式乱收费 ………………………………………………… 200
3.11.6　不按照规定提供服务而收取费用 …………………………… 201
3.11.7　其他价格违法行为 …………………………………………… 201

3.12　十一种违反公司管理规定的行为 ……………………………………… 202
3.12.1　虚报注册资本，取得公司登记 ……………………………… 202
3.12.2　虚假出资，未交付或者未按期交付作为出资的货币或者
非货币财产 ……………………………………………………… 202
3.12.3　抽逃出资 ……………………………………………………… 203
3.12.4　在法定的会计账簿以外另立会计账簿 ……………………… 203
3.12.5　在财务会计报告等材料上作虚假记载或者隐瞒重要事实 … 203
3.12.6　不按照规定提取法定公积金 ………………………………… 203
3.12.7　未按规定办理公司变更登记或备案 ………………………… 204
3.12.8　不按照规定接受公司年度检验 ……………………………… 204
3.12.9　未将营业执照置于住所或者营业场所醒目位置 …………… 204
3.12.10　验资或者验证机构提供虚假材料 ………………………… 204
3.12.11　验资或者验证机构因过失提供有重大遗漏的报告 ……… 205

3.13　两种严重的会计法违法行为 …………………………………………… 205
3.13.1　伪造、变造会计凭证、会计账簿，编制虚假财务会计报告 … 205
3.13.2　隐匿或者故意销毁依法应当保存的会计凭证、会计账簿、
财务会计报告 ………………………………………………… 206

3.14　三种其他违反会计法的行为 …………………………………………… 206
3.14.1　授意、指使、强令会计机构、会计人员及其他人员伪造、
变造会计凭证、会计账簿，编制虚假财务会计报告 ………… 206
3.14.2　授意、指使、强令会计机构、会计人员及其他人员隐匿、
故意销毁依法应当保存的会计凭证、会计账簿、财务
会计报告 ……………………………………………………… 206

目 录

  3.14.3 单位负责人对会计人员实行打击报复 …………………………… 207
3.15 七种财务会计报告违法行为 ……………………………………………… 207
  3.15.1 随意改变会计要素的确认和计量标准 …………………………… 207
  3.15.2 随意改变财务会计报告的编制基础、编制依据、编制原则
      和方法 ……………………………………………………………… 207
  3.15.3 提前或者延迟结账日结账 ………………………………………… 208
  3.15.4 在编制年度财务会计报告前，未按规定全面清查资产、
      核实债务 …………………………………………………………… 208
  3.15.5 拒绝财政部门和其他有关部门对财务会计报告依法进行的监督
      检查，或者不如实提供有关情况 ………………………………… 209
  3.15.6 企业编制、对外提供虚假的或者隐瞒重要事实的财务会计报告 …… 209
  3.15.7 授意、指使、强令会计机构、会计人员及其他人员编制、对外
      提供虚假的或者隐瞒重要事实的财务会计报告 ………………… 209
3.16 十种典型的会计基础工作违法行为 ……………………………………… 210
  3.16.1 不依法设置会计账簿 ……………………………………………… 210
  3.16.2 私设会计账簿 ……………………………………………………… 210
  3.16.3 未按照规定填制、取得原始凭证或者填制、取得的原始凭证不
      符合规定 …………………………………………………………… 210
  3.16.4 以未经审核的会计凭证为依据登记会计账簿或者登记会计账簿
      不符合规定 ………………………………………………………… 211
  3.16.5 随意变更会计处理方法 …………………………………………… 211
  3.16.6 向不同的会计资料使用者提供的财务会计报告编制依据不一致 …… 212
  3.16.7 未按照规定使用会计记录文字或者记账本位币 ………………… 212
  3.16.8 未按照规定保管会计资料，致使会计资料毁损、灭失 ………… 212
  3.16.9 未按照规定建立并实施单位内部会计监督制度，或者拒绝依法
      实施的监督，或者不如实提供有关会计资料及有关情况 ……… 213
  3.16.10 任用会计人员不符合规定 ………………………………………… 213
3.17 四十二种违反会计基础工作规范的行为 ………………………………… 214
  3.17.1 会计机构和会计人员方面 ………………………………………… 214
  3.17.2 会计核算方面 ……………………………………………………… 217
  3.17.3 会计监督方面 ……………………………………………………… 224
  3.17.4 内部会计管理制度方面 …………………………………………… 226
3.18 三种地方会计违法行为 …………………………………………………… 229
  3.18.1 总账、银行存款日记账和现金日记账未按规定实行建账监管 …… 229
  3.18.2 机构未经批准擅自从事代理记账业务或个人非法从事代理
      记账业务 …………………………………………………………… 229
  3.18.3 会计人员不及时办理会计交接手续 ……………………………… 230

第4章　会计师事务所民事违法行为及民事责任 ... 231
4.1　违约行为 ... 231
4.1.1　相关规定 ... 232
4.1.2　违约责任 ... 233
4.2　侵权行为 ... 235
4.2.1　一般性规定 ... 235
4.2.2　出具虚假或不实的验资证明，给利害关系人造成损失的行为 ... 236
4.2.3　故意出具不实报告并给利害关系人造成损失的行为 ... 237
4.2.4　过失出具不实报告并给利害关系人造成损失的行为 ... 237
4.2.5　证券服务机构制作、出具不实文件，给他人造成损失的行为 ... 238
4.2.6　利害关系人明知为不实报告而使用的行为 ... 238
4.2.7　会计师事务所与其分支机构作为共同被告的行为 ... 238
4.2.8　会计师事务所在报告中限制使用用途的行为 ... 239
4.2.9　会计师事务所无执业过错或未造成后果的行为 ... 239
4.3　其他事项 ... 239
4.3.1　会计师事务所侵权责任产生的事由 ... 239
4.3.2　诉讼当事人的位置 ... 239
4.3.3　执业准则的法律地位 ... 240
4.3.4　归责原则和举证责任分配 ... 240

第5章　会计师事务所行业违规行为及违规责任 ... 241
5.1　违反相关法律法规有关规定的行为 ... 241
5.1.1　违反《注册会计师法》有关规定的行为 ... 241
5.1.2　违反《公司法》有关规定的行为 ... 243
5.1.3　违反《证券法》有关规定的行为 ... 245
5.1.4　违反《价格法》有关规定的行为 ... 245
5.1.5　违反《会计师事务所审批和监督暂行办法》有关规定的行为 ... 246
5.1.6　违反《会计师事务所财务管理暂行办法》有关规定的行为 ... 252
5.1.7　违反《会计师事务所分所管理暂行办法》有关规定的行为 ... 256
5.1.8　违反其他规定的行为 ... 257
5.2　违反注册会计师职业道德守则的行为 ... 257
5.2.1　在职业活动中违反诚信原则 ... 257
5.2.2　违反职业道德守则有关独立性的相关要求 ... 258
5.2.3　违反客观和公正原则 ... 258
5.2.4　未能按照有关规定获取和保持专业胜任能力 ... 258
5.2.5　在执业过程中未保持应有的关注、勤勉尽责 ... 258
5.2.6　违反保密原则，泄露职业活动中获知的涉密信息 ... 259
5.2.7　违反相关法律法规，损害职业声誉 ... 259

目　录

　　5.2.8　未按规定向公众传递信息以及推介自己和工作 …………………… 259
　　5.2.9　违反职业道德守则有关收费的相关规定 ……………………………… 260
　　5.2.10　其他违反职业道德守则的行为 ………………………………………… 260
5.3　违反注册会计师业务准则的行为 …………………………………………………… 260
　　5.3.1　未按规定计划和执行审计业务 …………………………………………… 260
　　5.3.2　未获取充分、适当的证据支持审计结论 ……………………………… 260
　　5.3.3　因过失出具不恰当审计报告 ……………………………………………… 261
　　5.3.4　未按规定编制、归整和保存审计工作底稿 …………………………… 261
　　5.3.5　隐瞒审计中发现的问题，出具不实审计报告 ………………………… 262
　　5.3.6　与客户通同作弊，故意出具虚假审计报告 …………………………… 262
　　5.3.7　其他违反业务准则的行为 ………………………………………………… 263
5.4　违反会计师事务所质量控制准则的行为 …………………………………………… 263
　　5.4.1　未按规定制定质量控制制度 ……………………………………………… 263
　　5.4.2　未按规定制定遵守相关职业道德的政策和程序 …………………… 263
　　5.4.3　未合理保证事务所恰当接受或保持客户关系和具体业务 ………… 264
　　5.4.4　未合理保证注册会计师按照规定执行业务并出具恰当报告 ……… 264
　　5.4.5　未按要求对特定业务实施项目质量控制复核 ………………………… 264
　　5.4.6　未合理保证项目组按规定归整业务档案并保存业务工作底稿 …… 265
　　5.4.7　未按制定与质量控制制度相关的监控政策和程序 ………………… 265
　　5.4.8　其他违反质量控制准则的行为 …………………………………………… 266
5.5　应当实施行业自律惩戒的其他行为 ………………………………………………… 266
　　5.5.1　阻挠或拒绝注册会计师协会的执业质量检查和调查 ……………… 266
　　5.5.2　不按时提供相关检查资料 ………………………………………………… 266
　　5.5.3　拒绝确认检查意见或沟通事项 …………………………………………… 267
　　5.5.4　其他不配合检查工作的行为 ……………………………………………… 267

第1章

总　　论

1.1　会计师事务所违法违规行为概述

会计师事务所（包括注册会计师，有时统称为会计师事务所或注册会计师，下同）违法违规行为主要包括四类，即：民事违法行为、行政违法行为、刑事违法行为和行业违规行为。

1.1.1　刑事违法行为

刑事违法行为是指犯罪嫌疑人的行为，触犯刑法，达到或必须接受刑罚处罚的行为。它具有以下几方面特点：（1）具有社会危害性。即行为人通过作为或者不作为的行为对社会造成一定危害，这是构成犯罪最本质或最基本的特征。（2）具有刑事违法性。（3）具有应受刑罚惩罚性。犯罪是依照刑法规定应当受到刑罚处罚的行为。

会计师事务所的刑事违法行为涉及妨害对公司、企业的管理秩序，破坏金融管理秩序，危害税收征管，侵犯知识产权，扰乱市场秩序，侵犯财产，扰乱公共秩序，贪污贿赂等类型的犯罪。可能涉及的具体罪名包括：

（1）妨害对公司、企业的管理秩序罪：虚报注册资本罪；虚假出资、抽逃出资罪；违规披露、不披露重要信息罪；隐匿、故意销毁会计凭证、会计账簿、财务会计报告罪；非国家工作人员受贿罪；对非国家工作人员行贿罪。

（2）破坏金融管理秩序：内幕交易、泄露内幕信息罪；洗钱罪。

（3）危害税收征管罪：逃税罪；抗税罪；逃避追缴欠税罪。

（4）侵犯知识产权罪：假冒注册商标罪；侵犯商业秘密罪。

（5）扰乱市场秩序罪：串通投标罪；提供虚假证明文件罪；出具证明文件重大失实罪。

（6）侵犯财产罪：职务侵占罪；挪用资金罪。

（7）贪污贿赂：行贿罪；对单位行贿罪；介绍贿赂罪；单位行贿罪。

（8）其他刑事违法行为：玩忽职守罪；伪造金融凭证罪；伪造公司、企业、事业单位、人民团体印章罪。

1.1.2 行政违法行为

行政违法行为通常是指行政主体所实施的违反行政法律规范，侵害受法律保护的行政关系尚未构成犯罪的、有过错的行政行为。而本书所指的会计师事务所行政违法行为，是会计师事务所违反行政法律规范并依照法律规定应当承担行政责任的行为。主要包括：

（1）违规出具报告的行为。
（2）违反执业准则、规则的典型行为。
（3）未撤销或注销注册的行为。
（4）不履行设立或监管中法律义务的行为。
（5）擅自从事审计业务的行为。
（6）财政部门予以公告的行为。
（7）违反财务管理规定的行为。
（8）会计师事务所分所违法行为。
（9）其他违反执业准则、规则的一般行为：

① 质量控制体系方面的违规行为：职业道德规范、质量控制环境、合伙人机制、客户关系和具体业务接受与保持、人力资源管理、业务执行、监控，以及专业标准的制定、修改和传达。

② 企业财务报表审计方面的违规行为：审计报告、风险评估程序、进一步审计程序、审计工作底稿、对简要财务报表出具报告、商业银行财务报表审计和其他方面。

③ 医院财务报表审计方面的违规行为：审计报告、初步业务活动、计划审计工作、风险评估、了解内部控制、进一步审计程序。

④ 高新技术企业认定审计方面的违规行为：专项审计报告、初步业务活动、计划审计工作、风险评估、了解内部控制、对研究开发费用实施的进一步审计程序、对高新技术产品（服务）收入实施的进一步审计程序和其他方面。

⑤ 企业内部控制审计方面的违规行为：内部控制审计报告、内部控制审计程序和其他方面。

⑥ 验资项目方面的违规行为：验资报告、业务约定书和验资计划、验资程序和其他方面。

⑦ 财务报表审阅方面的违规行为：审阅报告、审阅程序和其他方面。

⑧ 历史财务信息审计或审阅以外的鉴证业务方面的违规行为：编制鉴证报告、鉴证程序和其他方面。

⑨ 预测性财务信息的审核方面的违规行为：审核报告、审核程序和其他方面。

⑩ 基本建设工程预算、结算、决算审核方面的违规行为：审核报告和其他方面。

⑪ 外汇收支情况表审核方面的违规行为：审核报告、审核程序和其他方面。

⑫ 外商投资企业外方权益确认表审核方面的违规行为：审核报告、审核程序和其他方面。

⑬ 企业破产案件相关业务方面的违规行为。

⑭ 对财务信息执行商定程序方面。

⑮ 代编财务信息方面。
(10) 证券违法行为。
(11) 价格违法行为。
(12) 违反公司管理规定的行为。
(13) 严重的会计法违法行为。
(14) 其他违反会计法的行为。
(15) 财务会计报告违法行为。
(16) 会计基础工作典型违法行为。
(17) 违反会计基础工作规范的行为：会计机构和会计人员、会计核算、会计监督、内部会计管理制度方面。
(18) 地方会计违法行为。

1.1.3 民事违法行为

民事违法行为是指违反民事法律规定，损害他人民事权利的行为。其构成条件主要有两条：(1) 侵犯他人受到民事法律保护的权利和利益；(2) 行为具有违法性，即违反民事法律的规定。

民事违法行为分为违约行为和侵权行为两大类，前者指合同当事人没有合法事由不履行或不完全履行合同义务的行为，后者指合同以外的、非法侵犯他人民事权利的行为。民事违法行为在表现形式上可分为作为和不作为。违法的作为是指实施法律所禁止的行为；违法的不作为是指不实施法律所要求做的行为。

会计师事务所的民事违法行为主要有：
(1) 出具虚假验资证明、不实审计报告、不实清算报告、不实利息计算报告和其他不实的专业报告，给委托人和其他利害关系人造成损失的行为；
(2) 违反公司法和公司登记管理的相关规定，违规进行工商登记、章程修改、股东出资、股东会决议等行为；
(3) 侵犯企业名称（商号）权、著作权及开展不正当竞争的行为；
(4) 违反劳动法律法规规定的行为；
(5) 审计业务约定书、其他合同协议违约行为；
(6) 其他侵权和违约行为。

1.1.4 行业违规行为

会计师事务所的行业违规行为是指会计师事务所在执业过程中，违反国家法律法规、职业道德守则、业务准则、质量控制准则和其他行业规范的规定，应当给予行业自律惩戒的行为。可以分为以下几类：

(1) 违反《注册会计师法》及其他相关法律法规规定的行为。主要包括：《注册会计师法》、《公司法》、《证券法》、《价格法》、《会计师事务所审批和监督暂行办法》、《会计师事务所财务管理暂行办法》、《会计师事务所分所管理暂行办法》等。

（2）违反中国注册会计师职业道德守则的行为。包括《中国注册会计师职业道德守则第 1 号——职业道德基本原则》、《中国注册会计师职业道德守则第 2 号——职业道德概念框架》、《中国注册会计师职业道德守则第 3 号——提供专业服务的具体要求》、《中国注册会计师职业道德守则第 4 号——审计和审阅业务对独立性的要求》、《中国注册会计师职业道德守则第 5 号——其他鉴证业务对独立性的要求》，以及《中国注册会计师协会非执业会员职业道德守则》。

（3）违反中国注册会计师业务准则。一是中国注册会计师执业准则（2010）51 项，即鉴证业务基本准则 1 项、审计准则 44 项、审阅准则 1 项、其他鉴证业务准则 2 项、相关服务准则 2 项；二是中国注册会计师协会、地方注册会计师协会发布的指南和其他业务规范。

（4）违反会计师事务所质量控制准则。即《会计师事务所质量控制准则第 5101 号——会计师事务所对执行财务报表审计和审阅、其他鉴证和相关服务业务实施的质量控制》及其他质量控制要求。

（5）应当实施惩戒的其他情形。对于会员阻挠或拒绝注册会计师协会的执业质量检查和调查，不按时提供相关检查资料、拒绝确认检查意见或沟通事项以及其他不配合检查工作等行为，根据行业自律管理的需要，按程序可给予相应的惩戒。

1.2 会计师事务所相关法律法规规定

归纳起来，我国会计师事务所现行的相关规定涵盖了法律、行政法规、司法解释、部门规章、规范性文件、地方性规定、注册会计师职业准则和其他行业规定等渊源。

1.2.1 法律

（1）《中华人民共和国注册会计师法》（主席令第 13 号，1993）。
（2）《中华人民共和国会计法》（主席令第 24 号，1999）。
（3）《中华人民共和国公司法》（主席令第 42 号，2005）。
（4）《中华人民共和国行政处罚法》（主席令第 63 号，1996）。
（5）《中华人民共和国价格法》（主席令第 92 号，1997）。
（6）《中华人民共和国证券法》（主席令第 43 号，2005）。
（7）《中华人民共和国合同法》（主席令第 15 号，1999）。
（8）《中华人民共和国民法通则》（主席令第 37 号，1986）。

1.2.2 行政法规

（1）《企业财务会计报告条例》（国务院令第 287 号，2000）。
（2）《价格违法行为行政处罚规定》（国务院令第 585 号，2010）。
（3）《中华人民共和国公司登记管理条例》（国务院令第 451 号，2005）。
（4）《国务院办公厅转发财政部关于加快发展我国注册会计师行业的若干意见》（国办

发〔2009〕56号)。

1.2.3 司法解释

(1)《最高人民法院关于金融机构为企业出具不实或者虚假验资报告资金证明如何承担民事责任问题的通知》(法〔2002〕21号)。

(2)《最高人民法院关于会计师事务所、审计事务所脱钩改制前民事责任承担问题的通知》(法〔2001〕100号)。

(3)《最高人民法院关于审理涉及会计师事务所在审计业务活动中民事侵权赔偿案件的若干规定》(法释〔2007〕12号)。

(4)《最高人民法院关于会计师事务所为企业出具虚假验资证明应如何承担责任问题的批复》(法释〔1998〕13号)。

(5)《最高人民法院关于验资单位对多个案件债权人损失应如何承担责任的批复》(法释〔1997〕10号)。

(6)《最高人民法院关于金融机构为行政机关批准开办的公司提供注册资金验资报告不实应当承担责任问题的批复》(法复〔1996〕3号)。

(7)《最高人民法院关于会计师事务所为企业出具虚假验资证明应如何处理的复函》(法函〔1996〕56号)。

1.2.4 部门规章

(1)《财政部门监督办法》(财政部令第69号,2012)。
(2)《财政检查工作办法》(财政部令第32号,2006)。
(3)《注册会计师注册办法》(财政部令第25号,2005)。
(4)《会计师事务所审批和监督暂行办法》(财政部令第24号,2005)。
(5)《财政机关行政处罚听证实施办法》(财政部令第23号,2005)。
(6)《财政部门实施会计监督办法》(财政部令第10号,2001)。
(7)《公司注册资本登记管理规定》(工商总局令第11号,2004)。
(8)《交通建设项目委托审计管理办法》(交通部令第4号,2007)。
(9)《首次公开发行股票并上市管理办法》(证监会令第32号,2006)。

1.2.5 规范性文件

(1)《中外合作会计师事务所本土化转制方案》(财会〔2012〕8号)。
(2)《财政部 证监会关于调整证券资格会计师事务所申请条件的通知》(财会〔2012〕2号)。
(3)《财政部 国资委关于会计师事务所承担中央企业财务决算审计有关问题的通知》(财会〔2011〕24号)。
(4)《财政部 民政部关于加强和完善基金会注册会计师审计制度的通知》(财会

[2011] 23 号）。

(5)《财政部关于进一步落实〈会计师事务所服务收费管理办法〉的通知》（财会 [2011] 18 号）。

(6)《财政部关于引导企业科学规范选择会计师事务所的指导意见》（财会 [2011] 15 号）。

(7)《大中型会计师事务所转制为特殊普通合伙组织形式实施细则》（财会 [2011] 7 号）。

(8)《境外会计师事务所在中国内地临时执行审计业务暂行规定》（财会 [2011] 4 号）。

(9)《会计师事务所合并程序指引》（财会 [2010] 26 号）。

(10)《会计师事务所财务管理暂行办法》（财会 [2010] 14 号）。

(11)《财政部关于科学引导小型会计师事务所规范发展的暂行规定》（财会 [2010] 13 号）。

(12)《财政部 国家工商总局关于推动大中型会计师事务所采用特殊普通合伙组织形式的暂行规定》（财会 [2010] 12 号）。

(13)《企业内部控制审计指引》（财会 [2010] 11 号）。

(14)《会计师事务所分所管理暂行办法》（财会 [2010] 2 号）。

(15)《委托会计师事务所审计招标规范》（财会 [2006] 2 号）。

(16)《财政部关于会计师事务所暂停执业期间继续出具审计报告应如何处理的批复》（财会 [2002] 1026 号）。

(17)《财政部 国家外汇管理局关于进一步加强外商投资企业验资工作及健全外资外汇登记制度的通知》（财会 [2002] 1017 号）。

(18)《财政部关于进一步加强注册会计师行业管理的意见》（财会 [2002] 19 号）。

(19)《财政部关于注册会计师在审计报告上签名盖章有关问题的通知》（财会 [2001] 1035 号）。

(20)《会计基础工作规范》（财会字 [1996] 19 号）。

(21)《财政部关于进一步加强注册会计师行业行政监督工作的意见》（财监 [2010] 50 号）。

(22)《财政部关于进一步做好证券资格会计师事务所行政监督工作的通知》（财监 [2009] 6 号）。

(23)《财政检查工作规则》（财监 [2007] 82 号）。

(24)《会计师事务所监督检查工作规程》（财监 [2006] 11 号）。

(25)《财政部关于落实注册会计师行业行政监督职责若干问题的通知》（财监 [2003] 121 号）。

(26)《金融企业选聘会计师事务所招标管理办法（试行）》（财金 [2010] 169 号）。

(27)《财政部关于改进和加强企业年度会计报表审计工作管理的若干规定》（财企 [2004] 5 号）。

(28)《改进和完善会计信息质量检查工作指导意见》（财办监 [2004] 13 号）。

(29)《会计师事务所分所审批管理暂行办法》（财协字 [2000] 28 号）。

(30)《财政部关于重申不得以行政手段干预会计师事务所依法执业等有关问题的通知》（财协字 [2000] 25 号）。

(31)《会计师事务所从事基本建设工程预算、结算、决算审核暂行办法》（财协字

[1999] 103 号)。

(32)《财政部关于明确注册会计师验资报告作用的通知》(财协字 [1999] 102 号)。

(33)《财政部 中国人民银行关于做好企业的银行存款借款及往来款项函证工作的通知》(财协字 [1999] 1 号)。

(34)《注册会计师证书及会计师事务所执业证书管理暂行办法》(财协字 [1998] 35 号)。

(35)《中外合作会计师事务所管理暂行办法》(财会协字 [1996] 24 号)。

(36)《财政部关于会计师事务所承办会计咨询、会计服务业务的有关问题的通知》(财会协字 [1995] 49 号)。

(37)《财政部〈关于省注协对会计师事务所业务报告是否有权出具鉴定报告问题的请示〉的复函》(财法 [2000] 52 号)。

(38)《财政部关于进一步加强注册会计师协会干部队伍建设的通知》(财人 [2011] 13 号)。

(39)《会计师事务所职业风险基金管理办法》(财会函 [2007] 9 号)。

(40)《会计师事务所从事 H 股企业审计业务试点工作方案》(财会便 [2009] 79 号)。

(41)《〈会计师事务所审批和监督暂行办法〉有关问题解答》(2005)。

(42)《会计师事务所服务收费管理办法》(发改价格 [2010] 196 号)。

(43)《商务部选聘会计师事务所暂行办法》(商财字 [2011] 37 号)。

(44)《商务部 公安部 财政部 人民银行 国资委 海关总署 税务总局 证监会 外汇局关于支持会计师事务所扩大服务出口的若干意见》(商服贸 [2007] 507 号)。

(45)《关于印发〈中央企业财务决算审计有关问题解答〉的通知》(国资厅发评价 [2006] 23 号)。

(46)《国务院国有资产监督管理委员会关于加强中央企业财务决算审计工作的通知》(国资厅发评价 [2005] 43 号)。

(47)《中央企业财务决算审计工作规则》(国资发评价 [2004] 173 号)。

(48)《中国保险监督管理委员会关于进一步做好保险专业中介机构外部审计工作的通知》(保监发 [2007] 73 号)。

(49)《保险中介机构外部审计指引》(保监发 [2005] 1 号)。

(50)《水利基本建设项目竣工决算审计暂行办法》(水监 [2002] 370 号)。

(51)《国防科工委委属单位委托中介机构审计招标规范》(科工财 [2007] 25 号)。

(52)《国家工商局关于会计师事务所违规与非法定验资人员合作出具证明文件处罚问题的答复》(工商企字 [2002] 第 231 号)。

(53)《会计师事务所检查工作指引》(财政部监督检查局,2010)。

1.2.6　地方性规定

(1)《海南省注册会计师条例》(海南省第二届人大常委会第二十八次会议修正,2002)。

(2)《深圳经济特区注册会计师条例》(深圳市第四届人大常委会第十次会议通过,2007)。

(3)《四川省会计管理条例》(四川省第十届人大常委会第十一次会议通过,2004)。

(4)《山西省会计管理条例》(山西省第十一届人大常委会第二十六次会议修订,2011)。

(5)《辽宁省会计管理条例》(辽宁省第十一届人大常委会第十八次会议通过,2010)。

(6)《陕西省会计管理条例》(陕西省第十一届人大常委会第二次会议通过,2008)。

(7)《深圳市会计条例》(深圳市第三届人大常委会第三十三次会议通过,2004)。

(8)《云南省会计条例》(云南省第十届人大常委会第十一次会议通过,2004)。

(9)《黑龙江省会计管理条例》(黑龙江省第九届人大常委会第三十二次会议通过,2002)。

(10)《四川省人民政府办公厅转发财政厅关于加快发展我省注册会计师行业的实施意见的通知》(川办发〔2010〕13号)。

(11)《四川省财政行政处罚自由裁量规范〔试行〕》(川财法〔2009〕6号)。

(12)《四川省会计师事务所执业收费标准及管理办法》(川价费〔2004〕253号)。

(13)《四川省会计师事务所和注册会计师约谈提示办法》(川财监督〔2011〕118号)。

(14)《四川省财政厅关于建立四川省财政检查专业人员库的通知》(川财监督〔2011〕93号)。

(15)《聘用专业人员参与财政检查管理暂行办法》(川财监督〔2011〕88号)。

(16)《厦门市社会审计中介机构监督管理办法》(厦府综〔1996〕125号)。

(17)《成都市人民政府办公厅转发市财政局关于促进我市注册会计师行业发展实施意见的通知》(成办发〔2010〕44号)。

(18)《成都市政府性审计、会计业务会计师事务所名单暂行管理办法实施细则》的通知(成财会〔2012〕7号)。

(19)《成都市政府性审计、会计业务会计师事务所名单暂行管理办法》(成财会〔2011〕6号)。

(20)《成都市财政局 成都市工商行政管理局 成都市监察局 成都市审计局关于启用"成都市政府性审计、会计业务会计师事务所名单"的通知》(成财会〔2011〕5号)。

1.2.7 中国注册会计师职业准则体系

截至目前,中国注册会计师职业准则体系共计56项,其中:中国注册会计师执业准则(2010)有51项,包括鉴证业务基本准则1项、审计准则44项、审阅准则1项、其他鉴证业务准则2项、相关服务准则2项、质量控制准则1项;中国注册会计师职业道德守则有5项。

(1)鉴证业务基本准则1项,即:

《中国注册会计师鉴证业务基本准则》(财会〔2006〕4号)

(2)审计准则44项,即:

《中国注册会计师审计准则第1101号——注册会计师的总体目标和审计工作的基本要求》(财会〔2010〕21号)

《中国注册会计师审计准则第1111号——就审计业务约定条款达成一致意见》(财会

[2010] 21 号）

《中国注册会计师审计准则第 1121 号——对财务报表审计实施的质量控制》（财会 [2010] 21 号）

《中国注册会计师审计准则第 1131 号——审计工作底稿》（财会 [2010] 21 号）

《中国注册会计师审计准则第 1141 号——财务报表审计中与舞弊相关的责任》（财会 [2010] 21 号）

《中国注册会计师审计准则第 1142 号——财务报表审计中对法律法规的考虑》（财会 [2010] 21 号）

《中国注册会计师审计准则第 1151 号——与治理层的沟通》（财会 [2010] 21 号）

《中国注册会计师审计准则第 1152 号——向治理层和管理层通报内部控制缺陷》（财会 [2010] 21 号）

《中国注册会计师审计准则第 1153 号——前任注册会计师和后任注册会计师的沟通》（财会 [2010] 21 号）

《中国注册会计师审计准则第 1201 号——计划审计工作》（财会 [2010] 21 号）

《中国注册会计师审计准则第 1211 号——通过了解被审计单位及其环境识别和评估重大错报风险》（财会 [2010] 21 号）

《中国注册会计师审计准则第 1221 号——计划和执行审计工作时的重要性》（财会 [2010] 21 号）

《中国注册会计师审计准则第 1231 号——针对评估的重大错报风险采取的应对措施》（财会 [2010] 21 号）

《中国注册会计师审计准则第 1241 号——对被审计单位使用服务机构的考虑》（财会 [2010] 21 号）

《中国注册会计师审计准则第 1251 号——评价审计过程中识别出的错报》（财会 [2010] 21 号）

《中国注册会计师审计准则第 1301 号——审计证据》（财会 [2010] 21 号）

《中国注册会计师审计准则第 1311 号——对存货、诉讼和索赔、分部信息等特定项目获取审计证据的具体考虑》（财会 [2010] 21 号）

《中国注册会计师审计准则第 1312 号——函证》（财会 [2010] 21 号）

《中国注册会计师审计准则第 1313 号——分析程序》（财会 [2010] 21 号）

《中国注册会计师审计准则第 1314 号——审计抽样》（财会 [2010] 21 号）

《中国注册会计师审计准则第 1321 号——审计会计估计（包括公允价值会计估计）和相关披露》（财会 [2010] 21 号）

《中国注册会计师审计准则第 1323 号——关联方》（财会 [2010] 21 号）

《中国注册会计师审计准则第 1324 号——持续经营》（财会 [2010] 21 号）

《中国注册会计师审计准则第 1331 号——首次审计业务涉及的期初余额》（财会 [2010] 21 号）

《中国注册会计师审计准则第 1332 号——期后事项》（财会 [2010] 21 号）

《中国注册会计师审计准则第 1341 号——书面声明》（财会 [2010] 21 号）

《中国注册会计师审计准则第 1401 号——对集团财务报表审计的特殊考虑》（财会

[2010] 21号）

《中国注册会计师审计准则第1411号——利用内部审计人员的工作》（财会[2010] 21号）

《中国注册会计师审计准则第1421号——利用专家的工作》（财会[2010] 21号）

《中国注册会计师审计准则第1501号——对财务报表形成审计意见和出具审计报告》（财会[2010] 21号）

《中国注册会计师审计准则第1502号——在审计报告中发表非无保留意见》（财会[2010] 21号）

《中国注册会计师审计准则第1503号——在审计报告中增加强调事项段和其他事项段》（财会[2010] 21号）

《中国注册会计师审计准则第1511号——比较信息：对应数据和比较财务报表》（财会[2010] 21号）

《中国注册会计师审计准则第1521号——注册会计师对含有已审计财务报表的文件中的其他信息的责任》（财会[2010] 21号）

《中国注册会计师审计准则第1601号——对按照特殊目的编制基础编制的财务报表审计的特殊考虑》（财会[2010] 21号）

《中国注册会计师审计准则第1602号——验资》（财会[2006] 4号）

《中国注册会计师审计准则第1603号——对单一财务报表和财务报表特定要素审计的特殊考虑》（财会[2010] 21号）

《中国注册会计师审计准则第1604号——对简要财务报表出具报告的业务》（财会[2010] 21号）

《中国注册会计师审计准则第1611号——商业银行财务报表审计》（财会[2006] 4号）

《中国注册会计师审计准则第1612号——银行间函证程序》（财会[2006] 4号）

《中国注册会计师审计准则第1613号——与银行监管机构的关系》（财会[2006] 4号）

《中国注册会计师审计准则第1631号——财务报表审计中对环境事项的考虑》（财会[2006] 4号）

《中国注册会计师审计准则第1632号——衍生金融工具的审计》（财会[2006] 4号）

《中国注册会计师审计准则第1633号——电子商务对财务报表审计的影响》（财会[2006] 4号）

（3）审阅准则1项，即：

《中国注册会计师审阅准则第2101号——财务报表审阅》（财会[2006] 4号）

（4）其他鉴证业务准则2项，即：

《中国注册会计师其他鉴证业务准则第3101号——历史财务信息审计或审阅以外的鉴证业务》（财会[2006] 4号）

《中国注册会计师其他鉴证业务准则第3111号——预测性财务信息的审核》（财会[2006] 4号）

（5）相关服务准则2项，即：

《中国注册会计师相关服务准则第4101号——对财务信息执行商定程序》（财会[2006] 4号）

《中国注册会计师相关服务准则第4111号——代编财务信息》（财会[2006] 4号）

(6) 质量控制准则 1 项,即:

《会计师事务所质量控制准则第 5101 号——会计师事务所对执行财务报表审计和审阅、其他鉴证和相关服务业务实施的质量控制》(财会〔2010〕21 号)

(7) 职业道德守则(2009)5 项,即:

《中国注册会计师职业道德守则第 1 号——职业道德基本原则》
《中国注册会计师职业道德守则第 2 号——职业道德概念框架》
《中国注册会计师职业道德守则第 3 号——提供专业服务的具体要求》
《中国注册会计师职业道德守则第 4 号——审计和审阅业务对独立性的要求》
《中国注册会计师职业道德守则第 5 号——其他鉴证业务对独立性的要求》

此外,对于中国注册会计师协会非执业会员,还应当遵守《中国注册会计师协会非执业会员职业道德守则》。

1.2.8 其他行业规定

(1)《关于支持会计师事务所进一步做强做大的若干政策措施》(会协〔2012〕164 号)。
(2)《会计师事务所执业质量检查工作廉政规定》(会协〔2012〕162 号)。
(3)《会计师事务所综合评价办法(修订)》(会协〔2012〕132 号)。
(4)《关于规范为拟设立会计师事务所合伙人或者股东出具证明工作的指导意见》(会协〔2011〕122 号)。
(5)《外商投资企业外方权益确认表审核指导意见》(会协〔2011〕121 号)。
(6)《中国注册会计师行业信息化建设总体方案》(会协〔2011〕115 号)。
(7)《会计师事务所特殊普通合伙协议范本》(会协〔2011〕104 号)。
(8)《企业内部控制审计指引实施意见》(会协〔2011〕66 号)。
(9)《中国注册会计师行业发展规划》(2011-2015 年)(会协〔2011〕50 号)。
(10)《会计师事务所执业质量检查制度改革方案》(会协〔2011〕39 号)。
(11)《会计师事务所执业质量检查制度》(会协〔2011〕39 号)。
(12)《中国注册会计师协会会员执业违规行为惩戒办法》(会协〔2011〕39 号)。
(13)《医院财务报表审计指引》(会协〔2011〕3 号)。
(14)《中国注册会计师执业准则应用指南》(会协〔2010〕94 号、会协〔2007〕89 号)。
(15)《中国注册会计师协会关于公布首批资深会员名单的通知》(会协〔2010〕92 号)。
(16)《会计师事务所合并程序指引》(会协〔2010〕26 号)。
(17)《中国注册会计师协会关于转发国家外汇管理局综合司〈关于进一步完善 2010 年外商投资企业外汇年检工作有关问题的通知〉的通知》(会协〔2010〕23 号)。
(18)《中国注册会计师协会关于贯彻落实〈国务院办公厅转发财政部关于加快发展我国注册会计师行业若干意见〉的实施意见》(会协〔2010〕13 号)。
(19)《中国注册会计师协会关于改进和加强行业监管工作的意见》(会协〔2010〕12 号)。
(20)《会计师事务所服务经济社会发展新领域业务拓展工作方案》(会协〔2010〕10 号)。
(21)《中国注册会计师协会关于进一步加强行业职业道德建设的意见》(会协〔2010〕9 号)。

(22)《中国注册会计师协会关于加强会计师事务所业务质量控制制度建设的意见》（会协〔2010〕8号）。

(23)《中国注册会计师协会关于注册会计师行业积极做好医药卫生体制改革专业服务工作的指导意见》（会协〔2010〕5号）。

(24)《注册会计师转所规定》（会协〔2008〕105号）。

(25)《中国注册会计师协会关于改进和加强协会管理和服务工作的意见》（会协〔2008〕99号）。

(26)《中国注册会计师协会关于规范和发展中小会计师事务所的意见》（会协〔2008〕98号）。

(27)《高新技术企业认定专项审计指引》（会协〔2008〕83号）。

(28)《中国注册会计师协会名誉会员称号授予办法》（会协〔2008〕75号）。

(29)《中国注册会计师协会资深会员评定办法》（会协〔2008〕75号）。

(30)《中国注册会计师协会惩戒委员会暂行规则》（会协〔2008〕73号）。

(31)《中国注册会计师协会申诉委员会暂行规则》（会协〔2008〕73号）。

(32)《注册会计师诚信宣誓办法》（会协〔2008〕68号）。

(33)《注册会计师任职资格检查办法》（会协〔2008〕9号）。

(34)《注册会计师承办企业破产案件相关业务指南〔试行〕》（会协〔2008〕1号）。

(35)《中国注册会计师协会注册会计师和会计师信息披露制度》（会协〔2007〕102号）。

(36)《中国注册会计师胜任能力指南》（会协〔2007〕66号）。

(37)《会计师事务所内部治理指南》（会协〔2007〕34号）。

(38)《中国注册会计师协会关于推动会计师事务所做大做强的意见》（会协〔2007〕33号）。

(39)《中国注册会计师协会关于规范注册会计师执行企业年度检验审计业务的通知》（会协〔2007〕17号）。

(40)《中国注册会计师协会关于具有股东（合伙人）身份的注册会计师办理转所转为非执业会员等有关事宜的批复》（会协〔2006〕68号）。

(41)《会计师事务所以投标方式承接审计业务指导意见》（2006）。

(42)《有限责任会计师事务所章程范本》（会协〔2006〕6号）。

(43)《合伙会计师事务所协议范本》（会协〔2005〕54号）。

(44)《外汇收支情况表审核指导意见》（会协〔2005〕2号）。

(45)《中国注册会计师协会关于会计师事务所资产评估机构新旧会计核算办法衔接问题的通知》（会协〔2002〕310号）。

(46)《资产减值准备审计指导意见》（会协〔2000〕29号）。

(47)《中国注册会计师协会关于会计师事务所更正审计结论有关问题的复函》（2002）。

(48)《会计师事务所执业质量检查手册》（2010）。

(49)《四川省注册会计师行业发展规划》（2011－2015年）。

(50)《四川省注册会计师协会规范我省会计师事务所收费行为暂行规定》（川注协〔2012〕9号）。

(51)《四川省注册会计师协会惩戒委员会暂行规则》（川注协〔2007〕72号）。

(52)《四川省注册会计师协会申诉委员会暂行规则》(川注协〔2007〕72号)。

(53)《四川省注册会计师协会关于进一步规范我省会计师事务所收费行为的通知》(川注协〔2006〕124号)。

(54)《湖北省会计师事务所财务工作指引》(鄂注协发〔2011〕55号)。

1.3 会计师事务所的法律法规责任种类

根据承担责任的主体不同,会计师事务所的法律法规责任可分为:对会计师事务所机构的法律责任和对注册会计师个人的法律责任,具体责任类型包括:刑事责任、行政责任、民事责任和行业违规责任。

追究会计师事务所法律责任的原因包括:违约、过失、舞弊、违反执业准则和规则等行为。违约指由于注册会计师未能履行合约(包括书面和口头)上的某些具体条款而使他人蒙受损失。注册会计师应根据合约的规定承担违约责任。过失是指在一定的条件下,缺少应具有的合理的谨慎,按其程度不同,分为普通过失和重大过失。评价注册会计师的过失,是以其他合格注册会计师相同条件下可做到的谨慎为标准的。注册会计师的普通过失是指注册会计师没有完全遵循专业准则的要求,没有保持职业上应有的合理的谨慎。注册会计师的重大过失是指注册会计师根本没有遵循专业准则或没有按专业准则的基本要求执行审计。如果注册会计师的审计程序到位,因未足够谨慎而要被追究法律责任,一般视为普通过失,因审计程序未到位而被追究法律责任,一般视为重大过失。另外,还有一种过失是共同过失,即对他人过失,受害方自己未能保持合理的谨慎因而蒙受损失。过失是由于注册会计师未履行合理的职业谨慎造成的,是非故意的行为。舞弊则不同,注册会计师的过失与舞弊在主观上有本质的区别。舞弊是故意的行为,注册会计师舞弊,也称注册会计师欺诈,是以欺骗或坑害他人为目的,作案具有不良动机。主观上的过错与故意,决定着注册会计师应承担的法律责任的轻重程度。此外,注册会计师违反执业准则、规则的行为,也将受到行业协会的自律惩戒。

1.3.1 会计师事务所的刑事责任

刑事责任包括两类问题:一是犯罪;二是刑罚。

根据刑法的规定,一切危害国家主权、领土完整和安全,分裂国家、颠覆人民民主专政的政权和推翻社会主义制度,破坏社会秩序和经济秩序,侵犯国有财产或者劳动群众集体所有的财产,侵犯公民私人所有的财产,侵犯公民的人身权利、民主权利和其他权利,以及其他危害社会的行为,依照法律应当受刑罚处罚的,都是犯罪;但是情节显著轻微危害不大的,不认为是犯罪。

依照刑法的规定,刑罚包括主刑和附加刑两种。主刑有:管制、拘役、有期徒刑、无期徒刑和死刑;附加刑有:罚金、剥夺政治权利和没收财产。此外,对于犯罪的外国人,可以独立适用或者附加适用驱逐出境。

对于会计师事务所和注册会计师,可能涉及的刑事责任包括:管制、拘役、有期徒刑、无期徒刑、罚金、剥夺政治权利、没收财产。

（1）管制。对罪犯不予关押，但限制其一定自由，由公安机关执行和群众监督改造的刑罚方法。判处管制的罪犯仍然留在原工作单位或居住地工作或劳动，在劳动中应当同工同酬。管制的期限为3个月以上2年以下，数罪并罚时不得超过3年。

（2）拘役。短期剥夺犯罪人自由，就近实行劳动的刑罚方法。拘役由公安机关在就近的拘役所、看守所或者其他监管场所执行，在执行期间，受刑人每月可以回家一天至两天，参加劳动的，可以酌量发给报酬。拘役的期限为1个月以上6个月以下，数罪并罚时不得超过1年。

（3）有期徒刑。在一定期限内剥夺犯罪分子的人身自由，并监禁于一定场所的刑罚。有期徒刑的期限各国规定不一，我国刑法第六十九条规定：判决宣告以前一人犯数罪的，除判处死刑和无期徒刑的以外，应当在总和刑期以下、数刑中最高刑期以上，酌情决定执行的刑期，但是管制最高不能超过三年，拘役最高不能超过一年，有期徒刑最高不能超过二十年。

（4）无期徒刑。介于有期徒刑和死刑之间的一种严厉的刑罚。无期徒刑是剥夺犯罪分子终身自由，并强制劳动改造的刑罚方法。无期徒刑的刑期从判决宣判之日起计算，判决宣判前先行羁押的日期不能折抵刑期，无期徒刑减为有期徒刑后，执行有期徒刑，先行羁押的日期也不予折抵刑期。

（5）罚金。指强制犯罪人向国家缴纳一定数额金钱的刑罚方法。罚金作为一种财产刑，是以剥夺犯罪人金钱为内容的，这是罚金与其他刑罚方法显著区别之所在。

（6）剥夺政治权利。指剥夺犯罪人参加国家管理和政治活动权利的刑罚方法。根据刑法第五十四条的规定，剥夺政治权利是指剥夺犯罪分子下列四项权利：选举权和被选举权；言论、出版、集会、结社、游行、示威自由的权利；担任国家机关职务的权利；担任国有公司、企业、事业单位和人民团体领导职务的权利。

（7）没收财产。将犯罪分子个人所有财产的一部或者全部强制无偿地收归国有的刑罚方法。没收财产也是一种财产刑，但它不同于罚金，是适用于罪行严重的犯罪分子的刑罚方法。

1.3.2 会计师事务所的行政责任

行政责任可分为惩罚性行政责任、强制性行政责任和补救性行政责任。惩罚性行政责任的主要形式有：通报批评、行政处分等，行政处分的种类包括警告、记过、降级、降职、撤职、开除等。强制性行政责任包括强制划拨、执行罚等，行政处罚的种类有七种：警告；罚款；没收违法所得、没收非法财物；责令停产停业；暂扣或者吊销许可证、暂扣或者吊销执照；行政拘留；法律、行政法规规定的其他行政处罚。补救性行政责任的形式较多，主要有：认错道歉、恢复名誉、消除影响、撤销违法、纠正不当、返还权益、行政赔偿等。

根据相关法律法规的规定，会计师事务所行政责任的具体种类有：责令改正或限期改正、警告、罚款、没收违法所得、暂停经营业务或责令停业、暂停或者撤销证券服务业务许可、吊销营业执照、撤销事务所。注册会计师行政责任的具体种类有：责令改正或限期改正、警告、罚款、暂停执行业务、吊销注册会计师证书等。

（1）责令改正或者限期改正。指行政主体责令违法行为人停止和纠正违法行为，以恢复原状，维持法定的秩序或者状态，具有事后救济性。

（2）警告。法定的行政处罚种类，指行政机关对公民、法人或者其他组织违反行政管理法律规范的行为进行谴责和警示，属申诫罚。

（3）罚款。由法律授权的国家行政机关依照法定程序强制对违反法律规定尚不构成犯罪者缴纳一定数额金钱的处罚，是行政处罚的一种主要形式。

（4）没收违法所得。指行政机关依法将违法行为人取得的违法所得财物，运用国家法律法规赋予的强制措施，对其违法所得财物的所有权予以强制性剥夺的处罚方式。

（5）责令停产停业，是行政机关要求从事违法生产经营活动的公民、法人或其他组织停止生产、停止经营的处罚形式。对于会计师事务所、注册会计师而言，主要是暂停会计师事务所开展经营业务和暂停注册会计师执行业务。

（6）暂扣或者吊销执照。指行政机关对违反行政管理法规的公民、法人或者其他组织依法实行暂时扣留有关证照，剥夺其从事某项生产或者经营活动权利的行政处罚。对于会计师事务所、注册会计师而言，主要是针对事务所执业证书、注册会计师证书、证券服务业许可等。

（7）法律、行政法规规定的其他行政处罚。

1.3.3 会计师事务所的民事责任

民事责任，对民事法律责任的简称，是指民事主体在民事活动中，因实施了民事违法行为，根据民法所承担的对其不利的民事法律后果或者基于法律特别规定而应承担的民事法律责任。民事责任属于法律责任的一种，是保障民事权利和民事义务实现的重要措施，是民事主体因违反民事义务所应承担的民事法律后果，它主要是一种民事救济手段，旨在使受害人被侵犯的权益得以恢复。

1.3.3.1 民事责任构成要件

（1）损害事实的客观存在。损害是指因一定的行为或事件使民事主体的权利遭受某种不利的影响。权利主体只有在受损害的情况下才能够请求法律上的救济。

（2）行为的违法性。指对法律禁止性或命令性规定的违反。除了法律有特别规定之外，行为人只应对自己的违法行为承担法律责任。

（3）违法行为与损害事实之间的因果关系。作为构成民事责任要件的因果关系是指行为人的行为及其物件与损害事实之间所存在的前因后果的必然联系。

（4）行为人的过错。行为人的过错是行为人在实施违法行为时所具备的心理状态，是构成民事责任的主观要件。

1.3.3.2 民事责任种类

依据不同的标准，可以对民事责任进行不同的分类[①]。

---

① http://baike.baidu.com/view/181040.html.

（1）合同责任、侵权责任与其他责任。根据责任发生根据的不同，民事责任可以分为合同责任、侵权责任与其他责任。合同责任是指因违反合同约定的义务、合同附随义务或违反《合同法》规定的义务而产生的责任。侵权责任是指因侵犯他人的财产权益与人身权益而产生的责任。其他责任就是合同责任与侵权责任之外的其他民事责任，如不当得利、无因管理等产生的责任。

（2）财产责任与非财产责任。根据民事责任是否具有财产内容，民事责任可以分为财产责任与非财产责任。财产责任是指由民事违法行为人承担财产上的不利后果，使受害人得到财产上补偿的民事责任，如损害赔偿责任。非财产责任是指为防止或消除损害后果，使受损害的非财产权利得到恢复的民事责任，如消除影响、赔礼道歉等。

（3）无限责任与有限责任。根据承担民事责任的财产范围，民事责任可以分为无限责任与有限责任。无限责任是指责任人以自己的全部财产承担的责任，如合伙人对合伙债务承担的责任，投资人对个人独资企业债务的责任等。有限责任是指债务人以一定范围内或一定数额的财产承担的民事责任，如有限责任公司股东的有限责任，物的担保以特定物价值为限的有限责任等。

（4）单方责任与双方责任。单方责任是指只有一方对另一方当事人的责任，如合同履行中违约方对非违约方承担的违约责任，侵权中加害方对受害方承担的责任。双方责任是指法律关系双方当事人之间相互承担责任的形态。单方责任和双方责任形态，既可以是直接责任，也可以是替代责任。如果在侵权责任中加害人属于多数人，则可能形成连带责任、补充责任或按份责任。

（5）单独责任与共同责任。根据承担民事责任的主体数量的不同，民事责任可以分为单独责任与共同责任。单独责任是指由一个民事主体独立承担的民事责任，多数责任属于单独责任。共同责任是指两个以上的人共同实施违法行为并且都有过错，从而共同对损害的发生承担的责任，如加害人为两个以上的人对受害人承担的责任。

（6）按份责任、连带责任与不真正连带责任。在共同责任中还可以区分为按份责任、连带责任与不真正连带责任。

按份责任是指多数当事人按照法律的规定或者合同的约定，各自承担一定份额的民事责任。在按份责任中，债权人如果请求某一债务人清偿的份额超出了其应承担的份额，该债务人可以予以拒绝。如果法律没有规定或合同没有约定这种份额，则推定为均等的责任份额。

连带责任是指多数当事人按照法律的规定或者合同的约定，连带地向权利人承担责任。如因违反连带债务或者共同实施侵权行为而产生的责任，各个责任人之间具有连带关系，应当承担连带责任。在连带责任中，权利人有权要求责任人中的任何一个人承担全部或部分的责任，责任人不得推脱。任何一个连带债务人对于债权人做出部分或全部清偿，都将导致责任的相应部分或全部消灭。民法上的连带责任主要有：①合伙人对合伙之债权人的责任；②共同侵权人的连带责任；③连带保证人之间的连带责任；④代理关系中发生的连带责任。

按份责任与连带责任的区别在于多数债务人对于债权人的外部关系而不是内部关系。任何连带责任在债务人内部关系上都是按份责任。与按份责任一样，如果法律没有规定或合同没有约定这种份额，则推定为均等的责任份额，如果哪一个债务人清偿债务超过了自己应承担的份额，有权向其他债务人作相应的追偿，这种权利称为代位求偿权。

不真正连带责任是指各债务人基于不同的发生原因而对于同一债权人负有以同一给付为

标的的数个债务，因一个债务人的履行而使全体债务均归于消灭，此时数个债务人之间所负的责任即为不真正连带责任。

（7）过错责任、无过错责任和公平责任。根据责任的构成是否以当事人的过错为要件，民事责任可以分为过错责任、无过错责任和公平责任。

过错责任，是指行为人违反民事义务并致他人损害时，应以过错作为责任的要件和确定责任范围的依据的责任。可见依过错责任，若行为人没有过错，如加害行为为因不可抗力而致，则虽有损害发生，行为人也不负责任。此外，在确定责任范围时应当确定受害人是否具有过错，受害人具有过错的事实可能导致加害人责任的减轻和免除。我国一般侵权行为责任即采过错责任的归责原则。

无过错责任，是指行为人只要给他人造成损失，不问其主观上是否有过错而都应承担的责任。一般认为，我国合同法上的违约责任与侵权法上的特别侵权责任的归责原则即是无过错责任原则。如在违约责任中，在违约责任发生后，非违约方只需证明违约方的行为已经构成违约即可，而不必证明其主观上有无故意或过失。对于违约方而言，通过举证自己无过错来免责是徒劳的，但可以通过证明违约行为是发生在不可抗力和存在特约的免责条件下而获得免责。同理，特别侵权人也只能通过证明法定的免责事由的存在而获免责。

公平责任，是指双方当事人对损害的发生均无过错，法律又无特别规定适用无过错责任原则时，由人民法院根据公平的观念，在考虑当事人双方的财产状况及其他情况的基础上，由当事人公平合理地分担责任。公平责任以公平观念作价值判断来确定责任的归属，在双方当事人对损害的发生均无过错，法律又无特别规定适用无过错责任原则的情况下，为平衡当事人之间的财产状况和财产损失，由当事人合理分担损失，从这个意义上讲，公平责任是道德观念和法律意识结合的产物，是以法律来维护社会的公共道德，在更高的水准要求当事人承担互助共济的社会责任。

1.3.3.3 民事责任的承担方式

民事责任的承担方式，又称为民事责任的形式，是指民事主体承担民事责任的具体措施。根据《民法通则》第一百三十四条规定，承担民事责任的方式主要有：

（1）停止侵害。这种责任方式主要适用于正在进行中的侵害他人合法权利的行为。

（2）排除妨碍。这种责任方式适用于妨碍他人行使权利的场合，不需要权利人的权利受到实际的侵害。

（3）消除危险。行为人的侵害行为虽未造成他人财产、人身的实际损害，但是有造成损害的现实危险时，权利人可以要求行为人采取措施排除危险。

（4）返还财产。当行为人非法占有他人的财产，他人可以要求行为人返还财产。但是这时要求该财产尚存在，如果该财产已经不存在，则行为人应当依法承担损害赔偿的责任。

（5）恢复原状。这种民事责任适用于财产遭到他人的损害，但是尚有恢复到原来状况的可能的情况。一般而言，造成他人财产损害的，应尽量恢复原状，只有难以恢复原状的，才对损失进行赔偿。

（6）修理、重作、更换。这种责任形式一般适用于一些合同关系。如一方根据买卖合同交付的标的物不符合合同的约定，则对方当事人可以要求修理、重作、更换。

（7）赔偿损失。赔偿损失是适用范围最广的一种责任形式。它不仅适用于侵犯财产权的场合，也适用于侵犯人身权的场合，如精神损害的赔偿。

（8）支付违约金。这种责任形式仅适用于合同。如果合同约定或法律规定了违约应当支付的违约金，如一方违约，就应当向另一方支付约定或法定的违约金。

（9）消除影响、恢复名誉。这种责任形式仅适用于《民法通则》第一百二十条规定的姓名权、肖像权、名誉权、荣誉权等人身权遭受侵害的情形。

（10）赔礼道歉。这种责任形式也只适用于《民法通则》第一百二十条规定的姓名权、肖像权、名誉权、荣誉权等人身权遭受侵害的情形。

这10种民事责任形式，既可以单独适用，也可以合并适用。在适用时应当注意区分不同性质的违法行为，根据责任形式的不同适用范围，正确选择责任承担的形式；区分违法行为的不同情节，根据责任形式之间的内在逻辑，正确地合并适用责任形式。

1.3.4　会计师事务所的行业违规责任

根据《中国注册会计师协会会员执业违规行为惩戒办法》（会协〔2011〕39号）和地方注册会计师协会的相关规定，注册会计师行业违规责任的种类有：

（1）训诫；

（2）通报批评；

（3）公开谴责。

第 2 章

会计师事务所刑事违法行为及刑事责任

2.1 妨害对公司、企业的管理秩序罪

2.1.1 虚报注册资本罪

虚报注册资本罪,是指申请公司登记的个人或者单位,使用虚假证明文件或者采取其他欺诈手段,虚报注册资本,欺骗公司登记主管部门,取得公司登记,虚报注册资本数额巨大、后果严重或者有其他严重情节的行为。

2.1.1.1 构成要件

(1) 客体要件:本罪侵犯的客体是国家公司登记管理制度,犯罪对象是注册资本。

(2) 客观要件:本罪在客观方面表现为使用虚假证明文件或者采取其他欺诈手段虚报注册资本,欺骗公司登记主管部门,取得公司登记,且虚报注册资本数额巨大、后果严重或者有其他严重情节的行为。

(3) 主体要件:本罪的主体要件是特殊主体,即申请公司登记的人或单位。

(4) 主观要件:本罪的主观方面只能由故意构成。犯罪的目的就是为了欺骗公司登记机关,非法取得公司登记。

2.1.1.2 刑事责任

《刑法》第一百五十八条规定,申请公司登记使用虚假证明文件或者采取其他欺诈手段虚报注册资本,欺骗公司登记主管部门,取得公司登记,虚报注册资本数额巨大、后果严重或者有其他严重情节的,处三年以下有期徒刑或者拘役,并处或者单处虚报注册资本金额百分之一以上百分之五以下罚金。单位犯前款罪的,对单位判处罚金,并对其直接负责的主管人员和其他直接责任人员,处三年以下有期徒刑或者拘役。

2.1.1.3 立案追诉标准

《最高人民检察院 公安部关于公安机关管辖的刑事案件立案追诉标准的规定(二)》第三条规定,申请公司登记使用虚假证明文件或者采取其他欺诈手段虚报注册资本,欺骗公

司登记主管部门，取得公司登记，涉嫌下列情形之一的，应予立案追诉：（一）超过法定出资期限，实缴注册资本不足法定注册资本最低限额，有限责任公司虚报数额在三十万元以上并占其应缴出资数额百分之六十以上的，股份有限公司虚报数额在三百万元以上并占其应缴出资数额百分之三十以上的。（二）超过法定出资期限，实缴注册资本达到法定注册资本最低限额，但仍虚报注册资本，有限责任公司虚报数额在一百万元以上并占其应缴出资数额百分之六十以上的，股份有限公司虚报数额在一千万元以上并占其应缴出资数额百分之三十以上的。（三）造成投资者或者其他债权人直接经济损失累计数额在十万元以上的。（四）虽未达到上述数额标准，但具有下列情形之一的：（1）两年内因虚报注册资本受过行政处罚二次以上，又虚报注册资本的；（2）向公司登记主管人员行贿的；（3）为进行违法活动而注册的。（五）其他后果严重或者有其他严重情节的情形。

2.1.1.4 其他规定

《四川省高级人民法院关于刑法部分条款数额执行标准和情节认定标准的意见》规定，《刑法》第一百五十八条规定的"数额巨大"，是指具有下列情形之一的：（1）实缴注册资本不足法定注册资本最低限额，有限责任公司虚报数额占法定最低限额的60%以上，股份有限公司虚报数额占法定最低限额的30%以上的；（2）实缴注册资本达到法定注册资本最低限额，但仍虚报注册资本，有限责任公司虚报数额在100万元以上，股份有限公司虚报数额在1000万元以上的。

"后果严重"，是指有限责任公司虚报注册资本给投资者或者其他债权人造成的直接经济损失累计数额在20万元以上，股份有限公司虚报注册资本给投资者或者其他债权人造成的直接经济损失累计数额在100万元以上的。

"其他严重情节"，是指虚报注册资本未达到上述数额标准，但具有下列情形之一的：（1）因虚报注册资本，受过二次以上行政处罚，又虚报注册资本的；（2）虽未受过处罚，但多次虚报注册资本的；（3）向公司登记主管人员行贿或者注册后进行违法活动的。

2.1.2 虚假出资、抽逃出资罪

虚假出资、抽逃出资罪，是指公司发起人、股东违反公司法的规定未交付货币、实物或者未转移财产权，或者在公司成立后又抽逃其出资，数额巨大、后果严重或者有其他严重情节的行为。

2.1.2.1 构成要件

（1）客体要件：本罪的客体是侵犯了国家公司资本管理制度。
（2）客观要件：本罪在客观方面表现为违反公司法的规定，未交付货币、实物或者未转移财产权，虚假出资，或者在公司成立后又抽逃其出资，数额巨大、后果严重或者有其他严重情节的行为。
（3）主体要件：本罪主体是特殊主体，即公司发起人或者股东。
（4）主观要件：本罪的主观方面只能由故意构成。

2.1.2.2 刑事责任

《刑法》第一百五十九条规定，公司发起人、股东违反公司法的规定未交付货币、实物或者未转移财产权，虚假出资，或者在公司成立后又抽逃其出资，数额巨大、后果严重或者有其他严重情节的，处五年以下有期徒刑或者拘役，并处或者单处虚假出资金额或者抽逃出资金额百分之二以上百分之十以下罚金。

单位犯前款罪的，对单位判处罚金，并对其直接负责的主管人员和其他直接责任人员，处五年以下有期徒刑或者拘役。

2.1.2.3 立案追诉标准

《最高人民检察院　公安部关于公安机关管辖的刑事案件立案追诉标准的规定（二）》第四条规定，公司发起人、股东违反公司法的规定未交付货币、实物或者未转移财产权，虚假出资，或者在公司成立后又抽逃其出资，涉嫌下列情形之一的，应予立案追诉：（一）超过法定出资期限，有限责任公司股东虚假出资数额在三十万元以上并占其应缴出资数额百分之六十以上的，股份有限公司发起人、股东虚假出资数额在三百万元以上并占其应缴出资数额百分之三十以上的。（二）有限责任公司股东抽逃出资数额在三十万元以上并占其实缴出资数额百分之六十以上的，股份有限公司发起人、股东抽逃出资数额在三百万元以上并占其实缴出资数额百分之三十以上的。（三）造成公司、股东、债权人的直接经济损失累计数额在十万元以上的。（四）虽未达到上述数额标准，但具有下列情形之一的：（1）致使公司资不抵债或者无法正常经营的；（2）公司发起人、股东合谋虚假出资、抽逃出资的；（3）两年内因虚假出资、抽逃出资受过行政处罚二次以上，又虚假出资、抽逃出资的；（4）利用虚假出资、抽逃出资所得资金进行违法活动的。（五）其他后果严重或者有其他严重情节的情形。

2.1.2.4 其他规定

《四川省高级人民法院关于刑法部分条款数额执行标准和情节认定标准的意见》规定，《刑法》第一百五十九条规定的"数额巨大"，是指有限责任公司发起人、股东虚假出资、抽逃出资20万元以上并占其出资额的30%以上，股份有限公司发起人、股东虚假出资、抽逃出资100万元以上并占其出资额的30%以上的。

"后果严重"，是指有限责任公司发起人、股东虚假出资、抽逃出资，给投资者或者其他债权人造成的直接经济损失累计数额在20万元以上，股份有限公司发起人、股东虚假出资、抽逃出资给投资者或者其他债权人造成的直接经济损失累计数额在100万元以上的。

"其他严重情节"，是指公司发起人、股东虚假出资、抽逃出资虽未达到上述数额标准，但具有下列情形之一的：（1）致使公司资不抵债或者无法正常经营的；（2）因虚假出资、抽逃出资，受过行政处罚二次以上，又虚假出资、抽逃出资的；（3）利用虚假出资、抽逃出资所得的资金进行违法活动的；（4）虽未受过处罚，但多次虚假出资、抽逃出资的。

2.1.3 违规披露、不披露重要信息罪

违规披露、不披露重要信息罪，指依法负有信息披露义务的公司和企业，向股东和社会公众提供虚假的或者隐瞒重要事实的财务会计报告，或者对依法应当披露的其他重要信息不披露或者不按规定披露，严重损害股东或者其他人的利益，或者有其他严重情节的行为。公司向股东和社会公众提供虚假的或者隐瞒重要事实的财务会计报告，严重损害股东或者其他人利益的行为。

2.1.3.1 构成要件

（1）客体要件：本罪侵犯的客体是国家对公司、企业的信息公开披露制度和股东、社会公众和其他利害关系人的合法权益。

（2）客观要件：本罪在客观方面表现为公司向股东和社会公众提供虚假的或者隐瞒重要事实的财务会计报告，或者对依法应当披露的其他重要信息不披露或者不按规定披露，严重损害股东或者其他人的利益，或者有其他严重情节的行为。

（3）主体要件：本罪的主体是特殊主体，即依法负有信息披露义务的公司、企业。

（4）主观要件：本罪在主观方面只能由故意构成，过失不构成本罪。

2.1.3.2 刑事责任

《刑法》第一百六十一条规定，依法负有信息披露义务的公司、企业向股东和社会公众提供虚假的或者隐瞒重要事实的财务会计报告，或者对依法应当披露的其他重要信息不按照规定披露，严重损害股东或者其他人利益，或者有其他严重情节的，对其直接负责的主管人员和其他直接责任人员，处三年以下有期徒刑或者拘役，并处或者单处二万元以上二十万元以下罚金。

2.1.3.3 立案追诉标准

《最高人民检察院 公安部关于公安机关管辖的刑事案件立案追诉标准的规定（二）》第六条规定，依法负有信息披露义务的公司、企业向股东和社会公众提供虚假的或者隐瞒重要事实的财务会计报告，或者对依法应当披露的其他重要信息不按照规定披露，涉嫌下列情形之一的，应予立案追诉：（一）造成股东、债权人或者其他人直接经济损失数额累计在五十万元以上的；（二）虚增或者虚减资产达到当期披露的资产总额百分之三十以上的；（三）虚增或者虚减利润达到当期披露的利润总额百分之三十以上的；（四）未按照规定披露的重大诉讼、仲裁、担保、关联交易或者其他重大事项所涉及的数额或者连续十二个月的累计数额占净资产百分之五十以上的；（五）致使公司发行的股票、公司债券或者国务院依法认定的其他证券被终止上市交易或者多次被暂停上市交易的；（六）致使不符合发行条件的公司、企业骗取发行核准并且上市交易的；（七）在公司财务会计报告中将亏损披露为盈利，或者将盈利披露为亏损的；（八）多次提供虚假的或者隐瞒重要事实的财务会计报告，或者多次对依法应当披露的其他重要信息不按照规定披露的；（九）其他严重损害股东、债权人或者其他人利益，或者有其他严重情节的情形。

2.1.4 隐匿、故意销毁会计凭证、会计账簿、财务会计报告罪

隐匿、故意销毁会计凭证、会计账簿、财务会计报告罪，是指隐匿或者故意销毁依法应当保存的会计凭证、会计账簿、财务会计报告，情节严重的行为。

2.1.4.1 构成要件

（1）客体要件：本罪侵犯的客体是国家对公司、企业的财会管理制度。本罪的犯罪对象具有特定性和限定性，专指公司、企业的财会凭证，并不是《会计法》所包括的财会凭证范围。本罪的对象包括会计凭证、会计账簿、会计报表和其他会计资料。

（2）客观要件：本罪在客观上表现为隐匿或者故意销毁依法应当保存的会计凭证、会计账簿、财务会计报告，情节严重的行为。具体表现为三个方面：其一，违法要件，行为人构成本罪以违反有关财会管理法律、法规为前提；其二，行为要件，本罪的客观行为主要表现为两个方面：一是隐匿财会凭证的行为，二是故意销毁财会凭证行为；其三，情节要件，本罪属于情节犯，行为人犯罪情节是否严重是构成本罪的法定要件。只有那些情节严重的隐匿、故意销毁财会凭证行为才能构成本罪，情节较轻的隐匿、故意销毁财会凭证行为一般不以犯罪论处。

（3）主体要件：本罪的主体既可以为自然人也可以是单位。

（4）主观要件：本罪的主观方面由故意构成，即行为人明知会计凭证、会计账簿、财务会计报告应当依法保存，故意予以隐匿或者销毁。

2.1.4.2 刑事责任

《刑法》第一百六十二条规定，隐匿或者故意销毁依法应当保存的会计凭证、会计账簿、财务会计报告，情节严重的，处五年以下有期徒刑或者拘役，并处或者单处二万元以上二十万元以下罚金。

单位犯前款罪的，对单位判处罚金，并对其直接负责的主管人员和其他直接责任人员，依照前款的规定处罚。

2.1.4.3 立案追诉标准

《最高人民检察院 公安部关于公安机关管辖的刑事案件立案追诉标准的规定（二）》第八条规定，隐匿或者故意销毁依法应当保存的会计凭证、会计账簿、财务会计报告，涉嫌下列情形之一的，应予立案追诉：（一）隐匿、故意销毁的会计凭证、会计账簿、财务会计报告涉及金额在五十万元以上的；（二）依法应当向司法机关、行政机关、有关主管部门等提供而隐匿、故意销毁或者拒不交出会计凭证、会计账簿、财务会计报告的；（三）其他情节严重的情形。

2.1.5 非国家工作人员受贿罪

非国家工作人员受贿罪，是指公司、企业或者其他单位的工作人员利用职务上的便利，

索取他人财物或者非法收受他人财物，为他人谋取利益，数额较大的行为。

2.1.5.1 构成要件

（1）客体要件：本罪侵犯的客体是国家对公司、企业以及非国有事业单位、其他组织的工作人员职务活动的管理制度。

（2）客观要件：本罪在客观方面表现为利用职务上的便利，索取他人财物或非法收受他人财物，为他人谋取利益，数额较大的行为。

（3）主体要件：本罪的主体是特殊主体，即公司、企业或者其他单位的工作人员。

（4）主观要件：本罪在主观方面表现为故意，即公司、企业、其他单位人员故意利用其职务之便接受或索取贿赂，为他人谋取利益。

2.1.5.2 刑事责任

《刑法》第一百六十三条规定，公司、企业或者其他单位的工作人员利用职务上的便利，索取他人财物或者非法收受他人财物，为他人谋取利益，数额较大的，处五年以下有期徒刑或者拘役；数额巨大的，处五年以上有期徒刑，可以并处没收财产。

公司、企业或者其他单位的工作人员在经济往来中，利用职务上的便利，违反国家规定，收受各种名义的回扣、手续费，归个人所有的，依照前款的规定处罚。

2.1.5.3 立案追诉标准

《最高人民检察院 公安部关于公安机关管辖的刑事案件立案追诉标准的规定（二）》第十条规定，公司、企业或者其他单位的工作人员利用职务上的便利，索取他人财物或者非法收受他人财物，为他人谋取利益，或者在经济往来中，利用职务上的便利，违反国家规定，收受各种名义的回扣、手续费，归个人所有，数额在五千元以上的，应予立案追诉。

2.1.6 对非国家工作人员行贿罪

对非国家工作人员行贿罪，是指为谋取不正当利益，给予公司、企业的工作人员以财物、数额较大的行为。

2.1.6.1 构成要件

（1）客体要件：本罪侵犯的是复杂客体，即国家对公司、企业的正常管理秩序和市场竞争秩序。

（2）客观要件：本罪在客观上表现为谋取不正当利益，给予公司、企业或者其他单位的工作人员以财物数额较大的行为。

（3）主体要件：本罪的主体是经营者，即从事商品经营、营利性服务等经济活动的法人、其他经济组织或者个人，机关或其所属部门也可能成为主体要件。

（4）主观要件：本罪的主观上均为故意。其目的是为了谋取不正当利益，此处的谋利，不同于经济活动中依法经营，获取的正当利益，而是牟取暴利、追求不正当的高额经济利润。

2.1.6.2 刑事责任

《刑法》第一百六十四条规定，为谋取不正当利益，给予公司、企业或者其他单位的工作人员以财物，数额较大的，处三年以下有期徒刑或者拘役；数额巨大的，处三年以上十年以下有期徒刑，并处罚金。

单位犯前款罪的，对单位判处罚金，并对其直接负责的主管人员和其他直接责任人员，依照前款的规定处罚。

行贿人在被追诉前主动交待行贿行为的，可以减轻处罚或者免除处罚。

2.1.6.3 立案追诉标准

《最高人民检察院 公安部关于公安机关管辖的刑事案件立案追诉标准的规定（二）》第十一条规定，为谋取不正当利益，给予公司、企业或者其他单位的工作人员以财物，个人行贿数额在一万元以上的，单位行贿数额在二十万元以上的，应予立案追诉。

2.2 破坏金融管理秩序

2.2.1 内幕交易、泄露内幕信息罪

内幕交易、泄露内幕信息罪，是指证券、期货交易内幕信息的知情人员或者非法获取证券、期货交易内幕信息的人员，在涉及证券的发行，证券、期货交易或者其他对证券、期货交易的价格有重大影响的信息尚未公开前，买入或者卖出该证券，或者从事与该内幕信息有关的期货交易，或者泄露该信息，情节严重的行为。

2.2.1.1 构成要件

（1）客体要件：本罪侵害的客体是证券、期货市场的正常管理秩序和证券、期货投资人的合法利益。

（2）客观要件：本罪在客观上表现为行为人违反有关法规，在涉及证券发行，证券、期货交易或者其他对证券、期货交易价格有重大影响的信息正式公开前，利用自己所知的内幕信息进行证券、期货买卖，或者建议其他人利用该内幕信息进行证券、期货买卖，或者泄露内幕信息，情节严重的行为。

（3）主体要件：本罪的主体为特定主体，是知悉内幕信息的人，即内幕人员。

（4）主观要件：本罪在主观方面只能依故意构成。包括直接故意和间接故意。

（5）内幕信息内容：公司的经营方针和经营范围的重大变化；公司的重大投资行为和重大的购置财产的决定；公司订立重要合同，而该合同可能对公司的资产、负债、权益和经营成果产生重要影响；公司发生重大债务和未能清偿到期重大债务的违约情况；公司发生重大亏损或者超过净资产百分之十以上的重大损失；公司生产经营的外部条件发生的重大变化；公司的董事长，三分之一以上的董事，或者经理发生变动；持有公司百分之五以上股份的股东，其持有股份情况发生较大变化；公司减资、合并、分立、解散及申请破产的决定；

涉及公司的重大诉讼，法院依法撤销股东大会、董事会决议；法律、行政法规规定的其他事项；公司分配股利或者增资的计划；公司股权结构的重大变化；公司债务担保的重大变更；公司营业用主要资产的抵押、出售或者报废一次超过该资产的百分之三十；公司的董事、监事、经理、副经理或者其他高级管理人员的行为可能依法承担重大损害赔偿责任；上市公司收购的有关方案；国务院证券监督管理机构认定的对证券交易价格有显著影响的其他重要信息。内幕消息不包括运用公开的信息和资料，对证券市场作出的预测和分析。

2.2.1.2 刑事责任

《刑法》第一百八十条规定，证券、期货交易内幕信息的知情人员或者非法获取证券、期货交易内幕信息的人员，在涉及证券的发行，证券、期货交易或者其他对证券、期货交易价格有重大影响的信息尚未公开前，买入或者卖出该证券，或者从事与该内幕信息有关的期货交易，或者泄露该信息，或者明示、暗示他人从事上述交易活动，情节严重的，处五年以下有期徒刑或者拘役，并处或者单处违法所得一倍以上五倍以下罚金；情节特别严重的，处五年以上十年以下有期徒刑，并处违法所得一倍以上五倍以下罚金。

单位犯前款罪的，对单位判处罚金，并对其直接负责的主管人员和其他直接责任人员，处五年以下有期徒刑或者拘役。

内幕信息、知情人员的范围，依照法律、行政法规的规定确定。

2.2.1.3 立案追诉标准

《最高人民检察院 公安部关于公安机关管辖的刑事案件立案追诉标准的规定（二）》第三十五条规定，证券、期货交易内幕信息的知情人员、单位或者非法获取证券、期货交易内幕信息的人员、单位，在涉及证券的发行，证券、期货交易或者其他对证券、期货交易价格有重大影响的信息尚未公开前，买入或者卖出该证券，或者从事与该内幕信息有关的期货交易，或者泄露该信息，或者明示、暗示他人从事上述交易活动，涉嫌下列情形之一的，应予立案追诉：（一）证券交易成交额累计在五十万元以上的；（二）期货交易占用保证金数额累计在三十万元以上的；（三）获利或者避免损失数额累计在十五万元以上的；（四）多次进行内幕交易、泄露内幕信息的；（五）其他情节严重的情形。

2.2.2 洗钱罪

洗钱罪，是指明知是毒品犯罪、黑社会性质的组织犯罪、贪污贿赂犯罪、恐怖活动犯罪、走私犯罪、破坏金融管理秩序犯罪、金融诈骗犯罪等的违法所得及其收益，为掩饰、隐瞒其来源和性质，通过存入金融机构、投资或者上市流通等手段使非法所得收入合法化的行为。

2.2.2.1 构成要件

（1）客体要件：本罪侵犯的客体是复杂客体，既侵犯了金融秩序，又侵犯了社会经济管理秩序，还侵犯了国家正常的金融管理活动及外汇管理的相关规定。

（2）客观要件：本罪在客观方面表现为：①提供资金账户：是指为犯罪人开设银行资

金账户或者将现有的银行资金账户提供给犯罪人使用。②协助将财产转为现金或者金融票据：既包括将实物转换为现金或金融票据，也包括将现金转换为金融票据或者将金融票据转换成现金，还包括将此种现金（如人民币）转换为彼种现金（如美元），将此种金融票据（如外国金融机构出具的票据）转换为彼种金融票据（如中国金融机构出具的票据）。③通过转账或者其他结算方式协助资金转移。④协助将资金汇往境外。⑤以其他方式掩饰、隐瞒犯罪的违法所得及其收益来源和性质：指其他掩饰、隐瞒犯罪的违法所得及其产生的收益的性质与来源的一切方法，如将犯罪所得投资于某种行业，用犯罪所得购买不动产等。

（3）主体要件：本罪的犯罪主体是一般主体，包括年满十六周岁以上、具有刑事责任能力的自然人和单位。

（4）主观要件：本罪在主观方面的表现为故意，即行为人明知自己的行为是在为犯罪违法所得掩饰、隐瞒其来源和性质、为利益而故意为之，并希望这种结果发生。

2.2.2.2 刑事责任

《刑法》第一百九十一条规定，明知是毒品犯罪、黑社会性质的组织犯罪、恐怖活动犯罪、走私犯罪、贪污贿赂犯罪、破坏金融管理秩序犯罪、金融诈骗犯罪的所得及其产生的收益，为掩饰、隐瞒其来源和性质，有下列行为之一的，没收实施以上犯罪的所得及其产生的收益，处五年以下有期徒刑或者拘役，并处或者单处洗钱数额百分之五以上百分之二十以下罚金；情节严重的，处五年以上十年以下有期徒刑，并处洗钱数额百分之五以上百分之二十以下罚金：（一）提供资金账户的；（二）协助将财产转换为现金、金融票据、有价证券的；（三）通过转账或者其他结算方式协助资金转移的；（四）协助将资金汇往境外的；（五）以其他方法掩饰、隐瞒犯罪所得及其收益的来源和性质的。

单位犯前款罪的，对单位判处罚金，并对其直接负责的主管人员和其他直接责任人员，处五年以下有期徒刑或者拘役；情节严重的，处五年以上十年以下有期徒刑。

2009年11月11日，最高人民法院发布《关于审理洗钱等刑事案件具体应用法律若干问题的解释》，明确规定对以下六种洗钱行为应依法追究刑事责任：通过典当、租赁、买卖、投资等方式，协助转移、转换犯罪所得及其收益的；通过与商场、饭店、娱乐场所等现金密集型场所的经营收入相混合的方式，协助转移、转换犯罪所得及其收益的；通过虚构交易、虚设债权债务、虚假担保、虚报收入等方式，协助将犯罪所得及其收益转换为"合法"财物的；通过买卖彩票、奖券等方式，协助转换犯罪所得及其收益的；通过赌博方式，协助将犯罪所得及其收益转换为赌博收益的；协助将犯罪所得及其收益携带、运输或者邮寄出入境的。

上述《解释》同时规定，以下六种情形，除有证据证明确实不知道的之外，均可以认定行为人对犯罪所得及其收益具有主观"明知"，也将被追责：知道他人从事犯罪活动，协助转换或者转移财物的；没有正当理由，通过非法途径协助转换或者转移财物的；没有正当理由，以明显低于市场的价格收购财物的；没有正当理由，协助转换或者转移财物，收取明显高于市场的"手续费"的。此外，还包括没有正当理由，协助他人将巨额现金散存于多个银行账户或者在不同银行账户之间频繁划转；协助近亲属或者其他关系密切的人转换或者转移与其职业或者财产状况明显不符的财物的。

2.3 危害税收征管罪

2.3.1 逃税罪

逃税罪是指纳税人采取欺骗、隐瞒手段进行虚假纳税申报或者不申报，逃避缴纳税款数额较大的行为。

2.3.1.1 构成要件

（1）客体要件：本罪侵害的客体是国家对税收的管理制度。
（2）客观要件：本罪在客观上必须违反了国家税收管理方面的法律法规。
（3）主体要件：本罪的主体为特殊主体，即纳税人和扣缴义务人。自然人、单位均可构成本罪。
（4）主观要件：本罪在主观方面必须是直接故意，是指行为人明知自己的行为违反税收法律、法规，逃避缴纳税款义务的行为，其结果会使国家税收受到影响，而希望或追求这种结果的发生。

2.3.1.2 刑事责任

《刑法》第二百零一条规定，纳税人采取欺骗、隐瞒手段进行虚假纳税申报或者不申报，逃避缴纳税款数额较大并且占应纳税额百分之十以上的，处三年以下有期徒刑或者拘役，并处罚金；数额巨大并且占应纳税额百分之三十以上的，处三年以上七年以下有期徒刑，并处罚金。

扣缴义务人采取前款所列手段，不缴或者少缴已扣、已收税款，数额较大的，依照前款的规定处罚。

对多次实施前两款行为，未经处理的，按照累计数额计算。

有第一款行为，经税务机关依法下达追缴通知后，补缴应纳税款，缴纳滞纳金，已受行政处罚的，不予追究刑事责任；但是，五年内因逃避缴纳税款受过刑事处罚或者被税务机关给予二次以上行政处罚的除外。

2.3.1.3 立案追诉标准

《最高人民检察院 公安部关于公安机关管辖的刑事案件立案追诉标准的规定（二）》对逃税罪的立案标准作了规定：（一）纳税人采取欺骗、隐瞒手段进行虚假纳税申报或者不申报，逃避缴纳税款，数额在五万元以上并且占各税种应纳税总额百分之十以上，经税务机关依法下达追缴通知后，不补缴应纳税款、不缴纳滞纳金或者不接受行政处罚的；（二）纳税人五年内因逃避缴纳税款受过刑事处罚或者被税务机关给予二次以上行政处罚，又逃避缴纳税款，数额在五万元以上并且占各税种应纳税总额百分之十以上的；（三）扣缴义务人采取欺骗、隐瞒手段，不缴或者少缴已扣、已收税款，数额在五万元以上的。

纳税人在公安机关立案后再补缴应纳税款、缴纳滞纳金或者接受行政处罚的，不影响刑事责任的追究。

2.3.2 抗税罪

抗税罪，是指负有纳税义务或者代扣代缴、代收代缴义务的个人或者企业事业单位的直接责任人员，故意违反税收法规，以暴力、威胁方法拒不缴纳税款的行为。

2.3.2.1 构成要件

（1）客体要件：本罪侵害的客体是复杂客体，即国家的税收管理制度和执行征税职务活动的税务人员的人身权利。

（2）客观要件：本罪在客观方面表现为违反税收法规，以暴力、威胁方法不缴纳税款的行为。

（3）主体要件：本罪的主体为特殊主体，负有纳税义务和扣缴税款义务的人。

（4）主观要件：本罪在主观方面出于直接故意。

2.3.2.2 刑事责任

《刑法》第二百零二条规定，以暴力、威胁方法拒不缴纳税款的，处三年以下有期徒刑或者拘役，并处拒缴税款一倍以上五倍以下罚金；情节严重的，处三年以上七年以下有期徒刑，并处拒缴税款一倍以上五倍以下罚金。

2.3.2.3 立案追诉标准

《最高人民检察院 公安部关于公安机关管辖的刑事案件立案追诉标准的规定（二）》第五十八条规定，以暴力、威胁方法拒不缴纳税款，涉嫌下列情形之一的，应予立案追诉：（一）造成税务工作人员轻微伤以上的；（二）以给税务工作人员及其亲友的生命、健康、财产等造成损害为威胁，抗拒缴纳税款的；（三）聚众抗拒缴纳税款的；（四）以其他暴力、威胁方法拒不缴纳税款的。

2.3.3 逃避追缴欠税罪

逃避追缴欠税罪，是指纳税义务人欠缴应纳税款，采取转移或者隐匿财产的手段，致使税务机关无法追缴欠缴的税款，数额较大的行为。

2.3.3.1 构成要件

（1）客体要件：本罪侵害的客体是国家的税收制度和国家的财产所有权。

（2）客观要件：本罪在客观方面的表现为：违反国家税收法律法规；采取隐瞒或者转移财产的手段；致使国家税务机关无法追缴所欠税款，数额较大的行为。

（3）主体要件：本罪的主体是具有纳税义务的个体工商户、个体承包户、租赁经营户、个人合伙企业等特殊主体，不具备纳税义务人资格的不构成本罪。

（4）主观要件：本罪主观表现为明知自己有补缴所欠缴税款的义务，为逃避税务机关追缴欠税，故意隐瞒、转移财产。

2.3.3.2 刑事责任

《刑法》第二百零三条规定，纳税人欠缴应纳税款，采取转移或者隐匿财产的手段，致使税务机关无法追缴欠缴的税款，数额在一万元以上不满十万元的，处三年以下有期徒刑或者拘役，并处或者单处欠缴税款一倍以上五倍以下罚金；数额在十万元以上的，处三年以上七年以下有期徒刑，并处欠缴税款一倍以上五倍以下罚金。

2.3.3.3 立案追诉标准

《最高人民检察院 公安部关于公安机关管辖的刑事案件立案追诉标准的规定（二）》第五十九条规定，纳税人欠缴应纳税款，采取转移或者隐匿财产的手段，致使税务机关无法追缴欠缴的税款，数额在一万元以上的，应予立案追诉。

2.4 侵犯知识产权罪

2.4.1 假冒注册商标罪

假冒注册商标罪，是指违反国家商标管理法规，未经注册商标所有人许可，在同一种商品上使用与其注册商标相同的商标，情节严重的行为。

2.4.1.1 构成要件

（1）客体要件：本罪侵害的客体为他人合法的注册商标专用权，以及国家商标管理秩序。

（2）客观要件：本罪在客观方面为行为人实施了刑法所禁止的假冒商标行为，且情节严重。

（3）主体要件：本罪的犯罪主体为一般主体，即任何企业事业单位或者个人假冒他人注册商标，情节达到犯罪标准的构成本罪。

（4）主观要件：本罪主观方面为故意，且以营利为目的。

2.4.1.2 刑事责任

《刑法》第二百一十三条规定，未经注册商标所有人许可，在同一种商品上使用与其注册商标相同的商标，情节严重的，处三年以下有期徒刑或者拘役，并处或者单处罚金；情节特别严重的，处三年以上七年以下有期徒刑，并处罚金。

2.4.1.3 立案追诉标准

《最高人民检察院 公安部关于公安机关管辖的刑事案件立案追诉标准的规定（二）》第六十九条规定，未经注册商标所有人许可，在同一种商品上使用与其注册商标相同的商标，涉嫌下列情形之一的，应予立案追诉：（一）非法经营数额在五万元以上或者违法所得数额在三万元以上的；（二）假冒两种以上注册商标，非法经营数额在三万元以上或者违法所得数额在二万元以上的；（三）其他情节严重的情形。

2.4.1.4 其他规定

《四川省高级人民法院关于刑法部分条款数额执行标准和情节认定标准的意见》规定，《刑法》第二百一十三条规定的"情节严重"，是指具有以下情形之一的：（1）个人违法所得数额在 2 万元以上或者非法经营额在 10 万元以上的；单位违法所得数额在 10 万元以上或者非法经营额在 50 万元以上的；（2）假冒的注册商标标识在 1 万份（套）以上的；（3）因假冒他人注册商标，被工商行政管理部门给予二次行政处罚后又假冒他人注册商标的；（4）假冒他人驰名商标标识或者人用药品商标标识 100 份（套）以上的。

"情节特别严重"，是指具有以下情形之一的：（1）个人违法所得数额在 10 万元以上或者非法经营额在 50 万元以上的，单位违法所得数额在 50 万元以上或者非法经营额在 300 万元以上的；（2）假冒的注册商标标识在 10 万份（套）以上的；（3）假冒他人驰名商标标识或者人用药品商标标识 500 份（套）以上的。

2.4.2 侵犯商业秘密罪

侵犯商业秘密罪，是指采取不正当手段，获取、使用、披露或者允许他人使用权利人的商业秘密，给商业秘密的权利人造成重大损失的行为。

2.4.2.1 构成要件

（1）客体要件：本罪侵害的客体为商业秘密权（商业秘密权利人对商业秘密所拥有的合法权益）以及受国家保护的正常有序的市场经济秩序。

（2）客观要件：本罪在客观上实施了侵犯商业秘密的行为，并且给权利人造成了重大损失。

（3）主体要件：本罪的犯罪主体为一般主体，凡达到刑事责任年龄且具备责任能力的自然人均能构成本罪，单位亦能构成本罪主体。

（4）主观要件：本罪主观方面只能是故意，即行为人有意识地通过多种手段侵犯商业秘密。

2.4.2.2 刑事责任

《刑法》第二百一十九条规定，有下列侵犯商业秘密行为之一，给商业秘密的权利人造成重大损失的，处三年以下有期徒刑或者拘役，并处或者单处罚金；造成特别严重后果的，处三年以上七年以下有期徒刑，并处罚金：

（一）以盗窃、利诱、胁迫或者其他不正当手段获取权利人的商业秘密的；

（二）披露、使用或者允许他人使用以前项手段获取的权利人的商业秘密的；

（三）违反约定或者违反权利人有关保守商业秘密的要求，披露、使用或者允许他人使用其所掌握的商业秘密的。

明知或者应知前款所列行为，获取、使用或者披露他人的商业秘密的，以侵犯商业秘密论。

本条所称商业秘密，是指不为公众所知悉，能为权利人带来经济利益，具有实用性并经权利人采取保密措施的技术信息和经营信息。

本条所称权利人，是指商业秘密的所有人和经商业秘密所有人许可的商业秘密使用人。

2.4.2.3 立案追诉标准

《最高人民检察院　公安部关于公安机关管辖的刑事案件立案追诉标准的规定（二）》第七十三条规定，侵犯商业秘密，涉嫌下列情形之一的，应予立案追诉：（一）给商业秘密权利人造成损失数额在五十万元以上的；（二）因侵犯商业秘密违法所得数额在五十万元以上的；（三）致使商业秘密权利人破产的；（四）其他给商业秘密权利人造成重大损失的情形。

2.5 扰乱市场秩序罪

2.5.1 串通投标罪

串通投标罪，指投标者相互串通投标报价，损害招标人或者其他投标人利益，或者投标者与招标者串通投标，损害国家、集体、公民的合法权益，情节严重的行为。

2.5.1.1 构成要件

（1）客体要件：本罪侵犯的是复杂客体，既侵犯其他投标人或国家、集体的合法权益，又侵犯社会主义市场经济的自由贸易和公平竞争的秩序。

（2）客观要件：本罪在客观方面表现为串通投标的行为。所谓串通投标是指在招标投标过程中，违反有关程序所发生的限制竞争行为的统称，具体地说，就是指在招标投际的过程中，投标人之间私下串通，抬高标价或压低标价，共同损害招标人或其他投标人的利益，或者投标人与招标人之间相互勾结，损害国家、集体、公民的合法权益的行为。

（3）主体要件：本罪的主体就招标人而言，是特殊主体，就投标人而言，是一般主体，凡达到刑事责任年龄且具备刑事责任能力的自然人均能构成本罪。单位也能成为本罪主体。

（4）主观要件：本罪在主观方面必须出于故意，即明知自己串通投标的行为会损害招标人或其他投标人的利益，但仍决意为之，并希望或放任这种危害后果的发生。

2.5.1.2 刑事责任

《刑法》第二百二十三条规定，投标人相互串通投标报价，损害招标人或者其他投标人利益，情节严重的，处三年以下有期徒刑或者拘役，并处或者单处罚金。

投标人与招标人串通投标，损害国家、集体、公民的合法利益的，依照前款的规定处罚。

2.5.1.3 立案追诉标准

《最高人民检察院 公安部关于公安机关管辖的刑事案件立案追诉标准的规定（二）》第七十六条规定，投标人相互串通投标报价，或者投标人与招标人串通投标，涉嫌下列情形之一的，应予立案追诉：（一）损害招标人、投标人或者国家、集体、公民的合法利益，造成直接经济损失数额在五十万元以上的；（二）违法所得数额在十万元以上的；（三）中标项目金额在二百万元以上的；（四）采取威胁、欺骗或者贿赂等非法手段的；（五）虽未达到上述数额标准，但两年内因串通投标，受过行政处罚二次以上，又串通投标的；（六）其他情节严重的情形。

2.5.2 提供虚假证明文件罪

提供虚假证明文件罪，是指承担资产评估、验资、验证、会计、审计、法律服务等职责的中介组织及其人员故意提供虚假证明文件、情节严重的行为。

2.5.2.1 构成要件

（1）客体要件：本罪侵害的客体是国家的工商管理制度。犯罪对象为评估事务所、会计师事务所等单位或个人提供的有关公司成立或经营情况的各类虚假的证明文件。

（2）客观要件：本罪在客观方面表现为提供虚假证明文件，情节严重的行为。

（3）主体要件：本罪的犯罪主体为特殊主体，只有承担资产评估、验资、验证、会计、审计、法律服务等职责的中介组织及人员，才能构成本罪。

（4）主观要件：本罪主观方面必须出于故意，即明知自己所提供的有关证明文件有虚假内容但仍决意提供。

2.5.2.2 刑事责任

《刑法》第二百二十九条规定，承担资产评估、验资、验证、会计、审计、法律服务等职责的中介组织的人员故意提供虚假证明文件，情节严重的，处五年以下有期徒刑或者拘役，并处罚金。

前款规定的人员，索取他人财物或者非法收受他人财物，犯前款罪的，处五年以上十年以下有期徒刑，并处罚金。

2.5.2.3 立案追诉标准

《最高人民检察院 公安部关于公安机关管辖的刑事案件立案追诉标准的规定（二）》第八十一条规定，承担资产评估、验资、验证、会计、审计、法律服务等职责的中介组织的人员故意提供虚假证明文件，涉嫌下列情形之一的，应予立案追诉：（一）给国家、公众或者其他投资者造成直接经济损失数额在五十万元以上的；（二）违法所得数额在十万元以上的；（三）虚假证明文件虚构数额在一百万元且占实际数额百分之三十以上的；（四）虽未达到上述数额标准，但具有下列情形之一的：1. 在提供虚假证明文件过程中索取或者非法接受他人财物的；2. 两年内因提供虚假证明文件，受过行政处罚二次以上，又提供虚假证明文件的。(五)其他情节严重的情形。

2.5.3 出具证明文件重大失实罪

出具证明文件重大失实罪,是指承担资产评估、验资、验证、会计、审计、法律服务等职责的中介组织及其人员,不负责任,出具的证明文件有重大失实,造成严重后果的行为。

2.5.3.1 构成要件

(1)客体要件:本罪客体侵害的是国家有关市场的管理秩序,犯罪对象是指资产评估报告、验资证明、验证证明、审计报告等中介证明。

(2)客观要件:本罪在客观方面表现为严重不负责任,出具的证明文件有重大失实,造成严重后果的行为。

(3)主体要件:本罪的犯罪主体为特殊主体,只有承担资产评估、验资、验证、会计、审计、法律服务等职责的中介组织及人员,才能构成本罪。

(4)主观要件:本罪主观方面必须出于过失,即应当预见自己严重不负责任的行为,可能造成证明文件的重大失实,并产生严重后果,却因疏忽大意没有预见或者虽有预见但却轻信能够避免,因而造成证明文件的重大失实并发生了严重后果。

2.5.3.2 刑事责任

《刑法》第二百二十九条规定,承担资产评估、验资、验证、会计、审计、法律服务等职责的中介组织的人员故意提供虚假证明文件,情节严重的,处五年以下有期徒刑或者拘役,并处罚金。

前款规定的人员,索取他人财物或者非法收受他人财物,犯前款罪的,处五年以上十年以下有期徒刑,并处罚金。

第一款规定的人员,严重不负责任,出具的证明文件有重大失实,造成严重后果的,处三年以下有期徒刑或者拘役,并处或者单处罚金。

2.5.3.3 立案追诉标准

《最高人民检察院 公安部关于公安机关管辖的刑事案件立案追诉标准的规定(二)》第八十二条规定,承担资产评估、验资、验证、会计、审计、法律服务等职责的中介组织的人员严重不负责任,出具的证明文件有重大失实,涉嫌下列情形之一的,应予立案追诉:(一)给国家、公众或者其他投资者造成直接经济损失数额在一百万元以上的;(二)其他造成严重后果的情形。

2.6 侵犯财产罪

2.6.1 职务侵占罪

职务侵占罪，是指公司、企业或者其他单位的人员，利用职务上的便利，将本单位财物非法占为己有，数额较大的行为。

2.6.1.1 构成要件

（1）客体要件：本罪犯罪客体是公司、企业或者其他单位的财产所有权。侵犯的对象是公司、企业或者其他单位的财物，包括动产和不动产。

（2）客观要件：本罪在客观方面表现为利用职务上的便利，侵占本单位财物，数额较大的行为。

（3）主体要件：本罪的犯罪主体为特殊主体，包括公司、企业或者其他单位的人员。

（4）主观要件：本罪主观方面是直接故意，且具有非法占有公司、企业或其他单位财物的目的。

2.6.1.2 刑事责任

《刑法》第二百七十一条规定，公司、企业或者其他单位的人员，利用职务上的便利，将本单位财物非法占为己有，数额较大的，处五年以下有期徒刑或者拘役；数额巨大的，处五年以上有期徒刑，可以并处没收财产。

2.6.1.3 立案追诉标准

《最高人民检察院 公安部关于公安机关管辖的刑事案件立案追诉标准的规定（二）》第八十四条规定，公司、企业或者其他单位的人员，利用职务上的便利，将本单位财物非法占为己有，数额在五千元至一万元以上的，应予立案追诉。

2.6.2 挪用资金罪

挪用资金罪，是指公司、企业或者其他单位的人员，利用职务上的便利，挪用本单位资金归个人使用或者借贷给他人，数额较大、超过三个月未还，或者虽未超过三个月，但数额较大、进行营利活动的，或者进行非法活动的行为。

2.6.2.1 构成要件

（1）客体要件：本罪所侵害的客体是公司、企业或者其他单位资金的使用收益权，对象则是本单位的资金。

（2）客观要件：本罪在客观方面表现为行为人利用职务上的便利，挪用本单位资金归个人使用或者借贷给他人，数额较大、超过三个月未还的或者虽未超过三个月，但数额较大、进行营利活动的,或者进行非法活动的行为。

(3) 主体要件:本罪的主体为特殊主体,即公司、企业或者其他单位的工作人员。

(4) 主观要件:本罪在主观方面只能出于故意,即行为人明知自己在挪用或借贷本单位资金,并且利用了职务上的便利,而仍故意为之。

2.6.2.2 刑事责任

《刑法》第二百七十二条规定,公司、企业或者其他单位的工作人员,利用职务上的便利,挪用本单位资金归个人使用或者借贷给他人,数额较大、超过三个月未还的,或者虽未超过三个月,但数额较大、进行营利活动的,或者进行非法活动的,处三年以下有期徒刑或者拘役;挪用本单位资金数额巨大的,或者数额较大不退还的,处三年以上十年以下有期徒刑。

最高人民法院《关于办理违反公司法受贿、侵占、挪用等刑事案件适用法律若干问题的解释》规定,挪用本单位资金一万元至三万元以上的,为"数额较大";为进行非法活动,挪用本单位资金五千元至二万元以上的,追究刑事责任。

最高人民法院《关于对受委托管理、经营国有财产人员挪用国有资金行为如何定罪问题的批复》明确规定,对于受国家机关、国有公司、企业、事业单位、人民团体委托,管理、经营国有财产的非国家工作人员,利用职务上的便利,挪用国有资金归个人使用构成犯罪的,应当依照刑法第二百七十二条第一款的规定定罪处罚。

2.6.2.3 立案追诉标准

《最高人民检察院 公安部关于公安机关管辖的刑事案件立案追诉标准的规定(二)》第八十五条规定,公司、企业或者其他单位的工作人员,利用职务上的便利,挪用本单位资金归个人使用或者借贷给他人,涉嫌下列情形之一的,应予立案追诉:(一)挪用本单位资金数额在一万元至三万元以上,超过三个月未还的;(二)挪用本单位资金数额在一万元至三万元以上,进行营利活动的;(三)挪用本单位资金数额在五千元至二万元以上,进行非法活动的。

具有下列情形之一的,属于本条规定的"归个人使用":(一)将本单位资金供本人、亲友或者其他自然人使用的;(二)以个人名义将本单位资金供其他单位使用的;(三)个人决定以单位名义将本单位资金供其他单位使用,谋取个人利益的。

2.7 贪污贿赂罪

2.7.1 行贿罪

行贿罪,是指为谋取不正当利益,给国家工作人员以财物(含在经济往来中,违反国家规定,给予国家工作人员以财物,数额较大,或者违反国家规定,给予国家工作人员以各种名义的回扣费、手续费)的行为。

2.7.1.1 构成要件

（1）客体要件：本罪所侵犯的客体是国家机关的正常管理和公职人员的职务行为的不可收买性。犯罪对象是公务人员个人。

（2）客观要件：本罪在犯罪客观方面表现为：为自己谋取不正当利益；用钱财收买国家工作人员的职务行为；违反国家规定，给国家工作人员以各种名义的回扣费、手续费；数额较大。

（3）主体要件：本罪的犯罪主体是一般主体，即行为人是达到刑事责任年龄，具备刑事责任能力的自然人。

（4）主观要件：本罪在犯罪主观方面表现为故意，即行贿人对于自己行贿行为的目的、性质都十分清楚，但为了谋取私利而仍然为之的故意行为。

2.7.1.2 刑事责任

《刑法》第三百八十九条规定，为谋取不正当利益，给予国家工作人员以财物的，是行贿罪。在经济往来中，违反国家规定，给予国家工作人员以财物，数额较大的，或者违反国家规定，给予国家工作人员以各种名义的回扣、手续费的，以行贿论处。因被勒索给予国家工作人员以财物，没有获得不正当利益的，不是行贿。

《刑法》第三百九十条规定，对犯行贿罪的，处五年以下有期徒刑或者拘役；因行贿谋取不正当利益，情节严重的，或者使国家利益遭受重大损失的，处五年以上十年以下有期徒刑；情节特别严重的，处十年以上有期徒刑或者无期徒刑，可以并处没收财产。

行贿人在被追诉前主动交待行贿行为的，可以减轻处罚或者免除处罚。

2.7.1.3 立案追诉标准

根据最高人民检察院《关于行贿罪立案标准》的规定，对个人行贿涉嫌下列情节之一的，应予定罪：（1）行贿数额在一万元以上的；（2）行贿数额不满一万元，但具有下列情形之一的：①为谋取非法利益而行贿的；②向三人以上行贿的；③向党政领导、司法工作人员、行政执法人员行贿的；④致使国家或者社会利益遭受重大损失的。

因被勒索给予国家工作人员以财物，已获得不正当利益的，以行贿罪追究刑事责任。

2.7.2 对单位行贿罪

对单位行贿罪，是指为谋取不正当利益，给予国家机关、国有公司、企业、事业单位、人民团体以财物，或者在经济往来中，违反国家规定，给予上述单位各种名义的回扣、手续费的行为。

2.7.2.1 构成要件

（1）客体要件：本罪所侵犯的客体是国家机关、国有公司、企业、事业单位、人民团体等国有单位的正常管理活动。行贿的对象必须是国家机关、国有公司、企业、事业单位、人民团体。

（2）客观要件：本罪在犯罪客观方面有两种具体表现形式：一是给予国家机关、国有公司、企业、事业单位、人民团体以财物。二是在经济往来中，违反国家规定，给予国家机关、国有公司、企业、事业单位、人民团体各种名义的回扣、手续费。

（3）主体要件：本罪的犯罪主体既可以是自然人，也可以是单位。无论是自然人主体还是单位主体，都是一般主体。

（4）主观要件：本罪在犯罪主观方面表现为直接故意，且以谋取不正当利益为目的。

2.7.2.2 刑事责任

《刑法》第三百九十一条规定，为谋取不正当利益，给予国家机关、国有公司、企业、事业单位、人民团体以财物的，或者在经济往来中，违反国家规定，给予各种名义的回扣、手续费的，处三年以下有期徒刑或者拘役。

单位犯前款罪的，对单位判处罚金，并对其直接负责的主管人员和其他直接责任人员，依照前款的规定处罚。

2.7.2.3 立案追诉标准

根据最高人民检察院《关于行贿罪立案标准》的规定，对单位行贿涉嫌下列情节之一的，应予定罪：（1）个人行贿数额在十万元以上、单位行贿数额在二十万元以上的；（2）个人行贿数额不满十万元、单位行贿数额在十万元以上不满二十万元，但具有下列情形之一的：①为谋取非法利益而行贿的；②向三个以上单位行贿的；③向党政机关、司法机关、行政执法机关行贿的；④致使国家或者社会利益遭受重大损失的。

2.7.3 介绍贿赂罪

介绍贿赂罪是指向国家工作人员介绍贿赂，情节严重的行为。

2.7.3.1 构成要件

（1）客体要件：本罪所侵犯的客体是国家工作人员职务行为的廉洁性和职务行为的不可收买性，直接扰乱国家机关的正常工作秩序和正常管理的工作的秩序。

（2）客观要件：本罪在犯罪客观方面表现为：行贿人实施行贿行为而向国家工作人员介绍贿赂；为受贿人收受贿赂而向他人介绍贿赂；情节严重的行为。

（3）主体要件：本罪的犯罪主体是一般主体，即达到刑事责任年龄，具备刑事责任能力的自然人实施介绍贿赂行为，均可构成本罪犯罪主体。

（4）主观要件：本罪在犯罪主观方面表现为故意，其故意的内容是促成行贿、受贿双方建立贿赂关系，并希望这种结果发生。

2.7.3.2 刑事责任

《刑法》第三百九十二条规定，向国家工作人员介绍贿赂，情节严重的，处三年以下有期徒刑或者拘役。

介绍贿赂人在被追诉前主动交待介绍贿赂行为的，可以减轻处罚或者免除处罚。

根据最高人民检察院《关于人民检察院直接受理立案侦查案件立案标准的规定（试行）》的规定，涉嫌下列情形之一的，应予立案：（1）介绍个人向国家工作人员行贿，数额在二万元以上的；介绍单位向国家工作人员行贿，数额在二十万元以上的；（2）介绍贿赂数额不满上述标准，但具有下列情形之一的：①为使行贿人获取非法利益而介绍贿赂的；②三次以上或者三人以上介绍贿赂的；③向党政领导、司法工作人员、行政执法人员介绍贿赂的；④致使国家或者社会利益遭受大损失的。

2.7.4　单位行贿罪

单位行贿罪，是指单位为谋取不正当利益而行贿，或者违反国家规定，给予国家工作人员以回扣、手续费，情节严重的行为。

2.7.4.1　构成要件

（1）客体要件：本罪所侵犯的客体主要是国家机关、公司、企业、事业单位和团体的正常管理活动和职能活动及声誉。犯罪对象是财物。

（2）客观要件：本罪在犯罪客观方面表现为公司、企业、事业单位、机关、团体为了谋取不正当利益，给予国家工作人员以财物，数额较大的，或者违反国家规定，给予上述人员以"回扣"、"手续费"，情节严重的行为。

（3）主体要件：本罪的犯罪主体必须是单位。

（4）主观要件：本罪在犯罪主观方面只能是直接故意，并且具有为本单位谋取不正当利益的目的。

2.7.4.2　刑事责任

《刑法》第三百九十三条规定，单位为谋取不正当利益而行贿，或者违反国家规定，给予国家工作人员以回扣、手续费，情节严重的，对单位判处罚金，并对其直接负责的主管人员和其他直接责任人员，处五年以下有期徒刑或者拘役。因行贿取得的违法所得归个人所有的，依照本法第三百八十九条、第三百九十条的规定定罪处罚。

2.7.4.3　立案追诉标准

根据最高人民检察院《关于行贿罪立案标准》的规定，单位行贿涉嫌下列情节之一的，应予定罪：（1）单位行贿数额在二十万元以上的；（2）单位为谋取不正当利益而行贿，数额在十万元以上不满二十万元，但具有下列情形之一的：①为谋取非法利益而行贿的；②向三人以上行贿的；③向党政领导、司法工作人员、行政执法人员行贿的；④致使国家或者社会利益遭受重大损失的。

2.8 其他类型犯罪

2.8.1 伪造金融票证罪

伪造金融票证罪指伪造、变造汇票、本票、支票、委托收款凭证、汇款凭证、银行存单、信用证或者附随的单据、文件，以及伪造信用卡等金融票证的行为。

2.8.1.1 构成要件

(1) 客体要件：本罪所侵犯的客体是国家对于金融票证的管理制度。

(2) 客观要件：本罪表现为对金融票证的伪造、变造行为。

根据行为对象的不同，有如下四种具体表现形式：①伪造、变造汇票、本票、支票等票据；②伪造、变造委托收款凭证、汇款凭证、银行存单等其他银行结算凭证；③伪造、变造信用证或者附随的单据、文件；④伪造信用卡。至于"伪造"、"变造"的理解问题，一般认为，"伪造"是指行为人仿照金融票证的票面、颜色、形状、质地，采用各种非法方法制作假票证，或者假冒他人的名义伪造票证的行为；"变造"是指没有变更权限的人，采用涂改、挖补、拼接等方法，对真票证进行加工改造，变更票证上除签名之外的记载内容的行为。

(3) 主体要件：本罪的犯罪主体是一般主体，包括自然人和单位。

(4) 主观要件：本罪在犯罪主观方面只能由故意构成。如果行为人因过失而错写误填票证内容的，虽然要承担相应的民事责任，但不能让其承担刑事责任。即使行为人错写误填票证后又故意使用的，也只能按金融票据诈骗罪等其他犯罪追究刑事责任，而不能以伪造、变造金融票证罪论处。

2.8.1.2 刑事责任

《刑法》第一百七十七条规定，有下列情形之一，伪造、变造金融票证的，处五年以下有期徒刑或者拘役，并处或者单处二万元以上二十万元以下罚金；情节严重的，处五年以上十年以下有期徒刑，并处五万元以上五十万元以下罚金；情节特别严重的，处十年以上有期徒刑或者无期徒刑，并处五万元以上五十万元以下罚金或者没收财产：（一）伪造、变造汇票、本票、支票的；（二）伪造、变造委托收款凭证、汇款凭证、银行存单等其他银行结算凭证的；（三）伪造、变造信用证或者附随的单据、文件的；（四）伪造信用卡的。

单位犯前款罪的，对单位判处罚金，并对其直接负责的主管人员和其他直接责任人员，依照前款的规定处罚。

2.8.2 玩忽职守罪

玩忽职守罪，是指国家机关工作人员玩忽职守，致使公共财产、国家和人民利益遭受重大损失的行为。

2.8.2.1 构成要件

(1) 客体要件：本罪所侵犯的客体是国家机关的正常管理活动。

(2) 客观要件：本罪在犯罪客观方面表现为不履行、不正确履行或者放弃履行职责，致使公共财产、国家和人民利益遭受重大损失的行为。

(3) 主体要件：本罪的犯罪主体是国家机关工作人员，即国家权力机关、行政机关、司法机关、军队、政党中从事公务的人员。

(4) 主观要件：本罪在犯罪主观方面只能是过失，即行为人作为国家机关的工作人员理应恪尽职守，尽心尽力，履行公职中时刻保持必要的注意，但行为人却持一种疏忽大意或过于自信的心态，对自己玩忽职守的行为可能导致的公共财产、国家和人民利益的重大损失应当预见而没有预见，或者已经预见而轻信能够避免。

2.8.2.2 刑事责任

《刑法》第三百九十七条规定，国家机关工作人员滥用职权或者玩忽职守，致使公共财产、国家和人民利益遭受重大损失的，处三年以下有期徒刑或者拘役；情节特别严重的，处三年以上七年以下有期徒刑。本法另有规定的，依照规定。国家机关工作人员徇私舞弊，犯前款罪的，处五年以下有期徒刑或者拘役；情节特别严重的，处五年以上十年以下有期徒刑。本法另有规定的，依照规定。

国家机关工作人员玩忽职守，符合刑法第九章所规定的特殊渎职罪构成要件的，按照该特殊规定追究刑事责任；主体不符合刑法第九章所规定的特殊渎职罪的主体要件，但玩忽职守涉嫌前款第一项至第九项规定情形之一的，按照刑法第397条的规定以玩忽职守罪追究刑事责任。

2.8.2.3 立案追诉标准

根据最高人民检察院《关于渎职侵权犯罪案件立案标准的规定》（高检发释字［2006］2号）的规定，涉嫌下列情形之一的，应予立案：

(1) 造成死亡1人以上，或者重伤3人以上，或者重伤2人、轻伤4人以上，或者重伤1人、轻伤7人以上，或者轻伤10人以上的；

(2) 导致20人以上严重中毒的；

(3) 造成个人财产直接经济损失15万元以上，或者直接经济损失不满15万元，但间接经济损失75万元以上的；

(4) 造成公共财产或者法人、其他组织财产直接经济损失30万元以上，或者直接经济损失不满30万元，但间接经济损失150万元以上的；

(5) 虽未达到（3）、（4）两项数额标准，但3、4两项合计直接经济损失30万元以上，或者合计直接经济损失不满30万元，但合计间接经济损失150万元以上的；

(6) 造成公司、企业等单位停业、停产1年以上，或者破产的；

(7) 海关、外汇管理部门的工作人员严重不负责任，造成100万美元以上外汇被骗购或者逃汇1000万美元以上的；

(8) 严重损害国家声誉，或者造成恶劣社会影响的；

（9）其他致使公共财产、国家和人民利益遭受重大损失的情形。

2.8.3 伪造公司、企业、事业单位、人民团体印章罪

伪造公司、企业、事业单位、人民团体印章罪是指伪造公司、企业、事业单位、人民团体印章的行为。

2.8.3.1 构成要件

（1）客体要件：本罪所侵犯的直接客体是公司、企业、事业单位、人民团体的正常活动的声誉，同时构成对社会公共秩序的侵犯。本罪的犯罪对象是公司、企业、事业单位、人民团体的印章。

（2）客观要件：本罪在客观方面表现为行为人实施了伪造公司、企业、事业单位、人民团体印章的行为。

（3）主体要件：本罪的主体属一般主体，凡年满16周岁，且具备刑事责任能力的自然人均能构成本罪。

（4）主观要件：本罪在主观方面是故意，即行为人明知自己无权制作上述单位的印章但为了某种目的而进行伪造。

2.8.3.2 刑事责任

《刑法》第二百八十条规定，伪造公司、企业、事业单位、人民团体的印章的，处三年以下有期徒刑、拘役、管制或者剥夺政治权利。

第3章

会计师事务所行政违法行为及行政责任

3.1 八种违规出具报告的行为

3.1.1 委托人示意作不实或者不当证明而注册会计师不予拒绝

◆**相关规定**:《注册会计师法》第二十条规定,注册会计师执行审计业务,遇有下列情形之一的,应当拒绝出具有关报告:(一)委托人示意其作不实或者不当证明的……

《会计师事务所审批和监督暂行办法》第五十六条也规定,会计师事务所和注册会计师执行审计业务,遇到下列情形之一的,应当拒绝出具有关报告:(一)委托人示意其作不实或者不当证明的……

◆**行政责任**:《注册会计师法》第三十九条规定,会计师事务所违反本法第二十条规定的,由省级以上人民政府财政部门给予警告,没收违法所得,可以并处违法所得一倍以上五倍以下的罚款;情节严重的,并可以由省级以上人民政府财政部门暂停其经营业务或者予以撤销。注册会计师违反本法第二十条规定的,由省级以上人民政府财政部门给予警告;情节严重的,可以由省级以上人民政府财政部门暂停其执行业务或者吊销注册会计师证书。会计师事务所、注册会计师违反本法第二十条的规定,故意出具虚假的审计报告、验资报告,构成犯罪的,依法追究刑事责任。

*《注册会计师法(修正案)》(征求意见稿,2012)第四十条规定,会计师事务所违反本法第二十条、第二十一条、第二十二条第一项至第四项、第六项至第十项规定的,由省级以上人民政府财政部门没收违法所得,并处违法所得1倍以上5倍以下的罚款;没有违法所得或者违法所得不足5万元的,处5万元以上30万元以下的罚款;情节严重的,暂停其执行业务或者吊销会计师事务所执业证书,对直接负责的主管人员和其他直接责任人员给予警告,处1万元以上5万元以下的罚款;构成犯罪的,依法追究刑事责任。*①

第四十一条规定,注册会计师违反本法第二十条、第二十一条、第二十二条规定的,由省级以上人民政府财政部门给予警告,处1万元以上5万元以下的罚款;情节严重的,暂停其执行业务或者吊销注册会计师证书;构成犯罪的,依法追究刑事责任。

---

① 本书斜体字部分的内容系相关征求意见稿的规定,供阅读参考。以下同。

《会计师事务所审批和监督暂行办法》第六十四条规定，会计师事务所违反本办法第五十六条规定的，给予警告，没收违法所得，可并处违法所得1倍以上5倍以下的罚款；情节严重的，可以暂停其经营业务或者予以撤销。第六十五条规定，注册会计师违反本办法第五十六条规定的，给予警告；情节严重的，可以暂停其执行业务或者吊销注册会计师证书。

3.1.2 委托人故意不提供有关会计资料和文件而注册会计师不予拒绝

◆**相关规定**：《注册会计师法》第二十条规定，注册会计师执行审计业务，遇有下列情形之一的，应当拒绝出具有关报告：……（二）委托人故意不提供有关会计资料和文件的……

《会计师事务所审批和监督暂行办法》第五十六条也规定，会计师事务所和注册会计师执行审计业务，遇到下列情形之一的，应当拒绝出具有关报告：……（二）委托人故意不提供有关会计资料和文件的……

◆**行政责任**：《注册会计师法》第三十九条规定，会计师事务所违反本法第二十条规定的，由省级以上人民政府财政部门给予警告，没收违法所得，可以并处违法所得一倍以上五倍以下的罚款；情节严重的，并可以由省级以上人民政府财政部门暂停其经营业务或者予以撤销。注册会计师违反本法第二十条规定的，由省级以上人民政府财政部门给予警告；情节严重的，可以由省级以上人民政府财政部门暂停其执行业务或者吊销注册会计师证书。会计师事务所、注册会计师违反本法第二十条的规定，故意出具虚假的审计报告、验资报告，构成犯罪的，依法追究刑事责任。

《注册会计师法（修正案）》（征求意见稿，2012）第四十条规定，会计师事务所违反本法第二十条、第二十一条、第二十二条第一项至第四项、第六项至第十项规定的，由省级以上人民政府财政部门没收违法所得，并处违法所得1倍以上5倍以下的罚款；没有违法所得或者违法所得不足5万元的，处5万元以上30万元以下的罚款；情节严重的，暂停其执行业务或者吊销会计师事务所执业证书，对直接负责的主管人员和其他直接责任人员给予警告，处1万元以上5万元以下的罚款；构成犯罪的，依法追究刑事责任。

第四十一条规定，注册会计师违反本法第二十条、第二十一条、第二十二条规定的，由省级以上人民政府财政部门给予警告，处1万元以上5万元以下的罚款；情节严重的，暂停其执行业务或者吊销注册会计师证书；构成犯罪的，依法追究刑事责任。

《会计师事务所审批和监督暂行办法》第六十四条规定，会计师事务所违反本办法第五十六条规定的，给予警告，没收违法所得，可并处违法所得1倍以上5倍以下的罚款；情节严重的，可以暂停其经营业务或者予以撤销。第六十五条规定，注册会计师违反本办法第五十六条规定的，给予警告；情节严重的，可以暂停其执行业务或者吊销注册会计师证书。

3.1.3 委托人有其他不合理要求，致使注册会计师出具的报告不能对财务会计的重要事项作出正确表述，而注册会计师不予拒绝

◆**相关规定**：《注册会计师法》第二十条规定，注册会计师执行审计业务，遇有下列情形之一的，应当拒绝出具有关报告：……（三）因委托人有其他不合理要求，致使注册会

计师出具的报告不能对财务会计的重要事项作出正确表述的。

《会计师事务所审批和监督暂行办法》第五十六条也规定，会计师事务所和注册会计师执行审计业务，遇到下列情形之一的，应当拒绝出具有关报告：……（三）因委托人有其他不合理要求，致使其出具的报告不能对财务会计的重要事项作出正确表述的。

◆**行政责任**：《注册会计师法》第三十九条规定，会计师事务所违反本法第二十条规定的，由省级以上人民政府财政部门给予警告，没收违法所得，可以并处违法所得一倍以上五倍以下的罚款；情节严重的，并可以由省级以上人民政府财政部门暂停其经营业务或者予以撤销。注册会计师违反本法第二十条规定的，由省级以上人民政府财政部门给予警告；情节严重的，可以由省级以上人民政府财政部门暂停其执行业务或者吊销注册会计师证书。会计师事务所、注册会计师违反本法第二十条的规定，故意出具虚假的审计报告、验资报告，构成犯罪的，依法追究刑事责任。

《注册会计师法（修正案）》（征求意见稿，2012）第四十条规定，会计师事务所违反本法第二十条、第二十一条、第二十二条第一项至第四项、第六项至第十项规定的，由省级以上人民政府财政部门没收违法所得，并处违法所得1倍以上5倍以下的罚款；没有违法所得或者违法所得不足5万元的，处5万元以上30万元以下的罚款；情节严重的，暂停其执行业务或者吊销会计师事务所执业证书，对直接负责的主管人员和其他直接责任人员给予警告，处1万元以上5万元以下的罚款；构成犯罪的，依法追究刑事责任。

第四十一条规定，注册会计师违反本法第二十条、第二十一条、第二十二条规定的，由省级以上人民政府财政部门给予警告，处1万元以上5万元以下的罚款；情节严重的，暂停其执行业务或者吊销注册会计师证书；构成犯罪的，依法追究刑事责任。

《会计师事务所审批和监督暂行办法》第六十四条规定，会计师事务所违反本办法第五十六条规定的，给予警告，没收违法所得，可并处违法所得1倍以上5倍以下的罚款；情节严重的，可以暂停其经营业务或者予以撤销。第六十五条规定，注册会计师违反本办法第五十六条规定的，给予警告；情节严重的，可以暂停其执行业务或者吊销注册会计师证书。

3.1.4 注册会计师未按照执业准则、规则确定的工作程序出具审计报告

◆**相关规定**：《注册会计师法》第二十一条规定，注册会计师执行审计业务，必须按照执业准则、规则确定的工作程序出具报告……

《注册会计师法（修正案）》（征求意见稿，2012）第二十一条第一款规定，注册会计师应当按照执业准则、规则执行审计业务，出具报告。

◆**行政责任**：《注册会计师法》第三十九条规定，会计师事务所违反本法第二十一条规定的，由省级以上人民政府财政部门给予警告，没收违法所得，可以并处违法所得一倍以上五倍以下的罚款；情节严重的，并可以由省级以上人民政府财政部门暂停其经营业务或者予以撤销。注册会计师违反本法第二十一条规定的，由省级以上人民政府财政部门给予警告；情节严重的，可以由省级以上人民政府财政部门暂停其执行业务或者吊销注册会计师证书。

《注册会计师法（修正案）》（征求意见稿，2012）第四十条规定，会计师事务所违反本法第二十条、第二十一条、第二十二条第一项至第四项、第六项至第十项规定的，由省级以上人民政府财政部门没收违法所得，并处违法所得1倍以上5倍以下的罚款；没有违法所

得或者违法所得不足5万元的,处5万元以上30万元以下的罚款;情节严重的,暂停其执行业务或者吊销会计师事务所执业证书,对直接负责的主管人员和其他直接责任人员给予警告,处1万元以上5万元以下的罚款;构成犯罪的,依法追究刑事责任。

第四十一条规定,注册会计师违反本法第二十条、第二十一条、第二十二条规定的,由省级以上人民政府财政部门给予警告,处1万元以上5万元以下的罚款;情节严重的,暂停其执行业务或者吊销注册会计师证书;构成犯罪的,依法追究刑事责任。

3.1.5 注册会计师明知委托人对重要事项的财务会计处理与国家有关规定相抵触,而不予指明

◆相关规定:《注册会计师法》第二十一条规定,注册会计师执行审计业务,必须按照执业准则、规则确定的工作程序出具报告。注册会计师执行审计业务出具报告时,不得有下列行为:(一)明知委托人对重要事项的财务会计处理与国家有关规定相抵触,而不予指明……对委托人有前款所列行为,注册会计师按照执业准则、规则应当知道的,适用前款规定。

◆行政责任:《注册会计师法》第三十九条规定,会计师事务所违反本法第二十一条规定的,由省级以上人民政府财政部门给予警告,没收违法所得,可以并处违法所得一倍以上五倍以下的罚款;情节严重的,并可以由省级以上人民政府财政部门暂停其经营业务或者予以撤销。注册会计师违反本法第二十一条规定的,由省级以上人民政府财政部门给予警告;情节严重的,可以由省级以上人民政府财政部门暂停其执行业务或者吊销注册会计师证书。

《注册会计师法(修正案)》(征求意见稿,2012)第四十条规定,会计师事务所违反本法第二十条、第二十一条、第二十二条第一项至第四项、第六项至第十项规定的,由省级以上人民政府财政部门没收违法所得,并处违法所得1倍以上5倍以下的罚款;没有违法所得或者违法所得不足5万元的,处5万元以上30万元以下的罚款;情节严重的,暂停其执行业务或者吊销会计师事务所执业证书,对直接负责的主管人员和其他直接责任人员给予警告,处1万元以上5万元以下的罚款;构成犯罪的,依法追究刑事责任。

第四十一条规定,注册会计师违反本法第二十条、第二十一条、第二十二条规定的,由省级以上人民政府财政部门给予警告,处1万元以上5万元以下的罚款;情节严重的,暂停其执行业务或者吊销注册会计师证书;构成犯罪的,依法追究刑事责任。

3.1.6 注册会计师明知委托人的财务会计处理会直接损害报告使用人或者其他利害关系人的利益,而予以隐瞒或者作不实的报告

◆相关规定:《注册会计师法》第二十一条规定,注册会计师执行审计业务,必须按照执业准则、规则确定的工作程序出具报告。注册会计师执行审计业务出具报告时,不得有下列行为:……(二)明知委托人的财务会计处理会直接损害报告使用人或者其他利害关系人的利益,而予以隐瞒或者作不实的报告……对委托人有前款所列行为,注册会计师按照执业准则、规则应当知道的,适用前款规定。

◆行政责任:《注册会计师法》第三十九条规定,会计师事务所违反本法第二十一条规

定的，由省级以上人民政府财政部门给予警告，没收违法所得，可以并处违法所得一倍以上五倍以下的罚款；情节严重的，并可以由省级以上人民政府财政部门暂停其经营业务或者予以撤销。注册会计师违反本法第二十一条规定的，由省级以上人民政府财政部门给予警告；情节严重的，可以由省级以上人民政府财政部门暂停其执行业务或者吊销注册会计师证书。

《注册会计师法（修正案）》（征求意见稿，2012）第四十条规定，会计师事务所违反本法第二十条、第二十一条、第二十二条第一项至第四项、第六项至第十项规定的，由省级以上人民政府财政部门没收违法所得，并处违法所得1倍以上5倍以下的罚款；没有违法所得或者违法所得不足5万元的，处5万元以上30万元以下的罚款；情节严重的，暂停其执行业务或者吊销会计师事务所执业证书，对直接负责的主管人员和其他直接责任人员给予警告，处1万元以上5万元以下的罚款；构成犯罪的，依法追究刑事责任。

第四十一条规定，注册会计师违反本法第二十条、第二十一条、第二十二条规定的，由省级以上人民政府财政部门给予警告，处1万元以上5万元以下的罚款；情节严重的，暂停其执行业务或者吊销注册会计师证书；构成犯罪的，依法追究刑事责任。

3.1.7 注册会计师明知委托人的财务会计处理会导致报告使用人或者其他利害关系人产生重大误解，而不予指明

◆**相关规定**：《注册会计师法》第二十一条规定，注册会计师执行审计业务，必须按照执业准则、规则确定的工作程序出具报告。注册会计师执行审计业务出具报告时，不得有下列行为：……（三）明知委托人的财务会计处理会导致报告使用人或者其他利害关系人产生重大误解，而不予指明……对委托人有前款所列行为，注册会计师按照执业准则、规则应当知道的，适用前款规定。

◆**行政责任**：《注册会计师法》第三十九条规定，会计师事务所违反本法第二十一条规定的，由省级以上人民政府财政部门给予警告，没收违法所得，可以并处违法所得一倍以上五倍以下的罚款；情节严重的，并可以由省级以上人民政府财政部门暂停其经营业务或者予以撤销。注册会计师违反本法第二十一条规定的，由省级以上人民政府财政部门给予警告；情节严重的，可以由省级以上人民政府财政部门暂停其执行业务或者吊销注册会计师证书。

《注册会计师法（修正案）》（征求意见稿，2012）第四十条规定，会计师事务所违反本法第二十条、第二十一条、第二十二条第一项至第四项、第六项至第十项规定的，由省级以上人民政府财政部门没收违法所得，并处违法所得1倍以上5倍以下的罚款；没有违法所得或者违法所得不足5万元的，处5万元以上30万元以下的罚款；情节严重的，暂停其执行业务或者吊销会计师事务所执业证书，对直接负责的主管人员和其他直接责任人员给予警告，处1万元以上5万元以下的罚款；构成犯罪的，依法追究刑事责任。

第四十一条规定，注册会计师违反本法第二十条、第二十一条、第二十二条规定的，由省级以上人民政府财政部门给予警告，处1万元以上5万元以下的罚款；情节严重的，暂停其执行业务或者吊销注册会计师证书；构成犯罪的，依法追究刑事责任。

3.1.8 注册会计师明知委托人的会计报表的重要事项有其他不实的内容，而不予指明

◆**相关规定**：《注册会计师法》第二十一条规定，注册会计师执行审计业务，必须按照执业准则、规则确定的工作程序出具报告。注册会计师执行审计业务出具报告时，不得有下列行为：……（四）明知委托人的会计报表的重要事项有其他不实的内容，而不予指明。对委托人有前款所列行为，注册会计师按照执业准则、规则应当知道的，适用前款规定。

《注册会计师法（修正案）》（征求意见稿，2012）第二十一条第二款第四项规定，明知委托人的财务会计报告的重要事项有其他不实的内容，而不予指明。

◆**行政责任**：《注册会计师法》第三十九条规定，会计师事务所违反本法第二十一条规定的，由省级以上人民政府财政部门给予警告，没收违法所得，可以并处违法所得一倍以上五倍以下的罚款；情节严重的，并可以由省级以上人民政府财政部门暂停其经营业务或者予以撤销。注册会计师违反本法第二十一条规定的，由省级以上人民政府财政部门给予警告；情节严重的，可以由省级以上人民政府财政部门暂停其执行业务或者吊销注册会计师证书。

《注册会计师法（修正案）》（征求意见稿，2012）第四十条规定，会计师事务所违反本法第二十条、第二十一条、第二十二条第一项至第四项、第六项至第十项规定的，由省级以上人民政府财政部门没收违法所得，并处违法所得1倍以上5倍以下的罚款；没有违法所得或者违法所得不足5万元的，处5万元以上30万元以下的罚款；情节严重的，暂停其执行业务或者吊销会计师事务所执业证书，对直接负责的主管人员和其他直接责任人员给予警告，处1万元以上5万元以下的罚款；构成犯罪的，依法追究刑事责任。

第四十一条规定，注册会计师违反本法第二十条、第二十一条、第二十二条规定的，由省级以上人民政府财政部门给予警告，处1万元以上5万元以下的罚款；情节严重的，暂停其执行业务或者吊销注册会计师证书；构成犯罪的，依法追究刑事责任。

3.2 八种违反执业准则、规则的典型行为

3.2.1 注册会计师承办业务未按规定受理并签订委托合同

◆**相关规定**：《注册会计师法》第十六条第一款规定，注册会计师承办业务，由其所在的会计师事务所统一受理并与委托人签订委托合同。……

◆**行政责任**：《注册会计师法（修正案）》（征求意见稿，2012）第四十一条规定，注册会计师违反本法第十六条第一款、第十八条规定的，由省级以上人民政府财政部门责令改正，给予警告，可以处1万元以下的罚款；情节严重的，暂停其执行业务。

3.2.2 注册会计师未按规定回避

◆**相关规定**：《注册会计师法》第十八条规定，注册会计师与委托人有利害关系的，应

当回避；委托人有权要求其回避。

◆行政责任：《注册会计师法（修正案）》（征求意见稿，2012）第四十条规定，会计师事务所违反本法第十八条、第二十八条、第二十九条第二款规定的，由省级以上人民政府财政部门责令改正，可以处10万元以下的罚款；情节严重的，暂停其执行业务。

第四十一条规定，注册会计师违反本法第十六条第一款、第十八条规定的，由省级以上人民政府财政部门责令改正，给予警告，可以处1万元以下的罚款；情节严重的，暂停其执行业务。

3.2.3 注册会计师未按规定履行保密义务

◆相关规定：《注册会计师法》第十九条规定，注册会计师对在执行业务中知悉的商业秘密，负有保密义务。

◆行政责任：《注册会计师法（修正案）》（征求意见稿，2012）第四十条第三款规定，会计师事务所违反本法第十九条规定的，由省级以上人民政府财政部门没收违法所得，处10万元以下的罚款；情节严重的，暂停其执行业务，对直接负责的主管人员和其他直接责任人员给予警告，处5万元以下的罚款；构成犯罪的，依法追究刑事责任。泄露国家秘密的，依照保守国家秘密的法律规定追究法律责任。

第四十一条规定，注册会计师违反本法第十九条规定的，由省级以上人民政府财政部门没收违法所得，处5万元以下的罚款；构成犯罪的，依法追究刑事责任。泄露国家秘密的，依照保守国家秘密的法律规定追究法律责任。

3.2.4 在未履行必要的审计程序，未获取充分适当的审计证据的情况下出具审计报告

◆相关规定：《会计师事务所审批和监督暂行办法》第五十六条规定，会计师事务所和注册会计师必须按照执业准则、规则的要求，在实施必要的审计程序后，以经过核实的审计证据为依据，形成审计意见，出具审计报告，不得有下列行为：（一）在未履行必要的审计程序，未获取充分适当的审计证据的情况下出具审计报告……

◆行政责任：《会计师事务所审批和监督暂行办法》第六十四条规定，会计师事务所违反本办法第五十六条规定的，给予警告，没收违法所得，可并处违法所得1倍以上5倍以下的罚款；情节严重的，可以暂停其经营业务或者予以撤销。第六十五条规定，注册会计师违反本办法第五十六条规定的，给予警告；情节严重的，可以暂停其执行业务或者吊销注册会计师证书。

3.2.5 对同一委托单位的同一事项，依据相同的审计证据出具不同结论的审计报告

◆相关规定：《会计师事务所审批和监督暂行办法》第五十六条规定，会计师事务所和注册会计师必须按照执业准则、规则的要求，在实施必要的审计程序后，以经过核实的审计

证据为依据，形成审计意见，出具审计报告，不得有下列行为：……（二）对同一委托单位的同一事项，依据相同的审计证据出具不同结论的审计报告……

◆**行政责任**：《会计师事务所审批和监督暂行办法》第六十四条规定，会计师事务所违反本办法第五十六条规定的，给予警告，没收违法所得，可并处违法所得1倍以上5倍以下的罚款；情节严重的，可以暂停其经营业务或者予以撤销。第六十五条规定，注册会计师违反本办法第五十六条规定的，给予警告；情节严重的，可以暂停其执行业务或者吊销注册会计师证书。

3.2.6 隐瞒审计中发现的问题，发表不恰当的审计意见

◆**相关规定**：《会计师事务所审批和监督暂行办法》第五十六条规定，会计师事务所和注册会计师必须按照执业准则、规则的要求，在实施必要的审计程序后，以经过核实的审计证据为依据，形成审计意见，出具审计报告，不得有下列行为：……（三）隐瞒审计中发现的问题，发表不恰当的审计意见……

◆**行政责任**：《会计师事务所审批和监督暂行办法》第六十四条规定，会计师事务所违反本办法第五十六条规定的，给予警告，没收违法所得，可并处违法所得1倍以上5倍以下的罚款；情节严重的，可以暂停其经营业务或者予以撤销。第六十五条规定，注册会计师违反本办法第五十六条规定的，给予警告；情节严重的，可以暂停其执行业务或者吊销注册会计师证书。

3.2.7 未实施严格的逐级复核制度，未按规定编制和保存审计工作底稿

◆**相关规定**：《会计师事务所审批和监督暂行办法》第五十六条规定，会计师事务所和注册会计师必须按照执业准则、规则的要求，在实施必要的审计程序后，以经过核实的审计证据为依据，形成审计意见，出具审计报告，不得有下列行为：……（四）未实施严格的逐级复核制度，未按规定编制和保存审计工作底稿……

◆**行政责任**：《会计师事务所审批和监督暂行办法》第六十四条规定，会计师事务所违反本办法第五十六条规定的，给予警告，没收违法所得，可并处违法所得1倍以上5倍以下的罚款；情节严重的，可以暂停其经营业务或者予以撤销。第六十五条规定，注册会计师违反本办法第五十六条规定的，给予警告；情节严重的，可以暂停其执行业务或者吊销注册会计师证书。

3.2.8 违反执业准则、规则的其他典型行为

◆**一般规定**：《会计师事务所审批和监督暂行办法》第五十六条规定，会计师事务所和注册会计师必须按照执业准则、规则的要求，在实施必要的审计程序后，以经过核实的审计证据为依据，形成审计意见，出具审计报告，不得有下列行为：……（五）违反执业准则、规则的其他行为。

◆**行政责任**：《会计师事务所审批和监督暂行办法》第六十四条规定，会计师事务所违

反本办法第五十六条规定的，给予警告，没收违法所得，可并处违法所得 1 倍以上 5 倍以下的罚款；情节严重的，可以暂停其经营业务或者予以撤销。第六十五条规定，注册会计师违反本办法第五十六条规定的，给予警告；情节严重的，可以暂停其执行业务或者吊销注册会计师证书。

◆ 具体违法情形如下：

（1）与被审计单位恶意串通。

《民法通则》第六十一条规定，双方恶意串通，实施民事行为损害国家的、集体的或者第三人的利益的，应当追缴双方取得的财产，收归国家、集体所有或者返还第三人。

（2）负责审计的注册会计师以低于行业一般成员应具备的专业水准执业。

《质量控制准则第 5101 号——会计师事务所对执行财务报表审计和审阅、其他鉴证和相关服务业务实施的质量控制》第六条规定，本准则包括会计师事务所在遵守本准则时应实现的目标，以及旨在使会计师事务所实现该目标而提出的要求。

（3）制定的审计计划存在明显疏漏。

《中国注册会计师审计准则第 1201 号——计划审计工作》第七条规定，注册会计师应当制定总体审计策略，以确定审计工作的范围、时间安排和方向，并指导具体审计计划的制定。

（4）在发现可能存在错误和舞弊的迹象时，未能追加必要的审计程序予以证实或者排除。

《中国注册会计师审计准则第 1141 号——财务报表审计中与舞弊相关的责任》第十二条规定，注册会计师的目标是：（一）识别和评估由于舞弊导致的财务报表重大错报风险；（二）通过设计和实施恰当的应对措施，针对评估的由于舞弊导致的重大错报风险，获取充分、适当的审计证据；（三）恰当应对审计过程中识别出的舞弊或舞弊嫌疑。

（5）未能合理地运用执业准则和规则所要求的重要性原则。

《中国注册会计师审计准则第 1221 号——计划和执行审计工作时的重要性》第九条规定，注册会计师的目标是，在计划和执行审计工作时恰当地运用重要性概念。

（6）未根据审计的要求采用必要的调查方法获取充分的审计证据。

《中国注册会计师审计准则第 1301 号——审计证据》第九条规定，注册会计师的目标是，通过恰当的方式设计和实施审计程序，获取充分、适当的审计证据，以得出合理的结论，作为形成审计意见的基础。

（7）明知对总体结论有重大影响的特定审计对象缺少判断能力，未能寻求专家意见而直接形成审计结论。

《中国注册会计师审计准则第 1421 号——利用专家的工作》第八条规定，如果在会计或审计以外的某一领域的专长对获取充分、适当的审计证据是必要的，注册会计师应当确定是否利用专家的工作。

（8）错误判断和评价审计证据。

《中国注册会计师审计准则第 1301 号——审计证据》第七条规定，审计证据的适当性，是对审计证据质量的衡量，即审计证据在支持审计意见所依据的结论方面具有的相关性和可靠性。

（9）其他违反执业准则、规则的行为。

3.3 八种未撤销或注销注册的行为

3.3.1 注册会计师的注册不符合《注册办法》的规定

◆**相关规定**：《注册会计师注册办法》第四条规定，具备下列条件之一，并在中国境内从事审计业务工作2年以上者，可以向省级注册会计师协会申请注册：（一）参加注册会计师全国统一考试成绩合格；（二）经依法认定或者考核具有注册会计师资格。

◆**行政责任**：《注册会计师注册办法》第十四条规定，财政部依法对省级注册会计师协会的注册工作进行检查，发现注册不符合本办法规定的，应当通知省级注册会计师协会撤销注册。

3.3.2 注册会计师完全丧失民事行为能力而未撤销注册

◆**相关规定**：《注册会计师注册办法》第五条规定，注册申请人有下列情形之一的，不予注册：（一）不具有完全民事行为能力的……

◆**行政责任**：《注册会计师注册办法》第十六条规定，注册会计师有下列情形之一的，由所在地的省级注册会计师协会撤销注册，收回注册会计师证书：（一）完全丧失民事行为能力的……

3.3.3 注册会计师受到处罚处分未按规定撤销注册

◆**相关规定**：《注册会计师注册办法》第五条规定，注册申请人有下列情形之一的，不予注册：……（二）因受刑事处罚，自刑罚执行完毕之日起至申请注册之日止不满5年的；（三）因在财务、会计、审计、企业管理或者其他经济管理工作中犯有严重错误受行政处罚、撤职以上处分，自处罚、处分决定生效之日起至申请注册之日止不满2年的；（四）受吊销注册会计师证书的处罚，自处罚决定生效之日起至申请注册之日止不满5年的……

◆**行政责任**：《注册会计师注册办法》第十四条规定，财政部依法对省级注册会计师协会的注册工作进行检查，发现注册不符合本办法规定的，应当通知省级注册会计师协会撤销注册。

第十六条规定，注册会计师有下列情形之一的，由所在地的省级注册会计师协会撤销注册，收回注册会计师证书：……（二）受刑事处罚的……

3.3.4 自行停止执行注册会计师业务满1年而未撤销注册

◆**相关规定**：《注册会计师注册办法》第四条规定，具备下列条件之一，并在中国境内从事审计业务工作2年以上者，可以向省级注册会计师协会申请注册：（一）参加注册会计师全国统一考试成绩合格；（二）经依法认定或者考核具有注册会计师资格。

◆**行政责任**：《注册会计师注册办法》第十六条规定，注册会计师有下列情形之一的，由所在地的省级注册会计师协会撤销注册，收回注册会计师证书：……（三）自行停止执行注册会计师业务满 1 年的……

3.3.5 以欺骗、贿赂等不正当手段取得注册会计师证书

◆**相关规定**：《注册会计师注册办法》第五条规定，注册申请人有下列情形之一的，不予注册：……（五）因以欺骗、贿赂等不正当手段取得注册会计师证书而被撤销注册，自撤销注册决定生效之日起至申请注册之日止不满 3 年的……

◆**行政责任**：《注册会计师注册办法》第十六条规定，注册会计师有下列情形之一的，由所在地的省级注册会计师协会撤销注册，收回注册会计师证书：……（四）以欺骗、贿赂等不正当手段取得注册会计师证书的。

3.3.6 省级注册会计师协会工作人员违规准予注册会计师注册

◆**相关规定**：《注册会计师注册办法》第九条规定，省级注册会计师协会收到注册申请人提交的申请材料后，应当对注册申请人提交的申请材料进行形式审查，并核对有关复印件与原件是否相符。对申请材料不齐全或者不符合法定形式的注册申请人，应当当场或者在 5 个工作日内一次告知其需要补正的全部材料及内容。对申请材料齐全、符合法定形式，或者按照要求提交全部补正申请材料的注册申请人，应当受理其注册申请。

《注册会计师注册办法》第十一条规定，省级注册会计师协会应当对申请材料的内容进行审查，并自受理注册申请之日起 20 个工作日内作出准予或者不予注册的决定。

◆**行政责任**：《注册会计师注册办法》第十七条规定，省级注册会计师协会工作人员滥用职权、玩忽职守准予注册的，或者对不具备申请资格或不符合法定条件的申请人准予注册的，由省级注册会计师协会撤销注册，收回注册会计师证书。

3.3.7 依法被撤销注册或者吊销注册会计师证书而未注销注册

◆**相关规定**：《注册会计师注册办法》第十四条规定，财政部依法对省级注册会计师协会的注册工作进行检查，发现注册不符合本办法规定的，应当通知省级注册会计师协会撤销注册。

第十六条规定，注册会计师有下列情形之一的，由所在地的省级注册会计师协会撤销注册，收回注册会计师证书：（一）完全丧失民事行为能力的；（二）受刑事处罚的；（三）自行停止执行注册会计师业务满 1 年的；（四）以欺骗、贿赂等不正当手段取得注册会计师证书的。

第十七条规定，省级注册会计师协会工作人员滥用职权、玩忽职守准予注册的，或者对不具备申请资格或不符合法定条件的申请人准予注册的，由省级注册会计师协会撤销注册，收回注册会计师证书。

◆**行政责任**：《注册会计师注册办法》第十九条规定，注册会计师有下列情形之一的，

由所在地的省级注册会计师协会注销注册：（一）依法被撤销注册，或者吊销注册会计师证书的……

《注册会计师法（修正案）》（征求意见稿，2012）第十三条规定，注册会计师有下列情形之一的，由准予注册的注册会计师协会注销注册，收回注册会计师证书：（一）丧失民事行为能力；（二）受刑事处罚；（三）因在财务、会计、审计、企业管理或者其他经济管理工作中犯有严重错误受行政处罚、撤职以上处分；（四）年龄超过65周岁；（五）自行停止执行注册会计师业务满1年；（六）法律、行政法规规定应当注销注册的其他情形。

3.3.8 不在会计师事务所专职执业而未注销注册

◆**相关规定**：《注册会计师注册办法》第五条规定，注册申请人有下列情形之一的，不予注册：……（六）不在会计师事务所专职执业的……

◆**行政责任**：《注册会计师注册办法》第十九条规定，注册会计师有下列情形之一的，由所在地的省级注册会计师协会注销注册：……（二）不在会计师事务所专职执业的。

3.4 四种不履行设立或监管中法律义务的行为

3.4.1 向财政部门隐瞒有关情况、提供虚假材料或者拒绝提供反映其活动情况的真实材料

◆**相关规定**：《会计师事务所审批和监督暂行办法》第五十二条规定，会计师事务所和注册会计师必须接受财政部和省级财政部门依法实施的监督检查，如实提供中文工作底稿以及有关资料，不得拒绝、阻挠、逃避检查，不得谎报、隐匿、销毁相关证据材料。

会计师事务所或者注册会计师有明显转移、隐匿有关证据材料迹象的，财政部和省级财政部门可以对证据材料先行登记保存。

《注册会计师法（修正案）》（征求意见稿，2012）第二十二条规定，注册会计师不得有下列行为：……（八）拒绝、阻挠有关部门依法实施的监督检查；（九）隐匿、伪造、篡改、销毁有关文件和资料……

◆**行政责任**：《会计师事务所审批和监督暂行办法》第六十三条规定，会计师事务所向财政部或者省级财政部门隐瞒有关情况、提供虚假材料或者拒绝提供反映其活动情况的真实材料的，给予警告。

《注册会计师法（修正案）》（征求意见稿，2012）第四十条规定，会计师事务所违反本法第二十条、第二十一条、第二十二条第一项至第四项、第六项至第十项规定的，由省级以上人民政府财政部门没收违法所得，并处违法所得1倍以上5倍以下的罚款；没有违法所得或者违法所得不足5万元的，处5万元以上30万元以下的罚款；情节严重的，暂停其执行业务或者吊销会计师事务所执业证书，对直接负责的主管人员和其他直接责任人员给予警告，处1万元以上5万元以下的罚款；构成犯罪的，依法追究刑事责任。

第四十一条规定，注册会计师违反本法第二十条、第二十一条、第二十二条规定的，由

省级以上人民政府财政部门给予警告,处1万元以上5万元以下的罚款;情节严重的,暂停其执行业务或者吊销注册会计师证书;构成犯罪的,依法追究刑事责任。

3.4.2 会计师事务所申请人隐瞒有关情况或者提供虚假材料提出申请

◆**相关规定**:《会计师事务所审批和监督暂行办法》第十四条规定,申请设立会计师事务所,应当向省级财政部门提交下列材料:(一)设立会计师事务所申请表;(二)会计师事务所合伙人或者股东情况汇总表;(三)注册会计师情况汇总表;(四)工商行政管理部门出具的企业名称预先核准通知书复印件;(五)全体合伙人或者全体股东现所在的省级注册会计师协会为其出具的从事本办法第九条第(四)项规定的审计业务情况的证明、已转出原会计师事务所证明,若合伙人或者股东为原会计师事务所合伙人或者股东的,还应提交退伙或者股权转让证明;(六)会计师事务所注册会计师的注册会计师证书复印件;(七)书面合伙协议或者股东共同制定的章程;(八)办公场所的产权或者使用权的有效证明复印件。设立有限责任会计师事务所,还应当提交验资证明。因合并或者分立新设会计师事务所的,还应当提交合并协议或者分立协议。申请人应当对申请材料内容的真实性负责。

第二十六条规定,会计师事务所申请设立分所,应当向拟设立分所所在地的省级财政部门提交下列材料:(一)会计师事务所设立分所申请表;(二)会计师事务所全体合伙人或者股东会作出的设立分所的决议;(三)注册会计师情况汇总表;(四)会计师事务所上年度资产负债表;(五)会计师事务所拟设立的分所注册会计师的注册会计师证书复印件;(六)会计师事务所对分所的管理办法;(七)分所办公场所的产权或者使用权的有效证明复印件。合并后的会计师事务所于合并当年提出设立分所的,不需要提交前款第(四)项规定的材料,但应当提交合并协议和合并基准日的资产负债表。

◆**行政责任**:《会计师事务所审批和监督暂行办法》第六十条规定,申请人隐瞒有关情况或者提供虚假材料提出申请的,省级财政部门不予受理或者不予批准,并给予警告。

3.4.3 会计师事务所及其分所采取欺骗、贿赂等不正当手段获得批准设立

◆**相关规定**:《会计师事务所审批和监督暂行办法》第十四条规定,申请设立会计师事务所,应当向省级财政部门提交下列材料:(一)设立会计师事务所申请表;(二)会计师事务所合伙人或者股东情况汇总表;(三)注册会计师情况汇总表;(四)工商行政管理部门出具的企业名称预先核准通知书复印件;(五)全体合伙人或者全体股东现所在的省级注册会计师协会为其出具的从事本办法第九条第(四)项规定的审计业务情况的证明、已转出原会计师事务所证明,若合伙人或者股东为原会计师事务所合伙人或者股东的,还应提交退伙或者股权转让证明;(六)会计师事务所注册会计师的注册会计师证书复印件;(七)书面合伙协议或者股东共同制定的章程;(八)办公场所的产权或者使用权的有效证明复印件。设立有限责任会计师事务所,还应当提交验资证明。因合并或者分立新设会计师事务所的,还应当提交合并协议或者分立协议。申请人应当对申请材料内容的真实性负责。

《会计师事务所审批和监督暂行办法》第二十六条规定,会计师事务所申请设立分所,应当向拟设立分所所在地的省级财政部门提交下列材料:(一)会计师事务所设立分所申请

表；（二）会计师事务所全体合伙人或者股东会作出的设立分所的决议；（三）注册会计师情况汇总表；（四）会计师事务所上年度资产负债表；（五）会计师事务所拟设立的分所注册会计师的注册会计师证书复印件；（六）会计师事务所对分所的管理办法；（七）分所办公场所的产权或者使用权的有效证明复印件。合并后的会计师事务所于合并当年提出设立分所的，不需要提交前款第（四）项规定的材料，但应当提交合并协议和合并基准日的资产负债表。

◆**行政责任**：《会计师事务所审批和监督暂行办法》第六十一条规定，会计师事务所及其分所采取欺骗、贿赂等不正当手段获得批准设立的，由所在地的省级财政部门予以撤销。

3.4.4 会计师事务所及其分所未保持设立条件

◆**相关规定**：《会计师事务所审批和监督暂行办法》第七条规定，设立合伙会计师事务所，应当具备下列条件：（一）有2名以上的合伙人；（二）有书面合伙协议；（三）有会计师事务所的名称；（四）有固定的办公场所。

《注册会计师法（修正案）》（征求意见稿，2012）第二十三条规定，会计师事务所可以采用普通合伙或者特殊的普通合伙形式。会计师事务所采用普通合伙形式的，应当有5名以上注册会计师；采用特殊的普通合伙形式的，应当有25名以上合伙人和100名以上注册会计师。

第八条规定，设立有限责任会计师事务所，应当具备下列条件：（一）有5名以上的股东；（二）有一定数量的专职从业人员；（三）有不少于人民币30万元的注册资本；（四）有股东共同制定的章程；（五）有会计师事务所的名称；（六）有固定的办公场所。

第九条规定，会计师事务所的合伙人或者股东，应当具备下列条件：（一）持有中华人民共和国注册会计师证书；（二）在会计师事务所专职执业；（三）成为合伙人或者股东前3年内没有因为执业行为受到行政处罚；（四）有取得注册会计师证书后最近连续5年在会计师事务所从事下列审计业务的经历，其中在境内会计师事务所的经历不少于3年：（1）审查企业会计报表，出具审计报告；（2）验证企业资本，出具验资报告；（3）办理企业合并、分立、清算事宜中的审计业务，出具有关的报告；（4）法律、行政法规规定的其他审计业务。（五）成为合伙人或者股东前1年内没有因采取隐瞒或提供虚假材料、欺骗、贿赂等不正当手段申请设立会计师事务所而被省级财政部门作出不予受理、不予批准或者撤销会计师事务所的决定。

《注册会计师法（修正案）》（征求意见稿，2012）第二十五条规定，会计师事务所的合伙人或者股东，应当符合下列条件：（一）持有注册会计师证书或者国务院财政部门认可的其他专业资格证书；（二）成为合伙人或者股东前3年内，未因执业活动受到行政处罚；（三）成为合伙人或者股东前1年内，未因隐瞒有关情况或者提供虚假材料、欺骗、贿赂等不正当手段申请设立会计师事务所而被拒绝批准或者撤销注册；（四）最近5年连续在会计师事务所从事本法规定的业务；（五）国务院财政部门规定的其他条件。

前款第一项规定的持有国务院财政部门认可的其他专业资格证书的人员，不得作为会计师事务所设立时的合伙人或者股东，且在全体合伙人或者股东中所占比例不得超过国务院财政部门的规定。

第二十三条规定，设立分所的会计师事务所，应当具备下列条件：（一）依法成立3年以上，内部管理制度健全；（二）注册会计师数量（不包括拟到分所执业的注册会计师）不低于50名；（三）有限责任会计师事务所上年末的净资产和职业风险基金总额不低于人民币300万元，合伙会计师事务所上年末的净资产和职业风险基金总额不低于人民币150万元；（四）申请设立分所前3年内该会计师事务所及其已设立的分所没有因为执业行为受到行政处罚。因合并或者分立新设的会计师事务所申请设立分所的，其成立时间可以合并或者分立前会计师事务所的成立时间为准。

第二十四条规定，会计师事务所设立的分所，应当具备下列条件：（一）分所负责人为会计师事务所的合伙人或者股东；（二）至少有5名注册会计师（含分所负责人）；（三）有固定的办公场所。

《会计师事务所分所审批管理暂行办法》第六条规定，跨省级行政区设立分所的事务所必须符合下列条件：（一）事务所依法成立并执业3年以上，内部机构及管理制度健全；（二）在分所所在地有一定数量的固定客户；（三）有限责任事务所的注册资本应当在200万元以上；合伙事务所的净资产应当在100万元以上；（四）从业人员80人以上，其中包括40名以上的注册会计师，60周岁以内的注册会计师不少于30名；（五）上一年度业务收入达800万元以上；（六）在以往两年经营活动中没有因违反执业准则、规则及其他法律、法规受到行政处罚。在省级行政区内设立分所的，事务所条件由各省级财政机关规定。

《会计师事务所分所审批管理暂行办法》第八条规定，事务所跨省级行政区设立的分所必须符合下列条件：（一）有10名以上60周岁以内的从业人员，其中包括5名以上注册会计师；（二）有一定数额的营运资金（由事务所提供）；（三）有固定的办公场所和必要的设施。在省级行政区内设立分所的，其分所条件由各省级财政机关规定。

◆**行政责任**：《会计师事务所审批和监督暂行办法》第四十八条规定，会计师事务所及其分所未保持设立条件的，应在20日内向所在地的省级财政部门备案，由所在地的省级财政部门责令其在60日内整改。未在规定期限内备案或者整改期满仍未达到设立条件的，由所在地的省级财政部门撤回设立许可。

3.5 一种擅自从事审计业务的行为

3.5.1 违法情形

未经批准擅自从事审计业务。

3.5.2 相关规定

《注册会计师法》第三条规定，会计师事务所是依法设立并承办注册会计师业务的机构。

第十四条规定，注册会计师承办下列审计业务：（一）审查企业会计报表，出具审计报告；（二）验证企业资本，出具验资报告；（三）办理企业合并、分立、清算事宜中的审计业务，出具有关的报告；（四）法律、行政法规规定的其他审计业务。注册会计师依法执行审计业务出具的报告，具有证明效力。

3.5.3 行政责任

《注册会计师法》第四十条规定，对未经批准承办本法第十四条规定的注册会计师业务的单位，由省级以上人民政府财政部门责令其停止违法活动，没收违法所得，可以并处违法所得一倍以上五倍以下的罚款。

《注册会计师法（修正案）》（征求意见稿，2012）第四十二条规定，对未经批准承办本法第十四条规定的注册会计师业务的单位，由省级以上人民政府财政部门责令其停止违法活动，没收违法所得，可以并处违法所得一倍以上五倍以下的罚款。没有取得注册会计师证书的人员以注册会计师名义从事注册会计师业务的，由省级以上人民政府财政部门责令其停止违法活动，没收违法所得，可以并处违法所得1倍以上5倍以下的罚款。

《会计师事务所审批和监督暂行办法》第六十七条规定，公民、法人或者其他组织未经批准，擅自从事注册会计师法第十四条规定的注册会计师业务的，给予警告，并责令其停止违法活动，没收违法所得；情节严重的，可以并处1倍以上5倍以下的罚款。

3.6 十九种财政部门予以公告的行为

3.6.1 会计师事务所设立后合伙人或者股东未在规定时间内办理完转入该所手续

◆**相关规定**：《会计师事务所审批和监督暂行办法》第十一条规定，注册会计师在成为会计师事务所的合伙人或者股东之前，应当在省、自治区、直辖市注册会计师协会办理完从原会计师事务所转出的手续。若为原会计师事务所合伙人或者股东，还应当按照有关法律、行政法规，以及合伙协议或者章程办理完退伙或者股权转让手续。

◆**行政责任**：《会计师事务所审批和监督暂行办法》第六十二条规定，会计师事务所有下列情形之一的，责令限期改正，逾期不改正的予以公告：（一）会计师事务所设立后合伙人或者股东未在规定时间内办理完转入该所手续的……

3.6.2 会计师事务所未按照规定办理有关事项备案手续

◆**相关规定**：《会计师事务所审批和监督暂行办法》第二十九条规定，会计师事务所发生下列事项之一的，应当自作出决议之日起20日内向所在地的省级财政部门备案：（一）变更会计师事务所名称、办公场所（在省级行政区划内）、主任会计师；（二）变更合伙会计师事务所合伙人；（三）变更有限责任会计师事务所注册资本、股东。会计师事务所变更分所名称、负责人、办公场所，或者撤销已设立的分所，应当自作出决议之日起20日内同时向会计师事务所和分所所在地的省级财政部门备案。

第三十条规定，会计师事务所及其分所发生本办法第二十九条所列变更事项之一的，应当向所在地的省级财政部门报送下列备案材料：（一）会计师事务所变更事项情况表或者会计师事务所分所变更事项情况表；（二）变更后的情况符合本办法第七条至第十二条、第二十四条和第二十五条规定的证明材料。

第三十一条规定，会计师事务所及其设立的分所变更名称的，应当同时向会计师事务所及其分所所在地的省级财政部门备案，提交工商行政管理部门出具的企业名称预先核准通知书复印件，交回原会计师事务所执业证书或者原会计师事务所分所执业证书，换取新的会计师事务所执业证书或者会计师事务所分所执业证书。

第三十二条规定，因合并或者分立存续的会计师事务所，应当按照本办法第二十九条至第三十一条的规定向所在地的省级财政部门备案。

第三十五条规定，会计师事务所跨省级行政区划迁移办公场所，应当向迁入地省级财政部门提交下列材料：（一）会计师事务所跨省级行政区划迁移申请表；（二）会计师事务所合伙人或者股东情况汇总表；（三）注册会计师情况汇总表；（四）书面合伙协议或者股东共同制定的章程；（五）全体合伙人或者股东的注册会计师证书复印件；（六）迁入地办公场所的产权或者使用权的有效证明复印件；（七）全体合伙人或者股东会作出的迁移办公场所决议。迁移同时需要变更会计师事务所名称的，还应当提交迁入地的工商行政管理部门出具的企业名称预先核准通知书复印件。

第三十七条规定，经批准跨省级行政区划迁移办公场所的会计师事务所设有分所的，应当向其分所所在地的省级财政部门备案，并交回原会计师事务所分所执业证书。省级财政部门应当为其换发新的会计师事务所分所执业证书。

第四十一条规定，会计师事务所发生应当终止的情形时，应当分别向会计师事务所及其分所所在地的省级财政部门备案，报送会计师事务所终止情况表，同时交回会计师事务所执业证书和会计师事务所分所执业证书。

第五十四条规定，会计师事务所应当于每年5月31日之前，向所在地的省级财政部门报送下列材料：（一）会计师事务所基本情况表和会计师事务所分所基本情况表；（二）会计师事务所上年末资产负债表和上年度利润表；（三）会计师事务所合伙人或者股东情况汇总表；（四）对分所的业务管理和执业质量控制情况的说明；（五）会计师事务所出具审计报告情况表；（六）会计师事务所及其注册会计师接受业务检查、被处罚情况；（七）会计师事务所由于执行业务涉及法律诉讼情况。会计师事务所与境外会计师事务所有成员所或者联系所合作关系的，还应当报送上年度与境外会计师事务所、境外会计师事务所其他成员所或者联系所合作开展业务的情况。会计师事务所跨省级行政区划设有分所的，还应当将该分所有关材料报送分所所在地的省级财政部门。

◆**行政责任**：《会计师事务所审批和监督暂行办法》第六十二条规定，会计师事务所有下列情形之一的，责令限期改正，逾期不改正的予以公告：……（二）未按照本办法规定办理有关事项备案手续的……

3.6.3 会计师事务所对分所的人事、财务、执业标准、质量控制等不实施统一管理

具体包括七种违法情形：

(1) 事务所未按规定对分所实施统一管理。

◆**相关规定**：《会计师事务所审批和监督暂行办法》第二十一条规定，会计师事务所应当在人事、财务、执业标准、质量控制等方面对其设立的分所进行统一管理，并对分所的业务活动和债务承担行政责任。

《会计师事务所分所管理暂行办法》第四条规定，会计师事务所及其分所应当在人事、财务、业务、技术标准和信息管理等方面做到实质性的统一。

◆**行政责任**：《会计师事务所审批和监督暂行办法》第六十二条规定，会计师事务所有下列情形之一的，责令限期改正，逾期不改正的予以公告：……（三）对分所的人事、财务、执业标准、质量控制等不实施统一管理的……

《会计师事务所分所管理暂行办法》第二十四条规定，会计师事务所违反本办法规定的，按照《会计师事务所审批和监督暂行办法》（财政部令第24号）第六十二条处理。

(2) 事务所未制定和实施统一的人力资源管理制度。

◆**相关规定**：《会计师事务所分所管理暂行办法》第五条规定，会计师事务所应当制定和实施统一的人力资源管理制度，在全所范围内执行统一的人员聘用、定级、培训、考核、奖惩和退出等标准。

◆**行政责任**：《会计师事务所分所管理暂行办法》第二十四条规定，会计师事务所违反本办法规定的，按照《会计师事务所审批和监督暂行办法》（财政部令第24号）第六十二条处理。

《会计师事务所审批和监督暂行办法》第六十二条规定，会计师事务所有下列情形之一的，责令限期改正，逾期不改正的予以公告：……（三）对分所的人事、财务、执业标准、质量控制等不实施统一管理的……

(3) 事务所未制定和实施统一的财务政策和分配制度。

◆**相关规定**：《会计师事务所分所管理暂行办法》第八条规定，会计师事务所应当制定统一的财务政策和分配制度，对全所的业务收支、会计核算、利益分配、资金调度等进行统一管理与集中控制。

◆**行政责任**：《会计师事务所分所管理暂行办法》第二十四条规定，会计师事务所违反本办法规定的，按照《会计师事务所审批和监督暂行办法》（财政部令第24号）第六十二条处理。

《会计师事务所审批和监督暂行办法》第六十二条规定，会计师事务所有下列情形之一的，责令限期改正，逾期不改正的予以公告：……（三）对分所的人事、财务、执业标准、质量控制等不实施统一管理的……

(4) 事务所未制定统一的业务管理制度。

◆**相关规定**：《会计师事务所分所管理暂行办法》第十二条规定，会计师事务所应当制定统一的业务管理制度，明确业务承接、执行等环节的规范要求，在全所范围内执行统一的

业务风险评估和分类分级管理。

◆**行政责任**：《会计师事务所分所管理暂行办法》第二十四条规定，会计师事务所违反本办法规定的，按照《会计师事务所审批和监督暂行办法》（财政部令第 24 号）第六十二条处理。

《会计师事务所审批和监督暂行办法》第六十二条规定，会计师事务所有下列情形之一的，责令限期改正，逾期不改正的予以公告：……（三）对分所的人事、财务、执业标准、质量控制等不实施统一管理的……

(5) 事务所未制定统一的执业标准和质量控制制度。

◆**相关规定**：《会计师事务所分所管理暂行办法》第十五条规定，会计师事务所应当制定统一的执业标准和质量控制制度，加强执业活动全过程的质量控制和风险管理，通过培训、督导和检查等方式，切实做到执业标准和质量控制制度在全所范围内得到有效执行。

◆**行政责任**：《会计师事务所分所管理暂行办法》第二十四条规定，会计师事务所违反本办法规定的，按照《会计师事务所审批和监督暂行办法》（财政部令第 24 号）第六十二条处理。

《会计师事务所审批和监督暂行办法》第六十二条规定，会计师事务所有下列情形之一的，责令限期改正，逾期不改正的予以公告：……（三）对分所的人事、财务、执业标准、质量控制等不实施统一管理的……

(6) 事务所未运用信息化手段加强对分所执业质量和管理状况的监控。

◆**相关规定**：《会计师事务所分所管理暂行办法》第二十条规定，会计师事务所应当结合自身发展战略和经营管理需要，不断提高会计师事务所在业务管理、财务管理、人力资源管理等方面的信息化水平，并运用信息化手段加强对分所执业质量和管理状况的实时监控。

◆**行政责任**：《会计师事务所分所管理暂行办法》第二十四条规定，会计师事务所违反本办法规定的，按照《会计师事务所审批和监督暂行办法》（财政部令第 24 号）第六十二条处理。

《会计师事务所审批和监督暂行办法》第六十二条规定，会计师事务所有下列情形之一的，责令限期改正，逾期不改正的予以公告：……（三）对分所的人事、财务、执业标准、质量控制等不实施统一管理的……

(7) 分所负责人未由会计师事务所统一委派、监督和考核。

◆**相关规定**：《会计师事务所分所管理暂行办法》第六条规定，分所负责人应当由会计师事务所统一委派、监督和考核。分所人员接受会计师事务所的统一管理和调配。

◆**行政责任**：《会计师事务所分所管理暂行办法》第二十四条规定，会计师事务所违反本办法规定的，按照《会计师事务所审批和监督暂行办法》（财政部令第 24 号）第六十二条处理。

《会计师事务所审批和监督暂行办法》第六十二条规定，会计师事务所有下列情形之一的，责令限期改正，逾期不改正的予以公告：……（三）对分所的人事、财务、执业标准、质量控制等不实施统一管理的……

3.6.4 会计师事务所和注册会计师违规买卖被审计的单位的股票、债券或者购买被审计单位或者个人所拥有的其他财产

◆**相关规定**：《注册会计师法》第二十二条规定，注册会计师不得有下列行为：（一）在执行审计业务期间，在法律、行政法规规定不得买卖被审计单位的股票、债券或者不得购买被审计单位或者个人的其他财产的期限内，买卖被审计的单位的股票、债券或者购买被审计单位或者个人所拥有的其他财产……

第三十二条规定，会计师事务所不得有本法第二十二条第（一）项至第（四）项、第（六）项、第（七）项所列的行为。

《会计师事务所审批和监督暂行办法》第五十七条规定，注册会计师不得有下列行为：（一）在执行审计业务期间，在法律、行政法规规定不得买卖被审计单位的股票、债券或者不得购买被审计单位或者个人的其他财产的期限内，买卖被审计单位的股票、债券或者购买被审计单位或者个人所拥有的其他财产……

◆**行政责任**：《会计师事务所审批和监督暂行办法》第六十五条规定，注册会计师违反本办法第五十七条规定的，责令限期改正，逾期不改正的予以公告。

《会计师事务所审批和监督暂行办法》第六十二条规定，会计师事务所有下列情形之一的，责令限期改正，逾期不改正的予以公告：……（四）违反《中华人民共和国注册会计师法》第三十二条规定的……

《注册会计师法（修正案）》（征求意见稿，2012）第四十条规定，会计师事务所违反本法第二十条、第二十一条、第二十二条第一项至第四项、第六项至第十项规定的，由省级以上人民政府财政部门没收违法所得，并处违法所得1倍以上5倍以下的罚款；没有违法所得或者违法所得不足5万元的，处5万元以上30万元以下的罚款；情节严重的，暂停其执行业务或者吊销会计师事务所执业证书，对直接负责的主管人员和其他直接责任人员给予警告，处1万元以上5万元以下的罚款；构成犯罪的，依法追究刑事责任。

第四十一条规定，注册会计师违反本法第二十条、第二十一条、第二十二条规定的，由省级以上人民政府财政部门给予警告，处1万元以上5万元以下的罚款；情节严重的，暂停其执行业务或者吊销注册会计师证书；构成犯罪的，依法追究刑事责任。

3.6.5 会计师事务所和注册会计师索取、收受委托合同约定以外的酬金或者其他财物，或者利用执行业务之便，谋取其他不正当的利益

◆**相关规定**：《注册会计师法》第二十二条规定，注册会计师不得有下列行为：……（二）索取、收受委托合同约定以外的酬金或者其他财物，或者利用执行业务之便，谋取其他不正当的利益……

第三十二条规定，会计师事务所不得有本法第二十二条第（一）项至第（四）项、第（六）项、第（七）项所列的行为。

《会计师事务所审批和监督暂行办法》第五十七条规定，注册会计师不得有下列行为：……（二）索取、收受委托合同约定以外的酬金或者其他财物，或者利用执行业务之

便,谋取其他不正当利益……

◆**行政责任**:《会计师事务所审批和监督暂行办法》第六十五条规定,注册会计师违反本办法第五十七条规定的,责令限期改正,逾期不改正的予以公告。

《会计师事务所审批和监督暂行办法》第六十二条规定,会计师事务所有下列情形之一的,责令限期改正,逾期不改正的予以公告:……(四)违反《中华人民共和国注册会计师法》第三十二条规定的……

《注册会计师法(修正案)》(征求意见稿,2012)第四十条规定,会计师事务所违反本法第二十条、第二十一条、第二十二条第一项至第四项、第六项至第十项规定的,由省级以上人民政府财政部门没收违法所得,并处违法所得1倍以上5倍以下的罚款;没有违法所得或者违法所得不足5万元的,处5万元以上30万元以下的罚款;情节严重的,暂停其执行业务或者吊销会计师事务所执业证书,对直接负责的主管人员和其他直接责任人员给予警告,处1万元以上5万元以下的罚款;构成犯罪的,依法追究刑事责任。

第四十一条规定,注册会计师违反本法第二十条、第二十一条、第二十二条规定的,由省级以上人民政府财政部门给予警告,处1万元以上5万元以下的罚款;情节严重的,暂停其执行业务或者吊销注册会计师证书;构成犯罪的,依法追究刑事责任。

3.6.6 会计师事务所和注册会计师接受委托催收债款

◆**相关规定**:《注册会计师法》第二十二条规定,注册会计师不得有下列行为:……(三)接受委托催收债款……

第三十二条规定,会计师事务所不得有本法第二十二条第(一)项至第(四)项、第(六)项、第(七)项所列的行为。

《会计师事务所审批和监督暂行办法》第五十七条规定,注册会计师不得有下列行为:……(三)接受委托催收债款……

◆**行政责任**:《会计师事务所审批和监督暂行办法》第六十五条规定,注册会计师违反本办法第五十七条规定的,责令限期改正,逾期不改正的予以公告。

《会计师事务所审批和监督暂行办法》第六十二条规定,会计师事务所有下列情形之一的,责令限期改正,逾期不改正的予以公告:……(四)违反《中华人民共和国注册会计师法》第三十二条规定的……

《注册会计师法(修正案)》(征求意见稿,2012)第四十条规定,会计师事务所违反本法第二十条、第二十一条、第二十二条第一项至第四项、第六项至第十项规定的,由省级以上人民政府财政部门没收违法所得,并处违法所得1倍以上5倍以下的罚款;没有违法所得或者违法所得不足5万元的,处5万元以上30万元以下的罚款;情节严重的,暂停其执行业务或者吊销会计师事务所执业证书,对直接负责的主管人员和其他直接责任人员给予警告,处1万元以上5万元以下的罚款;构成犯罪的,依法追究刑事责任。

第四十一条规定,注册会计师违反本法第二十条、第二十一条、第二十二条规定的,由省级以上人民政府财政部门给予警告,处1万元以上5万元以下的罚款;情节严重的,暂停其执行业务或者吊销注册会计师证书;构成犯罪的,依法追究刑事责任。

3.6.7　会计师事务所和注册会计师允许他人以本人名义执行业务

◆**相关规定：**《注册会计师法》第二十二条规定，注册会计师不得有下列行为：……（四）允许他人以本人名义执行业务……

《注册会计师法（修正案）》（征求意见稿，2012）第二十二条规定，注册会计师不得有下列行为：……（四）冒用他人名义或者允许他人以本人名义执行业务……

第三十二条规定，会计师事务所不得有本法第二十二条第（一）项至第（四）项、第（六）项、第（七）项所列的行为。

《会计师事务所审批和监督暂行办法》第五十七条规定，注册会计师不得有下列行为：……（四）允许他人以本人名义执行业务……

◆**行政责任：**《会计师事务所审批和监督暂行办法》第六十五条规定，注册会计师违反本办法第五十七条规定的，责令限期改正，逾期不改正的予以公告。

《会计师事务所审批和监督暂行办法》第六十二条规定，会计师事务所有下列情形之一的，责令限期改正，逾期不改正的予以公告：……（四）违反《中华人民共和国注册会计师法》第三十二条规定的……

《注册会计师法（修正案）》（征求意见稿，2012）第四十条规定，会计师事务所违反本法第二十条、第二十一条、第二十二条第一项至第四项、第六项至第十项规定的，由省级以上人民政府财政部门没收违法所得，并处违法所得1倍以上5倍以下的罚款；没有违法所得或者违法所得不足5万元的，处5万元以上30万元以下的罚款；情节严重的，暂停其执行业务或者吊销会计师事务所执业证书，对直接负责的主管人员和其他直接责任人员给予警告，处1万元以上5万元以下的罚款；构成犯罪的，依法追究刑事责任。

第四十一条规定，注册会计师违反本法第二十条、第二十一条、第二十二条规定的，由省级以上人民政府财政部门给予警告，处1万元以上5万元以下的罚款；情节严重的，暂停其执行业务或者吊销注册会计师证书；构成犯罪的，依法追究刑事责任。

3.6.8　注册会计师同时在两个或者两个以上的会计师事务所执行业务

◆**相关规定：**《注册会计师法》第二十二条规定，注册会计师不得有下列行为：……（五）同时在两个或者两个以上的会计师事务所执行业务……

《会计师事务所审批和监督暂行办法》第五十七条规定，注册会计师不得有下列行为：……（五）同时在两个或者两个以上的会计师事务所执行业务……

◆**行政责任：**《会计师事务所审批和监督暂行办法》第六十五条规定，注册会计师违反本办法第五十七条规定的，责令限期改正，逾期不改正的予以公告。

第四十一条规定，注册会计师违反本法第二十条、第二十一条、第二十二条规定的，由省级以上人民政府财政部门给予警告，处1万元以上5万元以下的罚款；情节严重的，暂停其执行业务或者吊销注册会计师证书；构成犯罪的，依法追究刑事责任。

3.6.9 会计师事务所和注册会计师对其能力进行广告宣传以招揽业务

◆相关规定：《注册会计师法》第二十二条规定，注册会计师不得有下列行为：……（六）对其能力进行广告宣传以招揽业务……

《注册会计师法（修正案）》（征求意见稿，2012）第二十二条规定，注册会计师不得有下列行为：……（七）对其能力进行广告宣传以招揽业务……

第三十二条规定，会计师事务所不得有本法第二十二条第（一）项至第（四）项、第（六）项、第（七）项所列的行为。

《会计师事务所审批和监督暂行办法》第五十七条规定，注册会计师不得有下列行为：……（六）对其能力进行广告宣传以招揽业务……

◆行政责任：《会计师事务所审批和监督暂行办法》第六十五条规定，注册会计师违反本办法第五十七条规定的，责令限期改正，逾期不改正的予以公告。

《会计师事务所审批和监督暂行办法》第六十二条规定，会计师事务所有下列情形之一的，责令限期改正，逾期不改正的予以公告：……（四）违反《中华人民共和国注册会计师法》第三十二条规定的……

《注册会计师法（修正案）》（征求意见稿，2012）第四十条规定，会计师事务所违反本法第二十条、第二十一条、第二十二条第一项至第四项、第六项至第十项规定的，由省级以上人民政府财政部门没收违法所得，并处违法所得1倍以上5倍以下的罚款；没有违法所得或者违法所得不足5万元的，处5万元以上30万元以下的罚款；情节严重的，暂停其执行业务或者吊销会计师事务所执业证书，对直接负责的主管人员和其他直接责任人员给予警告，处1万元以上5万元以下的罚款；构成犯罪的，依法追究刑事责任。

第四十一条规定，注册会计师违反本法第二十条、第二十一条、第二十二条规定的，由省级以上人民政府财政部门给予警告，处1万元以上5万元以下的罚款；情节严重的，暂停其执行业务或者吊销注册会计师证书；构成犯罪的，依法追究刑事责任。

3.6.10 会计师事务所未设立主任会计师或主任会计师不符合规定

◆相关规定：《会计师事务所审批和监督暂行办法》第十条规定，会计师事务所应当设立主任会计师。合伙会计师事务所的主任会计师由执行会计师事务所事务的合伙人担任。有限责任会计师事务所的主任会计师由法定代表人担任，法定代表人由股东担任。

◆行政责任：《会计师事务所审批和监督暂行办法》第六十二条规定，会计师事务所有下列情形之一的，责令限期改正，逾期不改正的予以公告：……（五）违反本办法第十条、第五十八条规定的。

3.6.11 会计师事务所未经批准设立分所

◆相关规定：《注册会计师法》第二十七条规定，会计师事务所设立分支机构，须经分支机构所在地的省、自治区、直辖市人民政府部门批准。

《注册会计师法（修正案）》（征求意见稿，2012）第二十八条规定，会计师事务所设立分支机构，须经分支机构所在地的省、自治区、直辖市人民政府部门批准。

《会计师事务所审批和监督暂行办法》第二十二条规定，会计师事务所设立分所，应当由分所所在地的省级财政部门批准。第五十八条规定，会计师事务所不得有下列行为：（一）未经批准设立分所……

《会计师事务所分所审批管理暂行办法》第四条规定，分所可以在事务所所在地省级行政区内设立，也可以跨省级行政区设立，但不得在事务所所在市（城区）、县设立分所。

《会计师事务所分所审批管理暂行办法》第五条规定，事务所设立分所，须经分所所在地省、自治区、直辖市人民政府财政部门批准，具体审批工作由分所所在地省、自治区、直辖市注册会计师协会办理。除申请设立分所外，事务所不得以其他方式设立其他形式的分支机构。

◆**行政责任**：《会计师事务所审批和监督暂行办法》第六十二条规定，会计师事务所有下列情形之一的，责令限期改正，逾期不改正的予以公告：……（五）违反本办法第十条、第五十八条规定的。

《注册会计师法（修正案）》（征求意见稿，2012）第四十条规定，会计师事务所违反本法第十八条、第二十八条、第二十九条第二款规定的，由省级以上人民政府财政部门责令改正，可以处10万元以下的罚款；情节严重的，暂停其执行业务。

3.6.12 会计师事务所向省级以上财政部门提供虚假材料或者不及时报送相关材料

◆**相关规定**：《会计师事务所审批和监督暂行办法》第五十八条规定，会计师事务所不得有下列行为：……（二）向省级以上财政部门提供虚假材料或者不及时报送相关材料……

◆**行政责任**：《会计师事务所审批和监督暂行办法》第六十二条规定，会计师事务所有下列情形之一的，责令限期改正，逾期不改正的予以公告：……（五）违反本办法第十条、第五十八条规定的。

3.6.13 会计师事务所雇用正在其他会计师事务所执业的注册会计师，或者明知本所的注册会计师在其他会计师事务所执业而不予制止

◆**相关规定**：《会计师事务所审批和监督暂行办法》第五十八条规定，会计师事务所不得有下列行为：……（三）雇用正在其他会计师事务所执业的注册会计师，或者明知本所的注册会计师在其他会计师事务所执业而不予制止……

◆**行政责任**：《会计师事务所审批和监督暂行办法》第六十二条规定，会计师事务所有下列情形之一的，责令限期改正，逾期不改正的予以公告：……（五）违反本办法第十条、第五十八条规定的。

3.6.14 会计师事务所允许本所注册会计师只在本所挂名而不在本所执行业务，或者明知本所注册会计师在其他单位从事获取工资性收入的工作而不予制止

◆相关规定：《会计师事务所审批和监督暂行办法》第五十八条规定，会计师事务所不得有下列行为：……（四）允许本所注册会计师只在本所挂名而不在本所执行业务，或者明知本所注册会计师在其他单位从事获取工资性收入的工作而不予制止……

◆行政责任：《会计师事务所审批和监督暂行办法》第六十二条规定，会计师事务所有下列情形之一的，责令限期改正，逾期不改正的予以公告：……（五）违反本办法第十条、第五十八条规定的。

3.6.15 会计师事务所允许其他单位或者个人以本所名义承办业务

◆相关规定：《会计师事务所审批和监督暂行办法》第五十八条规定，会计师事务所不得有下列行为：……（五）允许其他单位或者个人以本所名义承办业务……

◆行政责任：《会计师事务所审批和监督暂行办法》第六十二条规定，会计师事务所有下列情形之一的，责令限期改正，逾期不改正的予以公告：……（五）违反本办法第十条、第五十八条规定的。

3.6.16 会计师事务所采取强迫、欺诈等不正当方式招揽业务

◆相关规定：《会计师事务所审批和监督暂行办法》第五十八条规定，会计师事务所不得有下列行为：……（六）采取强迫、欺诈等不正当方式招揽业务……

《注册会计师法（修正案）》（征求意见稿，2012）第二十二条规定，注册会计师不得有下列行为：……（六）采取欺诈、贿赂等不正当方式招揽业务……

◆行政责任：《会计师事务所审批和监督暂行办法》第六十二条规定，会计师事务所有下列情形之一的，责令限期改正，逾期不改正的予以公告：……（五）违反本办法第十条、第五十八条规定的。

《注册会计师法（修正案）》（征求意见稿，2012）第四十条规定，会计师事务所违反本法第二十条、第二十一条、第二十二条第一项至第四项、第六项至第十项规定的，由省级以上人民政府财政部门没收违法所得，并处违法所得1倍以上5倍以下的罚款；没有违法所得或者违法所得不足5万元的，处5万元以上30万元以下的罚款；情节严重的，暂停其执行业务或者吊销会计师事务所执业证书，对直接负责的主管人员和其他直接责任人员给予警告，处1万元以上5万元以下的罚款；构成犯罪的，依法追究刑事责任。

第四十一条规定，注册会计师违反本法第二十条、第二十一条、第二十二条规定的，由省级以上人民政府财政部门给予警告，处1万元以上5万元以下的罚款；情节严重的，暂停其执行业务或者吊销注册会计师证书；构成犯罪的，依法追究刑事责任。

3.6.17 会计师事务所承办与自身规模、执业能力、承担风险能力不匹配的业务

◆**相关规定**：《会计师事务所审批和监督暂行办法》第五十八条规定，会计师事务所不得有下列行为：……（七）承办与自身规模、执业能力、承担风险能力不匹配的业务……

◆**行政责任**：《会计师事务所审批和监督暂行办法》第六十二条规定，会计师事务所有下列情形之一的，责令限期改正，逾期不改正的予以公告：……（五）违反本办法第十条、第五十八条规定的。

3.6.18 会计师事务所不按规定提取和使用职业风险基金或购买职业保险

◆**相关规定**：《注册会计师法》第二十八条第二款规定，会计师事务所按照国务院财政部门的规定建立职业风险基金，办理职业保险。

《注册会计师法（修正案）》（征求意见稿，2012）第二十九条第二款规定，会计师事务所按照国务院财政部门的规定建立职业风险基金，办理职业保险。

《会计师事务所职业风险基金管理办法》第二条规定，事务所应当按照本办法规定提取和使用职业风险基金。事务所分所的职业风险基金，由事务所统一提取和使用。

第三条规定，事务所应当于每年年末，以本年度审计业务收入为基数，按照不低于5%的比例提取职业风险基金。

第四条规定，事务所可以通过购买职业保险方式提高抵御职业责任风险的能力。事务所购买职业保险的，实际缴纳的保险费可以按以下公式计算抵扣保险受益年度的应提职业风险基金金额：可抵扣金额＝当年度负担的保险费×15。可抵扣金额大于或者等于当年度应提职业风险基金金额的，当年度可以不提取职业风险基金。可抵扣金额小于当年度应提职业风险基金金额的，应当按其差额提取职业风险基金。事务所以保险费抵扣应提职业风险基金金额的，应当于每年5月31日前，将保单（含保险条款）复印件报所在地的省级财政部门、省级注册会计师协会备案。

第六条规定，事务所存续期间，职业风险基金只能用于下列支出：（一）因职业责任引起的民事赔偿；（二）与民事赔偿相关的律师费、诉讼费等法律费用。

第七条规定，有限责任事务所合并，合并各方合并前已提取的职业风险基金应当并入合并后事务所。

第八条规定，有限责任事务所分立，已提取的职业风险基金应当按照净资产分割比例在分立各方之间分割。分立各方另有约定的，从其约定。

第九条规定，事务所存续期间不得分配职业风险基金。

◆**行政责任**：《会计师事务所职业风险基金管理办法》第十三条规定，事务所违反本办法规定的，由省级以上财政部门责令限期改正，逾期不改正的予以公告。

《注册会计师法（修正案）》（征求意见稿，2012）第四十条规定，会计师事务所违反本法第十八条、第二十八条、第二十九条第二款规定的，由省级以上人民政府财政部门责令改正，可以处10万元以下的罚款；情节严重的，暂停其执行业务。

3.6.19　会计师事务所和注册会计师违反法律、行政法规的其他行为

◆**相关规定**：《注册会计师法》第二十二条规定，注册会计师不得有下列行为：……（七）违反法律、行政法规的其他行为。

《注册会计师法（修正案）》（征求意见稿，2012）第二十二条规定，注册会计师不得有下列行为：……（十）违反法律、行政法规的其他行为……

第三十二条规定，会计师事务所不得有本法第二十二条第（一）项至第（四）项、第（六）项、第（七）项所列的行为。

《会计师事务所审批和监督暂行办法》第五十七条规定，注册会计师不得有下列行为：……（七）违反法律、行政法规的其他行为。

《会计师事务所审批和监督暂行办法》第五十八条规定，会计师事务所不得有下列行为：……（八）违反法律、行政法规的其他行为。

◆**行政责任**：《会计师事务所审批和监督暂行办法》第六十二条规定，会计师事务所有下列情形之一的，责令限期改正，逾期不改正的予以公告：……（四）违反《中华人民共和国注册会计师法》第三十二条规定的；（五）违反本办法第十条、第五十八条规定的。

第六十五条规定，注册会计师违反本办法第五十七条规定的，责令限期改正，逾期不改正的予以公告。

《注册会计师法（修正案）》（征求意见稿，2012）第四十条规定，会计师事务所违反本法第二十条、第二十一条、第二十二条第一项至第四项、第六项至第十项规定的，由省级以上人民政府财政部门没收违法所得，并处违法所得1倍以上5倍以下的罚款；没有违法所得或者违法所得不足5万元的，处5万元以上30万元以下的罚款；情节严重的，暂停其执行业务或者吊销会计师事务所执业证书，对直接负责的主管人员和其他直接责任人员给予警告，处1万元以上5万元以下的罚款；构成犯罪的，依法追究刑事责任。

第四十一条规定，注册会计师违反本法第二十条、第二十一条、第二十二条规定的，由省级以上人民政府财政部门给予警告，处1万元以上5万元以下的罚款；情节严重的，暂停其执行业务或者吊销注册会计师证书；构成犯罪的，依法追究刑事责任。

3.7　二十一种违反财务管理规定的行为

3.7.1　未按规定建立内部财务管理体制和各项财务管理制度

◆**相关规定**：《会计师事务所财务管理暂行办法》第二条规定，会计师事务所应当根据《中华人民共和国会计法》等国家有关法规制度和本暂行办法，结合合伙人协议、事务所章程等，建立内部财务管理体制和各项财务管理制度。

◆**行政责任**：《会计法》第七条规定，国务院财政部门主管全国的会计工作。县级以上地方各级人民政府财政部门管理本行政区域内的会计工作。

3.7.2 未按规定实行内部财务的集中统一管理

◆**相关规定**：《会计师事务所财务管理暂行办法》第四条规定，会计师事务所应当对全所范围内的会计核算、资金使用、业务收支和收益分配等进行统一管理，进一步加强对分所财务的集中控制，切实做到一体化管理，避免会计师事务所内部财务管理各自为政。

◆**行政责任**：《会计法》第七条规定，国务院财政部门主管全国的会计工作。县级以上地方各级人民政府财政部门管理本行政区域内的会计工作。

3.7.3 未按规定整合财务和业务信息管理系统

◆**相关规定**：《会计师事务所财务管理暂行办法》第五条规定，会计师事务所应当结合经营特点和管理要求，优化业务流程，加大信息技术应用推广力度，进一步整合财务和业务信息管理系统，不断提高财务管理效能。

◆**行政责任**：《会计法》第七条规定，国务院财政部门主管全国的会计工作。县级以上地方各级人民政府财政部门管理本行政区域内的会计工作。

3.7.4 未按规定设置财会机构或配备专职财会人员

◆**相关规定**：《会计师事务所财务管理暂行办法》第六条规定，会计师事务所应当按照统一的财务管理体制和财务会计法规制度，设立独立的财会部门或在相关部门内指定专职财会人员，明确相关部门和人员的职责权限。

◆**行政责任**：《会计法》第七条规定，国务院财政部门主管全国的会计工作。县级以上地方各级人民政府财政部门管理本行政区域内的会计工作。

3.7.5 任用会计人员未按规定实行回避制度

◆**相关规定**：《会计师事务所财务管理暂行办法》第七条规定，会计师事务所任用会计人员应当实行回避制度。大中型会计师事务所的合伙人（股东）的直系亲属不得担任本会计师事务所的会计机构负责人、会计主管人员。

◆**行政责任**：《会计法》第七条规定，国务院财政部门主管全国的会计工作。县级以上地方各级人民政府财政部门管理本行政区域内的会计工作。

3.7.6 未按规定建立健全财务预算管理制度

◆**相关规定**：《会计师事务所财务管理暂行办法》第八条规定，大中型会计师事务所应当建立健全财务预算管理制度，对会计师事务所业务收支等实施预算管理。鼓励小型会计师事务所建立财务预算管理制度。

◆**行政责任**：《会计法》第七条规定，国务院财政部门主管全国的会计工作。县级以上地方各级人民政府财政部门管理本行政区域内的会计工作。

3.7.7 未按规定加强对应收账款的管理

◆**相关规定**：《会计师事务所财务管理暂行办法》第九条规定，会计师事务所应当加强对应收账款的管理，完善财务部门和业务部门的沟通和协作机制，保证应收账款真实、完整。

◆**行政责任**：《会计法》第七条规定，国务院财政部门主管全国的会计工作。县级以上地方各级人民政府财政部门管理本行政区域内的会计工作。

3.7.8 未建立严格的资金支付授权审批制度

◆**相关规定**：《会计师事务所财务管理暂行办法》第十条规定，会计师事务所应当建立严格的资金支付授权审批制度，明确支出款项的用途、金额、限额、支付方式等内容，保证资金支出的合法、安全。会计师事务所拓展和承接业务，不得向委托人或相关方面提供回扣或其他形式的商业贿赂。

◆**行政责任**：《会计法》第七条规定，国务院财政部门主管全国的会计工作。县级以上地方各级人民政府财政部门管理本行政区域内的会计工作。

3.7.9 未按规定购买有价证券

◆**相关规定**：《会计师事务所财务管理暂行办法》第十一条规定，会计师事务所及其注册会计师购买有价证券应当符合相关法律法规和独立性要求。会计师事务所不得为其他企业、单位或个人提供担保。

◆**行政责任**：《会计法》第七条规定，国务院财政部门主管全国的会计工作。县级以上地方各级人民政府财政部门管理本行政区域内的会计工作。

3.7.10 未按规定建立健全财产物资的管理制度

◆**相关规定**：《会计师事务所财务管理暂行办法》第十二条规定，会计师事务所应当建立健全财产物资采购、使用、保管、处置等各环节的管理制度，定期清查和盘点，对发生的财产损失要及时查明原因、作出处理。

◆**行政责任**：《会计法》第七条规定，国务院财政部门主管全国的会计工作。县级以上地方各级人民政府财政部门管理本行政区域内的会计工作。

3.7.11 未按规定加强负债管理

◆**相关规定**：《会计师事务所财务管理暂行办法》第十三条规定，会计师事务所应当加强负债管理，保证适当的流动性，对发生的各种借款和应付应交款项，应当按合同约定方式和期限及时归还或支付。会计师事务所分所不得同其他企业或单位发生除正常业务活动外的债权债务关系。

◆**行政责任**：《会计法》第七条规定，国务院财政部门主管全国的会计工作。县级以上地方各级人民政府财政部门管理本行政区域内的会计工作。

3.7.12 未按规定对收入和支出进行明细核算

◆**相关规定**：《会计师事务所财务管理暂行办法》第十四条规定，会计师事务所应当按照业务类型对取得的收入进行明细核算，同时按照资金用途对支出的费用进行明细核算。

◆**行政责任**：《会计法》第七条规定，国务院财政部门主管全国的会计工作。县级以上地方各级人民政府财政部门管理本行政区域内的会计工作。

3.7.13 未按规定建立有效的工时管理系统和成本控制系统

◆**相关规定**：《会计师事务所财务管理暂行办法》第十五条规定，会计师事务所应当建立有效的工时管理系统和成本控制系统，在保证执业质量的前提下，不断强化成本预算约束，实现成本的全员管理和全过程控制。

大中型会计师事务所应当以具体承做的业务项目为基础，对主营业务收入和直接成本费用进行核算。鼓励小型会计师事务所以具体承做的业务项目为基础，对主营业务收入和直接成本费用进行核算。

◆**行政责任**：《会计法》第七条规定，国务院财政部门主管全国的会计工作。县级以上地方各级人民政府财政部门管理本行政区域内的会计工作。

3.7.14 未按规定制定工资薪酬政策和制度

◆**相关规定**：《会计师事务所财务管理暂行办法》第十六条规定，会计师事务所应当结合人员定级定岗制度制定工资薪酬政策和制度。工资薪酬政策和制度应当统一，同时统筹考虑分所所在地的地区差异。

◆**行政责任**：《会计法》第七条规定，国务院财政部门主管全国的会计工作。县级以上地方各级人民政府财政部门管理本行政区域内的会计工作。

3.7.15 未按规定购买职业保险或计提职业风险基金

◆**相关规定**：《会计师事务所财务管理暂行办法》第十七条规定，会计师事务所应当统一购买职业保险，或按规定计提职业风险基金。

◆**行政责任**：《会计法》第七条规定，国务院财政部门主管全国的会计工作。县级以上地方各级人民政府财政部门管理本行政区域内的会计工作。

3.7.16 未按规定为党组织的活动提供必要经费

◆**相关规定**：《会计师事务所财务管理暂行办法》第十八条规定，会计师事务所应当为党组织的活动提供必要经费。

◆**行政责任**：《会计法》第七条规定，国务院财政部门主管全国的会计工作。县级以上地方各级人民政府财政部门管理本行政区域内的会计工作。

3.7.17 未按规定加大教育培训投入

◆**相关规定**：《会计师事务所财务管理暂行办法》第十九条规定，会计师事务所应当加大教育培训投入，强化经费保障，提高从业人员职业道德水平和专业胜任能力。

◆**行政责任**：《会计法》第七条规定，国务院财政部门主管全国的会计工作。县级以上地方各级人民政府财政部门管理本行政区域内的会计工作。

3.7.18 未按规定制定科学的业绩考核和收益分配制度

◆**相关规定**：《会计师事务所财务管理暂行办法》第二十条规定，会计师事务所应当制定科学的业绩考核和收益分配制度，业绩考核和收益分配制度应当经合伙人会议（股东大会）审议批准，并在全所范围内执行。会计师事务所应当定期对业绩考核和分配制度进行评估，根据市场环境变化和自身发展需要不断修订完善。

第二十一条规定，会计师事务所制定业绩考核和收益分配制度，应当充分体现会计师事务所"人合"的特性，在优先考虑事务所持续发展的基础上，根据职级、能力和贡献等因素确定业绩考核标准和收益分配方案。

◆**行政责任**：《会计法》第七条规定，国务院财政部门主管全国的会计工作。县级以上地方各级人民政府财政部门管理本行政区域内的会计工作。

3.7.19 未按规定编制和报送年度财务报告

◆**相关规定**：《会计师事务所财务管理暂行办法》第二十二条规定："会计师事务所应当于每年年度终了编制年度财务报告，并向全体合伙人（股东）报告。除国家统一的会计准则制度规定外，会计师事务所编制的年度财务报告还应当包括业务收入明细表（见附表1）和支出明细表（见附表2）。"

第二十三条规定："会计师事务所应当于每年3月31日前，通过中国注册会计师行业管理信息系统财务报表子系统，向中国注册会计师协会、省级注册会计师协会上报经其他会计师事务所审计的上年度财务报告（包括本办法第二十二条中的业务收入明细表和支出明细表，下同）。省级注册会计师协会应将确认、汇总后的，与系统汇总数据一致的全省会计师事务所财务报告报送中国注册会计师协会。会计师事务所经其他会计师事务所审计的上年度财务报告应当同时报送省级财政部门；其中，大中型会计师事务所经其他会计师事务所审计的财务报告还应当同时报送财政部。"

◆行政责任：《会计法》第七条规定，国务院财政部门主管全国的会计工作。县级以上地方各级人民政府财政部门管理本行政区域内的会计工作。

3.7.20 未按规定建立会计档案管理制度

◆相关规定：《会计师事务所财务管理暂行办法》第二十四条规定，会计师事务所应当按照财政部、国家档案局《会计档案管理办法》（财会字［98］32号）的规定建立会计档案管理制度，明确会计档案的立卷、归档、保管、查阅和销毁等管理制度，保证会计档案的妥善保管和有序存放。会计师事务所分所撤销后，其会计档案应由会计师事务所统一保管。

◆行政责任：《会计法》第七条规定，国务院财政部门主管全国的会计工作。县级以上地方各级人民政府财政部门管理本行政区域内的会计工作。

3.7.21 未按规定健全内部财务监督制度

◆相关规定：《会计师事务所财务管理暂行办法》第二十五条规定，会计师事务所应当健全内部财务监督制度。会计师事务所可以通过设立监事会、财务监督委员会、内部审计机构等方式，按照国家相关法规制度的要求、合伙人协议或事务所章程等履行内部财务监督职责。

◆行政责任：《会计法》第七条规定，国务院财政部门主管全国的会计工作。县级以上地方各级人民政府财政部门管理本行政区域内的会计工作。

3.8 五种分所违法行为

3.8.1 分所设立半年后未开展业务活动

◆相关规定：《会计师事务所分所审批管理暂行办法》第十六条规定，分所不得有下列行为：（一）设立半年后未开展业务活动……

◆行政责任：《会计师事务所分所审批管理暂行办法》第十八条规定，分所违反本办法第十六条规定的，由分所所在地省级财政机关给予警告，没收违法所得，可以并处违法所得一倍以上五倍以下的罚款；情节严重的，暂停其经营业务或者予以撤销。分所的注册会计师违反《中华人民共和国注册会计师法》等有关规定，由分所所在地省级财政机关按照《中华人民共和国注册会计师法》及《违反注册会计师法处罚暂行办法》等有关规定进行处罚。

第十九条规定，省级财政机关对事务所跨省级行政区设立的分所的处罚，应当抄送事务所所在地省级财政机关和省级注册会计师协会；需要追究事务所相应责任的，应当提请事务所所在地省级财政机关依法处理。

3.8.2 分所以不正当手段争揽业务

◆**相关规定**：《会计师事务所分所审批管理暂行办法》第十六条规定，分所不得有下列行为：……（二）以不正当手段争揽业务……

◆**行政责任**：《会计师事务所分所审批管理暂行办法》第十八条规定，分所违反本办法第十六条规定的，由分所所在地省级财政机关给予警告，没收违法所得，可以并处违法所得一倍以上五倍以下的罚款；情节严重的，暂停其经营业务或者予以撤销。分所的注册会计师违反《中华人民共和国注册会计师法》等有关规定，由分所所在地省级财政机关按照《中华人民共和国注册会计师法》及《违反注册会计师法处罚暂行办法》等有关规定进行处罚。

第十九条规定，省级财政机关对事务所跨省级行政区设立的分所的处罚，应当抄送事务所所在地省级财政机关和省级注册会计师协会；需要追究事务所相应责任的，应当提请事务所所在地省级财政机关依法处理。

3.8.3 分所内部控制制度不严，出现严重质量问题

◆**相关规定**：《会计师事务所分所审批管理暂行办法》第十六条规定，分所不得有下列行为：……（三）内部控制制度不严，出现严重质量问题……

◆**行政责任**：《会计师事务所分所审批管理暂行办法》第十八条规定，分所违反本办法第十六条规定的，由分所所在地省级财政机关给予警告，没收违法所得，可以并处违法所得一倍以上五倍以下的罚款；情节严重的，暂停其经营业务或者予以撤销。分所的注册会计师违反《中华人民共和国注册会计师法》等有关规定，由分所所在地省级财政机关按照《中华人民共和国注册会计师法》及《违反注册会计师法处罚暂行办法》等有关规定进行处罚。

第十九条规定，省级财政机关对事务所跨省级行政区设立的分所的处罚，应当抄送事务所所在地省级财政机关和省级注册会计师协会；需要追究事务所相应责任的，应当提请事务所所在地省级财政机关依法处理。

3.8.4 以个人名义或以分所名义对外签订业务约定书、出具业务报告、收取业务收入

◆**相关规定**：《会计师事务所分所审批管理暂行办法》第十六条规定，分所不得有下列行为：……（四）以个人名义或以分所名义对外签订业务约定书、出具业务报告、收取业务收入……

◆**行政责任**：《会计师事务所分所审批管理暂行办法》第十八条规定，分所违反本办法第十六条规定的，由分所所在地省级财政机关给予警告，没收违法所得，可以并处违法所得一倍以上五倍以下的罚款；情节严重的，暂停其经营业务或者予以撤销。分所的注册会计师违反《中华人民共和国注册会计师法》等有关规定，由分所所在地省级财政机关按照《中华人民共和国注册会计师法》及《违反注册会计师法处罚暂行办法》等有关规定进行处罚。

第十九条规定，省级财政机关对事务所跨省级行政区设立的分所的处罚，应当抄送事务

所所在地省级财政机关和省级注册会计师协会；需要追究事务所相应责任的，应当提请事务所所在地省级财政机关依法处理。

3.8.5 分所有《中华人民共和国注册会计师法》和行业管理制度规定的其他违法行为

◆**相关规定**：《会计师事务所分所审批管理暂行办法》第十六条规定，分所不得有下列行为：……（五）有《中华人民共和国注册会计师法》和行业管理制度规定的其他违法行为。

◆**行政责任**：《会计师事务所分所审批管理暂行办法》第十八条规定，分所违反本办法第十六条规定的，由分所所在地省级财政机关给予警告，没收违法所得，可以并处违法所得一倍以上五倍以下的罚款；情节严重的，暂停其经营业务或者予以撤销。分所的注册会计师违反《中华人民共和国注册会计师法》等有关规定，由分所所在地省级财政机关按照《中华人民共和国注册会计师法》及《违反注册会计师法处罚暂行办法》等有关规定进行处罚。

第十九条规定，省级财政机关对事务所跨省级行政区设立的分所的处罚，应当抄送事务所所在地省级财政机关和省级注册会计师协会；需要追究事务所相应责任的，应当提请事务所所在地省级财政机关依法处理。

3.9 其他违反执业准则、规则的一般行为

◆**一般规定**：《会计师事务所审批和监督暂行办法》第五十六条规定，会计师事务所和注册会计师必须按执业准则、规则的要求，在实施必要的审计程序后，以经过核实的审计证据为依据，形成审计意见，出具审计报告，不得有下列行为：……（五）违反执业准则、规则的其他行为。

◆**行政责任**：《会计师事务所审批和监督暂行办法》第五十九条规定，会计师事务所或者注册会计师违反本办法规定的，由财政部或者省级财政部门依法给予行政处罚；违法情节轻微，没有造成危害后果的，可以采取下达关注函等方式进行处理或移送注册会计师协会处理。

第六十四条规定，会计师事务所违反本办法第五十六条规定的，给予警告，没收违法所得，可并处违法所得1倍以上5倍以下的罚款；情节严重的，可以暂停其经营业务或者予以撤销。

第六十五条规定，注册会计师违反本办法第五十六条规定的，给予警告；情节严重的，可以暂停其执行业务或者吊销注册会计师证书。

◆**具体违法情形如下**：

3.9.1 质量控制体系方面的违规行为

3.9.1.1 职业道德规范方面

(1) 事务所未制定政策和程序来合理保证事务所及其人员遵守相关职业道德要求。

《会计师事务所质量控制准则第5101号——会计师事务所对执行财务报表审计和审阅、其他鉴证和相关服务业务实施的质量控制》第三十五条规定，事务所应当制定政策和程序，以合理保证会计师事务所及其人员遵守相关职业道德要求。

(2) 事务所未向所有需要按照相关职业道德要求保持独立性的人员获取其遵守独立性政策和程序的书面确认函。

《会计师事务所质量控制准则第5101号——会计师事务所对执行财务报表审计和审阅、其他鉴证和相关服务业务实施的质量控制》第三十九条规定，会计师事务所应当每年至少一次向所有需要按照相关职业道德要求保持独立性的人员获取其遵守独立性政策和程序的书面确认函。

(3) 注册会计师未遵守诚信原则、客观和公正原则。

《职业道德守则第1号——职业道德基本原则》第三条规定，注册会计师应当遵守诚信原则、客观和公正原则，在执行审计和审阅业务以及其他鉴证业务时保持独立性。

(4) 注册会计师在执行鉴证业务时未保持独立性。

《职业道德守则第1号——职业道德基本原则》第三条规定，注册会计师应当遵守诚信原则、客观和公正原则，在执行审计和审阅业务以及其他鉴证业务时保持独立性。

(5) 注册会计师未获取和保持专业胜任能力。

《职业道德守则第1号——职业道德基本原则》第四条规定，注册会计师应当获取和保持专业胜任能力，保持应有的关注，勤勉尽责。

(6) 注册会计师未保持应有的关注和勤勉尽责。

《职业道德守则第1号——职业道德基本原则》第四条规定，注册会计师应当获取和保持专业胜任能力，保持应有的关注，勤勉尽责。

《中国注册会计师审计准则第1141号——财务报表审计中与舞弊相关的责任》第十三条规定，按照《中国注册会计师审计准则第1101号——注册会计师的总体目标和审计工作的基本要求》的规定，注册会计师应当在整个审计过程中保持职业怀疑，认识到存在由于舞弊导致的重大错报的可能性，而不应受到以前对管理层、治理层正直和诚信形成的判断的影响。

(7) 注册会计师未履行保密义务。

《职业道德守则第1号——职业道德基本原则》第五条规定，注册会计师应当履行保密义务，对职业活动中获知的涉密信息保密。

《注册会计师法（修正案）》（征求意见稿，2012）第十九规定，注册会计师对在执行业务中知悉的国家秘密、商业秘密，负有保密义务。注册会计师及会计师事务所不得违反国家有关规定向境内外机构和个人提供审计工作底稿。

(8) 注册会计师未维护职业声誉及树立良好的职业形象。

《职业道德守则第1号——职业道德基本原则》第六条规定，注册会计师应当维护职业声誉，树立良好的职业形象。

（9）注册会计师未根据可能产生利益冲突的具体情形采取防范措施。

《职业道德守则第 3 号——提供专业服务的具体要求》第二十条规定，注册会计师应当根据可能产生利益冲突的具体情形，采取下列防范措施：（一）如果会计师事务所的商业利益或业务活动可能与客户存在利益冲突，注册会计师应当告知客户，并在征得其同意的情况下执行业务；（二）如果为存在利益冲突的两个以上客户服务，注册会计师应当告知所有已知相关方，并在征得他们同意的情况下执行业务；（三）如果为某一特定行业或领域中的两个以上客户提供服务，注册会计师应当告知客户，并在征得他们同意的情况下执行业务。

（10）注册会计师未评价和消除收费的不利影响或未将其降低至可接受的水平。

《职业道德守则第 3 号——提供专业服务的具体要求》第二十八条规定，收费是否对职业道德基本原则产生不利影响，取决于收费报价水平和所提供的相应服务。注册会计师应当评价不利影响的严重程度，并在必要时采取防范措施消除不利影响或将其降低至可接受的水平。

（11）注册会计师向客户或其他方支付业务介绍费。

《职业道德守则第 1 号——职业道德基本原则》第三十三条规定，注册会计师为获得客户而支付业务介绍费，可能对客观和公正原则以及专业胜任能力和应有的关注原则产生非常严重的不利影响，导致没有防范措施能够消除不利影响或将其降低至可接受的水平。注册会计师不得向客户或其他方支付业务介绍费。

（12）注册会计师向客户索取、收受委托合同约定以外的酬金或其他财物，或者利用执行业务之便，谋取其他不正当的利益。

《职业道德守则第 1 号——职业道德基本原则》第三十九条规定，注册会计师不得向客户索取、收受委托合同约定以外的酬金或其他财物，或者利用执行业务之便，谋取其他不正当的利益。

3.9.1.2 质量控制环境方面

（1）事务所未将质量控制政策和程序形成书面文件，并未传达到全体人员。

《会计师事务所质量控制准则第 5101 号——会计师事务所对执行财务报表审计和审阅、其他鉴证和相关服务业务实施的质量控制》第三十二条规定，会计师事务所应当将质量控制政策和程序形成书面文件，并传达到全体人员。

（2）事务所未制定政策和程序，未形成适当的工作记录，未对质量控制制度的每项要素的运行情况提供证据。

《会计师事务所质量控制准则第 5101 号——会计师事务所对执行财务报表审计和审阅、其他鉴证和相关服务业务实施的质量控制》第七十二条规定，会计师事务所应当制定政策和程序，要求形成适当的工作记录，以对质量控制制度的每项要素的运行情况提供证据。

（3）事务所相关的政策和程序未要求主任会计师或类似职位的人员对质量控制度承担最终责任。

《会计师事务所质量控制准则第 5101 号——会计师事务所对执行财务报表审计和审阅、其他鉴证和相关服务业务实施的质量控制》第三十三条规定，会计师事务所应当制定政策和程序，培育以质量为导向的内部文化。这些政策和程序应当要求会计师事务所主任会计师或类似职位的人员对质量控制制度承担最终责任。

（4）项目合伙人未对会计师事务所分派的每项审计业务的总体质量负责。

《中国注册会计师审计准则第1121号——对财务报表审计实施的质量控制》第二十二条规定，项目合伙人应当对会计师事务所分派的每项审计业务的总体质量负责。

（5）事务所未制定政策和程序，未培育以质量为导向的内部文化。

《会计师事务所质量控制准则第5101号——会计师事务所对执行财务报表审计和审阅、其他鉴证和相关服务业务实施的质量控制》第三十三条规定，会计师事务所应当制定政策和程序，培育以质量为导向的内部文化。这些政策和程序应当要求会计师事务所主任会计师或类似职位的人员对质量控制制度承担最终责任。

（6）事务所未形成以章程为核心的、完善的内部决策和管理制度体系。

《会计师事务所内部治理指南》第四条规定，事务所内部治理应当以法律法规为依据，形成以章程为核心的、完善的内部决策和管理制度体系，以及尊重制度、执行制度的管理氛围。

（7）主任会计师未由法定代表人或执行事务所事务的合伙人担任。

《会计师事务所内部治理指南》第四十一条规定，事务所设主任会计师。合伙事务所的主任会计师由执行事务所事务的合伙人担任。有限责任事务所的主任会计师由法定代表人担任，从董事中产生。

（8）主任会计师未切实履行法定代表人或执行事务合伙人的职权。

《会计师事务所内部治理指南》第四十四条规定，主任会计师应当切实履行法定代表人或执行事务合伙人的职权，其中包括主持事务所全面的业务和管理工作、组织实施股东会和董事会的决议、组织拟订和实施事务所执业操作规程和质量控制等内部管理制度。

（9）事务所未建立以质量为导向的、科学合理的员工业绩评价制度及奖惩制度。

《会计师事务所内部治理指南》第四十八条规定，事务所应当建立以质量为导向的、科学合理的员工业绩评价制度及奖惩制度，明确员工业绩评价标准、评价程序和要求，充分调动全体员工的积极性和创造性。

3.9.1.3 合伙人机制方面

（1）股东未合法行使权利、履行义务，滥用其权利损害事务所或其他股东的利益。

《会计师事务所内部治理指南》第十二条规定，股东应当合法行使权利、履行义务，不得滥用其权利损害事务所或其他股东的利益。股东不得从事与本事务所相竞争或有其他利益冲突的业务；不得利用其股东身份和地位获得的各种业务信息及经营秘密，谋取属于所在事务所的商业机会，损害事务所的整体利益。

（2）股东未依法享有股东会（合伙人会议）的表决权。

《会计师事务所内部治理指南》第十条规定，股东享有股东会（合伙人会议）的表决权。

（3）股东未依法享有查阅、复制事务所章程、股东会（合伙人会议）会议记录、董事会（合伙人管理委员会）会议决议、财务会计报告和查阅会计账簿的权利。

《会计师事务所内部治理指南》第十条规定，股东有权查阅、复制事务所章程、股东会（合伙人会议）会议记录、董事会（合伙人管理委员会）会议决议和财务会计报告。股东可以要求查阅事务所会计账簿。事务所有合理根据认为股东查阅会计账簿有不正当目的，可能损害事务所合法利益的，可以拒绝提供查阅，并说明理由。事务所拒绝提供查阅的，股东可以请求人民法院要求事务所提供查阅。

（4）股东未对事务所可供分配利润以及清算后的剩余财产依法享有分配权。

《会计师事务所内部治理指南》第十一条规定，股东对事务所可供分配利润以及清算后的剩余财产享有分配权。事务所对每年可供股东分配的利润，应当在优先考虑事务所长远发展的基础上，充分尊重专业、知识和能力的价值贡献，在章程中约定合理的分配方式。

（5）事务所未建立股东争议的解决协调机制。

《会计师事务所内部治理指南》第十四条规定，事务所应当建立股东争议的解决协调机制。协商解决不成的，可向仲裁机构提请仲裁，或向有管辖权的人民法院起诉。

（6）事务所未在章程中约定强制退出的情形。

《会计师事务所内部治理指南》第十七条规定，事务所应当在章程中对股东退出的情形和程序作出约定。对于符合退出条件的股东，应当按约定程序准予退出。事务所应当在章程中约定强制退出的情形，比如不在事务所专职执业、已离开事务所、超过约定的年龄界限、丧失股东资格条件等。

（7）股东为他人代为持有股权或委托他人持有自己股权。

《会计师事务所内部治理指南》第二十一条规定，股东应当直接持有事务所的股权，不得为他人代为持有股权，也不得委托他人持有自己的股权。

（8）股东会、董事会的运转不符合法律法规、行业规范和事务所章程的规定。

《会计师事务所内部治理指南》第二十五条规定，股东会的运转应当符合法律法规、行业规范和事务所章程的规定；第三十一条规定，董事会的运转应当符合法律法规、行业规范和事务所章程的规定。

（9）监事会未对事务所的财务活动，以及事务所董事、高级管理人员履行职责的合法性、合规性等进行监督。

《会计师事务所内部治理指南》第三十九条规定，监事会应当对事务所的财务活动，以及事务所董事、高级管理人员履行职责的合法性、合规性等进行监督，维护事务所及各利益相关者的合法权益。

3.9.1.4 客户关系和具体业务接受与保持方面

（1）事务所未制定有关客户关系和具体业务接受与保持的政策和程序。

《会计师事务所质量控制准则第5101号——会计师事务所对执行财务报表审计和审阅、其他鉴证和相关服务业务实施的质量控制》第四十一条规定，会计师事务所应当制定有关客户关系和具体业务接受与保持的政策和程序，以合理保证只有在下列情况下，才能接受或保持客户关系和具体业务：（一）能够胜任该项业务，并具有执行该项业务必要的素质、时间和资源；（二）能够遵守相关职业道德要求；（三）已考虑客户的诚信，没有信息表明客户缺乏诚信。

（2）事务所在接受新客户或现有客户的新业务时，未识别和考虑潜在的利益冲突。

《会计师事务所质量控制准则第5101号——会计师事务所对执行财务报表审计和审阅、其他鉴证和相关服务业务实施的质量控制》第四十二条规定，在接受新客户或现有客户的新业务时，如果识别出潜在的利益冲突，会计师事务所应确定接受该业务是否适当。

3.9.1.5 人力资源管理方面

(1) 事务所未制定适当的有关人力资源的政策与程序。

《会计师事务所质量控制准则第 5101 号——会计师事务所对执行财务报表审计和审阅、其他鉴证和相关服务业务实施的质量控制》第四十四条规定，会计师事务所应当制定政策和程序，合理保证拥有足够的具有胜任能力和必要素质并承诺遵守职业道德要求的人员，以使：（一）会计师事务所按照职业准则和适用的法律法规的规定执行业务；（二）会计师事务所和项目合伙人能够出具适合具体情况的报告。

(2) 事务所未对每项业务委派至少一名项目合伙人。

《会计师事务所质量控制准则第 5101 号——会计师事务所对执行财务报表审计和审阅、其他鉴证和相关服务业务实施的质量控制》第四十五条规定，会计师事务所应当对每项业务委派至少一名项目合伙人，并制定政策和程序，明确下列要求：（一）将项目合伙人的身份和作用告知客户管理层和治理层的关键成员；（二）项目合伙人具有履行职责所要求的适当的胜任能力、必要素质和权限；（三）清楚界定项目合伙人的职责，并告知该项目合伙人。

(3) 事务所委派具有必要胜任能力和素质的适当人员。

《会计师事务所质量控制准则第 5101 号——会计师事务所对执行财务报表审计和审阅、其他鉴证和相关服务业务实施的质量控制》第四十六条规定，会计师事务所应当制定政策和程序，委派具有必要胜任能力和素质的适当人员，以便：（一）按照职业准则和适用的法律法规的规定执行业务；（二）会计师事务所和项目合伙人能够出具适合具体情况的报告。

3.9.1.6 业务执行方面

(1) 事务所未制定适当的有关业务执行的政策与程序。

《会计师事务所质量控制准则第 5101 号——会计师事务所对执行财务报表审计和审阅、其他鉴证和相关服务业务实施的质量控制》第四十七条规定，会计师事务所应当制定政策和程序，以合理保证按照职业准则和适用的法律法规的规定执行业务，使会计师事务所和项目合伙人能够出具适合具体情况的报告。

(2) 事务所未安排项目组内经验较多的人员复核经验较少的人员的工作。

《会计师事务所质量控制准则第 5101 号——会计师事务所对执行财务报表审计和审阅、其他鉴证和相关服务业务实施的质量控制》第四十八条规定，会计师事务所在安排复核工作时，应当由项目组内经验较多的人员复核经验较少的人员的工作。会计师事务所应当根据这一原则，确定有关复核责任的政策和程序。

(3) 事务所未合理保证就疑难问题或争议事项进行适当咨询。

《会计师事务所质量控制准则第 5101 号——会计师事务所对执行财务报表审计和审阅、其他鉴证和相关服务业务实施的质量控制》第四十九条规定，会计师事务所应当制定政策和程序，以合理保证：（一）就疑难问题或争议事项进行适当咨询……

(4) 事务所未要求对特定业务实施项目质量控制复核。

《会计师事务所质量控制准则第 5101 号——会计师事务所对执行财务报表审计和审阅、

其他鉴证和相关服务业务实施的质量控制》第五十条规定，会计师事务所应当制定政策和程序，要求对特定业务实施项目质量控制复核，以客观评价项目组作出的重大判断以及在编制报告时得出的结论。

(5) 事务所未要求只有完成项目质量控制复核，才可以签署业务报告。

《会计师事务所质量控制准则第5101号——会计师事务所对执行财务报表审计和审阅、其他鉴证和相关服务业务实施的质量控制》第五十一条规定，会计师事务所应当制定政策和程序，以明确项目质量控制复核的性质、时间安排和范围。这些政策和程序应当要求，只有完成项目质量控制复核，才可以签署业务报告。

(6) 事务所未处理和解决项目组内部、项目组与被咨询者之间以及项目合伙人与项目质量控制复核人员之间的意见分歧。

《会计师事务所质量控制准则第5101号——会计师事务所对执行财务报表审计和审阅、其他鉴证和相关服务业务实施的质量控制》第五十八条规定，事会计师事务所应当制定政策和程序，以处理和解决项目组内部、项目组与被咨询者之间以及项目合伙人与项目质量控制复核人员之间的意见分歧。

(7) 事务所未使项目组在出具业务报告后及时完成最终业务档案的归整工作。

《会计师事务所质量控制准则第5101号——会计师事务所对执行财务报表审计和审阅、其他鉴证和相关服务业务实施的质量控制》第六十条规定，会计师事务所应当制定政策和程序，以使项目组在出具业务报告后及时完成最终业务档案的归整工作。对历史财务信息审计和审阅业务、其他鉴证业务，业务工作底稿的归档期限为业务报告日后六十天内。

(8) 事务所未使业务工作底稿的保存期限满足事务所的需要和法律法规的规定。

《会计师事务所质量控制准则第5101号——会计师事务所对执行财务报表审计和审阅、其他鉴证和相关服务业务实施的质量控制》第六十二条规定，会计师事务所应当制定政策和程序，以使业务工作底稿的保存期限满足会计师事务所的需要和法律法规的规定。对历史财务信息审计和审阅业务、其他鉴证业务，会计师事务所应当自业务报告日起对业务工作底稿至少保存十年。如果组成部分业务报告日早于集团业务报告日，会计师事务所应当自集团业务报告日起对组成部分业务工作底稿至少保存十年。

3.9.1.7 监控方面

(1) 事务所未制定适当的监控政策和程序。

《会计师事务所质量控制准则第5101号——会计师事务所对执行财务报表审计和审阅、其他鉴证和相关服务业务实施的质量控制》第六十三条规定，会计师事务所应当制定监控政策和程序，以合理保证与质量控制制度相关的政策和程序具有相关性和适当性，并正在有效运行。

(2) 事务所未要求执行业务或实施项目质量控制复核的人员不参与该项业务的检查工作。

《会计师事务所质量控制准则第5101号——会计师事务所对执行财务报表审计和审阅、其他鉴证和相关服务业务实施的质量控制》第六十三条规定，监控过程应当：……（三）要求执行业务或实施项目质量控制复核的人员不参与该项业务的检查工作。

(3) 事务所业务检查周期超过三年，且未对每个项目合伙人至少检查一项已完成的业务。

《会计师事务所质量控制准则第 5101 号——会计师事务所对执行财务报表审计和审阅、其他鉴证和相关服务业务实施的质量控制》第六十三条规定，持续考虑和评价会计师事务所质量控制制度应当包括：（一）周期性地选取已完成的业务进行检查，周期最长不得超过三年；（二）在每个周期内，对每个项目合伙人，至少检查一项已完成的业务。

(4) 事务所每年未将质量控制制度的监控结果向项目合伙人及会计师事务所内部的其他适当人员通报。

《会计师事务所质量控制准则第 5101 号——会计师事务所对执行财务报表审计和审阅、其他鉴证和相关服务业务实施的质量控制》第六十八条规定，会计师事务所应当每年至少一次将质量控制制度的监控结果，向项目合伙人及会计师事务所内部的其他适当人员通报。这种通报应当足以使会计师事务所及其相关人员能够在其职责范围内及时采取适当的行动。

3.9.1.8 专业标准的制定、修改和传达方面

(1) 事务所未制定和修改其专业标准和审计政策程序。

《会计师事务所质量控制准则第 5101 号——会计师事务所对执行财务报表审计和审阅、其他鉴证和相关服务业务实施的质量控制》第四条规定，质量控制制度包括为实现本准则第二十七条规定的目标而制定的政策，以及为执行政策和监督政策的遵守情况而制定的必要程序；第三十条规定，质量控制制度包括为实现本准则第二十七条规定的目标而制定的政策，以及为执行政策和监督政策的遵守情况而制定的必要程序。

(2) 事务所未将业务标准和审计政策程序全面、及时地传达到所有业务人员。

《会计师事务所质量控制准则第 5101 号——会计师事务所对执行财务报表审计和审阅、其他鉴证和相关服务业务实施的质量控制》第三十二条规定，会计师事务所应当将质量控制政策和程序形成书面文件，并传达到全体人员。

3.9.2 企业财务报表审计方面的违规行为

3.9.2.1 审计报告方面

(1) 审计报告的标题不规范。

《中国注册会计师审计准则第 1501 号——对财务报表形成审计意见和出具审计报告》第二十四条规定，审计报告应当具有标题，统一规范为"审计报告"。

(2) 审计报告未按审计业务约定的要求载明收件人。

《中国注册会计师审计准则第 1501 号——对财务报表形成审计意见和出具审计报告》第二十五条规定，审计报告应当按照审计业务约定的要求载明收件人。

(3) 审计报告引言段的内容不符合规定。

《中国注册会计师审计准则第 1501 号——对财务报表形成审计意见和出具审计报告》第二十六条规定，审计报告的引言段应当包括下列方面：（一）指出被审计单位的名称；（二）说明财务报表已经审计；（三）指出构成整套财务报表的每一财务报表的名称；（四）提及财务报表附注，包括重要会计政策概要和其他解释性信息；（五）指明构成整套财务报

表的每一财务报表的日期或涵盖的期间。

《中国注册会计师审计准则第 1502 号——在审计报告中发表非无保留意见》第二十八条规定，当由于无法获取充分、适当的审计证据而发表无法表示意见时，注册会计师应当修改审计报告的引言段，说明注册会计师接受委托审计财务报表。

(4)"管理层对财务报表的责任"段落内容不符合规定。

《中国注册会计师审计准则第 1501 号——对财务报表形成审计意见和出具审计报告》第二十七条规定，审计报告应当包含标题为"管理层对财务报表的责任"的段落。

第二十八条规定，管理层对财务报表的责任段描述被审计单位中负责编制财务报表的人员的责任。

第二十九条规定，管理层对财务报表的责任段应当说明，编制财务报表是管理层的责任，这种责任包括：（一）按照适用的财务报告编制基础编制财务报表，并使其实现公允反映；（二）设计、执行和维护必要的内部控制，以使财务报表不存在由于舞弊或错误导致的重大错报。

(5)"注册会计师的责任"段落内容不符合规定。

《中国注册会计师审计准则第 1501 号——对财务报表形成审计意见和出具审计报告》第三十条规定，审计报告应当包含标题为"注册会计师的责任"的段落。

第三十一条规定，注册会计师的责任段应当说明下列内容：（一）注册会计师的责任是在执行审计工作的基础上对财务报表发表审计意见。（二）注册会计师按照中国注册会计师审计准则的规定执行了审计工作。中国注册会计师审计准则要求注册会计师遵守中国注册会计师职业道德守则，计划和执行审计工作以对财务报表是否不存在重大错报获取合理保证。（三）审计工作涉及实施审计程序，以获取有关财务报表金额和披露的审计证据。选择的审计程序取决于注册会计师的判断，包括对由于舞弊或错误导致的财务报表重大错报风险的评估。在进行风险评估时，注册会计师考虑与财务报表编制和公允列报相关的内部控制，以设计恰当的审计程序，但目的并非对内部控制的有效性发表意见。审计工作还包括评价管理层选用会计政策的恰当性和作出会计估计的合理性，以及评价财务报表的总体列报。（四）注册会计师相信获取的审计证据是充分、适当的，为其发表审计意见提供了基础。如果结合财务报表审计对内部控制的有效性发表意见，注册会计师应当删除本条第一款第（三）项中"但目的并非对内部控制的有效性发表意见"的措辞。

《中国注册会计师审计准则第 1502 号——在审计报告中发表非无保留意见》第二十七条规定，当发表保留意见或否定意见时，注册会计师应当修改对注册会计师责任的描述，以说明：注册会计师相信，注册会计师已获取的审计证据是充分、适当的，为发表非无保留意见提供了基础。

第二十八条规定，当由于无法获取充分、适当的审计证据而发表无法表示意见时，注册会计师应当修改对注册会计师责任和审计范围的描述，并仅能作出如下说明："我们的责任是在按照中国注册会计师审计准则的规定执行审计工作的基础上对财务报表发表审计意见。但由于导致无法表示意见的事项段中所述的事项，我们无法获取充分、适当的审计证据以为发表审计意见提供基础。"

(6) 非无保留意见审计报告的说明段内容不符合规定。

《中国注册会计师审计准则第 1502 号——在审计报告中发表非无保留意见》第十七条

规定，如果对财务报表发表非无保留意见，除在审计报告中包含《中国注册会计师审计准则第 1501 号——对财务报表形成审计意见和出具审计报告》规定的审计报告要素外，注册会计师还应当增加一个段落，说明导致发表非无保留意见的事项。注册会计师应当直接在审计意见段之前增加该段落，并使用恰当的标题，如"导致保留意见的事项"、"导致否定意见的事项"或"导致无法表示意见的事项"。

第十八条规定，如果财务报表中存在与具体金额（包括定量披露）相关的重大错报，注册会计师应当在导致非无保留意见的事项段中说明并量化该错报的财务影响。如果无法量化财务影响，注册会计师应当在导致非无保留意见的事项段中说明这一情况。

第十九条规定，如果财务报表中存在与叙述性披露相关的重大错报，注册会计师应当在导致非无保留意见的事项段中解释该错报错在何处。

第二十一条规定，如果无法获取充分、适当的审计证据而导致发表非无保留意见，注册会计师应当在导致非无保留意见的事项段中说明无法获取审计证据的原因。

第二十二条规定，即使发表了否定意见或无法表示意见，注册会计师也应当在导致非无保留意见的事项段中说明注意到的、将导致发表非无保留意见的所有其他事项及其影响。

(7) 审计报告的意见类型不恰当。

◆**未按规定发表无保留意见：**《中国注册会计师审计准则第 1501 号——对财务报表形成审计意见和出具审计报告》第十九条规定，如果认为财务报表在所有重大方面按照适用的财务报告编制基础编制并实现反映，注册会计师应当发表无保留意见。

◆**未按规定发表非无保留意见：**《中国注册会计师审计准则第 1502 号——在审计报告中发表非无保留意见》第七条规定，当存在下列情形之一时，注册会计师应当在审计报告中发表非无保留意见：（一）根据获取的审计证据，得出财务报表整体存在重大错报的结论；（二）无法获取充分、适当的审计证据，不能得出财务报表整体不存在重大错报的结论。

◆**未按规定发表保留意见：**《中国注册会计师审计准则第 1502 号——在审计报告中发表非无保留意见》第八条规定，当存在下列情形之一时，注册会计师应当发表保留意见：（一）在获取充分、适当的审计证据后，注册会计师认为错报单独或累计起来对财务报表影响重大，但不具有广泛性；（二）注册会计师无法获取充分、适当的审计证据以作为形成审计意见的基础，但认为未发现的错报（如存在）对财务报表可能产生的影响重大，但不具有广泛性。

◆**未按规定发表否定意见：**《中国注册会计师审计准则第 1502 号——在审计报告中发表非无保留意见》第九条规定，在获取充分、适当的审计证据后，如果认为错报单独或累计起来对财务报表的影响重大且具有广泛性，注册会计师应当发表否定意见。

◆**未按规定发表无法表示意见：**《中国注册会计师审计准则第 1502 号——在审计报告中发表非无保留意见》第十条规定，如果无法获取充分、适当的审计证据以作为形成审计意见的基础，但认为未发现的错报（如存在）对财务报表可能产生的影响重大且具有广泛性，注册会计师应当发表无法表示意见。

《中国注册会计师审计准则第 1502 号——在审计报告中发表非无保留意见》第十一条规定，在极其特殊的情况下，可能存在多个不确定事项。尽管注册会计师对每个单独的不确定事项获取了充分、适当的审计证据，但由于不确定事项之间可能存在相互影响，以及可能对财务报表产生累积影响，注册会计师不可能对财务报表形成审计意见。在这种情况下，注册会计师应当发表无法表示意见。

（8）审计意见段的内容不符合规定。

《中国注册会计师审计准则第 1501 号——对财务报表形成审计意见和出具审计报告》第三十二条规定，审计报告应当包含标题为"审计意见"的段落。

第三十三条规定，如果对财务报表发表无保留意见，除非法律法规另有规定，审计意见应当使用"财务报表在所有重大方面按照【适用的财务报告编制基础（如企业会计准则等）】编制，公允反映了……"的措辞。

《中国注册会计师审计准则第 1502 号——在审计报告中发表非无保留意见》第二十三条规定，在发表非无保留意见时，注册会计师应当对审计意见段使用恰当的标题，如"保留意见"、"否定意见"或"无法表示意见"。

第二十四条规定，当由于财务报表存在重大错报而发表保留意见时，注册会计师应当根据适用的财务报告编制基础在审计意见段中说明：注册会计师认为，除了导致保留意见的事项段所述事项产生的影响外，财务报表在所有重大方面按照适用的财务报告编制基础编制，并实现公允反映。当无法获取充分、适当的审计证据而导致发表保留意见时，注册会计师应当在审计意见段中使用"除……可能产生的影响外"等措辞。

第二十五条规定，当发表否定意见时，注册会计师应当根据适用的财务报告框架在审计意见段中说明：（一）注册会计师认为，由于导致否定意见的事项段所述事项的重要性，财务报表没有在所有重大方面按照适用的财务报告框架编制，未能实现公允反映（当财务报表按照公允列报框架编制时）；（二）注册会计师认为，由于导致否定意见的事项段所述事项的重要性，财务报表没有在所有重大方面按照适用的财务报告框架编制（当财务报表按照遵循性框架编制时）。

第二十六条规定，当由于无法获取充分、适当的审计证据而发表无法表示意见时，注册会计师应当在审计意见段中说明：由于导致无法表示意见的事项段所述事项的重要性，注册会计师无法获取充分、适当的审计证据以为发表审计意见提供基础，因此，注册会计师不对这些财务报表发表审计意见。

（9）强调事项段的内容不符合规定。

《中国注册会计师审计准则第 1503 号——在审计报告中增加强调事项段和其他事项段》第七条规定，如果认为有必要提醒财务报表使用者关注已在财务报表中列报或披露，且根据职业判断认为对财务报表使用者理解财务报表至关重要的事项，注册会计师在已获取充分、适当的审计证据证明该事项在财务报表中不存在重大错报的条件下，应当在审计报告中增加强调事项段。强调事项段应当仅提及已在财务报表中列报或披露的信息。

第八条规定，如果在审计报告中增加强调事项段，注册会计师应当采取下列措施：（一）将强调事项段紧接在审计意见段之后；（二）使用"强调事项"或其他适当标题；（三）明确提及被强调事项以及相关披露的位置，以便能够在财务报表中找到对该事项的详细描述；（四）指出审计意见没有因该强调事项而改变。

下列审计准则要求注册会计师在特定情况下在审计报告中增加强调事项段，但其规定并不影响本准则的普遍适用性。《中国注册会计师审计准则第 1111 号——就审计业务约定条款达成一致意见》第十九条第（二）项；《中国注册会计师审计准则第 1324 号——持续经营》第十八条；《中国注册会计师审计准则第 1332 号——期后事项》第十五条第（二）项和第十九条；《中国注册会计师审计准则第 1601 号——对按照特殊目的编制基础编制的财务报表审计的特殊考虑》第十五条。

（10）审计报告的其他事项段内容不符合规定。

《中国注册会计师审计准则第 1503 号——在审计报告中增加强调事项段和其他事项段》第九条规定，对于未在财务报表中列报或披露，但根据职业判断认为与财务报表使用者理解审计工作、注册会计师的责任或审计报告相关且未被法律法规禁止的事项，如果认为有必要沟通，注册会计师应当在审计报告中增加其他事项段，并使用"其他事项"或其他适当标题。注册会计师应当将其他事项段紧接在审计意见段和强调事项段（如有）之后。如果其他事项段的内容与其他报告责任部分相关，这一段落也可以置于审计报告的其他位置。

下列审计准则要求注册会计师在特定情况下在审计报告中增加其他事项段，但其规定并不影响本准则的普遍适用性。《中国注册会计师审计准则第 1332 号——期后事项》第十五条第（二）项和第十九条；《中国注册会计师审计准则第 1511 号——比较信息：对应数据和比较财务报表》第十六条、第十七条、第十九条、第二十条和第二十二条；《中国注册会计师审计准则第 1521 号——注册会计师对含有已审计财务报表的文件中的其他信息的责任》第十二条第二款第（一）项。

（11）审计报告未由符合规定的注册会计师签名和盖章。

《中国注册会计师审计准则第 1501 号——对财务报表形成审计意见和出具审计报告》第三十八条规定，审计报告应当由注册会计师签名和盖章。

《财政部关于注册会计师在审计报告上签名盖章有关问题的通知》规定，"二、审计报告应当由两名具备相关业务资格的注册会计师签名盖章并经会计师事务所盖章方为有效：（一）合伙会计师事务所出具的审计报告，应当由一名对审计项目负最终复核责任的合伙人和一名负责该项目的注册会计师签名盖章；（二）有限责任会计师事务所出具的审计报告，应当由会计师事务所主任会计师或其授权的副主任会计师和一名负责该项目的注册会计师签名盖章。"

（12）审计报告未按规定加盖会计师事务所公章。

《中国注册会计师审计准则第 1501 号——对财务报表形成审计意见和出具审计报告》第三十九条规定，审计报告应当载明会计师事务所的名称和地址，并加盖会计师事务所公章。

（13）审计报告的日期与形成审计意见的日期不符。

《中国注册会计师审计准则第 1501 号——对财务报表形成审计意见和出具审计报告》第四十条规定，审计报告应当注明报告日期。审计报告的日期不应早于注册会计师获取充分、适当的审计证据，并在此基础上对财务报表形成审计意见的日期。

3.9.2.2　风险评估程序方面

（1）业务承接不符合规定。

《中国注册会计师审计准则第 1111 号——就审计业务约定条款达成一致意见》第六条规定，为了确定审计的前提条件是否存在，注册会计师应当：（一）确定管理层在编制财务报表时采用的财务报告编制基础是否是可接受的；（二）就管理层认可并理解其责任与管理层达成一致意见。

管理层的责任包括：（一）按照适用的财务报告编制基础编制财务报表，并使其实现公允反映（如适用）；（二）设计、执行和维护必要的内部控制，以使财务报表不存在由于舞弊或错误导致的重大错报；（三）向注册会计师提供必要的工作条件，包括允许注册会计师接触与编制财务报表相关的所有信息（如记录、文件和其他事项），向注册会计师提供审计所需要的其他信息，允许注册会计师在获取审计证据时不受限制地接触其认为必要的内部人员和其他相关人员。

第七条规定，如果管理层或治理层在拟议的审计业务约定条款中对审计工作的范围施加限制，以致注册会计师认为这种限制将导致其对财务报表发表无法表示意见，注册会计师不应将该项业务作为审计业务予以承接，除非法律法规另有规定。

第八条规定，如果审计的前提条件不存在，注册会计师应当就此与管理层沟通。在下列情况下，除非法律法规另有规定，注册会计师不应承接拟议的审计业务：（一）除本准则第十九条规定的情形外，注册会计师确定被审计单位在编制财务报表时采用的财务报告编制基础不可接受；（二）注册会计师未能与管理层达成本准则第六条第一款第（二）项提及的一致意见。

第九条规定，注册会计师应当就审计业务约定条款与管理层或治理层（如适用）达成一致意见。

第十条规定，注册会计师应当将达成一致意见的审计业务约定条款记录于审计业务约定书或其他适当形式的书面协议中。审计业务约定条款应当包括下列主要内容：（一）财务报表审计的目标与范围；（二）注册会计师的责任；（三）管理层的责任；（四）指出用于编制财务报表所适用的财务报告编制基础；（五）提及注册会计师拟出具的审计报告的预期形式和内容，以及对在特定情况下对出具的审计报告可能不同于预期形式和内容的说明。

第十八条规定，如果相关部门对涉及财务会计的事项作出补充规定，注册会计师在承接审计业务时应当确定该补充规定是否与企业会计准则存在冲突。如果存在冲突，注册会计师应当与管理层沟通补充规定的性质，并就下列事项之一达成一致意见：（一）在财务报表中作出额外披露能否满足补充规定的要求；（二）对财务报表中关于适用的财务报告编制基础的描述是否可以作出相应修改。

第十九条规定，如果相关部门要求采用的财务报告编制基础不可接受，只有同时满足下列所有条件，注册会计师才能承接该项审计业务：（一）管理层同意在财务报表中作出额外披露，以避免财务报表产生误导；（二）在审计业务约定条款中明确，注册会计师按照《中国注册会计师审计准则第1503号——在审计报告中增加强调事项段和其他事项段》的规定，在审计报告中增加强调事项段，以提醒使用者关注额外披露；注册会计师在对财务报表发表的审计意见中不使用"财务报表在所有重大方面按照［适用的财务报告编制基础］编制，公允反映了……"等措辞，除非法律法规另有规定。

第二十条规定，如果不具备本准则第十九条规定的条件，但相关部门要求注册会计师承接审计业务，注册会计师应当：（一）评价财务报表误导的性质对审计报告的影响；（二）在审计业务约定条款中适当提及该事项。

第二十一条规定，如果相关部门规定的审计报告的结构或措辞与审计准则要求的明显不一致，注册会计师应当评价：（一）使用者是否可能误解从财务报表审计中获取的保证；（二）如果可能存在误解，审计报告中作出的补充解释是否能够减轻这种误解。如果认为审计报告中作出的补充解释不能减轻可能的误解，除非法律法规另有规定，注册会计师不应承接该项审计业务。按照相关部门的这类规定执行的审计工作，并不符合审计准则的要求。因此，注册会计师不应在审计报告中提及已按照审计准则的规定执行了审计工作。

《中国注册会计师审计准则第1601号——对按照特殊目的编制基础编制的财务报表审计的特殊考虑》第九条规定，注册会计师应当按照《中国注册会计师审计准则第1111号——就审计业务约定条款达成一致意见》的规定，确定管理层编制财务报表时采用的财务报告编制基础的可接受性。在特殊目的财务报表审计中，注册会计师应当了解下列方面：（一）财务报表的编制目的；（二）财务报表预期使用者；（三）管理层为确定财务报告编制基础在具体情况下的可接受性所采取的措施。

《会计师事务所服务收费管理办法》第十二条规定，会计师事务所接受委托，应当与委托人签订服务收费合同（协议）或者在委托合同（协议）中载明收费条款。收费合同（协议）或收费条款应包括：收费项目、收费标准、收费方式、收费金额、付款和结算方式、争议解决方式，采用计时收费的，还应载明计费的工作人日数等内容。

（2）项目合伙人和项目组其他关键成员未参与计划审计工作。

《中国注册会计师审计准则第1201号——计划审计工作》第五条规定，项目合伙人和项目组其他关键成员应当参与计划审计工作，包括参与项目组成员的讨论。

（3）未按规定制定或修改总体审计策略。

《中国注册会计师审计准则第1201号——计划审计工作》第七条规定，注册会计师应当制定总体审计策略，以确定审计工作的范围、时间安排和方向，并指导具体审计计划的制定。

第八条规定，在制定总体审计策略时，注册会计师应当：（一）确定审计业务的特征，以界定审计范围；（二）明确审计业务的报告目标，以计划审计的时间安排和所需沟通的性质；（三）根据职业判断，考虑用以指导项目组工作方向的重要因素；（四）考虑初步业务活动的结果，并考虑项目合伙人对被审计单位执行其他业务时获得的经验是否与审计业务相关（如适用）；（五）确定执行业务所需资源的性质、时间安排和范围。

《中国注册会计师审计准则第1251号——评价审计过程中识别出的错报》第七条规定，如果出现下列情况之一，注册会计师应当确定是否需要修改总体审计策略和具体审计计划：（一）识别出的错报的性质以及错报发生的环境表明可能存在其他错报，并且可能存在的其他错报与审计过程中累积的错报合计起来可能是重大的；（二）审计过程中累积的错报合计数接近按照《中国注册会计师审计准则第1221号——计划和执行审计工作时的重要性》的规定确定的重要性。

《中国注册会计师审计准则第1401号——对集团财务报表审计的特殊考虑》第二十八条规定，集团项目组应当按照《中国注册会计师审计准则第1201号——计划审计工作》的规定，制定集团总体审计策略和具体审计计划。

第二十九条规定，集团项目合伙人应当复核集团总体审计策略和具体审计计划。

（4）未按规定制定或修改具体审计计划。

《中国注册会计师审计准则第1201号——计划审计工作》第九条规定，注册会计师应当制定具体审计计划。具体审计计划应当包括下列内容：（一）按照《中国注册会计师审计准则第1211号——通过了解被审计单位及其环境识别和评估重大错报风险》的规定，计划实施的风险评估程序的性质、时间安排和范围；（二）按照《中国注册会计师审计准则第1231号——针对评估的重大错报风险采取的应对措施》的规定，在认定层次计划实施的进一步审计程序的性质、时间安排和范围；（三）根据审计准则的规定，计划应当实施的其他审计程序。

《中国注册会计师审计准则第1251号——评价审计过程中识别出的错报》第七条规定，如果出现下列情况之一，注册会计师应当确定是否需要修改总体审计策略和具体审计计划：（一）识别出的错报的性质以及错报发生的环境表明可能存在其他错报，并且可能存在的其他错报与审计过程中累积的错报合计起来可能是重大的；（二）审计过程中累积的错报合计数接近按照《中国注册会计师审计准则第1221号——计划和执行审计工作时的重要性》的规定确定的重要性。

（5）未按规定确定财务报表整体和实际执行的重要性。

《中国注册会计师审计准则第1221号——计划和执行审计工作时的重要性》第十条规定，在制定总体审计策略时，注册会计师应当确定财务报表整体的重要性。根据被审计单位的特定情况，如果存在一个或多个特定类别的交易、账户余额或披露，其发生的错报金额虽然低于财务报表整体的重要性，但合理预期可能影响财务报表使用者依据财务报表作出的经济决策，注册会计师还应当确定适用于这些交易、账户余额或披露的一个或多个重要性水平。

第十一条规定，注册会计师应当确定实际执行的重要性，以评估重大错报风险并确定进一步审计程序的性质、时间安排和范围。

《中国注册会计师审计准则第1401号——对集团财务报表审计的特殊考虑》第三十四条规定，集团项目组应当确定与重要性相关的下列事项：（一）在制定集团总体审计策略时，确定集团财务报表整体的重要性。（二）根据集团的特定情况，如果存在特定类别的交易、账户余额或披露，其发生的错报金额低于集团财务报表整体的重要性，但合理预期将影响财务报表使用者依据集团财务报表作出的经济决策，则确定适用于这些交易、账户余额或披露的一个或多个重要性水平。（三）如果组成部分注册会计师对组成部分财务信息实施审计或审阅，基于集团审计目的，为这些组成部分确定组成部分重要性。为将未更正和未发现错报的汇总数超过集团财务报表整体的重要性的可能性降至适当的低水平，组成部分重要性应当低于集团财务报表整体的重要性。（四）设定临界值，不能将超过该临界值的错报视为对集团财务报表明显微小的错报。

第三十五条规定，如果基于集团审计目的，由组成部分注册会计师对组成部分财务信息执行审计工作，集团项目组应当评价在组成部分层面确定的实际执行的重要性的适当性。

第三十六条规定，如果因法律法规或其他原因要求对组成部分进行审计，并且集团项目组决定利用该审计为集团审计提供审计证据，集团项目组应当确定下列方面是否符合本准则的规定：（一）组成部分财务报表整体的重要性；（二）组成部分层面的实际执行的重要性。

《中国注册会计师审计准则第1632号——衍生金融工具的审计》第四十五条规定，由于衍生金融工具性质特殊，注册会计师在确定重要性时，除了考虑资产负债表金额外，还应当考虑衍生金融工具对财务报表中各类交易或账户余额的潜在影响。

（6）未按规定实施风险评估程序。

《中国注册会计师审计准则第1211号——通过了解被审计单位及其环境识别和评估重大

错报风险》第八条规定，注册会计师应当实施风险评估程序，为识别和评估财务报表层次和认定层次的重大错报风险提供基础。但是，风险评估程序本身并不能为形成审计意见提供充分、适当的审计证据。

第九条规定，风险评估程序应当包括：（一）询问管理层以及被审计单位内部其他人员；（二）分析程序；（三）观察和检查。需要询问的被审计单位内部其他人员，是注册会计师根据判断认为可能拥有某些信息的人员，这些信息有助于识别由于舞弊或错误导致的重大错报风险。

《中国注册会计师审计准则第1631号——财务报表审计中对环境事项的考虑》第八条规定，注册会计师在实施风险评估程序时，应当从下列方面考虑对被审计单位所处行业及其业务产生重大影响的环境保护要求和问题：（一）所处行业存在的重大环境风险，包括已有的和潜在的风险；（二）所处行业通常面临的环境保护问题；（三）适用于被审计单位的环境法律法规；（四）被审计单位的产品或生产过程中使用的原材料、技术、工艺及设备等是否属于法律法规强制要求淘汰或行业自愿淘汰之列；（五）监管机构采取的行动或发布的报告是否对被审计单位及其财务报表可能产生重大影响；（六）被审计单位为预防、减轻或弥补对环境造成的破坏，或为保护可再生资源和不可再生资源拟采取的措施；（七）被审计单位因环境事项遭受处罚和诉讼的记录及其原因；（八）是否存在与遵守环境法律法规相关的未决诉讼；（九）所投保险是否涵盖环境风险。

（7）未按规定了解被审计单位及其环境。

《中国注册会计师审计准则第1211号——通过了解被审计单位及其环境识别和评估重大错报风险》第十四条规定，注册会计师应当从下列方面了解被审计单位及其环境：（一）相关行业状况、法律环境和监管环境及其他外部因素，包括适用的财务报告编制基础；（二）被审计单位的性质，包括经营活动、所有权和治理结构、正在实施和计划实施的投资（包括对特殊目的实体的投资）的类型、组织结构和筹资方式。了解被审计单位的性质，可以使注册会计师了解预期在财务报表中反映的各类交易、账户余额和披露；（三）被审计单位对会计政策的选择和运用，包括变更会计政策的原因。注册会计师应当根据被审计单位的经营活动，评价会计政策是否适当，并与适用的财务报告编制基础、相关行业使用的会计政策保持一致；（四）被审计单位的目标、战略以及可能导致重大错报风险的相关经营风险；（五）对被审计单位财务业绩的衡量和评价；（六）被审计单位的内部控制。

《中国注册会计师审计准则第1142号——财务报表审计中对法律法规的考虑》第十二条规定，按照《中国注册会计师审计准则第1211号——通过了解被审计单位及其环境识别和评估重大错报风险》的规定，在了解被审计单位及其环境时，注册会计师应当总体了解下列事项：（一）适用于被审计单位及其所处行业或领域的法律法规框架；（二）被审计单位如何遵守这些法律法规框架。

《中国注册会计师审计准则第1241号——对被审计单位使用服务机构的考虑》第十七条规定，当按照《中国注册会计师审计准则第1211号——通过了解被审计单位及其环境识别和评估重大错报风险》的规定了解被审计单位时，注册会计师应当了解被审计单位在经营中如何利用服务机构提供的服务，包括：（一）服务机构提供的服务的性质，以及该服务对被审计单位的重要性，包括由此对被审计单位内部控制产生的影响；（二）由服务机构处理的交易、受服务机构影响的账户或财务报告过程的性质和重要性；（三）服务机构与被审计单位之间活动的相互影响程度；（四）被审计单位与服务机构关系的性质，包括服务机构与被审计单位就提供服务订立的相关合同条款。

《中国注册会计师审计准则第1321号——审计会计估计（包括公允价值会计估计）和相关披露》第十三条规定，当实施《中国注册会计师审计准则第1211号——通过了解被审计单位及其环境识别和评估重大错报风险》要求的风险评估程序和相关活动，以了解被审计单位及其环境时，注册会计师应当了解下列内容，作为识别和评估会计估计重大错报风险的基础：（一）与会计估计（包括相关披露）相关的适用的财务报告编制基础的规定；（二）管理层如何识别可能需要作出会计估计并在财务报表中确认或披露的交易、事项和情况。在进行了解时，注册会计师应当向管理层询问可能导致新的或需要修改现有的会计估计的环境变化；（三）管理层如何作出会计估计，以及会计估计所依据的数据。

《中国注册会计师审计准则第1401号——对集团财务报表审计的特殊考虑》第三十条规定，注册会计师应当通过了解被审计单位及其环境，识别和评估财务报表重大错报风险。集团项目组应当：（一）在业务承接或保持阶段获取信息的基础上，进一步了解集团及其环境、集团组成部分及其环境，包括集团层面控制；（二）了解合并过程，包括集团管理层向组成部分下达的指令。

第三十一条规定，集团项目组应当对集团及其环境、集团组成部分及其环境获取充分的了解，以足以：（一）确认或修正最初识别的重要组成部分；（二）评估由于舞弊或错误导致集团财务报表发生重大错报的风险。

《中国注册会计师审计准则第1631号——财务报表审计中对环境事项的考虑》第二十一条规定，注册会计师应当考虑通过下列途径了解相关环境法律法规及其遵守情况：（一）利用在了解被审计单位所处行业和业务性质时获取的信息；（二）向管理层和负责环境事项的关键管理人员询问为遵守相关环境法律法规而采用的政策和程序；（三）向管理层询问对经营活动具有根本性影响的环境法律法规；（四）与管理层讨论其采用的对诉讼和索赔进行识别、评价及会计处理的政策和程序。

《中国注册会计师审计准则第1632号——衍生金融工具的审计》第十五条规定，注册会计师应当从下列方面了解可能对衍生活动及其审计产生影响的因素：（一）经济环境；（二）行业状况；（三）被审计单位相关情况；（四）主要财务风险；（五）与衍生金融工具认定相关的错报风险；（六）持续经营；（七）会计处理方法；（八）会计信息系统；（九）内部控制。注册会计师应当按照本章第十六条至第二十三条的规定了解本条前款第（一）项至第（八）项，按照第六章的规定了解本条前款第（九）项。

第十六条规定，注册会计师应当了解经济环境对衍生活动的影响。经济环境因素主要包括：（一）经济活动的总体水平；（二）利率（包括利率的期限结构）和融资的可获得性；（三）通货膨胀和币值调整；（四）汇率和外汇管制；（五）与被审计单位使用的衍生金融工具相关的市场特征，包括该市场的流动性和波动性。

第十七条规定，注册会计师应当了解被审计单位所处行业状况对衍生活动的影响。被审计单位所处行业状况主要包括：（一）价格风险；（二）市场和竞争；（三）生产经营的季节性和周期性；（四）经营业务的扩张或衰退；（五）外币交易、折算或经济风险。

第十八条规定，注册会计师应当了解被审计单位的相关情况对衍生活动的影响。被审计单位相关情况主要包括：（一）管理层、治理层的知识和经验；（二）及时和可靠的管理信息的可获得性；（三）利用衍生金融工具的目标。

第十九条规定，注册会计师应当了解与衍生活动相关的主要财务风险。与衍生活动相关的主要财务风险包括：（一）市场风险，是指因权益价格、利率、汇率、商品价格或其他市场因素的变动导致衍生金融工具公允价值的不利变动而引起损失的风险，包括价格风险、流动性风险、模型风险、基准风险等；（二）信用风险，是指客户或交易对方在到期时或之后期间内没有全额履行义务的风险；（三）结算风险，是指被审计单位已履行交易义务，但没有从客户或交易对方收到对价的风险；（四）偿债风险，是指被审计单位在付款承诺到期时没有资金履行承诺的风险；（五）法律风险，是指某项法律法规或监管措施阻止被审计单位或交易对方执行合同条款或相关总互抵协议，或使其执行无效，从而给被审计单位带来损失的风险。

第二十条规定，注册会计师应当考虑下列因素，以了解与衍生金融工具认定相关的错报风险：（一）衍生活动的经济和业务目的；（二）衍生金融工具的复杂性；（三）交易是否产生了涉及现金交换的衍生金融工具；（四）被审计单位在衍生金融工具方面的经验；（五）衍生金融工具是否嵌入在一项协议中；（六）外部因素是否影响认定；（七）衍生金融工具是在国内交易所交易还是跨国交易。

第二十二条规定，注册会计师应当了解被审计单位对衍生金融工具的会计处理方法，包括是否将衍生金融工具指定为套期工具并采用套期会计，以及套期关系是否高度有效。

第二十三条规定，注册会计师应当了解被审计单位会计信息系统的设计、变更及其运行。如果认为会计信息系统或其中的某些方面较为薄弱，注册会计师应当关注是否有必要修改审计方案。

《中国注册会计师审计准则第 1633 号——电子商务对财务报表审计的影响》第九条规定，在了解被审计单位及其环境时，注册会计师应当考虑下列事项对财务报表的影响：（一）业务活动和所处行业；（二）电子商务战略；（三）开展电子商务的程度；（四）外包安排。

第十条规定，在了解被审计单位的业务活动和所处行业时，注册会计师应当关注与电子商务相关的下列特点：（一）电子商务可能是对传统业务活动的补充，也可能是新的业务类型；（二）电子商务不具备货物和服务等实体贸易所具有的清晰、固定的运送路线这一传统特征；（三）某些行业运用电子商务的程度较高，可能增大对财务报表产生影响的经营风险。

第十一条规定，被审计单位的电子商务战略，包括在电子商务中运用信息技术的方式以及对可接受风险水平的评估，可能对财务记录的安全性和相关财务信息的完整性与可靠性产生影响。在考虑被审计单位的电子商务战略时，注册会计师应当结合对控制环境的了解，关注下列事项：（一）在整合电子商务与总体经营战略的过程中，治理层的参与程度；（二）被审计单位开展电子商务的目的，是为新业务提供支持，还是提高现有业务的效率，抑或为现有业务开辟新的市场；（三）被审计单位的收入来源及其正在发生的变化；（四）管理层对电子商务如何影响盈利状况和财务需求的评价；（五）管理层对风险的态度及其对风险总体状况可能产生的影响；（六）管理层在多大程度上识别出电子商务战略所描述的机遇和风险，或者管理层仅在机遇和风险出现时才临时制定应对措施；（七）管理层对执行相关最佳实务规则或者网络签章程序的信守程度。

第十二条规定，不同的被审计单位可能以不同的方式开展电子商务。电子商务可能用于下列方面：（一）仅提供关于被审计单位及其活动的信息，供投资者、顾客、供应商、资金提供者和员工等访问；（二）通过互联网处理交易，方便已有的顾客；（三）通过在互联网上提供信息和处理交易，开拓新市场和发展新客户；（四）访问应用服务提供商；（五）创立一种全新的经营模式。

第十四条规定，被审计单位可能在下列方面使用服务机构的工作：（一）提供电子商务运作所需的全部或部分信息技术支持；（二）与电子商务相关的其他工作，包括订单履行、商品交付、呼叫中心运转，以及某些会计工作等。被审计单位使用的服务机构包括互联网服务提供商、应用服务提供商和数据服务公司等。

（8）未按规定识别和评估重大错报风险。

《中国注册会计师审计准则第1211号——通过了解被审计单位及其环境识别和评估重大错报风险》第二十八条规定，注册会计师应当在下列两个层次识别和评估重大错报风险，为设计和实施进一步审计程序提供基础：（一）财务报表层次；（二）各类交易、账户余额和披露的认定层次。

第二十九条规定，在识别和评估重大错报风险时，注册会计师应当实施下列审计程序：（一）在了解被审计单位及其环境（包括与风险相关的控制）的整个过程中，结合对财务报表中各类交易、账户余额和披露的考虑，识别风险；（二）评估识别出的风险，并评价其是否更广泛地与财务报表整体相关，进而潜在地影响多项认定；（三）结合对拟测试的相关控制的考虑，将识别出的风险与认定层次可能发生错报的领域相联系；（四）考虑发生错报的可能性（包括发生多项错报的可能性），以及潜在错报的重大程度是否足以导致重大错报。

第三十二条规定，如果认为存在特别风险，注册会计师应当了解被审计单位与该风险相关的控制（包括控制活动）。

《中国注册会计师审计准则第1141号——财务报表审计中与舞弊相关的责任》第二十六条规定，按照《中国注册会计师审计准则第1211号——通过了解被审计单位及其环境识别和评估重大错报风险》的规定，注册会计师应当在财务报表层次和各类交易、账户余额、披露的认定层次识别和评估由于舞弊导致的重大错报风险。

第二十七条规定，在识别和评估由于舞弊导致的重大错报风险时，注册会计师应当基于收入确认存在舞弊风险的假定，评价哪些类型的收入、收入交易或认定导致舞弊风险。如果认为收入确认存在舞弊风险的假定不适用于业务的具体情况，从而未将收入确认作为由于舞弊导致的重大错报风险领域，注册会计师应当按照本准则第五十一条的规定形成相应的审计工作底稿。

第二十八条规定，注册会计师应当将评估的由于舞弊导致的重大错报风险作为特别风险。如果此前未了解与此类风险相关的控制，注册会计师应当了解相关控制，包括了解控制活动。

《中国注册会计师审计准则第1321号——审计会计估计（包括公允价值会计估计）和相关披露》第十五条规定，当按照《中国注册会计师审计准则第1211号——通过了解被审计单位及其环境识别和评估重大错报风险》的规定识别和评估重大错报风险时，注册会计师应当评价与会计估计相关的估计不确定性的程度。

第十六条规定，注册会计师应当根据职业判断确定识别出的具有高度估计不确定性的会计估计是否会导致特别风险。

《中国注册会计师审计准则第1323号——关联方》第十九条规定，注册会计师应当按照《中国注册会计师审计准则第1211号——通过了解被审计单位及其环境识别和评估重大错报风险》的规定，识别和评估关联方关系及其交易导致的重大错报风险，并确定这些风险是否为特别风险。在确定时，注册会计师应当将识别出的、超出被审计单位正常经营过程的重大关联方交易导致的风险确定为特别风险。

《中国注册会计师审计准则第1324号——持续经营》第九条规定，在按照《中国注册会计师审计准则第1211号——通过了解被审计单位及其环境识别和评估重大错报风险》的规定实施风险评估程序时，注册会计师应当考虑是否存在可能导致对被审计单位持续经营能力产生重大疑虑的事项或情况。在进行考虑时，注册会计师应当确定管理层是否已对被审计单位持续经营能力作出初步评估。

第十条规定，针对有关可能导致对被审计单位持续经营能力产生重大疑虑的事项或情况的审计证据，注册会计师应当在整个审计过程中保持警觉。

第十一条规定，注册会计师应当评价管理层对被审计单位持续经营能力作出的评估。

第十二条规定，在评价管理层对被审计单位持续经营能力作出的评估时，注册会计师的评价期间应当与管理层按照适用的财务报告编制基础或法律法规（如果法律法规要求的期间更长）的规定作出评估的涵盖期间相同。如果管理层评估持续经营能力涵盖的期间短于自财务报表日起的十二个月，注册会计师应当提请管理层将其至少延长至自财务报表日起的十二个月。

第十三条规定，在评价管理层作出的评估时，注册会计师应当考虑该评估是否已包括注册会计师在审计过程中注意到的所有相关信息。

《中国注册会计师审计准则第1631号——财务报表审计中对环境事项的考虑》第十条规定，某些行业因性质特殊存在重大环境风险，如石油天然气、化工、制药、冶金、采矿、造纸、制革、印染和公用事业等行业，注册会计师应当特别关注被审计单位存在因环境事项导致负债和或有负债的可能性。

第十一条规定，某些被审计单位并不一定处于本准则第十条所述的存在重大环境风险的行业，但如果存在下列情况，可能面临潜在的重大环境风险：（一）在很大程度上受到环境法律法规的约束；（二）拥有被原使用者（或所有者）污染的场地，或为之担保而可能承担代偿责任；（三）某些业务可能会造成土壤、地下水和地表水及空气的污染；使用有害物质；产生或处理有害废弃物；或可能对顾客、员工或附近居民造成不利影响。

第二十三条规定，注册会计师应当利用风险评估程序收集的信息，识别和评估由于环境事项引起的财务报表层次以及各类交易、账户余额、列报认定层次的重大错报风险。

第二十四条规定，注册会计师应当重点关注下列与财务报表层次相关的环境风险：（一）遵守环境法律法规或执行合同的成本；（二）违反环境法律法规的风险；（三）顾客对环境事项的具体要求以及对被审计单位环境保护行为作出的反应可能产生的影响。

《中国注册会计师审计准则第1633号——电子商务对财务报表审计的影响》第十六条规定，管理层可能面临下列各种与电子商务相关的经营风险：（一）无法保证交易的完备性，尤其在缺少充分的审计轨迹（无论是纸质还是电子形式）时，该风险的影响将更大；

（二）电子商务安全风险，包括顾客、员工和其他人士通过未经授权的访问实施舞弊的可能性，以及病毒攻击；（三）运用不恰当的会计政策，包括收入确认、网站开发成本等支出的处理、与产品质量保证相关的预计负债的确认、外币折算等问题；（四）未能遵守税法和其他法律法规，尤其在通过互联网开展跨国或跨地区电子商务时更易出现此类情况；（五）无法保证仅以电子形式存在的合同具有约束力；（六）过度依赖电子商务；（七）系统和基础架构失效或崩溃。

第十七条规定，注册会计师应当利用对被审计单位及其环境的了解，识别电子商务中可能导致经营风险的事项、交易和惯例。

第十八条规定，注册会计师应当关注被审计单位是否运用适当的安全基础架构和相关控制，应对电子商务中出现的某些经营风险。

第十九条规定，注册会计师应当考虑被审计单位是否已恰当处理与电子商务环境密切相关的下列法律法规问题：（一）隐私权保护；（二）对特定行业的管制；（三）合同的强制执行效力；（四）特殊交易或事项的合法性；（五）反洗钱；（六）知识产权保护。

第二十条规定，在跨国或跨地区的电子商务中，注册会计师应当考虑被审计单位是否对电子商务涉及的不同司法管辖区内的法律法规差异有足够的了解，并遵守所有适用的法律法规；注册会计师尤其要考虑被审计单位有无适当的程序确认其在不同司法管辖区内的纳税义务（特别是营业税、增值税等流转税）。可能导致电子商务交易产生相应纳税义务的因素包括：（一）被审计单位的法定注册地；（二）被审计单位的实际经营所在地；（三）被审计单位网络服务器所在地；（四）商品和服务的来源地；（五）顾客所在地，或商品交付地和劳务提供地。

第二十一条规定，注册会计师应当按照《中国注册会计师审计准则第1142号——财务报表审计中对法律法规的考虑》的规定，实施相关程序，充分考虑被审计单位可能存在的违反与电子商务有关的法律法规的行为及其可能对财务报表产生的重大影响。必要时，应当考虑征询法律意见。

（9）未针对评估的财务报表层次重大错报风险设计和实施总体应对措施。

《中国注册会计师审计准则第1231号——针对评估的重大错报风险采取的应对措施》第五条规定，注册会计师应当针对评估的财务报表层次重大错报风险，设计和实施总体应对措施。

《中国注册会计师审计准则第1141号——财务报表审计中与舞弊相关的责任》第二十九条规定，按照《中国注册会计师审计准则第1231号——针对评估的重大错报风险采取的应对措施》的规定，注册会计师应当针对评估的由于舞弊导致的财务报表层次重大错报风险确定总体应对措施。

第三十条规定，在针对评估的由于舞弊导致的财务报表层次重大错报风险确定总体应对措施时，注册会计师应当：（一）在分派和督导项目组成员时，考虑承担重要业务职责的项目组成员所具备的知识、技能和能力，并考虑由于舞弊导致的重大错报风险的评估结果；（二）评价被审计单位对会计政策（特别是涉及主观计量和复杂交易的会计政策）的选择和运用，是否可能表明管理层通过操纵利润对财务信息作出虚假报告；（三）在选择审计程序的性质、时间安排和范围时，增加审计程序的不可预见性。

《中国注册会计师审计准则第1401号——对集团财务报表审计的特殊考虑》第三十七

条规定，注册会计师应当针对评估的财务报表重大错报风险设计和实施恰当的应对措施。

（10）未针对评估的认定层次重大错报风险设计和实施进一步审计程序。

《中国注册会计师审计准则第 1231 号——针对评估的重大错报风险采取的应对措施》第六条规定，注册会计师应当针对评估的认定层次重大错报风险，设计和实施进一步审计程序，包括审计程序的性质、时间安排和范围。

《中国注册会计师审计准则第 1141 号——财务报表审计中与舞弊相关的责任》第三十一条规定，按照《中国注册会计师审计准则第 1231 号——针对评估的重大错报风险采取的应对措施》的规定，注册会计师应当设计和实施进一步审计程序，审计程序的性质、时间安排和范围应当能够应对评估的由于舞弊导致的认定层次重大错报风险。例如，针对由于舞弊导致的认定层次重大错报风险，注册会计师应当考虑实施函证程序以获取更多的相互印证的信息。

第三十二条规定，管理层处于实施舞弊的独特地位，其原因是管理层有能力通过凌驾于控制之上操纵会计记录并编制虚假财务报表，而这些控制却看似有效运行。尽管管理层凌驾于控制之上的风险水平因被审计单位而异，但所有被审计单位都存在这种风险。由于管理层凌驾于控制之上的行为发生方式不可预见，这种风险属于由于舞弊导致的重大错报风险，从而也是一种特别风险。

第三十三条规定，无论对管理层凌驾于控制之上的风险的评估结果如何，注册会计师都应当设计和实施审计程序，用以：（一）测试日常会计核算过程中作出的会计分录以及编制财务报表过程中作出的调整是否适当；（二）复核会计估计是否存在偏向，并评价产生这种偏向的环境是否表明存在由于舞弊导致的重大错报风险；（三）对于超出被审计单位正常经营过程的重大交易，或基于对被审计单位及其环境的了解以及在审计过程中获取的其他信息而显得异常的重大交易，评价其商业理由（或缺乏商业理由）是否表明被审计单位从事交易的目的是为了对财务信息作出虚假报告或掩盖侵占资产的行为。

第三十四条规定，在设计和实施审计程序，以测试日常会计核算过程中作出的会计分录以及编制财务报表过程中作出的其他调整是否适当时，注册会计师应当：（一）向参与财务报告过程的人员询问与处理会计分录和其他调整相关的不恰当或异常的活动；（二）选择在报告期末作出的会计分录和其他调整；（三）考虑是否有必要测试整个会计期间的会计分录和其他调整。

第三十五条规定，在复核会计估计是否存在偏向时，注册会计师应当：（一）评价管理层在作出会计估计时所作的判断和决策是否反映出管理层的某种偏向（即使判断和决策单独看起来是合理的），从而可能表明存在由于舞弊导致的重大错报风险。如果存在偏向，注册会计师应当从整体上重新评价会计估计。（二）追溯复核与以前年度财务报表反映的重大会计估计相关的管理层判断和假设。

第三十六条规定，当按照本准则第三十三条至第三十五条实施的程序无法涵盖特定的管理层凌驾于控制之上的其他风险时，注册会计师还应当确定是否有必要实施其他审计程序，以应对识别出的管理层凌驾于控制之上的风险。

《中国注册会计师审计准则第 1142 号——财务报表审计中对法律法规的考虑》第十四条规定，注册会计师应当实施下列审计程序，以有助于识别可能对财务报表产生重大影响的违反其他法律法规的行为：（一）向管理层和治理层（如适用）询问被审计单位是否遵守了这些法律法规；（二）检查被审计单位与许可证颁发机构或监管机构的往来函件。

第十八条规定，如果注意到与识别出的或怀疑存在的违反法律法规行为相关的信息，注册会计师应当：（一）了解违反法律法规行为的性质及其发生的环境；（二）获取进一步的信息，以评价对财务报表可能产生的影响。

《中国注册会计师审计准则第1241号——对被审计单位使用服务机构的考虑》第二十三条规定，当按照《中国注册会计师审计准则第1231号——针对评估的重大错报风险采取的应对措施》的规定应对评估的重大错报风险时，注册会计师应当：（一）确定是否能够从被审计单位保存的记录中获取有关财务报表认定的充分、适当的审计证据；（二）如果不能获取充分、适当的审计证据，则实施进一步审计程序，或利用其他注册会计师代其对服务机构实施这些程序。

《中国注册会计师审计准则第1321号——审计会计估计（包括公允价值会计估计）和相关披露》第十八条规定，当按照《中国注册会计师审计准则第1231号——针对评估的重大错报风险采取的应对措施》的规定应对评估的重大错报风险时，注册会计师应当考虑会计估计的性质，并实施下列一项或多项程序：（一）确定截至审计报告日发生的事项是否提供有关会计估计的审计证据；（二）测试管理层如何作出会计估计以及会计估计所依据的数据；在进行测试时，注册会计师应当评价采用的计量方法在具体情况下是否恰当，以及根据适用的财务报告编制基础确定的计量目标，管理层使用的假设是否合理；（三）测试与管理层如何作出会计估计相关的控制的运行有效性，并实施恰当的实质性程序；（四）作出注册会计师的点估计或区间估计，以评价管理层的点估计。

《中国注册会计师审计准则第1323号——关联方》第二十一条规定，注册会计师应当按照《中国注册会计师审计准则第1231号——针对评估的重大错报风险采取的应对措施》的规定，针对评估的与关联方关系及其交易相关的重大错报风险，设计和实施进一步审计程序，以获取充分、适当的审计证据。这些程序应当包括本准则第二十二条至第二十五条规定的审计程序。

第二十二条规定，如果识别出可能表明存在管理层以前未识别或未向注册会计师披露的关联方关系或关联方交易的安排或信息，注册会计师应当确定相关情况是否能够证实关联方关系或关联方交易的存在。

第二十三条规定，如果识别出管理层以前未识别出或未向注册会计师披露的关联方关系或重大关联方交易，注册会计师应当：（一）立即将相关信息向项目组其他成员通报；（二）在适用的财务报告编制基础对关联方作出规定的情况下，要求管理层识别与新识别出的关联方之间发生的所有交易，以便注册会计师作出进一步评价；询问与关联方关系及其交易相关的控制为何未能识别或披露关联方关系或交易；（三）对新识别出的关联方或重大关联方交易实施恰当的实质性审计程序；（四）重新考虑可能存在管理层以前未识别出或未向注册会计师披露的其他关联方或重大关联方交易的风险，如有必要，实施追加的审计程序；（五）如果管理层不披露关联方关系或交易看似是有意的，因而显示可能存在由于舞弊导致的重大错报风险，评价这一情况对审计的影响。

第二十四条规定，对于识别出的超出正常经营过程的重大关联方交易，注册会计师应当：（一）检查相关合同或协议（如有）；（二）获取交易已经恰当授权和批准的审计证据。

如果检查相关合同或协议，注册会计师应当评价：（一）交易的商业理由（或缺乏商业理由）是否表明被审计单位从事交易的目的可能是为了对财务信息作出虚假报告或为了隐瞒侵占资产的行为；（二）交易条款是否与管理层的解释一致；（三）关联方交易是否已按照适用的财务报告编制基础得到恰当会计处理和披露。

第二十五条规定，如果管理层在财务报表中作出认定，声明关联方交易是按照等同于公平交易中通行的条款执行的，注册会计师应当就该项认定获取充分、适当的审计证据。

《中国注册会计师审计准则第 1401 号——对集团财务报表审计的特殊考虑》第四十六条规定，集团项目组应当针对合并过程设计和实施进一步审计程序，以应对评估的、由合并过程导致的集团财务报表发生重大错报的风险。设计和实施的进一步审计程序应包括评价所有组成部分是否均已包括在集团财务报表中。

第四十七条规定，集团项目组应当评价合并调整和重分类事项的适当性、完整性和准确性，并评价是否存在舞弊风险因素或可能存在管理层偏向的迹象。

第四十八条规定，如果组成部分财务信息没有按照集团财务报表采用的会计政策编制，集团项目组应当评价组成部分财务信息是否已得到适当调整，以满足编制和列报集团财务报表的要求。

《中国注册会计师审计准则第 1631 号——财务报表审计中对环境事项的考虑》第二十五条规定，注册会计师应当将环境风险的评估结果与重要的交易、账户余额、列报认定层次相联系，以设计和实施进一步审计程序。注册会计师应当重点关注下列与各类交易、账户余额、列报认定层次相关的环境风险：（一）账户余额依据与环境事项相关的会计估计的复杂程度；（二）账户余额受与环境事项相关的异常或非常规交易的影响程度。

（11）未按规定设计和实施控制测试。

《中国注册会计师审计准则第 1231 号——针对评估的重大错报风险采取的应对措施》第八条规定，当存在下列情形之一时，注册会计师应当设计和实施控制测试，针对相关控制运行的有效性，获取充分、适当的审计证据：（一）在评估认定层次重大错报风险时，预期控制的运行是有效的（即在确定实质性程序的性质、时间安排和范围时，注册会计师拟信赖控制运行的有效性）；（二）仅实施实质性程序并不能够提供认定层次充分、适当的审计证据。

第九条规定，在设计和实施控制测试时，对控制有效性的信赖程度越高，注册会计师应当获取越有说服力的审计证据。

第十条规定，在设计和实施控制测试时，注册会计师应当：（一）将询问与其他审计程序结合使用，以获取有关控制运行有效性的审计证据；（二）确定拟测试的控制是否依赖其他控制（间接控制）。如果依赖其他控制，确定是否有必要获取支持这些间接控制有效运行的审计证据。注册会计师获取的有关控制运行有效性的证据应当包括：（一）控制在所审计期间的相关时点是如何运行的；（二）控制是否得到一贯执行；（三）控制由谁或以何种方式执行。

《中国注册会计师审计准则第 1631 号——财务报表审计中对环境事项的考虑》第十四条规定，根据职业判断，只有认为环境事项可能对财务报表产生重大影响，注册会计师才有必要了解与环境事项相关的内部控制。

第十五条规定，注册会计师应当主要从下列方面了解与环境事项相关的控制环境：（一）治理层对与环境事项相关的内部控制承担的职责；（二）管理层对于环境事项的诚信和道德价值观念、管理理念、经营风格及其处理方法；（三）被审计单位管理环境事项的机构以及职权与责任的划分；（四）控制系统，包括内部审计、环境审计、与环境事项相关的人力资源政策与实务以及恰当的职责分离。

第十六条规定，注册会计师应当主要从下列方面了解与环境事项相关的风险评估过程：（一）被审计单位是否建立风险评估程序以识别环境风险，并评估该风险的重要性和发生的可能性，以及针对该风险采取的措施；（二）管理层是否识别出环境风险，并考虑这些风险是否可能导致财务报表发生重大错报。

第十七条规定，注册会计师应当主要从下列方面了解有关环境事项的信息系统与沟通：（一）按照环境法律法规的规定或自身对环境风险评估的需要，被审计单位是否建立适当的信息系统，以记录排放物和有害废弃物的数量、产品的环境特征、利益相关者的投诉、监管机构的监测结果、环保事故的发生及其影响等；（二）该信息系统是否能够为与环境事项相关的财务数据和列报提供信息支持，如为计算废弃物的处置成本提供的废弃物数量等；（三）被审计单位是否就环境事项进行有效沟通。

第十八条规定，注册会计师应当从授权、业绩评价、信息处理、实物控制和职责分离等方面，了解与环境事项相关的控制活动。注册会计师在了解与环境事项相关的控制活动时，应当特别关注被审计单位的下列行为：（一）是否执行环境管理系统标准并取得独立机构的认证；（二）是否发布环境绩效报告，并经独立第三方验证；（三）是否建立适当程序，处理员工或第三方对环境事项的投诉；（四）是否按照环境法律法规的规定，建立适当的程序处理有害物和废弃物。

第十九条规定，注册会计师应当主要从下列方面了解被审计单位对与环境事项相关的控制的监督：（一）被审计单位是否及时评价与环境事项相关的内部控制设计的合理性和运行的有效性，是否遵守环境法律法规和内部规定；（二）被审计单位是否根据环境事项的变化，及时采取必要的纠正措施。

《中国注册会计师审计准则第 1632 号——衍生金融工具的审计》第二十四条规定，注册会计师在了解控制环境及其变化时，应当考虑治理层、管理层对衍生活动的总体态度和关注程度。治理层负责确定被审计单位对风险的态度，管理层负责监控和管理被审计单位面临的风险。注册会计师应当了解衍生金融工具的控制环境如何对管理层的风险评估结果作出反应。

第二十五条规定，注册会计师应当特别关注控制环境的下列方面对衍生活动控制的潜在影响：（一）管理层是否通过清晰表述的既定政策，指导衍生金融工具的买进、卖出和持有；（二）衍生活动的交易、结算和记录的职责是否适当分离；（三）总体控制环境是否已经影响负责衍生活动的人员。

第二十六条规定，如果被审计单位对涉及衍生活动的人员实施激励机制，注册会计师应当考虑被审计单位是否已经制定适当的规范、限额和控制，以确定执行的激励机制是否可能导致背离总体风险管理战略目标的交易。

第二十七条规定，如果被审计单位采用电子商务进行衍生金融工具交易，注册会计师应当按照《中国注册会计师审计准则第 1633 号——电子商务对财务报表审计的影响》的规定，考虑被审计单位如何处理与公共网络使用相关的安全和控制问题。

第二十八条规定，注册会计师应当了解与衍生金融工具相关的控制活动，包括充分的职责分离、风险管理监控、管理层的监督和其他为实现控制目标而设计的政策和程序。

第三十条规定，如果被审计单位在未对内部控制进行相应调整的情况下扩展其衍生活动的类型，注册会计师应当对此予以关注。

第三十一条规定，注册会计师应当考虑计算机信息系统环境对审计工作的影响，了解计算机信息系统活动的复杂性和重要程度、数据的可获得性以及资金转账的方法。

第三十二条规定，注册会计师应当了解与衍生活动相关的调节程序。调节程序主要包括下列类型：（一）交易员的记录与用于持续监控过程的记录以及与在总分类账中反映的头寸或利得和损失的调节；（二）明细分类账与总分类账的调节；（三）为保证所有尚未结清的项目及时得到识别和结算，所有的结算账户、银行账户与经纪商对账单的调节；（四）在适用的情况下，被审计单位会计记录与服务机构持有记录的调节。

第三十三条规定，注册会计师应当了解被审计单位的初始成交记录是否明确反映单笔交易的性质和目的，以及每个衍生合同产生的权利和义务。除基本财务信息外，注册会计师还应当关注下列信息：（一）交易员的身份；（二）记录交易人员的身份；（三）交易的日期和具体时间；（四）交易的性质和目的，包括是否为了某项敞口进行套期；（五）在采用套期会计时，符合套期会计要求的信息。

第三十四条规定，注册会计师应当了解被审计单位是否将衍生金融工具的交易记录保存在数据库、登记簿或明细分类账中，并就记录的准确性与从交易对方收到的独立的确认信息相核对。

第三十五条规定，注册会计师应当了解与保持衍生交易记录完整性相关的控制，包括被审计单位是否将自身记录与交易对方的确认函进行独立比较和核对。

第三十六条规定，注册会计师应当按照《中国注册会计师审计准则第1411号——考虑内部审计工作》的规定，考虑内部审计人员是否具备与审计衍生活动相适应的知识和技能，以及内部审计工作范围涵盖衍生活动的程度。

第三十七条规定，内部审计工作可能有助于注册会计师评价内部控制，进而评价重大错报风险。可能与注册会计师审计相关的内部审计工作包括：（一）编制衍生金融工具使用范围的概况；（二）复核政策和程序的适当性及管理层的遵守情况；（三）复核控制程序的有效性；（四）复核用以处理衍生交易的会计信息系统；（五）复核与衍生活动相关的系统；（六）确保被审计单位所有部门及人员，尤其是最有可能产生风险敞口的经营部门，完全了解衍生金融工具的管理目标；（七）评价与衍生金融工具相关的新风险是否能够被即时识别、评估和管理；（八）评价衍生金融工具的会计处理是否符合适用的会计准则和相关会计制度的规定，包括采用套期会计处理的衍生金融工具是否满足套期关系的条件；（九）进行定期复核，以向管理层提供衍生活动得到恰当控制的保证，并确保新风险及为管理这些风险使用的衍生金融工具被即时识别、评估和管理。

第三十八条规定，当拟利用内部审计的特定工作时，注册会计师应当评价和测试其适当性，以确定能否满足审计目标。

第三十九条规定，被审计单位可能使用服务机构进行衍生金融工具的买入、卖出或代为记录衍生交易。注册会计师应当按照《中国注册会计师审计准则第1212号——对被审计单位使用服务机构的考虑》的规定，考虑使用服务机构对被审计单位内部控制的影响。

第四十条规定，如果服务机构担任被审计单位的投资顾问，注册会计师应当考虑与服务机构相关的风险。在评价该风险时，注册会计师应当考虑的因素包括：（一）被审计单位如何监督服务机构提供的服务；（二）用以保护信息完备性及保密性的程序；（三）应急安排；（四）如果服务机构是被审计单位的关联方，又同时作为交易对方与被审计单位进行衍生交易，将产生关联方交易的问题。

第四十一条规定，在了解相关内部控制后，如果预期控制运行是有效的，注册会计师应当实施控制测试，以获取支持重大错报风险评估结果的证据。如果认为仅实施实质性程序获取的审计证据无法将认定层次的重大错报风险降至可接受的低水平，注册会计师应当实施相关的控制测试，以获取控制运行有效性的审计证据。当被审计单位只进行少数几笔的衍生交易，或相对被审计单位整体规模而言，衍生金融工具具有特别的重要性，注册会计师应当考虑主要实施实质性方案，包括在某些情况下结合实施控制测试。

第四十二条规定，注册会计师在实施控制测试时，应当选取适当规模的交易样本，重点对下列方面进行评价：（一）衍生金融工具是否根据既定的政策、操作规范并在授权范围内使用；（二）适当的决策程序是否已得到运用，交易的原因是否可以清楚理解；（三）执行的交易是否符合衍生交易政策，包括条款、限额、跨境交易或关联方交易；（四）交易对方是否具有适当的信用风险等级；（五）衍生金融工具是否由独立于交易员的其他人员适当、及时地计量，并报告风险敞口；（六）是否已将确认函发给交易对方；（七）是否已对交易对方的确认回函进行适当比较、核对和调节；（八）衍生金融工具的提前终止或延期是否受到与新的衍生交易同样的控制；（九）投机或套期的指定及其变更是否经过适当授权；（十）是否适当地记录交易，并将其完整、准确地反映在会计信息系统中；（十一）是否有足够措施保证电子资金转账密码的安全。

第四十三条规定，在实施控制测试时，注册会计师应当考虑实施下列程序：（一）阅读治理层的会议纪要，以获取被审计单位定期复核衍生活动和套期有效性并遵守既定政策的证据；（二）将衍生交易（包括已结算的衍生交易）与被审计单位政策相比较，以确定这些政策是否得到遵守。

第四十四条规定，在确定衍生交易的政策是否得到遵守时，注册会计师应当考虑：（一）测试交易是否依据被审计单位政策中的特定授权执行；（二）测试买入前是否进行相关投资政策要求的敏感性分析；（三）测试交易，以确定被审计单位是否获得了从事相关交易的批准以及是否仅使用了经授权的经纪商或交易对方；（四）向管理层询问衍生金融工具及相关交易是否得到及时监控和报告，并阅读相关支持文件；（五）测试已记录的衍生金融工具的买入交易，包括测试衍生金融工具的分类、价格以及相关分录；（六）测试是否及时调查和解决调节的差异，测试是否由监督人员复核和批准调节事项；（七）测试与未记录交易相关的控制，包括检查被审计单位的第三方确认函，及其对确认函中例外事项的处理；（八）测试与数据安全和备份相关的控制，并考虑被审计单位对电子化记录场所进行年度检查和维护的程序。

《中国注册会计师审计准则第1633号——电子商务对财务报表审计的影响》第二十二条规定，注册会计师应当按照《中国注册会计师审计准则第1211号——了解被审计单位及其环境并评估重大错报风险》和《中国注册会计师审计准则第1231号——针对评估的重大错报风险实施的程序》的规定，考虑被审计单位在电子商务中运用的与审计相关的内部控制。在某些情况下，仅依靠实施实质性程序不足以将审计风险降至可接受的低水平，注册会

第3章 会计师事务所行政违法行为及行政责任

计师应当实施控制测试,并考虑使用计算机辅助审计技术。这些情况主要包括:(一)电子商务系统高度自动化;(二)交易量过大;(三)未保留包含审计轨迹的电子证据。

第二十三条规定,当被审计单位从事电子商务时,注册会计师应当考虑与电子商务相关的安全性控制、交易完备性控制和流程整合。注册会计师还应当考虑内部控制中与审计特别相关的下列方面:(一)在快速变化的电子商务环境中保持控制程序的完备性;(二)确保能够访问相关记录,以满足被审计单位和注册会计师审计的需要。

第二十四条规定,注册会计师应当考虑被审计单位安全基础架构和相关控制是否足以应对与电子商务交易的记录和处理相关的安全性风险。

第二十五条规定,注册会计师应当考虑下列事项对财务报表认定的潜在影响:(一)有效使用防火墙和病毒防护软件;(二)有效使用加密技术;(三)对用于支持电子商务活动的系统的开发和运行的控制;(四)当出现的新技术可能危害互联网安全时,现有的安全控制是否仍然有效;(五)控制环境能否对所采用的控制程序提供支持。

第二十六条规定,注册会计师应当考虑交易完备性控制,包括被审计单位会计处理所依据信息的完整性、准确性、及时性以及是否经过授权。

第二十七条规定,注册会计师针对会计系统中与电子商务交易相关的信息完备性所实施的审计程序,主要涉及评估用于采集和处理此类信息的系统的可靠性。在针对复杂电子商务实施审计程序时,注册会计师应当重点考虑在交易信息的采集和即时自动化处理中与交易完备性相关的自动化控制。

第二十八条规定,在电子商务环境中,与交易完备性相关的控制通常用于:(一)验证输入;(二)防止交易的重复记录或遗漏;(三)确保在处理订单之前,交易双方已就交货条件和信用条件等交易条款达成一致;(四)区分顾客的浏览和正式订单,确保交易的一方事后不能否认已达成一致的特定条款,必要时还应确保交易是与经核准的交易方进行的;(五)确保所有步骤均已完成并得以记录,或拒绝未完成所有步骤的订单,以防止出现处理不完整的情况;(六)确保交易的详细信息在同一网络内的多个系统之间适当分配;(七)确保记录得到适当保管、备份和保护。

第三十条规定,注册会计师应当关注被审计单位采集电子商务交易数据并将其传递至会计系统的方式可能对下列事项产生影响:(一)交易处理和信息存储的完整性和准确性;(二)销售收入、采购和其他交易的确认时点;(三)有争议交易的识别和记录。

第三十一条规定,当下列控制与财务报表认定相关时,注册会计师应当予以考虑:(一)针对电子商务交易与内部系统的集成实施的控制;(二)针对系统改变和数据转换实施的控制。

3.9.2.3 进一步审计程序方面

(1) 未按规定设计和实施实质性程序。

《中国注册会计师审计准则第 1231 号——针对评估的重大错报风险采取的应对措施》第十八条规定,无论评估的重大错报风险结果如何,注册会计师都应当针对所有重大类别的交易、账户余额和披露,设计和实施实质性程序。

第二十条规定,注册会计师实施的实质性程序应当包括下列与财务报表编制完成阶段相关的审计程序:(一)将财务报表与其所依据的会计记录进行核对或调节;(二)检查财务报表编制过程中作出的重大会计分录和其他调整。

第二十一条规定，如果认为评估的认定层次重大错报风险是特别风险，注册会计师应当专门针对该风险实施实质性程序。如果针对特别风险实施的程序仅为实质性程序，这些程序应当包括细节测试。

第二十二条规定，如果在期中实施了实质性程序，注册会计师应当针对剩余期间实施下列程序之一，以将期中测试得出的结论合理延伸至期末：（一）结合对剩余期间实施的控制测试，实施实质性程序；（二）如果认为对剩余期间拟实施的实质性程序是充分的，仅实施实质性程序。

《中国注册会计师审计准则第1251号——评价审计过程中识别出的错报》第八条规定，如果管理层应注册会计师的要求，检查了某类交易、账户余额或披露并更正了已发现的错报，注册会计师应当实施追加的审计程序，以确定错报是否仍然存在。

《中国注册会计师审计准则第1301号——审计证据》第十五条规定，如果存在下列情形之一，注册会计师应当确定需要修改或追加哪些审计程序予以解决，并考虑存在的情形对审计其他方面的影响：（一）从某一来源获取的审计证据与从另一来源获取的不一致；（二）注册会计师对用作审计证据的信息的可靠性存有疑虑。

《中国注册会计师审计准则第1321号——审计会计估计（包括公允价值会计估计）和相关披露》第二十条规定，对导致特别风险的会计估计，除实施《中国注册会计师审计准则第1231号——针对评估的重大错报风险采取的应对措施》规定的其他实质性程序外，注册会计师还应当：（一）评价管理层如何考虑替代性的假设或结果，以及拒绝采纳的原因，或者在管理层没有考虑替代性的假设或结果的情况下，评价管理层在作出会计估计时如何处理估计不确定性；（二）评价管理层使用的重大假设是否合理；（三）当管理层实施特定措施的意图和能力与其使用的重大假设的合理性或对适用的财务报告编制基础的恰当应用相关时，评价这些意图和能力。

《中国注册会计师审计准则第1324号——持续经营》第十五条规定，如果识别出可能导致对持续经营能力产生重大疑虑的事项或情况，注册会计师应当通过实施追加的审计程序（包括考虑缓解因素），获取充分、适当的审计证据，以确定是否存在重大不确定性。这些程序应当包括：（一）如果管理层尚未对被审计单位持续经营能力作出评估，提请其进行评估；（二）评价管理层与持续经营评估相关的未来应对计划，这些计划的结果是否可能改善目前的状况，以及管理层的计划对于具体情况是否可行；（三）如果被审计单位已编制现金流量预测，且对预测的分析是评价管理层未来应对计划时所考虑的事项或情况的未来结果的重要因素，评价用于编制预测的基础数据的可靠性，并确定预测所基于的假设是否具有充分的支持；（四）考虑自管理层作出评估后是否存在其他可获得的事实或信息；（五）要求管理层和治理层（如适用）提供有关未来应对计划及其可行性的书面声明。

《中国注册会计师审计准则第1631号——财务报表审计中对环境事项的考虑》第二十七条规定，针对环境事项，注册会计师实施的实质性程序主要包括：（一）询问管理层和负责环境事项的关键管理人员，包括询问被审计单位商业保险是否涵盖环境事项；（二）检查与环境事项相关的文件或记录；（三）利用环境专家的工作；（四）利用环境审计的工作；（五）利用内部审计的工作；（六）执行分析程序；（七）检查与环境事项相关的财务报表项目；（八）检查被审计单位因环境事项作出的会计估计；（九）检查财务报表列报的适当性；（十）获取管理层关于环境事项的书面声明。

第二十九条规定，注册会计师应当检查下列与环境事项相关的文件或记录：（一）治理层及专职负责环境事项的委员会的会议纪要或工作记录；（二）包含环境事项的公开行业信息；（三）环境专家报告，如场地评估报告、环境影响研究报告；（四）环境审计报告；（五）内部审计报告；（六）尽职调查报告；（七）监管机构报告及被审计单位与监管机构的往来函件；（八）可获取的生态环境恢复公开记录或规划；（九）被审计单位的环境绩效报告；（十）与监管机构和律师的往来函件。

第三十三条规定，注册会计师可以实施分析程序，考虑相关财务信息与环境记录中的数量信息之间的关系。

第三十四条规定，在实施实质性程序时，注册会计师应当重点关注下列与环境事项相关的交易或事项：（一）本期增加的土地、房屋建筑物和机器设备；（二）受环境事项影响的长期投资项目；（三）因环境事项需要计提的资产减值准备；（四）因环境事项发生的支出和取得的索赔收入；（五）因环境事项导致的负债和或有负债。

第三十六条规定，在整个审计过程中，如果注意到下列情形显示财务报表存在因环境事项导致的重大错报风险，注册会计师应当对此予以关注：（一）环境专家或内部审计人员出具的报告中显示有重大环境问题；（二）被审计单位与监管机构的往来函件或监管机构发布的报告中提及存在违反环境法律法规行为；（三）在生态环境恢复的公开记录或规划中列有被审计单位的名称；（四）媒体评论涉及被审计单位的重大环境问题；（五）律师函中对环境事项的评价意见；（六）有证据表明被审计单位购买与环境事项相关的商品或服务，相对于常规业务活动而言属于异常交易；（七）因违反环境法律法规导致诉讼费用、环境咨询费用或罚金增加或异常。如果出现上述情形，注册会计师应当考虑是否需要重新评估重大错报风险。

《中国注册会计师审计准则第1632号——衍生金融工具的审计》第四十六条规定，注册会计师在设计衍生金融工具的实质性程序时，应当考虑下列因素：（一）会计处理的适当性；（二）服务机构的参与程度；（三）期中实施的审计程序；（四）衍生交易是常规还是非常规交易；（五）在财务报表其他领域实施的程序。

第四十七条规定，在审计衍生活动时，注册会计师可能将分析程序作为实质性程序，以获取有关被审计单位经营业务的信息。由于影响衍生金融工具价值的各种因素之间复杂的相互作用往往掩盖可能出现的异常趋势，分析程序本身通常不能提供衍生金融工具相关认定的充分证据。

第四十八条规定，如果获得了负责衍生活动人员对衍生活动结果分析的资料，注册会计师应当在评价其完整性和准确性以及分析人员的能力和经验的基础上，考虑利用这些资料，进一步了解被审计单位的衍生活动。

第四十九条规定，如果被审计单位在套期策略中使用衍生金融工具，而分析程序的结果表明已发生大额的利得或损失，注册会计师应当怀疑套期的有效性，以及运用套期会计的适当性。

第五十一条规定，对衍生金融工具存在和发生认定实施的实质性程序通常包括：（一）向衍生金融工具持有者或交易对方进行函证；（二）检查支持报告金额的协议或其他支持文件，包括被审计单位收到的有关报告金额的书面或电子形式的确认函；（三）检查报告期后实现或结算的支持文件；（四）询问和观察。

第五十二条规定，对衍生金融工具权利和义务认定实施的实质性程序通常包括：（一）向衍生金融工具的持有者或交易对方函证重要的条款；（二）检查书面或电子形式的协议和其他支持文件。

第五十三条规定，对衍生金融工具完整性认定实施的实质性程序通常包括：（一）向衍生金融工具的持有者或交易对方进行函证，要求其提供所有与被审计单位相关的衍生金融工具和交易的详细信息；（二）对余额为零的衍生金融工具账户，向可能的持有者或交易对方发出询证函；（三）复核经纪商的对账单以测试是否存在被审计单位未记录的衍生交易和持有的头寸；（四）复核收到的但与交易记录不匹配的交易对方的询证函回函；（五）复核尚未解决的调节事项；（六）检查贷款或权益协议、销售合同等，以了解这些协议或合同是否包含嵌入衍生金融工具；（七）检查报告期后发生的活动的支持文件；（八）询问和观察；（九）阅读治理层的会议纪要，以及治理层收到的与衍生活动相关的文件和报告等其他信息。

第五十四条规定，注册会计师应当根据计量或披露所采用的估值方法设计计价认定的实质性程序。对衍生金融工具计价认定实施的实质性程序通常包括：（一）检查买入价格的支持文件；（二）向衍生金融工具的持有者或交易对方进行函证；（三）复核交易对方的信用状况；（四）对按照公允价值计量或披露的衍生金融工具，获取支持其公允价值的证据。

第五十五条规定，如果公允价值信息由衍生金融工具交易对方提供，注册会计师应当考虑这些信息的客观性。在某些情况下，注册会计师需要从独立的第三方获取对公允价值的估计结果。

第五十六条规定，从财经出版物或交易所获得的市场报价通常可为衍生金融工具的价值提供充分的证据，但注册会计师在使用市场报价测试计价认定时，可能需要特别了解报价形成的环境。在某些情况下，注册会计师可能认为有必要从经纪商或其他第三方获取对公允价值的估计。如果某一价格来源与被审计单位可能存在损害客观性的关系，注册会计师应当考虑从多个价格来源获取估计结果。

第五十七条规定，如果被审计单位使用估值模型估计衍生金融工具的价值，注册会计师可以通过下列程序，测试运用模型确定的公允价值的相关认定：（一）评价估值模型的合理性和适当性；（二）使用自身或专家开发的估值模型进行重新计算，以印证公允价值的合理性；（三）将被审计单位估计的公允价值与最近交易价格相比较；（四）考虑估值对变量和假设变动的敏感性；（五）检查报告期后发生的衍生交易实现和结算的支持文件，以获取有关资产负债表日估值的进一步证据。

第五十八条规定，当管理层确定衍生金融工具公允价值能够可靠计量的假定不成立时，注册会计师应当获取支持管理层作出这项决定的审计证据，并确定衍生金融工具是否按照适用的会计准则和相关会计制度的规定进行恰当的会计处理。如果管理层不能提出该假定不成立的合理理由，注册会计师应当出具保留意见或否定意见的审计报告。如果无法获取充分的审计证据确定该假定是否成立，注册会计师应当将其视为审计工作范围受到限制，出具保留意见或无法表示意见的审计报告。

第五十九条规定，注册会计师应当通过对下列事项的判断，评价衍生金融工具的列报

（包括披露）是否符合适用的会计准则和相关会计制度的规定：（一）选用的会计政策和会计处理方法是否符合适用的会计准则和相关会计制度的规定；（二）会计政策和会计处理方法是否与具体情况相适应；（三）财务报表（包括相关附注）是否提供了可能影响其使用和理解的事项的信息；（四）披露是否充分，以确保被审计单位完全遵守适用的会计准则和相关会计制度对披露的规定；（五）财务报表列报信息的分类和汇总是否合理；（六）财务报表是否在能够合理和可行地获取信息的范围内列报财务状况、经营成果和现金流量，从而反映相关的交易和事项。

第六十条规定，注册会计师应当考虑被审计单位对套期交易进行会计处理时，管理层是否在交易之初指定衍生金融工具为套期，并记录下列事项：（一）套期关系；（二）套期风险管理目标和战略；（三）被审计单位如何评估套期工具抵销被套期项目公允价值变动风险，或被套期交易现金流量变动风险的有效性。

（2）未按规定设计审计样本、确定样本规模和选取测试项目。

《中国注册会计师审计准则第 1314 号——审计抽样》第十五条规定，在设计审计样本时，注册会计师应当考虑审计程序的目的和抽样总体的特征。

第十六条规定，注册会计师应当确定足够的样本规模，以将抽样风险降至可接受的低水平。

第十七条规定，注册会计师在选取样本项目时，应当使总体中的每个抽样单元都有被选取的机会。

（3）未按规定实施实质性分析程序。

《中国注册会计师审计准则第 1313 号——分析程序》第五条规定，在设计和实施实质性分析程序时，无论单独使用或与细节测试结合使用，注册会计师都应当：（一）考虑针对所涉及认定评估的重大错报风险和实施的细节测试（如有），确定特定实质性分析程序对这些认定的适用性；（二）考虑可获得信息的来源、可比性、性质和相关性以及与信息编制相关的控制，评价在对已记录的金额或比率作出预期时使用数据的可靠性；（三）对已记录的金额或比率作出预期，并评价预期值是否足够精确地识别重大错报（包括单项重大的错报和单项虽不重大但连同其他错报可能导致财务报表产生重大错报的错报）；（四）确定已记录金额与预期值之间可接受的，且无需按本准则第七条的要求作进一步调查的差异额。

第六条规定，在临近审计结束时，注册会计师应当设计和实施分析程序，帮助其对财务报表形成总体结论，以确定财务报表是否与其对被审计单位的了解一致。

第七条规定，如果按照本准则的规定实施分析程序，识别出与其他相关信息不一致的波动或关系，或与预期值差异重大的波动或关系，注册会计师应当采取下列措施调查这些差异：（一）询问管理层，并针对管理层的答复获取适当的审计证据；（二）根据具体情况在必要时实施其他审计程序。

（4）未按规定实施函证程序。

《中国注册会计师审计准则第 1231 号——针对评估的重大错报风险采取的应对措施》第十九条规定，注册会计师应当考虑是否将函证程序用作实质性程序。

《中国注册会计师审计准则第 1312 号——函证》第十一条规定，注册会计师应当确定是否有必要实施函证程序以获取认定层次的相关、可靠的审计证据。在作出决策时，注册会计师应当考虑评估的认定层次重大错报风险，以及通过实施其他审计程序获取的审计证据如何将检查风险降至可接受的水平。

第十二条规定，注册会计师应当对银行存款、借款（包括零余额账户和在本期内注销的账户）、借款及与金融机构往来的其他重要信息实施函证程序，除非有充分证据表明某一银行存款、借款及与金融机构往来的其他重要信息对财务报表不重要且与之相关的重大错报风险很低。如果不对这些项目实施函证程序，注册会计师应当在审计工作底稿中说明理由。

第十三条规定，注册会计师应当对应收账款实施函证程序，除非有充分证据表明应收账款对财务报表不重要，或函证很可能无效。如果认为函证很可能无效，注册会计师应当实施替代审计程序，获取相关、可靠的审计证据。如果不对应收账款函证，注册会计师应当在审计工作底稿中说明理由。

第十四条规定，当实施函证程序时，注册会计师应当对询证函保持控制，包括：（一）确定需要确认或填列的信息；（二）选择适当的被询证者；（三）设计询证函，包括正确填列被询证者的姓名和地址，以及被询证者直接向注册会计师回函的地址等信息；（四）发出询证函并予以跟进，必要时再次向被询证者寄发询证函。

第十五条规定，如果管理层不允许寄发询证函，注册会计师应当：（一）询问管理层不允许寄发询证函的原因，并就其原因的正当性及合理性收集审计证据；（二）评价管理层不允许寄发询证函对评估的相关重大错报风险（包括舞弊风险），以及其他审计程序的性质、时间安排和范围的影响；（三）实施替代程序，以获取相关、可靠的审计证据。

第十九条规定，在未回函的情况下，注册会计师应当实施替代程序以获取相关、可靠的审计证据。

第二十条规定，如果注册会计师认为取得积极式函证回函是获取充分、适当的审计证据的必要程序，则替代程序不能提供注册会计师所需要的审计证据。

第二十二条规定，消极式函证比积极式函证提供的审计证据的说服力低。除非同时满足下列条件，注册会计师不得将消极式函证作为唯一实质性程序，以应对评估的认定层次重大错报风险：（一）注册会计师将重大错报风险评估为低水平，并已就与认定相关的控制的运行的有效性获取充分、适当的审计证据；（二）需要实施消极式函证程序的总体由大量的小额、同质的账户余额、交易或事项构成；（三）预期不符事项的发生率很低；（四）没有迹象表明接收询证函的人员或机构不认真对待函证。

（5）未按规定对存货实施必要的审计程序。

《中国注册会计师审计准则第1311号——对存货、诉讼和索赔、分部信息等特定项目获取审计证据的具体考虑》第四条规定，如果存货对财务报表是重要的，注册会计师应当实施下列审计程序，对存货的存在和状况获取充分、适当的审计证据：（一）在存货盘点现场实施监盘（除非不可行）；（二）对期末存货记录实施审计程序，以确定其是否准确反映实际的存货盘点结果。

在存货盘点现场实施监盘时，注册会计师应当实施下列审计程序：（一）评价管理层用以记录和控制存货盘点结果的指令和程序；（二）观察管理层制订的盘点程序的执行情况；（三）检查存货；（四）执行抽盘。

第五条规定，如果存货盘点在财务报表日以外的其他日期进行，注册会计师除实施本准则第四条规定的审计程序外，还应当实施其他审计程序，以获取审计证据，确定存货盘点日与财务报表日之间的存货变动是否已得到恰当的记录。

第3章 会计师事务所行政违法行为及行政责任

第六条规定，如果由于不可预见的情况，无法在存货盘点现场实施监盘，注册会计师应当另择日期实施监盘，并对间隔期内发生的交易实施审计程序。

第七条规定，如果在存货盘点现场实施存货监盘不可行，注册会计师应当实施替代审计程序，以获取有关存货的存在和状况的充分、适当的审计证据。

第八条规定，如果由第三方保管或控制的存货对财务报表是重要的，注册会计师应当实施下列一项或两项审计程序，以获取有关该存货存在和状况的充分、适当的审计证据：（一）向持有被审计单位存货的第三方函证存货的数量和状况；（二）实施检查或其他适合具体情况的审计程序。

（6）未按规定对诉讼和索赔实施必要的审计程序。

《中国注册会计师审计准则第1311号——对存货、诉讼和索赔、分部信息等特定项目获取审计证据的具体考虑》第九条规定，注册会计师应当设计和实施审计程序，以识别涉及被审计单位的可能导致重大错报风险的诉讼和索赔事项。这些审计程序包括：（一）询问管理层和被审计单位其他内部人员，包括询问被审计单位内部法律顾问；（二）查阅治理层的会议纪要和被审计单位与外部法律顾问之间的往来信函；（三）复核法律费用账户记录。

第十条规定，如果评估识别出的诉讼或索赔事项存在重大错报风险，或者实施的审计程序表明可能存在其他的重大诉讼或索赔事项，注册会计师除实施其他审计准则规定的审计程序外，还应当寻求与被审计单位外部法律顾问进行直接沟通。注册会计师应当通过亲自寄发由管理层编制的询证函，要求外部法律顾问直接与注册会计师沟通。如果法律法规禁止被审计单位的外部法律顾问与注册会计师进行直接沟通，注册会计师应当实施替代审计程序。

（7）未按规定对期初余额实施必要的审计程序。

《中国注册会计师审计准则第1331号——首次审计业务涉及的期初余额》第八条规定，注册会计师应当通过采取下列措施，获取充分、适当的审计证据，以确定期初余额是否包含对本期财务报表产生重大影响的错报：（一）确定上期期末余额是否已正确结转至本期，或在适当的情况下已作出重新表述；（二）确定期初余额是否反映对恰当会计政策的运用；（三）实施一项或多项审计程序。

注册会计师实施的一项或多项审计程序包括：（一）如果上期财务报表已经审计，查阅前任注册会计师的工作底稿，以获取有关期初余额的审计证据；（二）评价本期实施的审计程序是否提供了有关期初余额的审计证据；（三）实施其他专门的审计程序，以获取有关期初余额的审计证据。

第九条规定，如果获取的审计证据表明期初余额存在可能对本期财务报表产生重大影响的错报，注册会计师应当实施适合具体情况的追加的审计程序，以确定对本期财务报表的影响。

（8）未按规定对分部信息实施必要的审计程序。

《中国注册会计师审计准则第1311号——对存货、诉讼和索赔、分部信息等特定项目获取审计证据的具体考虑》第十三条规定，针对被审计单位按照适用的财务报告编制基础列报与披露的分部信息，注册会计师应当实施下列审计程序，获取充分、适当的审计证据：（一）了解管理层在确定分部信息时使用的方法；（二）实施分析程序或其他适合具体情况的审计程序。

在了解管理层确定分部信息使用的方法时，注册会计师应当实施下列审计程序：（一）评价使用的方法是否以使分部信息按照适用的财务报告编制基础披露；（二）在适当的情况下，测试对这些方法的应用。

（9）未按规定对比较信息实施必要的审计程序。

《中国注册会计师审计准则第1511号——比较信息：对应数据和比较财务报表》第十条规定，注册会计师应当确定财务报表中是否包括适用的财务报告编制基础要求的比较信息，以及比较信息是否得到恰当分类。基于上述目的，注册会计师应当评价：（一）比较信息是否与上期财务报表列报的金额和相关披露一致，如果必要，比较信息是否已经重述；（二）在比较信息中反映的会计政策是否与本期采用的会计政策一致，如果会计政策已发生变更，这些变更是否得到恰当处理并得到充分列报和披露。

第十一条规定，在实施本期审计时，如果注意到比较信息可能存在重大错报，注册会计师应当根据实际情况追加必要的审计程序，获取充分、适当的审计证据，以确定是否存在重大错报。

（10）未按规定对期后事项实施必要的审计程序。

《中国注册会计师审计准则第1332号——期后事项》第九条规定，注册会计师应当设计和实施审计程序，获取充分、适当的审计证据，以确定所有在财务报表日至审计报告日之间发生的、需要在财务报表中调整或披露的事项均已得到识别。但是，注册会计师并不需要对之前已实施审计程序并已得出满意结论的事项执行追加的审计程序。

第十三条规定，在审计报告日后，注册会计师没有义务针对财务报表实施任何审计程序。在审计报告日后至财务报表报出日前，如果知悉了某事实，且若在审计报告日知悉可能导致修改审计报告，注册会计师应当：（一）与管理层和治理层（如适用）讨论该事项；（二）确定财务报表是否需要修改；（三）如果需要修改，询问管理层将如何在财务报表中处理该事项。

第十七条规定，在财务报表报出后，注册会计师没有义务针对财务报表实施任何审计程序。在财务报表报出后，如果知悉了某事实，且若在审计报告日知悉该事实可能导致修改审计报告，注册会计师应当：（一）与管理层和治理层（如适用）讨论该事项；（二）确定财务报表是否需要修改；（三）如果需要修改，询问管理层将如何在财务报表中处理该事项。

《中国注册会计师审计准则第1401号——对集团财务报表审计的特殊考虑》第五十一条规定，如果集团项目组或组成部分注册会计师对组成部分财务信息实施审计，集团项目组或组成部分注册会计师应当实施审计程序，以识别组成部分自组成部分财务信息日至对集团财务报表出具审计报告日之间发生的、可能需要在集团财务报表中调整或披露的事项。

第五十二条规定，如果组成部分注册会计师执行组成部分财务信息审计以外的工作，集团项目组应当要求组成部分注册会计师告知其注意到的、可能需要在集团财务报表中调整或披露的期后事项。

（11）未对财务报表的总体列报与相关披露实施必要的审计程序。

《中国注册会计师审计准则第1231号——针对评估的重大错报风险采取的应对措施》第二十四条规定，注册会计师应当实施审计程序，评价财务报表的总体列报与相关披露是否符合适用的财务报告编制基础的规定。

（12）未按规定累计审计过程中识别出的错报。

《中国注册会计师审计准则第1251号——评价审计过程中识别出的错报》第六条规定，注册会计师应当累积审计过程中识别出的错报，除非错报明显微小。

（13）未按规定获取充分、适当的审计证据。

《中国注册会计师审计准则第1301号——审计证据》第十条规定，注册会计师应当根据具体情况设计和实施恰当的审计程序，以获取充分、适当的审计证据。

第十一条规定，在设计和实施审计程序时，注册会计师应当考虑用作审计证据的信息的相关性和可靠性。

第十四条规定，在设计控制测试和细节测试时，注册会计师应当确定选取测试项目的方法以有效实现审计程序的目的。

《中国注册会计师审计准则第1312号——函证》第十七条规定，如果存在对询证函回函的可靠性产生疑虑的因素，注册会计师应当进一步获取审计证据以消除这些疑虑。

《中国注册会计师审计准则第1633号——电子商务对财务报表审计的影响》第三十三条规定，在考虑电子证据的充分性和适当性时，注册会计师可能需要测试自动化控制（如记录完备性检查、电子日戳、数字签章和版本控制），并根据对这些控制的评价结论，考虑是否需要实施追加的审计程序，比如向第三方函证交易细节或账户余额。

3.9.2.4 审计工作底稿方面

（1）注册会计师未及时编制审计工作底稿。

《中国注册会计师审计准则第1131号——审计工作底稿》第九条规定，注册会计师应当及时编制审计工作底稿。

（2）记录已实施审计程序所形成的审计工作底稿不符合规定。

《中国注册会计师审计准则第1131号——审计工作底稿》第十一条规定，在记录已实施审计程序的性质、时间安排和范围时，注册会计师应当记录：（一）测试的具体项目或事项的识别特征；（二）审计工作的执行人员及完成审计工作的日期；（三）审计工作的复核人员及复核的日期和范围。

（3）编制审计工作底稿的文字不符合规定。

《中国注册会计师审计准则第1131号——审计工作底稿》第十六条规定，编制审计工作底稿的文字应当使用中文。少数民族自治地区可以同时使用少数民族文字。中国境内的中外合作会计师事务所、国际会计公司成员所可以同时使用某种外国文字。会计师事务所执行涉外业务时可以同时使用某种外国文字。

（4）未及时将审计工作底稿归整为审计档案。

《中国注册会计师审计准则第1131号——审计工作底稿》第十七条规定，注册会计师应当在审计报告日后及时将审计工作底稿归整为审计档案，并完成归整最终审计档案过程中的事务性工作。审计工作底稿的归档期限为审计报告日后六十天内。如果注册会计师未能完成审计业务，审计工作底稿的归档期限为审计业务中止后的六十天内。

第十八条规定，在完成最终审计档案的归整工作后，注册会计师不应在规定的保存期限届满前删除或废弃任何性质的审计工作底稿。

（5）未按规定保存审计工作底稿。

《中国注册会计师审计准则第1131号——审计工作底稿》第十九条规定，会计师事务所应当自审计报告日起，对审计工作底稿至少保存十年。如果注册会计师未能完成审计业务，会计师事务所应当自审计业务中止日起，对审计工作底稿至少保存十年。

（6）未按规定将审计业务约定条款记录于书面协议中。

《中国注册会计师审计准则第 1111 号——就审计业务约定条款达成一致意见》第十条规定，注册会计师应当将达成一致意见的审计业务约定条款记录于审计业务约定书或其他适当形式的书面协议中。审计业务约定条款应当包括下列主要内容：（一）财务报表审计的目标与范围；（二）注册会计师的责任；（三）管理层的责任；（四）指出用于编制财务报表所适用的财务报告编制基础；（五）提及注册会计师拟出具的审计报告的预期形式和内容，以及对在特定情况下对出具的审计报告可能不同于预期形式和内容的说明。

第十一条规定，如果法律法规足够详细地规定了审计业务约定条款，注册会计师除了记录适用的法律法规以及管理层认可并理解其责任的事实外，不必将本准则第十条规定的事项记录于书面协议。

第十二条规定，如果法律法规规定的管理层的责任与本准则第六条第二款的规定相似，注册会计师根据判断可能确定法律法规规定的责任与本准则第六条第二款的规定在效果上是等同的。如果等同，注册会计师可以使用法律法规的措辞，在书面协议中描述管理层的责任；如果不等同，注册会计师应当使用本准则第六条第二款的措辞，在书面协议中描述这些责任。

（7）未按规定形成对财务报表审计实施质量控制的审计工作底稿。

《中国注册会计师审计准则第 1121 号——对财务报表审计实施的质量控制》第三十九条规定，注册会计师应当就下列事项形成审计工作底稿：（一）识别出的与遵守相关职业道德要求有关的问题，以及这些问题是如何得到解决的；（二）针对适用于审计业务的独立性要求的遵守情况得出的结论，以及为支持该结论与会计师事务所进行的讨论；（三）得出的有关客户关系和审计业务的接受与保持的结论；（四）在审计过程中咨询的性质、范围和形成的结论。

第四十条规定，针对已复核的审计业务，项目质量控制复核人员应当就下列事项形成审计工作底稿：（一）会计师事务所项目质量控制复核政策要求的程序已得到实施；（二）项目质量控制复核在审计报告日或审计报告日之前已完成；（三）项目质量控制复核人员没有注意到任何尚未解决的事项，使其认为项目组作出的重大判断和得出的结论不适当。

（8）未按规定形成与舞弊相关的审计工作底稿。

《中国注册会计师审计准则第 1141 号——财务报表审计中与舞弊相关的责任》第四十八条规定，《中国注册会计师审计准则第 1211 号——通过了解被审计单位及其环境识别和评估重大错报风险》规定注册会计师应当记录对被审计单位及其环境的了解以及对重大错报风险的评估结果。注册会计师应当将下列内容形成审计工作底稿：（一）项目组内部就由于舞弊导致财务报表重大错报的可能性进行的讨论所得出的重要结论；（二）识别和评估的由于舞弊导致的财务报表层次和认定层次的重大错报风险。

第四十九条规定，《中国注册会计师审计准则第 1231 号——针对评估的重大错报风险采取的应对措施》规定注册会计师应当记录对评估的重大错报风险采取的应对措施。注册会计师应当将下列内容形成审计工作底稿：（一）对评估的由于舞弊导致的财务报表层次的重大错报风险采取的总体应对措施；（二）审计程序的性质、时间安排和范围；（三）审计程序与评估的由于舞弊导致的认定层次的重大错报风险之间的联系；（四）实施审计程序（包括用于应对管理层凌驾于控制之上的风险而实施的审计程序）的结果。

第五十条规定，注册会计师应当在审计工作底稿中记录与管理层、治理层、监管机构或其他相关各方就舞弊事项进行沟通的情况。

第五十一条规定，如果认为收入确认存在舞弊风险的假定不适用于业务的具体情况，注册会计师应当在审计工作底稿中记录得出该结论的理由。

（9） 未按规定形成对法律法规考虑的审计工作底稿。

《中国注册会计师审计准则第 1142 号——财务报表审计中对法律法规的考虑》第二十九条规定，注册会计师应当在审计工作底稿中记录识别出的或怀疑存在的违反法律法规行为，以及与管理层、治理层和被审计单位以外的相关机构或人员（如可行）进行讨论的结果。

（10） 未按规定形成与治理层沟通的审计工作底稿。

《中国注册会计师审计准则第 1151 号——与治理层的沟通》第二十四条规定，如果本准则要求沟通的事项是以口头形式沟通的，注册会计师应当将其包括在审计工作底稿中，并记录沟通的时间和对象。

如果本准则要求沟通的事项是以书面形式沟通的，注册会计师应当保存一份沟通文件的副本，作为审计工作底稿的一部分。

（11） 未按规定形成计划审计工作的审计工作底稿。

《中国注册会计师审计准则第 1201 号——计划审计工作》第十二条规定，注册会计师应当就下列事项形成审计工作底稿：（一）总体审计策略；（二）具体审计计划；（三）在审计过程中对总体审计策略或具体审计计划作出的任何重大修改及其理由。

（12） 未按规定形成"了解被审计单位及其环境，识别和评估重大错报风险"的审计工作底稿。

《中国注册会计师审计准则第 1211 号——通过了解被审计单位及其环境识别和评估重大错报风险》第三十五条规定，注册会计师应当就下列事项形成审计工作底稿：（一）根据本准则第十三条的规定，项目组进行的讨论以及得出的重要结论；（二）根据本准则第十四条的规定，对被审计单位及其环境各个方面的了解要点、根据本准则第十七条至第二十七条的规定对内部控制各项要素的了解要点，获取上述了解的信息来源，以及实施的风险评估程序；（三）根据本准则第二十八条的规定，在财务报表层次和认定层次识别和评估的重大错报风险；（四）根据本准则第三十条至第三十三条的规定，识别出的风险和了解的相关控制。

（13） 未按规定形成重要性的审计工作底稿。

《中国注册会计师审计准则第 1221 号——计划和执行审计工作时的重要性》第十四条规定，注册会计师应当在审计工作底稿中记录下列金额以及在确定这些金额时考虑的因素：（一）财务报表整体的重要性；（二）特定类别的交易、账户余额或披露的一个或多个重要性水平（如适用）；（三）实际执行的重要性；（四）随着审计过程的推进，对本条第（一）项至第（三）项内容作出的任何修改。

（14） 未将针对评估的重大错报风险采取的应对措施形成相应的审计工作底稿。

《中国注册会计师审计准则第 1231 号——针对评估的重大错报风险采取的应对措施》第二十八条规定，注册会计师应当就下列事项形成审计工作底稿：（一）针对评估的财务报表层次重大错报风险采取的总体应对措施，以及实施的进一步审计程序的性质、时间安排和范围；（二）实施的进一步审计程序与评估的认定层次风险之间的联系；（三）实施进一步审计程序的结果，包括在结果不明显时得出的结论。

第二十九条规定，如果拟利用在以前审计中获取的有关控制运行有效性的审计证据，注册会计师应当记录信赖这些控制的理由和结论。

第三十条规定，注册会计师的审计工作底稿应当能够证明财务报表与其所依据的会计记录是一致的或调节相符的。

（15）未将评价审计过程中识别出的错报形成相应的审计工作底稿。

《中国注册会计师审计准则第1251号——评价审计过程中识别出的错报》第十六条规定，注册会计师应当就下列事项形成审计工作底稿：（一）设定的某一金额，低于该金额的错报视为明显微小；（二）审计过程中累积的所有错报，以及是否已得到更正；（三）注册会计师就未更正错报单独或汇总起来是否重大得出的结论，以及得出结论的基础。

（16）未按规定形成审计会计估计和相关披露的审计工作底稿。

《中国注册会计师审计准则第1321号——审计会计估计（包括公允价值会计估计）和相关披露》第二十八条规定，注册会计师应当就下列事项形成审计工作底稿：（一）对导致特别风险的会计估计的合理性及其披露的充分性，注册会计师得出结论的基础；（二）可能存在管理层偏向的迹象。

（17）未按规定形成关联方的审计工作底稿。

《中国注册会计师审计准则第1323号——关联方》第二十九条规定，注册会计师应当就识别出的关联方名称、关联方关系的性质以及关联方交易类型和交易要素形成审计工作底稿。

（18）未按规定形成集团财务报表审计的审计工作底稿。

《中国注册会计师审计准则第1401号——对集团财务报表审计的特殊考虑》第六十三条规定，集团项目组应当就下列事项形成审计工作底稿：（一）对组成部分的分析，指明重要组成部分以及对组成部分财务信息执行工作的类型；（二）对于重要组成部分，集团项目组参与该组成部分注册会计师工作的性质、时间安排和范围，如果适用，还包括集团项目组对组成部分注册会计师审计工作底稿的相关部分进行的复核以及由此得出的结论；（三）集团项目组与组成部分注册会计师就集团项目组提出的工作要求的书面沟通函件。

（19）未将利用内部审计人员的工作形成相应的审计工作底稿。

《中国注册会计师审计准则第1411号——利用内部审计人员的工作》第十三条规定，如果利用内部审计人员的特定工作，注册会计师应当就下列事项形成审计工作底稿：（一）针对内部审计人员工作的恰当性进行评价得出的结论；（二）针对内部审计人员的工作实施的审计程序。

3.9.2.5 对简要财务报表出具报告的业务方面

（1）未按规定承接对简要财务报表出具报告的业务。

《中国注册会计师审计准则第1604号——对简要财务报表出具报告的业务》第七条规定，只有当注册会计师已接受业务委托按照审计准则的规定执行财务报表审计，并且财务报表构成简要财务报表的来源时，才可以按照本准则的规定承接对简要财务报表出具报告的业务。

第八条规定，在承接对简要财务报表出具报告的业务之前，注册会计师应当：（一）确定采用的标准是否可接受；（二）就管理层认可并理解其责任与管理层达成一致意见；（三）与管理层就拟对简要财务报表发表意见的形式达成一致意见。

本条第一款第（二）项提及的管理层的责任是：（一）按照采用的标准编制简要财务报表；（二）使简要财务报表的预期使用者能够比较方便地获取已审计财务报表（如果法律法规规定，已审计财务报表无需提供给简要财务报表的预期使用者，并且为编制简要财务报表制定了标准，在简要财务报表中说明法律法规的相关规定）；（三）在含有简要财务报表并指明注册会计师已对其出具报告的所有文件中，包括注册会计师对简要财务报表出具的审计报告。

（2）未按规定实施简要财务报表的审计程序。

《中国注册会计师审计准则第 1604 号——对简要财务报表出具报告的业务》第十条规定，注册会计师应当实施下列程序及其可能认为必要的其他程序，作为对简要财务报表形成审计意见的基础：（一）评价简要财务报表是否充分披露其简化的性质，并指出作为其来源的已审计财务报表；（二）当简要财务报表未与已审计财务报表附在一起时，评价简要财务报表是否清楚地说明已审计财务报表的获取渠道；如果法律法规规定已审计财务报表无需提供给简要财务报表的预期使用者，并且为编制简要财务报表制定了标准，评价简要财务报表是否清楚地说明了相关法律法规；（三）评价简要财务报表是否充分披露了采用的标准；（四）将简要财务报表与已审计财务报表中的相关信息进行比较，以确定两者是否一致，或能否依据已审计财务报表中的相关信息重新计算得出简要财务报表；（五）评价简要财务报表是否按照采用的标准编制；（六）根据简要财务报表的目的，评价简要财务报表是否包含必要的信息，并在适当的层次进行了汇总，以使其在具体情况下不产生误导；（七）评价简要财务报表的预期使用者能否比较方便地获取已审计财务报表，除非法律法规规定已审计财务报表无需提供给简要财务报表的预期使用者，并且为编制简要财务报表制定了标准。

（3）对简要财务报表发表无保留意见的措辞不符合规定。

《中国注册会计师审计准则第 1604 号——对简要财务报表出具报告的业务》第十一条规定，如果认为对简要财务报表发表无保留意见是恰当的，除非法律法规另有规定，注册会计师应当使用下列措辞之一：（一）按照［×标准］（具体指出采用的标准），简要财务报表在所有重大方面与已审计财务报表保持了一致；（二）按照［×标准］（具体指出采用的标准），简要财务报表公允概括了已审计财务报表。

第十二条规定，如果法律法规规定了对简要财务报表发表意见的措辞，并且与本准则第十一条规定的措辞存在差异，注册会计师应当实施下列程序：（一）按照本准则第十条规定实施程序及其他必要的进一步程序，以使注册会计师能够发表符合规定的意见；（二）评价简要财务报表的使用者是否可能误解注册会计师对简要财务报表发表的审计意见；如果可能出现误解，评价对简要财务报表出具的审计报告中的补充解释能否减轻可能出现的误解。

（4）简要财务报表审计报告的标题不规范。

《中国注册会计师审计准则第 1604 号——对简要财务报表出具报告的业务》第十七条规定，审计报告的标题应当统一规范为"对简要财务报表出具的审计报告"。

（5）简要财务报表审计报告的收件人不适当。

《中国注册会计师审计准则第 1604 号——对简要财务报表出具报告的业务》第十八条

规定，审计报告应当按照审计业务约定条款的要求载明收件人。如果对简要财务报表出具的审计报告的收件人不同于已审计财务报表的审计报告的收件人，注册会计师应当评价使用不同收件人名称的适当性。

(6) 简要财务报表审计报告的引言段不符合规定。

《中国注册会计师审计准则第1604号——对简要财务报表出具报告的业务》第十九条规定，引言段应当包括下列方面：（一）指出注册会计师出具审计报告所针对的简要财务报表，包括每张简要财务报表的名称；（二）指出已审计财务报表；（三）提及对已审计财务报表出具的审计报告和报告日期，除本准则第二十四条和第二十五条规定的情形外，对已审计财务报表发表无保留意见这一事实；（四）如果简要财务报表的审计报告日迟于已审计财务报表的审计报告日，说明简要财务报表和已审计财务报表均未反映在已审计财务报表的审计报告日后发生的事项的影响；（五）指出简要财务报表未包含编制财务报表时所采用的财务报告编制基础要求披露的全部事项，因此，对简要财务报表的阅读不能替代对已审计财务报表的阅读。

(7) 简要财务报表审计报告的管理层对简要财务报表的责任段不规范。

《中国注册会计师审计准则第1604号——对简要财务报表出具报告的业务》第二十条规定，管理层对简要财务报表的责任段应当说明，按照采用的标准编制简要财务报表是管理层的责任。

(8) 简要财务报表审计报告的注册会计师的责任段不符合规定。

《中国注册会计师审计准则第1604号——对简要财务报表出具报告的业务》第二十一条规定，注册会计师的责任段应当说明，注册会计师的责任是在实施本准则规定的程序的基础上对简要财务报表发表审计意见。

(9) 简要财务报表审计报告的审计意见段不符合规定。

《中国注册会计师审计准则第1604号——对简要财务报表出具报告的业务》第二十二条规定，审计意见段应当清楚地表达对简要财务报表的意见。

(10) 简要财务报表的审计报告日期不符合规定。

《中国注册会计师审计准则第1604号——对简要财务报表出具报告的业务》第二十三条规定，简要财务报表的审计报告日期不应早于下列日期：（一）注册会计师已获取充分、适当的证据并在此基础上形成审计意见的日期，这些证据包括简要财务报表已编制完成以及法律法规规定的被审计单位董事会、管理层或类似机构已经认可其对简要财务报表负责；（二）已审计财务报表的审计报告日。

(11) 非标准审计意见对应的简要财务报表审计报告表述不符合规定。

《中国注册会计师审计准则第1604号——对简要财务报表出具报告的业务》第二十四条规定，如果对已审计财务报表出具的审计报告包含保留意见、强调事项段或其他事项段，但注册会计师确信，简要财务报表按照采用的标准在所有重大方面与已审计财务报表保持一致或公允概括了已审计财务报表，对简要财务报表出具的审计报告除包括本准则第十六条规定的要素外，还应当：（一）在引言段中说明对已审计财务报表出具的审计报告包含保留意见、强调事项段或其他事项段；（二）在审计意见段中描述对已审计财务报表发表保留意见的依据，对已审计财务报表出具的审计报告中的保留意见，或者强调事项段或其他事项段，以及由此对简要财务报表的影响（如有）。

第二十五条规定，如果对已审计财务报表发表了否定意见或无法表示意见，对简要财务报表出具的审计报告除包括本准则第十六条规定的要素之外，还应当：（一）在引言段中说明对已审计财务报表发表了否定意见或无法表示意见；（二）在审计意见段中描述发表否定意见或无法表示意见的依据；（三）在审计意见段中说明由于对已审计财务报表发表否定意见或无法表示意见，因此，对简要财务报表发表意见是不适当的。

（12）对简要财务报表发表的审计意见不恰当。

《中国注册会计师审计准则第 1604 号——对简要财务报表出具报告的业务》第二十六条规定，如果简要财务报表没有按照采用的标准在所有重大方面与已审计财务报表保持一致或公允概括已审计财务报表，而管理层又不同意作出必要的修改，注册会计师应当对简要财务报表发表否定意见。

（13）简要财务报表审计报告未按规定指出分发或使用的限制或提醒说明。

《中国注册会计师审计准则第 1604 号——对简要财务报表出具报告的业务》第二十七条规定，如果已审计财务报表出具的审计报告存在分发或使用的限制，或对已审计财务报表出具的审计报告提醒财务报表使用者关注已审计财务报表按照特殊目的编制基础编制，注册会计师应当在对简要财务报表出具的审计报告中包含相同的限制或提醒说明。

3.9.2.6　商业银行财务报表审计方面

（1）未按规定接受业务委托。

《中国注册会计师审计准则第 1611 号——商业银行财务报表审计》第七条规定，注册会计师应当初步了解商业银行的基本情况，评价自身独立性和专业胜任能力，初步评估审计风险，以确定是否接受业务委托。

第八条规定，在评价自身专业胜任能力时，注册会计师应当考虑：（一）是否具备商业银行审计所需要的专门知识和技能；（二）是否熟悉商业银行计算机信息系统及电子资金转账系统；（三）是否具有对商业银行国内外分支机构实施审计的充足人力资源。

第九条规定，注册会计师在接受业务委托时，应当就审计目标和范围、双方的责任、审计报告的用途等事项与商业银行达成一致意见。

（2）未按规定了解商业银行的情况。

《中国注册会计师审计准则第 1611 号——商业银行财务报表审计》第十条规定，在计划审计工作前，注册会计师应当了解商业银行下列主要情况：（一）宏观经济形势对商业银行的影响；（二）适用的银行监管法规及银行监管机构的监管程度；（三）特殊会计惯例及问题；（四）组织结构及资本结构；（五）金融产品、服务及市场状况；（六）风险及管理策略；（七）相关内部控制；（八）计算机信息系统及电子资金转账系统；（九）资产、负债结构及信贷资产质量；（十）主要贷款对象所处行业状况；（十一）重大诉讼。

第十一条规定，在了解上述情况时，注册会计师应当重点查阅商业银行下列资料：（一）章程、营业执照、经营许可证等法律文件；（二）组织结构图；（三）股东会、董事会、监事会及管理委员会的会议纪要；（四）年度财务报表和中期财务报表；（五）分部报告；（六）风险管理策略和相关报告；（七）有关控制程序和会计信息系统的文件；（八）计算机信息系统和电子资金转账系统硬件、软件清单及流程图；（九）信贷、投资等经营政策；（十）银行监管机构的检查报告和有关文件；（十一）内部审计报告；（十二）经营计划、资本补足计划；（十三）重大诉讼法律文书；（十四）金融产品和服务营销手册；（十五）新近颁布的影响商业银行经营的法规。

（3）未按规定制定总体审计策略。

《中国注册会计师审计准则第 1611 号——商业银行财务报表审计》第十二条规定，在制定总体审计策略时，注册会计师应当考虑下列主要事项：（一）重要性水平；（二）预期的重大错报风险；（三）商业银行使用计算机信息系统和电子资金转账系统的程度；（四）商业银行内部控制的预期可信赖程度；（五）重点审计领域；（六）商业银行持续经营假设的合理性；（七）利用内部审计的工作；（八）利用专家的工作；（九）利用其他注册会计师的工作；（十）利用银行监管机构的检查报告及有关文件；（十一）审计工作的组织与安排。

第二十四条规定，注册会计师应当根据总体审计策略制定具体审计计划，以合理确定进一步审计程序的性质、时间和范围。

（4）未按规定确定重要性水平。

《中国注册会计师审计准则第 1611 号——商业银行财务报表审计》第十三条规定，在确定重要性水平时，注册会计师应当考虑：（一）相对小的错报对资产负债表的影响可能不重要，但对利润表和资本充足率可能产生重大影响；（二）既影响资产负债表又影响利润表的错报，比只影响资产、负债和资产负债表表外承诺的错报更重要；（三）重要性水平有助于识别导致商业银行严重违反监管法规的错报。

《中国注册会计师审计准则第 1613 号——与银行监管机构的关系》第十七条规定，注册会计师应当从财务报表层次和各类交易、账户余额、列报（包括披露）认定层次考虑重要性。注册会计师审计商业银行财务报表时使用的重要性水平可能与其向银行监管机构提交专项报告时使用的重要性水平不同。

（5）未按规定评估重大错报风险。

《中国注册会计师审计准则第 1611 号——商业银行财务报表审计》第十四条规定，商业银行的重大错报风险较高，内部控制对防止或发现并纠正舞弊与错误至关重要；注册会计师应当评估重大错报风险，以确定检查风险的可接受水平。

《中国注册会计师审计准则第 1613 号——与银行监管机构的关系》第十三条规定，在评估商业银行财务报表重大错报风险时，注册会计师应当考虑商业银行的特征，主要包括：（一）经营大量货币性项目，要求建立健全严格的内部控制；（二）从事的交易种类繁多、次数频繁、金额巨大，要求建立严密的会计信息系统，并广泛使用信息技术及电子资金转账系统；（三）分支机构众多，分布区域广，会计处理和控制职能分散，要求保持统一的操作规程和会计信息系统；（四）存在大量不涉及资金流动的资产负债表表外业务，要求采取控制程序进行记录和监控；（五）高负债经营，债权人众多，与社会公众利益密切相关，受到商业银行监管法规的严格约束和政府有关部门的严格监管。

第十四条规定，注册会计师应当针对评估的财务报表层次重大错报风险确定总体应对措施，并针对认定层次重大错报风险设计和实施进一步审计程序。

第十八条规定，注册会计师应当获取商业银行财务报表整体不存在重大错报的合理保证。但由于存在下列固有限制，注册会计师即使按照审计准则的规定恰当地计划和实施审计工作，也不可能绝对保证发现商业银行财务报表中的所有重大错报：（一）选择性测试方法的运用；（二）内部控制的固有局限性；（三）大多数审计证据是说服性而非结论性的；（四）为形成审计意见而实施的审计工作涉及大量判断；（五）某些特殊性质的交易和事项可能影响审计证据的说服力。

第十九条规定，注册会计师应当考虑商业银行财务报表是否存在舞弊或错误导致的重大错报。在考虑由舞弊导致的重大错报时，注册会计师应当关注：（一）由于舞弊者可能通过精心策划以掩盖其舞弊行为，舞弊导致的重大错报未被发现的风险，通常大于错误导致的重大错报未被发现的风险。尤其是在串谋的情况下，舞弊导致的重大错报更难发现；（二）由于管理层往往能够凌驾于内部控制之上，直接或间接地操纵会计记录并编报虚假财务信息，管理层舞弊导致的重大错报未被发现的风险，通常大于员工舞弊导致的重大错报未被发现的风险。

第二十条规定，如果发现财务报表存在重大错报，注册会计师应当提请商业银行予以更正。如果商业银行拒绝更正，注册会计师应当对财务报表出具保留意见或否定意见的审计报告。

（6）未按规定关注商业银行的计算机信息系统和电子资金转账系统。

《中国注册会计师审计准则第1611号——商业银行财务报表审计》第十五条规定，商业银行的计算机信息系统和电子资金转账系统具有下列重要作用，注册会计师应当关注其使用的方式和程度：（一）计算和记录利息收入和支出；（二）计算外汇和证券交易头寸，并记录相关的损益；（三）提供资产、负债余额的最新记录；（四）每日处理大量巨额交易。

第二十条规定，在评价计算机信息系统和电子资金转账系统等特殊领域时，注册会计师应当考虑是否利用专家的工作。

（7）未按规定关注重点审计领域。

《中国注册会计师审计准则第1611号——商业银行财务报表审计》第十七条规定，注册会计师应当关注下列可能导致财务报表发生重大错报风险的重点审计领域：（一）贷款损失准备；（二）资产负债表表外业务；（三）不符合银行监管法规的交易和事项；（四）发生重大变动的财务报表项目；（五）资产负债表日前后发生的重大一次性交易；（六）高度复杂或投机性强的交易；（七）非常规贷款；（八）关联方交易；（九）新金融产品或服务；（十）受新近颁布的监管法规影响的业务领域。

（8）未按规定组织和安排审计工作。

《中国注册会计师审计准则第1611号——商业银行财务报表审计》第二十三条规定，在组织和安排审计工作时，注册会计师应当考虑：（一）项目组组成及分工；（二）其他注册会计师参与的程度；（三）计划利用内部审计工作的程度；（四）计划利用专家工作的程度；（五）出具审计报告的时间要求；（六）需要商业银行管理层提供的专项分析资料。

（9）未按规定了解和测试内部控制。

《中国注册会计师审计准则第1611号——商业银行财务报表审计》第十六条规定，由于商业银行具有的特征和风险，注册会计师通常需要依赖控制测试而不能完全依赖实质性程序。

第二十五条规定，注册会计师应当充分了解商业银行的相关内部控制，以确定有效的审计方案。

第二十六条规定，商业银行的相关内部控制应当实现下列目标：（一）所有交易经管理层一般授权或特别授权方可执行；（二）所有交易和事项以正确的金额，在恰当的会计期间及时记录于适当的账户，使编制的财务报表符合适用的会计准则和相关会计制度的规定；（三）只有经过管理层授权才能接触资产和记录；（四）将记录的资产与实有资产定期核对，并在出现差异时采取适当的措施；（五）恰当履行受托保管协议规定的职责。

第二十七条规定，注册会计师应当了解商业银行分级授权体系的下列要素：（一）有权批准特定交易的人员；（二）授权遵守的程序；（三）授权限额及条件；（四）风险报告及监控。

第二十八条规定，注册会计师应当检查授权控制，以确定为各类交易设定的风险限额是否得到遵守，超出风险限额是否及时向适当层次管理人员报告。

第二十九条规定，由于临近资产负债表日发生的交易往往尚未完成，或在确定取得资产、承担债务的价值时缺乏依据，注册会计师应当重点检查这些交易的授权控制。

第三十条规定，在评价与交易和事项记录有关的内部控制的有效性时，注册会计师应当考虑：（一）商业银行处理大量交易，其中单笔或数笔交易可能涉及巨额资金，需要定期执行试算平衡和调节程序，以及时发现差错并进行调查和纠正，将造成损失的风险降至最低；（二）许多交易的会计核算有特殊规定，商业银行需要采取控制程序以保证这些规定得以遵守；（三）有些交易不在资产负债表中列示，甚至不在财务报表附注中披露，商业银行需要采取控制程序保证这些交易以适当的方式被记录和监控，并能及时确认因交易状况变化而产生的损益；（四）商业银行不断推出新的金融产品和服务，需要及时更新会计信息系统和相关内部控制；（五）每日余额可能并不反映当日系统处理的全部交易量或最大损失风险，商业银行需要对最大交易量或最大损失风险保持控制；（六）对大多数交易的记录应便于商业银行内部、商业银行客户及交易对方核对。

第三十一条规定，计算机信息系统和电子资金转账系统的广泛使用，对注册会计师评价商业银行的内部控制有重要影响。注册会计师应当对影响系统开发、修改、接触、数据登录、网络安全和应急计划的相关内部控制进行评价。注册会计师应当考虑商业银行使用电子资金转账系统的程度，评价交易前监督控制和交易后确认及调节程序的完整性。

第三十二条规定，商业银行的资产易于转移，金额巨大，仅通过实物控制难以奏效，管理层通常实施下列控制程序：（一）凭借密码和接触控制，只有获得授权的人员才能操作计算机信息系统和电子资金转账系统；（二）将资产接触与记录职责分离；（三）由独立人员向第三方函证和调节资产余额。注册会计师应当合理确信上述所有控制是否有效运行，必要时，复核或参与年末函证和调节程序。

第三十三条规定，将记录的资产与实有资产定期进行核对是一项重要的调节控制，该项控制具有下列重要作用：（一）验证现金、有价证券等资产的存在性，及时发现舞弊与错误；（二）检查易发生价值波动的资产计价的正确性；（三）验证资产接触和授权控制运行的有效性。注册会计师应当运用检查和询问等程序，测试该项控制的有效性。

第三十四条规定，在评价调节控制的有效性时，注册会计师应当考虑：（一）需要调节的账户较多且调节频率较高；（二）调节结果具有累积性；（三）调节项目可能被不适当地结转到同一时期内未被调节和调查的账户。

第三十五条规定，在评价受托保管业务的内部控制有效性时，注册会计师应当考虑：（一）是否由专门部门履行受托保管职责；（二）是否将自有资产与受托保管资产适当分离；

(三）是否已对受托保管资产作出适当记录。

第三十六条规定，在评价特定控制程序有效性时，注册会计师应当考虑下列控制环境因素的影响：（一）组织结构和权力、责任的划分；（二）管理层监控工作的质量；（三）内部审计工作的范围和效果；（四）关键管理人员的素质；（五）银行监管机构的监管程度。

第三十七条规定，对审计过程中注意到的商业银行内部控制的重大缺陷，注册会计师应当及时与治理层和管理层沟通。

（10）未按规定实施分析程序。

《中国注册会计师审计准则第 1611 号——商业银行财务报表审计》第四十一条规定，注册会计师应当考虑对下列项目实施分析程序，以测试其总体合理性：（一）利息收入、支出；（二）手续费收入；（三）贷款损失准备。

（11）未按规定实施监盘程序。

《中国注册会计师审计准则第 1611 号——商业银行财务报表审计》第四十二条规定，注册会计师应当考虑对下列项目实施监盘程序，以测试其存在性：（一）现金；（二）贵金属；（三）有价证券；（四）其他易转移资产。

第四十三条规定，在实施监盘程序时，注册会计师应当关注受托保管资产是否存在，是否与自有资产相混淆。

（12）未按规定实施检查程序。

《中国注册会计师审计准则第 1611 号——商业银行财务报表审计》第四十四条规定，注册会计师应当考虑实施检查程序，以了解贷款协议、承诺协议等重要协议的条款，评价其约束力及相关会计处理的适当性。

（13）未按规定实施询问和函证程序。

《中国注册会计师审计准则第 1611 号——商业银行财务报表审计》第四十五条规定，注册会计师应当考虑实施询问和函证程序，以实现下列目的：（一）确认货币性资产、负债和资产负债表表外承诺的存在性和完整性；（二）获取经商业银行客户或交易对方确认的某项交易金额、条款和状况的审计证据；（三）获取不能直接从商业银行会计记录中得到的其他信息。

第四十六条规定，注册会计师应当考虑对下列事项实施函证程序：（一）存款、贷款和同业往来等账户的余额；（二）特定贷款抵押品的状况；（三）因担保、承诺和承兑等资产负债表表外业务产生的或有负债；（四）资产回购和返售协议以及未履约期权；（五）与远期外汇合约和其他未履行合约有关的信息；（六）委托保管的有价证券等项目。

《中国注册会计师审计准则第 1612 号——银行间函证程序》第四条规定，注册会计师在选择确认银行时，应当考虑与商业银行的账户余额或其他信息有关的下列主要因素：（一）账户余额的大小；（二）交易的性质、数量和金额；（三）相关内部控制的可信赖程度；（四）重要性与审计风险。

第五条规定，注册会计师应当采用积极的函证方式，要求确认银行对所函证的账户余额或其他信息予以回函。

第六条规定，注册会计师在编制询证函时，可选用下列方法：（一）在询证函中列示账户余额或其他信息，要求确认银行确认其准确性和完整性；（二）要求确认银行在询证函中列示账户余额或其他信息的详细情况，据以与商业银行的记录相比较。在选用上述方法时，注册会计师应当考虑函证的目的、对审计证据质量的要求及回函的可能性。

第七条规定，注册会计师应当经商业银行同意，以商业银行的名义向确认银行寄发询证函，并要求确认银行直接向注册会计师所在的会计师事务所回函。

第八条规定，注册会计师应当根据函证事项的性质等因素确定寄发询证函的时间。

第九条规定，注册会计师应当根据函证目的及商业银行会计信息系统等情况确定函证的内容。

第十条规定，注册会计师函证的内容主要包括：（一）商业银行与确认银行之间的存款、贷款和同业往来等账户（包括零余额的往来账户和在函证日之前十二个月内注销的往来账户）的余额及到期日、利息条款、未使用的授信额度、抵销权、抵押权和质押权等详细情况。询证函应当载明账户摘要、账号和币种等有关信息。（二）商业银行与确认银行之间因担保、承诺和承兑等资产负债表表外业务产生的或有负债。询证函应当载明或有负债的性质、币种和金额等有关信息。（三）资产回购和返售协议以及未履约期权。询证函应当载明协议标的、签订日、到期日和达成交易的条件等有关信息。（四）与远期外汇合约和其他未履行合约有关的信息。询证函应当载明每项合约的编号、交易日、到期日、成交价格、币种和金额等有关信息。（五）确认银行代为保管的有价证券等项目。询证函应当载明项目摘要和权属等有关信息。

第十一条规定，在评价通过函证程序获取的审计证据是否充分时，注册会计师应当考虑：（一）函证程序的可靠性；（二）不符事项的性质和金额；（三）实施其他审计程序获取的审计证据。

第十二条规定，当未收到确认银行的回函时，注册会计师应当实施替代审计程序。

第十三条规定，如果通过函证、替代审计程序和其他审计程序所获取的审计证据不充分，注册会计师应当扩大函证范围或追加审计程序。

（14）未按规定实施资产负债表表外业务审计程序。

《中国注册会计师审计准则第 1611 号——商业银行财务报表审计》第四十八条规定，在审计资产负债表表外业务时，注册会计师应当检查相应收入的来源，并实施其他审计程序，以证实：（一）相关会计记录是否完整；（二）计提的损失准备是否充足；（三）披露是否充分。

（15）未按规定实施关联方和关联方交易审计程序。

《中国注册会计师审计准则第 1611 号——商业银行财务报表审计》第四十九条规定，在审计关联方和关联方交易时，注册会计师应当实施必要的审计程序，以确定：（一）所有重要的关联方和关联方交易是否都已被识别；（二）所有重要的关联方交易是否都经适当授权；（三）关联方和关联方交易是否已按照适用的会计准则和相关会计制度的规定予以充分披露。

（16）未按规定关注商业银行持续经营假设不再合理的迹象。

《中国注册会计师审计准则第 1611 号——商业银行财务报表审计》第五十条规定，在实施下列审计程序时，注册会计师可能注意到商业银行持续经营假设不再合理的迹象：（一）分析程序；（二）检查资产负债表日后事项；（三）检查债务协议条款的遵守情况；（四）查阅股东会、董事会、监事会及管理委员会的会议纪要；（五）向商业银行的法律顾问询问有关诉讼、索赔等情况；（六）函证关联方或第三方向商业银行提供财务支持的详细情况；（七）查阅商业银行持有的银行监管机构的检查报告和有关文件；（八）检查法定资本要求的遵守情况。

第五十一条规定，注册会计师应当关注商业银行持续经营假设不再合理的下列主要迹象：（一）贷款业务量显著下降；（二）不良贷款剧增；（三）大量贷款集中于陷入困境的行业；（四）过度依赖少数存款人的大额存款；（五）存款大量流失；（六）信用等级下降；（七）未能达到银行监管机构规定的流动性监管指标；（八）未能达到最低法定资本要求或未能遵守银行监管机构批准的资本补足计划；（九）银行监管法规的变化已对商业银行经营产生重大不利影响；（十）严重违反银行监管法规；（十一）银行监管机构已对商业银行的不审慎经营表示关注或采取措施。

(17) 未按规定获取商业银行管理层声明。

《中国注册会计师审计准则第 1611 号——商业银行财务报表审计》第五十二条规定，注册会计师应当就下列主要事项获取商业银行管理层声明：（一）持有的银行监管机构的检查报告和有关文件已提供给注册会计师；（二）长期投资和短期投资的分类准确地反映了管理层的计划和意图；（三）确定公允价值所依据的假设是合理的；（四）资本补足计划及其实施符合银行监管机构的要求，并已作充分的披露；（五）或有负债已在财务报表中充分披露；（六）关联方交易符合银行监管法规的规定，并已作充分的披露；（七）对资产负债表日持有的有价证券、贷款等资产可能发生的损失计提充足的准备；（八）具有重大风险的资产负债表表外业务已作充分的披露。

(18) 未按规定处理与银行监管机构的关系。

《中国注册会计师审计准则第 1611 号——商业银行财务报表审计》第五十五条规定，在出具审计报告之前，注册会计师应当根据银行监管法规的有关要求，确定是否需要将重大事项告知银行监管机构。

《中国注册会计师审计准则第 1613 号——与银行监管机构的关系》第二十二条规定，如果存在下列事项，注册会计师应当根据相关法律法规的规定，考虑是否需要及时将这些事项告知银行监管机构：（一）构成重大违反法律法规的事项；（二）影响商业银行持续经营的事项或情况；（三）出具非标准审计报告。

第二十三条规定，注册会计师与银行监管机构对下列事项关注的角度可能存在差异，但可以相互补充：（一）注册会计师主要关心的是对商业银行财务报表出具审计报告，为此，应当评价管理层在编制财务报表时采用持续经营假设的合理性。银行监管机构主要关心的是保持商业银行系统的稳定性，促进各商业银行安全、稳健运行，以保证存款人的利益，因而银行监管机构需要依据财务报表评价商业银行经营状况和业绩，监控其现在和未来的生存能力。（二）注册会计师关心的是评价内部控制，以确定在计划和实施审计工作时对内部控制的信赖程度。银行监管机构关心的是商业银行是否存在健全的内部控制，以作为商业银行安全经营和审慎管理的基础。（三）注册会计师关心的是商业银行是否具有充分和可靠的会计记录，以使其编制的财务报表不存在重大错报。银行监管机构关心的是商业银行是否依据一贯的会计政策，保持充分的会计记录，并按规定定期公布财务报表。

第二十四条规定，如果银行监管机构在监管活动中使用已审计财务报表，注册会计师应当考虑以适当的方式提请商业银行管理层说明下列事项：（一）商业银行编制财务报表的首要目的并非满足监管的需要；（二）注册会计师依据审计准则实施审计工作旨在对财务报表整体不存在重大错报获取合理保证；（三）商业银行在编制财务报表时，按照会计准则和相关会计制度的规定，需要在判断的基础上选择并运用会计政策；（四）财务报表中包含的信息建立在管理层判断和估计的基础上；（五）商业银行的财务状况可能受财务报表期后事项的影响；（六）银行监管机构与注册会计师评价和测试内部控制的目的可能不同，银行监管机构不应假定注册会计师为审计目标而作出的有关内部控制的评价能够充分满足监管目的；（七）注册会计师考虑的内部控制和会计政策可能不同于商业银行为银行监管机构提供信息时依据的内部控制和会计政策。

第二十五条规定，如果银行监管机构对商业银行出具了监管报告，注册会计师应当考虑向商业银行获取该报告。

第二十六条规定，基于履行保密责任的需要，注册会计师与银行监管机构进行必要联系时，通常需要事先告知商业银行管理层或请其到场。如果需要沟通的事项涉及商业银行违反法规行为、治理层或管理层重大舞弊等事项，注册会计师应当考虑征询法律意见，以及时采取适当措施。

第二十七条规定，某些涉及治理层责任的事项可能为银行监管机构所关注，特别是那些需要银行监管机构采取紧急措施的事项。如果法律法规要求直接与银行监管机构沟通，注册会计师应当及时就这些事项与银行监管机构沟通。如果法律法规没有要求直接与银行监管机构沟通，注册会计师应当提请管理层或治理层与银行监管机构沟通。如果管理层或治理层没有及时与银行监管机构沟通，注册会计师应当征询法律意见，考虑是否有必要直接与银行监管机构沟通。

第二十八条规定，注册会计师应当予以关注并需要提请银行监管机构采取紧急措施的事项主要包括：（一）显示商业银行未能满足某项银行许可要求的信息；（二）商业银行决策机构内部发生严重冲突或关键职能部门经理突然离职；（三）显示商业银行可能严重违反法律法规、银行章程、规章或行业规范的信息；（四）注册会计师拟辞聘或被解聘；（五）银行经营风险的重大不利变化及影响未来经营的潜在风险。注册会计师应当考虑就这些事项与治理层沟通。

第二十九条规定，注册会计师可以根据银行监管机构的委托，就商业银行的下列事项出具专项报告，以协助银行监管机构履行监管职能：（一）是否满足许可条件；（二）保持会计记录和其他记录的信息系统是否适当，内部控制是否有效；（三）为银行监管机构编制的报告所使用的方法是否适当，这些报告中包含的诸如资产负债率及其他审慎指标的信息是否准确；（四）是否根据银行监管机构规定的标准建立恰当的组织机构；（五）是否遵守相关法律法规；（六）是否采用恰当的会计政策。

第三十条规定，如果银行监管机构依据明确的法律法规或与商业银行签订的协议，委托注册会计师协助完成特定监管任务，注册会计师应当另行签订业务约定书。

第三十三条规定，在接受银行监管机构的任务前，注册会计师应当考虑是否产生利益冲突。如果产生利益冲突，注册会计师应在工作开始前予以解决，解决方法通常是获得商业银行管理层的批准。

第三十四条规定，注册会计师应当提请银行监管机构以书面形式对监管要求作出详细、清楚的说明，并尽量详细描述对银行经营状况的评价标准，以便对商业银行是否符合监管要求出具报告。注册会计师应当与银行监管机构就重要性及其运用达成一致的理解。

第三十五条规定，注册会计师在接受银行监管机构的委托时，应当考虑是否具有必要的素质和专业胜任能力。

第三十六条规定，注册会计师应当对执业过程中知悉的信息保密，尤其不应将通过业务关系获得的其他客户信息披露给被审计商业银行或公众。

3.9.2.7 其他方面

（1）未按规定向管理层和治理层获取书面声明。

《中国注册会计师审计准则第 1341 号——书面声明》第八条规定，注册会计师应当要求对财务报表承担相应责任并了解相关事项的管理层提供书面声明。

第九条规定，针对财务报表的编制，注册会计师应当要求管理层提供书面声明，确认其根据审计业务约定条款，履行了按照适用的财务报告编制基础编制财务报表并使其实现公允反映（如适用）的责任。

第十条规定，针对提供的信息和交易的完整性，注册会计师应当要求管理层就下列事项提供书面声明：（一）按照审计业务约定条款，已向注册会计师提供所有相关信息，并允许注册会计师不受限制地接触所有相关信息以及被审计单位内部人员和其他相关人员。（二）所有交易均已记录并反映在财务报表中。

第十一条规定，注册会计师应当要求管理层按照审计业务约定条款中对管理层责任的描述方式，在本准则第九条和第十条要求的书面声明中对管理层责任进行描述。

第十二条规定，除本准则和其他审计准则要求的书面声明外，如果注册会计师认为有必要获取一项或多项其他书面声明，以支持与财务报表或者一项或多项具体认定相关的其他审计证据，注册会计师应当要求管理层提供这些书面声明。

第十三条规定，书面声明的日期应当尽量接近对财务报表出具审计报告的日期，但不得在审计报告日后。书面声明应当涵盖审计报告针对的所有财务报表和期间。

第十四条规定，书面声明应当以声明书的形式致送注册会计师。如果法律法规要求管理层就其责任作出书面公开陈述，并且注册会计师认为这些陈述提供了本准则第九条和第十条要求的部分或全部声明，则这些陈述所涵盖的相关事项不必包括在声明书中。

《中国注册会计师审计准则第 1141 号——财务报表审计中与舞弊相关的责任》第四十三条规定，注册会计师应当就下列事项向管理层和治理层（如适用）获取书面声明：（一）管理层和治理层认可其设计、执行和维护内部控制以防止和发现舞弊的责任；（二）管理层和治理层已向注册会计师披露了管理层对由于舞弊导致的财务报表重大错报风险的评估结果；（三）管理层和治理层已向注册会计师披露了已知的涉及管理层、在内部控制中承担重要职责的员工以及其他人员（在舞弊行为导致财务报表出现重大错报的情况下）的舞弊或舞弊嫌疑；（四）管理层和治理层已向注册会计师披露了从现任和前任员工、分析师、监管机构等方面获知的、影响财务报表的舞弊指控或舞弊嫌疑。

《中国注册会计师审计准则第 1142 号——财务报表审计中对法律法规的考虑》第十六条规定，注册会计师应当要求管理层和治理层（如适用）提供书面声明，以表明被审计单位已向注册会计师披露了所有知悉的、且在编制财务报表时应当考虑其影响的违反法律法规行为或怀疑存在的违反法律法规行为。

《中国注册会计师审计准则第 1251 号——评价审计过程中识别出的错报》第十五条规

定，注册会计师应当要求管理层和治理层（如适用）提供书面声明，说明其是否认为未更正错报单独或汇总起来对财务报表整体的影响不重大。这些错报项目的概要应当包含在书面声明中或附在其后。

《中国注册会计师审计准则第1311号——对存货、诉讼和索赔、分部信息等特定项目获取审计证据的具体考虑》第十二条规定，注册会计师应当要求管理层和治理层（如适用）提供书面声明，确认已向注册会计师披露所有其知悉的、已经或可能发生的、在编制财务报表时应当考虑其影响的诉讼和索赔事项，并确认已按照适用的财务报告编制基础进行了会计处理和披露。

《中国注册会计师审计准则第1321号——审计会计估计（包括公允价值会计估计）和相关披露》第二十七条规定，注册会计师应当向管理层和治理层（如适用）获取书面声明，以确定其是否认为在作出会计估计时使用的重要假设是合理的。

《中国注册会计师审计准则第1323号——关联方》第二十七条规定，如果适用的财务报告编制基础对关联方作出规定，注册会计师应当向管理层和治理层（如适用）获取下列书面声明：（一）已经向注册会计师披露了全部已知的关联方名称和特征、关联方关系及其交易；（二）已经按照适用的财务报告编制基础的规定，对关联方关系及其交易进行了恰当的会计处理和披露。

《中国注册会计师审计准则第1324号——持续经营》第十五条规定，如果识别出可能导致对持续经营能力产生重大疑虑的事项或情况，注册会计师应当通过实施追加的审计程序（包括考虑缓解因素），获取充分、适当的审计证据，以确定是否存在重大不确定性。这些程序应当包括：……（五）要求管理层和治理层（如适用）提供有关未来应对计划及其可行性的书面声明。

《中国注册会计师审计准则第1332号——期后事项》第十二条规定，注册会计师应当按照《中国注册会计师审计准则第1341号——书面声明》的规定，要求管理层和治理层（如适用）提供书面声明，确认所有在财务报表日后发生的、按照适用的财务报告编制基础的规定应予调整或披露的事项均已得到调整或披露。

《中国注册会计师审计准则第1511号——比较信息：对应数据和比较财务报表》第十二条规定，注册会计师应当按照《中国注册会计师审计准则第1341号——书面声明》的规定，获取与审计意见中提及的所有期间相关的书面声明。对于管理层作出的、更正上期财务报表中影响比较信息的重大错报的任何重述，注册会计师还应当获取特定书面声明。

《中国注册会计师审计准则第1631号——财务报表审计中对环境事项的考虑》第三十七条规定，注册会计师应当就环境事项向管理层获取下列书面声明：（一）没有发现由环境事项引起的重大负债和或有负债；（二）没有发现对财务报表产生重大影响的其他环境事项；（三）如果发现上述第（一）项或第（二）项所述的环境事项，已在财务报表中进行了恰当的列报。

《中国注册会计师审计准则第1632号——衍生金融工具的审计》第六十三条规定，管理层关于衍生金融工具的声明通常包括：（一）持有衍生金融工具的目的；（二）关于衍生金融工具的财务报表认定，包括已记录所有的衍生交易、已识别所有的嵌入衍生金融工具、估值模型已采用合理的假设和方法；（三）所有的交易是否按照正常公平交易条件和公允市价进行；（四）衍生交易的条款；（五）是否存在与衍生金融工具相关的附属协议；

（六）是否订立签出期权；（七）是否符合适用的会计准则和相关会计制度有关套期的记录要求。

（2）未按规定利用内部审计人员的特定工作。

《中国注册会计师审计准则第 1411 号——利用内部审计人员的工作》第十一条规定，如果拟利用内部审计人员的特定工作，注册会计师应当评价内部审计人员的特定工作并实施审计程序，以确定该项工作是否足以实现审计目的。

第十二条规定，在确定内部审计人员的特定工作是否足以实现审计目的时，注册会计师应当评价：（一）内部审计工作是否由经过充分技术培训且精通业务的人员执行；（二）内部审计人员的工作是否得到适当的监督、复核和记录；（三）内部审计人员是否已经获取充分、适当的审计证据，使其能够得出合理的结论；（四）内部审计人员得出的结论是否恰当，编制的报告是否与已执行工作的结果一致；（五）内部审计人员披露的例外或异常事项是否得到恰当解决。

（3）未按规定利用专家的工作。

《中国注册会计师审计准则第 1421 号——利用专家的工作》第八条规定，如果在会计或审计以外的某一领域的专长对获取充分、适当的审计证据是必要的，注册会计师应当确定是否利用专家的工作。

第十条规定，注册会计师应当评价专家是否具有实现审计目的所必需的胜任能力、专业素质和客观性。在评价外部专家的客观性时，注册会计师应当询问可能对外部专家客观性产生不利影响的利益和关系。

第十二条规定，注册会计师应当与专家就下列事项达成一致意见，并根据需要形成书面协议：（一）专家工作的性质、范围和目标；（二）注册会计师和专家各自的角色和责任；（三）注册会计师和专家之间沟通的性质、时间安排和范围，包括专家提供的报告的形式；（四）对专家遵守保密规定的要求。

第十四条规定，如果确定专家的工作不足以实现审计目的，注册会计师应当采取下列措施之一：（一）就专家拟执行的进一步工作的性质和范围，与专家达成一致意见；（二）根据具体情况，实施追加的审计程序。

《中国注册会计师审计准则第 1632 号——衍生金融工具的审计》第十四条规定，在下列情形下，注册会计师应当考虑利用专家的工作：（一）衍生金融工具本身非常复杂；（二）简单的衍生金融工具应用于复杂的情形；（三）衍生金融工具交易活跃；（四）衍生金融工具的估值基于复杂的定价模型。

《中国注册会计师审计准则第 1633 号——电子商务对财务报表审计的影响》第七条规定，由于电子商务的特殊性和复杂性，必要时，注册会计师应当考虑利用专家的工作。

（4）未按规定向被审计单位以外的机构或人员报告有关事项。

《中国注册会计师审计准则第 1141 号——财务报表审计中与舞弊相关的责任》第四十七条规定，如果识别出舞弊或怀疑存在舞弊，注册会计师应当确定是否有责任向被审计单位以外的机构报告。尽管注册会计师对客户信息负有的保密义务可能妨碍这种报告，但如果法律法规要求注册会计师履行报告责任，注册会计师应当遵守法律法规的规定。

《中国注册会计师审计准则第 1142 号——财务报表审计中对法律法规的考虑》第二十八条规定，如果识别出或怀疑存在违反法律法规行为，注册会计师应当考虑是否有责任向被审计单位以外的相关机构或人员报告。

(5) 未按规定对单一财务报表和财务报表特定要素实施审计。

《中国注册会计师审计准则第1603号——对单一财务报表和财务报表特定要素审计的特殊考虑》第九条规定，《中国注册会计师审计准则第1101号——注册会计师的总体目标和审计工作的基本要求》规定注册会计师应当遵守与审计工作相关的所有审计准则。在单一财务报表或财务报表特定要素审计中，无论注册会计师是否同时接受委托审计整套财务报表，该要求仍然适用。如果没有同时接受委托审计整套财务报表，注册会计师应当确定按照审计准则对单一财务报表或财务报表特定要素进行审计是否可行。

第十条规定，《中国注册会计师审计准则第1111号——就审计业务约定条款达成一致意见》要求注册会计师确定管理层在编制财务报表时采用的财务报告编制基础的可接受性。在单一财务报表或财务报表特定要素审计中，前款提及的要求包括确定采用财务报告编制基础是否能够提供充分的披露或列报，以使财务报表预期使用者能够理解单一财务报表或财务报表特定要素所传递的信息，以及重大交易和事项对单一财务报表或财务报表特定要素所传递的信息的影响。

第十一条规定，《中国注册会计师审计准则第1111号——就审计业务约定条款达成一致意见》要求审计业务约定条款包括注册会计师拟出具审计报告的预期形式。在单一财务报表或财务报表特定要素审计中，注册会计师应当考虑审计意见的预期形式是否适合具体情况。

第十四条规定，如果接受业务委托对单一财务报表或财务报表特定要素出具审计报告，并同时接受业务委托对整套财务报表进行审计，注册会计师应当针对每项业务分别发表审计意见。

3.9.3 医院财务报表审计方面的违规行为

3.9.3.1 审计报告方面

(1) 形成审计意见时未按规定评价财务报表。

《医院财务报表审计指引》第七章第一项规定，在对财务报表形成审计意见时，注册会计师需要根据已获取的审计证据，评价财务报表是否按照事业单位会计准则、《医院会计制度》及国家其他有关法律法规的规定编制，以合理保证财务报表整体不存在重大错报。评价时需要考虑下列事项：

一是财务报表是否在所有重大方面按照事业单位会计准则、《医院会计制度》以及国家其他有关法律法规的规定编制。①财务报表是否充分披露了选择和运用的重要会计政策。②选择和运用的会计政策是否符合事业单位会计准则、《医院会计制度》以及国家其他有关法律法规的规定，并适合被审计医院的具体情况。③管理层作出的会计估计是否合理。④财务报表列报的信息是否具有相关性、可靠性、可比性和可理解性。⑤财务报表是否作出充分披露，使财务报表预期使用者能够理解重大交易和事项对财务报表所传递的信息的影响。⑥财务报表使用的术语（包括每一财务报表的标题）是否适当。

二是财务报表是否实现公允反映：①财务报表的整体列报、结构和内容是否合理。②财务报表是否公允地反映了相关交易和事项。

三是财务报表是否恰当提及或说明适用的事业单位会计准则、《医院会计制度》以及国家其他有关法律法规。

（2）审计报告的标题不规范。

《医院财务报表审计指引》第七章二·（一）规定，审计报告的标题需要统一规范为"审计报告"。

（3）审计报告的收件人不符合规定。

《医院财务报表审计指引》第七章二·（二）规定，审计报告的收件人是指注册会计师按照审计业务约定书的要求致送审计报告的对象。收件人一般是被审计医院的股东或治理层。如果属第三方委托，收件人一般为委托方。审计报告需要载明收件人的全称。

（4）审计报告的引言段内容不符合规定。

《医院财务报表审计指引》第七章二·（三）规定，审计报告的引言段需要包括下列方面：①指出被审计医院的名称。②说明财务报表已经审计。③指出构成整套财务报表的每一财务报表的名称。④提及财务报表附注和财务情况说明书。⑤指明构成整套财务报表的每一财务报表的日期或涵盖的期间。

（5）管理层对财务报表的责任段不符合规定。

《医院财务报表审计指引》第七章二·（四）规定，管理层对财务报表的责任段需要说明，编制财务报表是管理层的责任，这种责任包括：①按照事业单位会计准则、《医院会计制度》及国家其他有关法律法规的规定编制财务报表，并使其实现公允反映。②设计、执行和维护必要的内部控制，以使财务报表不存在由于舞弊或错误导致的重大错报。

（6）注册会计师的责任段不规范。

《医院财务报表审计指引》第七章二·（五）规定，注册会计师的责任是在执行审计工作的基础上对财务报表发表审计意见……注册会计师相信获取的审计证据是充分、适当的，为其发表审计意见提供了基础。如果结合财务报表审计对内部控制的有效性发表意见，注册会计师需要删除"但目的并非对内部控制的有效性发表意见"的措辞。

（7）审计意见段不符合规定。

《医院财务报表审计指引》第七章二·（六）规定，审计意见段需要说明，被审计医院财务报表是否在所有重大方面按照事业单位会计准则、《医院会计制度》及国家其他有关法律法规的规定编制，是否公允反映了被审计医院的财务状况和业务开展成果。

（8）其他报告责任段不符合规定。

《医院财务报表审计指引》第七章二·（七）规定，除审计准则和本指引规定的对财务报表出具审计报告的责任外，相关法律法规可能对注册会计师设定了其他报告责任。如果注册会计师在对财务报表出具的审计报告中履行其他报告责任，需要在审计报告中将其单独作为一部分，并以"按照相关法律法规的要求报告的事项"为标题。同时，审计报告需要区分为"对财务报表出具的审计报告"和"按照相关法律法规的要求报告的事项"两部分。如行业主管部门（或举办单位）、财政部门要求报告被审计医院预算执行情况、成本报表、绩效考核报表等情况。

（9）审计报告未按规定由注册会计师签名和盖章。

《医院财务报表审计指引》第七章二·（八）规定，审计报告需要由注册会计师签名和盖章。

（10）审计报告未按规定加盖会计师事务所公章。

《医院财务报表审计指引》第七章二·（九）规定，审计报告需要载明会计师事务所的名称和地址，并加盖会计师事务所公章。

（11）审计报告的报告日期不符合规定。

《医院财务报表审计指引》第七章二·（十）规定，审计报告需要注明报告日期。审计报告日不应早于注册会计师获取充分、适当的审计证据，并在此基础上对财务报表形成审计意见的日期。在确定审计报告日时，注册会计师需要确信：①构成整套财务报表的所有报表已编制完成。②被审计医院的董事会、管理层或类似机构已经认可其对财务报表负责。

（12）审计意见类型不恰当。

◆未按规定出具无保留意见的审计报告。《医院财务报表审计指引》第七章三·（一）规定，如果认为被审计医院的财务报表同时符合下列条件，注册会计师需要出具无保留意见的审计报告：①被审计医院财务报表在所有重大方面按照事业单位会计准则、《医院会计制度》及国家其他有关法律法规的规定编制，公允反映了被审计医院的财务状况和业务开展成果。②注册会计师已按照审计准则和本指引的规定计划和实施审计工作，在审计过程中未受到限制。

◆未按规定出具保留意见的审计报告。《医院财务报表审计指引》第七章三·（二）规定，如果在获取充分、适当的审计证据后，认为错报单独或汇总起来对财务报表影响重大，但不具有广泛性；或无法获取充分、适当的审计证据以作为形成审计意见的基础，但认为未发现的错报（如存在）对财务报表可能产生的影响重大，但不具有广泛性时，注册会计师需要发表保留意见。

◆未按规定出具否定意见的审计报告。《医院财务报表审计指引》第七章三·（三）规定，在获取充分、适当的审计证据后，如果认为错报单独或汇总起来对财务报表的影响重大且具有广泛性，注册会计师需要发表否定意见。

◆未按规定出具无法表示意见的审计报告。《医院财务报表审计指引》第七章三·（四）规定，如果无法获取充分、适当的审计证据以作为形成审计意见的基础，但认为未发现的错报（如存在）对财务报表可能产生的影响重大且具有广泛性，注册会计师需要发表无法表示意见。在极其特殊的情况下，可能存在多个不确定事项。尽管注册会计师对每个单独的不确定事项获取了充分、适当的审计证据，但由于不确定事项之间可能存在相互影响，以及可能对财务报表产生累积影响，不可能对财务报表整体形成审计意见。在这种情况下，注册会计师需要发表无法表示意见。

（13）审计报告未按规定增加强调事项段。

《医院财务报表审计指引》第七章三·（五）规定，遇到下述情况时，注册会计师需要考虑是否增加强调事项段：①异常诉讼或监管行动的未来结果存在不确定性。②提前应用（在允许的情况下）对财务报表有广泛影响的新会计准则。③存在已经或持续对被审计医院财务状况产生重大影响的特大灾难。④存在《中国注册会计师审计准则1111号——就审计业务约定条款达成一致意见》第十九条第（二）项、《中国注册会计师审计准则第1324号——持续经营》第十八条、《中国注册会计师审计准则第1332号——期后事项》第十五条第（二）项和第十九条、《中国注册会计师审计准则第1601号——对按照特殊目的编制基础编制的财务报表审计的特殊考虑》第十五条规定的情形。

(14) 审计报告未按规定增加其他事项段。

《医院财务报表审计指引》第七章三·（六）规定，遇到下述情况时，注册会计师需要考虑是否增加其他事项段：

一是与财务报表使用者理解与审计工作相关的情形。在极其特殊的情况下，即使由于管理层对审计范围施加的限制导致无法获取充分、适当的审计证据可能产生的影响具有广泛性，注册会计师也不能解除业务约定。在这种情况下，注册会计师可能认为有必要在审计报告中增加其他事项段，解释为何不能解除业务约定。

二是与财务报表使用者理解注册会计师的责任或审计报告相关的情形。1）法律法规或得到广泛认可的惯例可能要求或允许注册会计师详细说明某些事项，以进一步解释注册会计师在财务报表审计中的责任或审计报告。在这种情况下，注册会计师可以使用一个或多个子标题来描述这些事项。2）增加其他事项段不涉及以下两种情形：①除根据审计准则的规定有责任对财务报表出具审计报告外，注册会计师还有其他报告责任（参见《中国注册会计师审计准则第1501号——对财务报表形成审计意见和出具审计报告》中的"其他报告责任"部分）。②注册会计师可能被要求实施额外规定的审计程序并予以报告，或对特定事项发表意见。

三是限制审计报告分发和使用的情形。为特定目的编制的财务报表可能按照通用目的编制基础编制，因为财务报表特定使用者已确定这种通用目的财务报表能够满足他们对财务信息的需求。由于审计报告旨在提供给特定使用者，注册会计师可能认为在这种情况下需要增加其他事项段，说明审计报告只是提供给财务报表预期使用者，不应被分发给其他机构或人员或者被其他机构或人员使用。

3.9.3.2 初步业务活动方面

(1) 开展初步业务活动时未按规定关注特殊事项。

《医院财务报表审计指引》第二章一·（二）规定，开展初步业务活动需要考虑的特殊事项：①与被审计医院管理层和治理层讨论有关财务报表审计的重大问题，包括这些重大问题对总体审计策略和具体审计计划的影响。②分派了解医院行业特点、熟悉相关政策、具有专业胜任能力的人员；针对预见到的特别风险，分派具有适当经验、专业胜任能力较强的人员。③根据会计师事务所接受医院财务报表审计委托的质量控制制度实施的其他审计程序。④被审计医院最近一个会计年度接受审计的情况。

(2) 在审计业务开始时未实施相应的质量控制程序。

《医院财务报表审计指引》第二章二·（一）规定，无论是首次接受审计委托还是连续审计，注册会计师都需要在审计业务开始时实施相应的质量控制程序。在首次接受审计委托时，注册会计师需要执行针对建立客户关系和承接具体审计业务的质量控制程序；而在连续审计时，注册会计师需要执行针对保持客户关系和承接具体审计业务的质量控制程序。

(3) 审计业务约定书的内容不符合规定。

《医院财务报表审计指引》第二章三·（二）规定，1）审计业务约定书的具体内容可能因被审计医院的不同而存在差异，但需要包括下列主要方面：①财务报表审计的目标和范围。②被审计医院管理层的责任。③注册会计师的责任。④财务报表的编制基础。⑤拟出具的审计报告的预期形式和内容，以及在特定情况下对出具的审计报告可能不同于预期形式和内容的说明。

2）注册会计师可以考虑在审计业务约定书中增加下列条款：①详细说明审计工作的范围，包括提及适用的法律法规、审计准则，以及中国注册会计师协会发布的职业道德守则和其他公告。②对审计业务结果的其他沟通形式。③说明由于审计和内部控制的固有限制，即使审计工作按照审计准则和本指引的规定得到恰当的计划和执行，仍不可避免地存在某些重大错报未被发现的风险。④计划和执行审计工作的安排，包括审计项目组的构成。⑤管理层确认将提供书面声明。⑥管理层同意向注册会计师及时提供财务报表草稿和其他所有附带信息，以使注册会计师能够按照预定的时间表完成审计工作。⑦管理层同意告知注册会计师在审计报告日至财务报表报出日之间注意到的可能影响财务报表的事实。⑧收费的计算基础和收费安排。⑨管理层确认收到审计业务约定书并同意其中的条款。

3）如果情况需要，审计业务约定书也可列明下列内容：①在某些方面对利用其他注册会计师和专家工作的安排。②对审计涉及的内部审计人员和被审计医院其他员工工作的安排。③在首次审计的情况下，与前任注册会计师（如适用）沟通的安排。④说明对注册会计师责任可能存在的限制。⑤注册会计师与被审计医院之间需要达成进一步协议的事项。⑥向其他机构或人员提供审计工作底稿的义务。

3.9.3.3 计划审计工作方面

（1）未按规定制定总体审计策略。

《医院财务报表审计指引》第三章第一项规定，注册会计师需要制定总体审计策略，以确定审计工作的范围、时间安排和方向，并指导具体审计计划的制定。

（2）未按规定制定具体审计计划。

《医院财务报表审计指引》第三章第二项规定，注册会计师需要为审计工作制定具体审计计划。具体审计计划比总体审计策略更加详细，其内容包括为获取充分、适当的审计证据以将审计风险降至可接受的低水平，项目组成员拟实施的审计程序的性质、时间安排和范围。具体审计计划包括计划实施的风险评估程序、在认定层次计划实施的进一步审计程序和计划实施的其他审计程序。

3.9.3.4 风险评估方面

（1）未按规定了解被审计医院及其环境。

《医院财务报表审计指引》第四章规定，了解被审计医院及其环境（包括内部控制），评估重大错报风险是注册会计师实施进一步审计程序的基础。注册会计师需要有针对性地实施询问被审计医院管理层以及内部其他人员、分析程序、观察和检查等风险评估程序，为识别和评估财务报表层次和认定层次的重大错报风险提供基础。但是，风险评估程序本身并不能为形成审计意见提供充分、适当的审计证据。

《医院财务报表审计指引》第四章第一项规定，了解被审计医院及其环境需要从行业状况、法律环境和监管以及其他外部因素，被审计医院的性质，对会计政策的选择与运用，目标、战略以及相关业务风险，被审计医院财务业绩的衡量和评价5个方面进行……

（2）未按规定评估重大错报风险。

《医院财务报表审计指引》第四章第二项规定，注册会计师需要在了解被审计医院及其环境的整个过程中,结合对财务报表中各类交易、账户余额和披露的考虑,识别和评估财务报表的重大错报风险,包括识别和评估财务报表层次和认定层次的重大错报风险,确定需要特别考虑的重大错报风险和仅通过实质性程序无法应对的重大错报风险,以及对风险评估的结果作出修正……

3.9.3.5 了解内部控制方面

(1) 未按规定了解内部控制的五要素。

《医院财务报表审计指引》第五章第一项规定,内部控制包括控制环境、风险评估过程、与财务报表相关的信息系统(包括相关业务流程)与沟通、控制活动和对控制的监督五要素……

(2) 未按规定了解和评价业务层面的内部控制活动信息系统。

《医院财务报表审计指引》第五章第二项规定,本指引以医院采购与付款、销售与收款、生产与仓储以及固定资产等循环中最常见的业务流程为主线,以示例的形式说明注册会计师如何了解和评价医院业务流程层面的内部控制活动和信息系统……

3.9.3.6 进一步审计程序方面

(1) 未按规定设计和实施总体应对措施。

《医院财务报表审计指引》第六章规定,注册会计师需要针对根据审计准则和本指引评估的财务报表层次重大错报风险,设计和实施总体应对措施。总体应对措施可能包括:①向项目组强调保持职业怀疑的必要性。②指派更有经验或具有特殊技能的审计人员(如指派熟悉医院日常运营流程的人员),或利用专家的工作。③提供更多的督导。④在选择拟实施的进一步审计程序时融入更多的不可预见的因素。⑤对拟实施审计程序的性质、时间安排或范围作出总体修改,如在期末而非期中实施实质性程序,或修改审计程序的性质以获取更具说服力的审计证据……

(2) 未按规定进行控制测试。

《医院财务报表审计指引》第六章一·(一)规定,在评估认定层次重大错报风险时,预期控制的运行是有效的,或者仅实施实质性程序不能够提供认定层次充分、适当的审计证据时,注册会计师需要设计和实施控制测试,针对相关控制运行的有效性,获取充分、适当的审计证据。注册会计师只对那些设计合理,能够防止、发现并纠正认定层次重大错报的内部控制进行测试以验证其运行是否有效。这种测试主要是出于成本效益的考虑……

(3) 未按规定实施实质性程序。

《医院财务报表审计指引》第六章二·(一)规定,在实施实质性程序时,注册会计师可根据需要单独或综合运用检查、观察、询问、函证、重新计算、重新执行和分析程序,以获取对各类交易、账户余额、列报和披露的充分、适当的审计证据……

3.9.4 高新技术企业认定审计方面的违规行为

3.9.4.1 专项审计报告方面

(1) 未按规定的工作程序出具专项审计报告。

《高新技术企业认定专项审计指引》第八章规定,注册会计师应当获取充分、适当的审计证据，复核和评价审计证据及由此得出的结论，作为发表审计意见、出具专项审计报告的基础。注册会计师应当以书面报告的形式清晰地表达审计意见。

第一项规定，在实施了上述所有审计程序后，注册会计师应当汇总审计测试的结果，进行更具综合性的审计工作，如编制审计差异调整表和试算平衡表，执行分析程序，撰写审计总结以及完成审计工作底稿的复核等。在此基础上，注册会计师应当评价审计结果，在与申报企业管理层和治理层沟通后，确定应出具专项审计报告的意见类型和措辞，进而编制并致送专项审计报告，终结审计工作。

在复核和评价审计证据时，注册会计师应当根据已获取的审计证据，评价是否已对所审计的申报企业研究开发费用结构明细表和高新技术产品（服务）收入明细表整体不存在重大错报获取了合理保证。这种评价包括：1）是否已获取充分、适当的审计证据，并将所审计的研究开发费用结构明细表和高新技术产品（服务）收入明细表的审计风险降至可接受的低水平。2）已识别但尚未更正的错报的影响。3）研究开发费用结构明细表和高新技术产品（服务）收入明细表是否在适用的会计准则和相关会计制度框架下，按照《高新技术企业认定管理办法》和《高新技术企业认定管理工作指引》的规定编制和列报。包括：①研究开发费用结构明细表和高新技术产品（服务）收入明细表中使用的术语（包括标题）是否恰当；②选择和运用的会计政策是否恰当；③如果管理层作出了会计估计，评价其会计估计是否合理；④管理层是否完整、准确地披露了关联方及其交易；⑤研究开发费用和高新技术产品（服务）收入（包括运用的会计政策）是否具有相关性、可靠性、可比性和可理解性；⑥研究开发费用结构明细表和高新技术产品（服务）收入明细表的编制说明是否充分描述了编制基础、编制原则和方法；⑦申报企业是否充分披露了所运用的重大会计政策以及管理层对监管机构、法律或合同的特殊要求所作出的重要解释；⑧申报企业是否充分披露了可能对预期使用者理解研究开发费用结构明细表和高新技术产品（服务）收入明细表产生影响的所有重大交易及事项。

在复核、评价审计证据是否充分、适当时，需要考虑已确定审计程序是否按照计划全部得以实施。如果认为获取的证据不足以对研究开发费用结构明细表和高新技术产品（服务）收入明细表是否存在重大错报形成结论，或者发现研究开发费用结构明细表和高新技术产品（服务）收入明细表可能存在重大不符合编报规定的情况，注册会计师应当追加必要的审计程序。

根据申报企业的实际情况，如果认为研究开发费用结构明细表或高新技术产品（服务）收入明细表会误导信息使用者，注册会计师应当与管理层进行讨论，并考虑其对审计意见的影响。必要时，还应当与治理层进行沟通。

（2）专项审计报告的要素不完整。

《高新技术企业认定专项审计指引》第八章第二项规定，注册会计师执行高新技术企业认定专项审计业务，应当针对研究开发费用结构明细表、高新技术产品（服务）收入明细表分别出具专项审计报告。专项审计报告应当包括下列要素：①标题；②收件人；③引言段；④管理层的责任段；⑤注册会计师的责任段；⑥说明段；⑦审计意见段；⑧编制基础及使用限制段；⑨注册会计师的签名和盖章；⑩会计师事务所的名称、地址及盖章；⑪报告日期。

(3) 专项审计报告的标题不规范。

《高新技术企业认定专项审计指引》第八章二·（一）规定，专项审计报告的标题应当统一规范为"专项审计报告"。

(4) 专项审计报告的收件人不符合规定。

《高新技术企业认定专项审计指引》第八章二·（二）规定，专项审计报告的收件人是指注册会计师按照专项审计业务约定书的要求致送专项审计报告的对象，一般是指申报企业。专项审计报告应当载明收件人的全称。注册会计师应当与申报企业在专项审计业务约定书中约定致送专项审计报告的对象，以防止在此问题上发生分歧或专项审计报告被申报企业滥用。

(5) 专项审计报告的引言段不符合规定。

《高新技术企业认定专项审计指引》第八章二·（三）规定，专项审计报告的引言段应当说明申报企业的名称和研究开发费用结构明细表［高新技术产品（服务）收入明细表］已经过审计，并包括下列内容：①指出所审计申报明细表的名称；②提及申报明细表编制说明；③指明申报明细表的涵盖期间。

(6) 专项审计报告的责任段不符合规定。

《高新技术企业认定专项审计指引》第八章二·（四）规定，管理层的责任段应当说明，在适用的会计准则和相关会计制度框架下，按照《高新技术企业认定管理办法》和《高新技术企业认定管理工作指引》的规定，如实编制研究开发费用结构明细表［高新技术产品（服务）收入明细表］，是管理层的责任。这种责任包括：①设计、实施和维护与研究开发费用结构明细表［高新技术产品（服务）收入明细表］相关的内部控制，以使研究开发费用结构明细表［高新技术产品（服务）收入明细表］不存在由于舞弊或错误而导致的重大错报；②选择和运用恰当的会计政策；③作出合理的会计估计；④恰当界定研究开发项目、高新技术产品（服务）的具体范围。

(7) 专项审计报告的注册会计师责任段不符合规定。

《高新技术企业认定专项审计指引》第八章二·（五）规定，注册会计师的责任段应当说明下列内容：①注册会计师的责任是在实施审计工作的基础上对研究开发费用结构明细表［高新技术产品（服务）收入明细表］发表审计意见。注册会计师按照《高新技术企业认定专项审计指引》的规定执行了审计工作。《高新技术企业认定专项审计指引》要求注册会计师遵守职业道德规范，计划和实施审计工作以对研究开发费用结构明细表［高新技术产品（服务）收入明细表］是否不存在重大错报获取合理保证。②审计工作涉及实施审计程序，以获取有关研究开发费用结构明细表［高新技术产品（服务）收入明细表］金额和披露的审计证据。选择的审计程序取决于注册会计师的判断，包括对由于舞弊或错误导致的研究开发费用结构明细表［高新技术产品（服务）收入明细表］重大错报风险的评估。在进行风险评估时，注册会计师考虑与研究开发费用结构明细表［高新技术产品（服务）收入明细表］编制相关的内部控制，以设计恰当的审计程序，但目的并非对内部控制的有效性发表意见。审计工作还包括评价管理层选用会计政策的恰当性和作出会计估计的合理性，以及评价研究开发费用结构明细表［高新技术产品（服务）收入明细表］的总体列报。③注册会计师相信已获取的审计证据是充分、适当的，为其发表审计意见提供了基础。

(8) 专项审计报告的说明段不符合规定。

《高新技术企业认定专项审计指引》第八章二·（六）规定，当出具非无保留意见的专项审计报告时，注册会计师应当在注册会计师的责任段之后、审计意见段之前增加说明段，清楚地说明导致发表保留意见、否定意见或无法发表意见的所有原因，并在可能的情况下，指出其对研究开发费用结构明细表［高新技术产品（服务）收入明细表］的影响程度。

(9) 专项审计报告的审计意见段不符合规定。

《高新技术企业认定专项审计指引》第八章二·（七）规定，审计意见段应当说明，研究开发费用结构明细表［高新技术产品（服务）收入明细表］是否在适用的会计准则和相关会计制度框架下，按照《高新技术企业认定管理办法》和《高新技术企业认定管理工作指引》的规定编制，是否在所有重大方面公允反映了申报企业在所审计期间的研究开发费用［高新技术产品（服务）收入］情况。

(10) 专项审计报告的编制基础及使用限制段不符合规定。

《高新技术企业认定专项审计指引》第八章二·（八）规定，编制基础及使用限制段应当说明研究开发费用结构明细表［高新技术产品（服务）收入明细表］是在适用的会计准则和相关会计制度框架下，按照《高新技术企业认定管理办法》和《高新技术企业认定管理工作指引》的规定编制的，可能不适用于其他目的。专项审计报告仅供申报企业申报高新技术企业认定时使用，不得用于其他目的。

(11) 专项审计报告未由两名符合条件的注册会计师签名并盖章。

《高新技术企业认定专项审计指引》第八章二·（九）规定，专项审计报告应当由两名符合条件的注册会计师签名并盖章。

(12) 专项审计报告未按规定加盖会计师事务所公章。

《高新技术企业认定专项审计指引》第八章二·（十）规定，专项审计报告应当载明会计师事务所的名称和地址，并加盖会计师事务所公章。

(13) 专项审计报告未按规定注明报告日期。

《高新技术企业认定专项审计指引》第八章二·（十一）规定，专项审计报告应当注明报告日期。专项审计报告的日期不应早于注册会计师获取充分、适当的审计证据（包括管理层认可对研究开发费用结构明细表［高新技术产品（服务）收入明细表］的责任且已批准申报明细表的证据），并在此基础上对研究开发费用结构明细表［高新技术产品（服务）收入明细表］形成审计意见的日期。

注册会计师在确定专项审计报告日期时，应当考虑：①应当实施的审计程序已经完成；②应当提请申报企业调整的事项已经提出，申报企业已经作出调整或拒绝作出调整；③管理层已经正式签署研究开发费用结构明细表［高新技术产品（服务）收入明细表］。

(14) 未按规定出具无保留意见的专项审计报告。

《高新技术企业认定专项审计指引》第八章三·（一）规定，如果认为研究开发费用结构明细表［高新技术产品（服务）收入明细表］符合下列所有条件，注册会计师应当出具无保留意见的专项审计报告：①研究开发费用结构明细表［高新技术产品（服务）收入明细表］已在适用的会计准则和相关会计制度框架下，按照《高新技术企业认定管理办法》和《高新技术企业认定管理工作指引》的规定编制，在所有重大方面公允反映了申报企业在所审计期间的研究开发费用［高新技术产品（服务）收入］情况；②注册会计师已经按照中国注册会计师审计准则的规定计划和实施审计工作,在审计过程中未受到限制。

当出具无保留意见的专项审计报告时,注册会计师应当以"我们认为"作为意见段的开头,并使用"在所有重大方面"、"公允反映"等术语。

无保留意见的专项审计报告意味着,注册会计师通过实施审计工作,认为申报企业的研究开发费用结构明细表[高新技术产品(服务)收入明细表]的编制符合合法性和公允性的要求,合理保证其不存在重大错报。

(15)未按规定出具带强调事项段的专项审计报告。

《高新技术企业认定专项审计指引》第八章三·(二)规定,专项审计报告的强调事项段是指注册会计师在审计意见段之后,在编制基础及使用限制段之前增加的对重大事项予以强调的段落。强调事项应当同时符合下列条件:①可能对研究开发费用结构明细表[高新技术产品(服务)收入明细表]产生重大影响,但申报企业进行了恰当的处理,且在申报明细表及其编制说明中作了充分披露;②不影响注册会计师发表的审计意见。注册会计师在审计意见段之前增加说明段,用来说明发表保留意见、否定意见和无法表示意见的理由;而在意见段之后增加强调事项段,只是增加专项审计报告的信息含量,提高专项审计报告的有用性,不影响发表的审计意见。如果以强调事项段代替发表审计意见,就会导致专项审计报告类型出现混乱。

当存在可能对研究开发费用结构明细表[高新技术产品(服务)收入明细表]产生重大影响的不确定事项、但不影响已发表的审计意见时,注册会计师应当考虑在审计意见段之后增加强调事项段对此予以强调。不确定事项是指其结果依赖于未来行动或事项,不受申报企业的直接控制,但可能影响研究开发费用结构明细表[高新技术产品(服务)收入明细表]的事项。注册会计师在理解不确定事项时,应当把握下列特征:①不确定事项的结果依赖于未来行动或事项;②不确定事项不受申报企业的直接控制,在管理层批准研究开发费用结构明细表[高新技术产品(服务)收入明细表]日,不可能获得更多信息消除该不确定事项;③不确定事项可能影响研究开发费用结构明细表[高新技术产品(服务)收入明细表],但影响并不遥远,可以预计在未来时日得到解决。

(16)未按规定出具保留意见的专项审计报告。

《高新技术企业认定专项审计指引》第八章三·(三)规定,如果认为研究开发费用结构明细表[高新技术产品(服务)收入明细表]整体是公允的,但还存在下列情形之一,注册会计师应当出具保留意见的专项审计报告:①注册会计师与管理层在有关研究开发费用或高新技术产品(服务)收入的会计政策的选用、会计估计的作出或披露方面存在分歧,或者认为管理层未按照《高新技术企业认定管理办法》和《高新技术企业认定管理工作指引》的规定编制研究开发费用结构明细表[高新技术产品(服务)收入明细表],虽影响重大,但不至于出具否定意见的专项审计报告;②因审计范围受到限制,不能获取充分、适当的审计证据,虽影响重大,但不至于出具无法表示意见的专项审计报告。

当出具保留意见的专项审计报告时,注册会计师应当在审计意见段中使用"除……的影响外"等术语。如果因审计范围受到限制,还应当在注册会计师的责任段中提及这一情况。

应当指出的是,只有当注册会计师认为研究开发费用结构明细表[高新技术产品(服务)收入明细表]就其整体而言是公允的,但还存在对研究开发费用结构明细表[高新技术产品（服务）收入明细表］产生重大影响的情形，才能出具保留意见的专项审计报告。如果注册会计师认为所报告的情形对研究开发费用结构明细表［高新技术产品（服务）收入明细表］产生的影响极为严重，则应出具否定意见的专项审计报告或无法表示意见的专项审计报告。

如果有关研究开发费用或高新技术产品（服务）收入的会计政策的选用、会计估计的作出或披露不符合适用的会计准则和相关会计制度，或研究开发费用结构明细表［高新技术产品（服务）收入明细表］未按照《高新技术企业认定管理办法》和《高新技术企业认定管理工作指引》的规定编制，注册会计师在判断其影响是否重大时，应当考虑该影响所涉及的金额或性质并与确定的重要性水平进行比较。

注册会计师因审计范围受到限制而出具保留意见的专项审计报告，取决于无法实施的审计程序对形成审计意见的重要性。注册会计师在判断重要性时，应当考虑有关事项潜在影响的性质和范围以及在研究开发费用结构明细表［高新技术产品（服务）收入明细表］中的重要程度。当注册会计师因审计范围受到限制而出具保留意见的专项审计报告时，意见段的措辞应当表明保留意见是针对审计范围对研究开发费用结构明细表［高新技术产品（服务）收入明细表］可能产生的影响而不是针对审计范围限制本身。

（17）未按规定出具否定意见的专项审计报告。

《高新技术企业认定专项审计指引》第八章三·（四）规定，如果认为研究开发费用或高新技术产品（服务）收入的会计政策的选用、会计估计的作出或披露不符合适用的会计准则和相关会计制度，或者认为研究开发费用结构明细表［高新技术产品（服务）收入明细表］未按照《高新技术企业认定管理办法》和《高新技术企业认定管理工作指引》的规定编制，未能在所有重大方面公允反映申报企业在所审计期间的研究开发费用［高新技术产品（服务）收入］情况，注册会计师应当出具否定意见的专项审计报告。

当出具否定意见的专项审计报告时，注册会计师应当在审计意见段中使用"由于上述问题造成的重大影响"、"由于受到前段所述事项的重大影响"等术语。

（18）未按规定出具无法表示意见的专项审计报告。

《高新技术企业认定专项审计指引》第八章三·（五）规定，如果审计范围受到限制可能产生的影响非常重大和广泛，不能获取充分、适当的审计证据，以至于无法对研究开发费用结构明细表［高新技术产品（服务）收入明细表］发表审计意见，注册会计师应当出具无法表示意见的专项审计报告。

当出具无法表示意见的专项审计报告时，注册会计师应当删除注册会计师的责任段，并在审计意见段中使用"由于审计范围受到限制可能产生的影响非常重大和广泛"、"我们无法对上述研究开发费用结构明细表［高新技术产品（服务）收入明细表］发表意见"等术语。

无法表示意见不同于否定意见，它通常仅仅适用于注册会计师不能获取充分、适当的审计证据的情形。如果注册会计师发表否定意见，必须获取充分、适当的审计证据。无论是无法表示意见还是否定意见，都只有在非常严重的情形下采用。

（19）出具专项审计报告的特殊考虑不符合规定。

《高新技术企业认定专项审计指引》第八章四·（一）规定，根据《中国注册会计师审计准则第1601号——对特殊目的审计业务出具审计报告》的规定，为避免信息使用者误认为对财务报表组成部分出具的审计报告与整套财务报表相关,注册会计师不应将整套财务报表附于专项审计报告后。

第八章四·(二)规定,对年度财务报表审计报告的特殊考虑:①注册会计师应当考虑在实施年度财务报表审计时与研究开发费用结构明细表［高新技术产品(服务)收入明细表］审计有关的审计结论,关注年度财务报表审计报告的类型,是否存在与申报企业研究开发费用、高新技术产品(服务)收入相关的非标准审计报告的情况,并考虑其对本专项审计业务及审计意见的影响。②如果已对整套财务报表出具否定意见或无法表示意见的审计报告,只有在企业年度研究开发费用和高新技术产品(服务)收入并不构成财务报表的主要部分时,注册会计师才可以对其出具专项审计报告。否则,会对整套财务报表的审计报告产生影响。

3.9.4.2 初步业务活动方面

(1) 接受委托时未考虑相关事项。

《高新技术企业认定专项审计指引》第二章一·(二)规定,在接受高新技术企业认定专项审计业务委托时,注册会计师应当考虑下列事项:①与申报企业管理层和治理层讨论有关申报明细表审计的重大问题,包括这些重大问题对总体审计策略和具体审计计划的影响;②针对预见到的特别风险,分派熟悉高新技术企业认定政策、专业胜任能力较强的人员;③根据会计师事务所有关接受专项审计委托的质量控制制度实施的其他程序;④申报企业最近三个会计年度财务报表接受审计的情况。

(2) 初步业务活动的内容不符合规定。

《高新技术企业认定专项审计指引》第二章第二项规定,注册会计师在开展初步业务活动中应当考虑下列主要事项:(一)申报企业的主要股东、关键管理人员和治理层是否诚信。注册会计师应当查阅相关资料,分析判断申报企业主要股东、关键管理人员和治理层的诚信情况。(二)项目组是否具备专业胜任能力及必要的时间和资源。高新技术企业认定专项审计要求注册会计师具备财务、会计、审计方面的经验并熟悉高新技术企业认定的相关政策,在评价专业胜任能力时,注册会计师还应当考虑是否接受过高新技术企业认定专项审计的相关培训。(三)会计师事务所和项目组能否遵守职业道德规范。评价遵守职业道德规范的情况也是一项非常重要的初步业务活动。质量控制准则对包括独立性在内的有关职业道德问题提出了要求,注册会计师应当按照其规定执行。

职业道德规范要求项目组成员恪守独立、客观、公正的原则,保持专业胜任能力和应有的关注,并对审计过程中获知的信息保密。

值得注意的是,由于审计过程中情况会发生变化,因此注册会计师对上述事项的考虑应当贯穿审计业务的全过程。例如,在审计过程中,如果注册会计师发现申报明细表存在舞弊迹象,而对管理层、治理层的诚信产生了极大疑虑,注册会计师需要针对这一新情况,考虑是否继续承办该项业务。

(3) 未按规定签订《高新技术企业认定专项审计业务约定书》。

《高新技术企业认定专项审计指引》第二章第三项规定,会计师事务所在确定接受该项业务后应当与申报企业签订《高新技术企业认定专项审计业务约定书》。

第二章三·(一)规定,注册会计师应当在专项审计业务开始前,与申报企业就专项审计业务约定条款达成一致意见，并以书面形式签订专项审计业务约定书，以避免双方对专项审计业务的理解产生分歧。

第二章三·（二）规定，专项审计业务约定书的内容，包括专项审计业务约定书的必备条款和应当考虑增加的其他条款等。专项审计业务约定书的具体内容可参考《中国注册会计师审计准则第1111号——审计业务约定书》。

专项审计业务约定书应当对下列方面予以说明：①申报明细表审计的目标。②管理层对申报明细表的责任。③注册会计师的责任。④申报明细表的编制基础。申报明细表的编制基础是《高新技术企业认定管理办法》和《高新技术企业认定管理工作指引》。⑤审计范围：注册会计师应当确定审计业务的特征，包括采用的会计准则和会计制度、专项审计的特殊要求以及申报企业组成部分的分布等，以确定审计范围。

注册会计师应当考虑在专项审计业务约定书中增加下列条款，明确说明专项审计的特殊性：①应当说明专项审计报告仅供申报企业申报高新技术企业认定时使用，不得用于其他目的；②逐一说明审计对象，包括最近三个会计年度的研究开发费用结构明细表与最近一年的高新技术产品（服务）收入明细表；③在某些方面利用专家的工作情况；④申报企业含有分支机构时，如果注册会计师仅审计申报企业总部申报明细表，或在审计总部申报明细表的同时只审计部分分支机构申报明细表，其余分支机构的申报明细表由其他注册会计师实施审计的，应当在专项审计业务约定书中明确说明。

3.9.4.3 计划审计工作方面

（1）未按规定制定总体审计策略。

《高新技术企业认定专项审计指引》第三章第一项规定，注册会计师应当为审计工作制定总体审计策略以确定审计范围、时间、方向和如何调配审计资源，并指导制定具体审计计划。

第三章一·（一）规定，注册会计师应结合申报企业执行的企业会计准则和相关会计制度、《高新技术企业认定管理办法》和《高新技术企业认定管理工作指引》的要求，以及申报企业分支机构的分布等，确定审计范围。主要考虑下列事项：①高新技术企业认定专项审计的报告要求；②预期的审计工作涵盖范围，包括需审计的分支机构的数量及所在地点；③其他注册会计师参与分支机构审计的范围；④拟利用年度财务报表审计工作中获取的审计证据的程度。

第三章一·（二）规定，审计时间包括执行专项审计的时间安排，与管理层和治理层沟通的重要日期安排以及提交专项审计报告的时间要求等。

第三章一·（三）规定，总体审计策略的制定应当考虑影响专项审计业务的重要因素，以确定项目组工作方向，包括确定适当的重要性水平，初步识别可能存在重大错报风险的领域，初步识别重要账户及交易金额，评价是否需要针对内部控制的有效性获取审计证据，识别申报企业所处行业、专项审计的报告要求及其他相关方面最近发生的重大变化等。

注册会计师在确定重要性水平时，应当结合具体环境考虑重要性性质和数量两方面的因素。在考虑性质因素时，注册会计师需要重点关注错报的性质属于错误还是舞弊。例如，某项错报使申报企业高新技术研究开发费用虚增××万元，从金额绝对值上看并不重要，但该项错报可能使得申报企业从不符合高新技术企业认定条件变为符合高新技术企业认定条件，注册会计师应当判断该项错报是否源于管理层的主观故意。

注册会计师在确定重要性水平时还应当考虑专项审计的特殊要求，包括：①因高新技术企业认定专项审计涉及较多的科学技术因素，并且申报企业管理层存在获得高新技术企业资格以降低税负的动机，所以注册会计师应当对申报企业管理层对高新技术研究开发费用与高新技术产品（服务）收入的发生、截止、分类的认定予以充分关注。②由于专项审计对象涉及不同的申报明细表，两者并不相互依赖、互为条件，在确定重要性水平时，注册会计师应当对研究开发费用结构明细表与高新技术产品（服务）收入明细表分别采用不同的重要性水平。对于不同年度的研究开发费用结构明细表，还应分别确定不同年度的重要性水平。③鉴于专项审计的特点，确定的重要性水平（包括申报明细表层次与认定层次）应当低于相应财务报表审计的重要性水平。

第三章一·（四）规定，总体审计策略中应当清楚地说明下列审计资源调配情况：①向具体审计领域调配的资源，包括向复杂的研究开发项目分派熟悉高新技术企业认定政策、具有相关审计经验的项目组成员，就复杂的研究开发项目技术问题利用专家工作等；②向具体审计领域分配资源的数量，包括项目组成员数量，审计时间预算等；③如何管理、指导、监督审计资源的利用，包括何时召开项目组预备会和总结会，项目负责人如何进行复核，是否需要实施项目质量控制复核等。

（2）未按规定制定具体审计计划。

《高新技术企业认定专项审计指引》第三章第二项规定，注册会计师应当为审计工作制定具体审计计划，以将审计风险降至可接受的低水平。具体审计计划应当包括风险评估程序、计划实施的进一步审计程序和其他审计程序。

第三章二·（一）规定，注册会计师在制定具体审计计划时，应当考虑专项审计的特殊情况（研究开发费用支出），包括：①对于简单研究开发项目、研究开发费用支出发生频率不高或内部控制薄弱的申报企业，注册会计师采用实质性方案可能最为有效；②由于高新技术企业研究开发费用支出的审计范围涵盖了三个会计年度，每个会计年度内研究开发费用的发生情况可能不尽相同，对每个会计年度的研究开发费用支出均应设计相应的审计程序；③在测试申报企业对高新技术研究开发费用分类认定时，应当设计相关程序以测试研究开发费用与研究开发项目之间的关联性；④当申报企业的指标接近高新技术企业认定标准时，应当特别关注高新技术研究开发费用支出的发生、截止与分类认定是否正确。

（3）未按规定关注高新技术产品（服务）收入。

《高新技术企业认定专项审计指引》第三章二·（二）规定，①在设计高新技术产品（服务）收入审计程序时，应当设计相关程序测试高新技术产品（服务）的确认标识，确认申报企业是否混淆高新技术产品（服务）收入与非高新技术产品（服务）收入的界限，是否虚增高新技术产品（服务）收入。②注册会计师在确定测试样本时，针对高新技术产品（服务）收入的测试样本应当涵盖各类高新技术产品（服务）。在确定样本数量时，注册会计师应当关注专项审计的样本量与年度财务报表审计的样本量可能存在差异。③对于高新技术产品（服务）收入发生频率不高或内部控制薄弱的申报企业，注册会计师采用实质性方案可能最为有效。④当申报企业的指标接近高新技术企业认定标准时，应当特别关注高新技术产品（服务）收入的发生、截止与分类认定是否正确。

（4）未按规定更改审计计划。

《高新技术企业认定专项审计指引》第三章第三项规定，计划审计工作并非审计业务的一个孤立阶段，而是一个持续的、不断修正的过程，贯穿于整个审计业务的始终。例如，注册会计师在风险评估过程中评估固定资产内部控制风险水平较低，但在实施控制测试时获取的审计证据不支持评估的风险水平，此时，注册会计师应当修改审计计划并设计新的审计程序。如果注册会计师在审计过程中对审计计划作出重大更改，应当记录重大更改及其理由，以及对导致此类更改的事项、条件或审计程序结果采取的应对措施。

3.9.4.4 风险评估方面

（1）未按规定了解申报企业及其环境。

《高新技术企业认定专项审计指引》第四章一·（一）规定，注册会计师可能需要了解与分析下列主要情况：①所处行业的市场供求与竞争状况。产品（服务）关键技术指标值与行业指标值相比较是否存在较大差异，从而影响申报企业的产品销售价格（服务价格）或数量，申报企业需要进行技术研究开发活动以增强竞争能力。②产品（服务）技术变化。产品（服务）是否含有较高的技术含量，产品更新换代或服务升级是否较快，申报企业是否为保持技术领先从而需要进行较多的技术研究开发。如通讯产品制造业因其产品更新换代较快，开展的研究开发项目较多。③能源供应与成本。产品是否为高耗能产品，申报企业是否因能源供应日趋紧张、成本上升，需要开展研究开发活动以降低产品能耗与产品成本。④法律监管环境。近年颁布的法律法规是否对申报企业的产品销售产生重大不利影响而需要进行技术研究开发活动以使产品适应法律监管要求。如汽车制造业，因尾气排放标准不断提高而需要不断进行关于降低尾气污染物排放的研究开发项目。

第四章一·（二）规定，注册会计师应当从下列方面了解申报企业的性质：1）所有权结构。注册会计师应当了解申报企业的所有权结构与主要所有者，识别关联方，并分析主要所有者与申报企业关联方之间的关系是否会对高新技术产品（服务）销售等数据归集的真实性产生不利影响。2）治理结构。注册会计师应当考虑申报企业治理层是否能够在独立于管理层的情况下对申报相关事项（包括申报明细表）作出客观判断。3）组织结构。注册会计师应当了解申报企业研究开发部门的设置与分布，分析是否存在专门的机构与人员从事研究开发活动，包括：①研究开发部门数量及其人员；②研究开发项目组成员与来源，技术职称结构；③研究开发人员的考核奖励制度等。4）经营活动。注册会计师应当了解申报企业主要高新技术产品（服务）的种类、最近三个会计年度的研究开发计划与主要研究开发成果、目前实施的研究开发项目名称与性质、研究开发工作外包等情况，以分析判断研究开发项目的真实性。注册会计师应当重点了解与申报企业研究开发项目相关的各种情况，包括：①研究开发项目的目的、性质与类型，关注是否属于《国家重点支持的高新技术领域》范围，获得相关审批的情况（如需要）以及目前的进展情况；②研究开发项目的立项过程；③是否委托关联方或者其他外部机构进行实质性研究开发；④产学研的合作方式、合作研究开发项目的所有权归属等。在了解上述研究开发项目内容时，注册会计师应当考虑利用专家的工作。5）投资活动。注册会计师应当重点了解为开展研究开发项目而投入的主要研究设备，考虑实施观察程序以实地考察研究开发项目所使用的固定资产是否未用于研究开发项目。6）筹资活动。了解申报企业的借款情况，重点分析研究开发项目是否使用了金融机构的贷款，包括是否采用融资租赁方式租赁研究开发设备。

第四章一·（三）规定，注册会计师应当分析申报企业研究开发费用和高新技术产品（服务）收入核算时所确定的会计政策与编制财务报表时所确定的会计政策是否一致，并特别考虑下列情况：①了解申报企业多个研究开发项目之间费用的分配方法，分析费用分配方法是否合理；②识别与确定高新技术产品（服务）收入归集的对象是否属于《高新技术认定管理办法》规定的范围，包括申报企业如何确定相关产品（服务）的识别标志、技术属性等；③销售截止认定相关证据的性质，包括服务收入确认的主要标志与确认文件。

第四章一·（四）规定，注册会计师应当了解申报企业的目标、战略以及相关经营风险，包括：①申报企业是否制定了涉足新的业务领域与地区的经营目标。是否出于适应新的业务领域与地区消费者需求及法律监管要求等原因而增加研究开发投入；②申报企业是否确立了创建科技创新型企业的发展战略，从而增加研究开发投入；③申报企业是否由于涉足新的业务领域与地区、跨国界经营等因素，产生经营业绩不佳的经营风险而需要获得高新技术企业资格以降低税负、改善经营业绩指标，从而可能产生申报明细表的重大错报。

第四章一·（五）规定，注册会计师应当了解申报企业的下列方面：①高新技术产品（服务）收入是否作为主要业绩考核指标，并与管理层薪酬制度、股权激励政策相联系；②计划实施的研究开发项目支出是否制定了相应的年度预算，并将实际支出与预算的差异作为研究开发人员的业绩考核指标。

（2）未按规定评估重大错报风险。

《高新技术企业认定专项审计指引》第四章第二项规定，注册会计师应当识别和评估申报明细表层次以及各类交易、列报认定层次的重大错报风险。

第四章二·（一）规定，在识别与评估重大错报风险时，注册会计师应当实施下列程序：①在了解申报企业及其环境的整个过程中识别风险；②将识别的风险与认定层次可能发生的错报领域相联系；③考虑识别的风险是否重大；④考虑识别的风险导致申报明细表发生重大错报的可能性。

第四章二·（二）规定，注册会计师应当确定所识别的重大错报风险是否与申报明细表整体广泛相关。例如，申报企业未能提供研究开发项目的相关计划与实施方案、研究开发工作记录，则其编制的研究开发费用结构明细表整体上就可能存在重大错报风险。申报明细表层次的重大错报风险很可能源于薄弱的控制环境。薄弱的控制环境带来的风险可能对申报明细表产生广泛影响，例如申报企业未建立完善的内部控制制度，申报明细表则可能产生重大错报风险；管理层因薪酬制度、实施股权激励等原因可能凌驾于内部控制制度之上，伪造或篡改编制申报明细表所依据的会计记录或相关文件，随意变更与高新技术研究开发费用支出或产品（服务）收入相关的会计政策与会计估计，形成申报明细表层次的重大错报风险。注册会计师应当针对申报明细表层次的重大错报风险采取总体应对措施。

第四章二·（三）规定，注册会计师应当确定所识别的重大错报风险是否与特定的某类交易和列报的认定相关。例如，申报企业对某笔较大金额的研究开发费用支出未能提供相关合同以证实其确为研究开发费用，则该笔支出将影响研究开发费用的"发生"认定。注册会计师在识别和评估认定层次重大错报风险时，应当考虑下列情况：①通过实施询问、检查文件记录程序了解研究开发项目的相关信息，包括该项目的实施进度，分析申报企业对研究开发费用归集的真实性，判断申报企业管理层对费用的发生、截止、分类等认定是否存在重大错报，考虑是否存在高估研究开发费用支出的风险。②通过了解高新技术产品（服务）

的识别标志与技术属性，分析高新技术产品（服务）销售收入归集的准确性，判断管理层关于收入的发生、截止、分类的认定是否存在故意误用等情况，考虑是否存在高估高新技术产品（服务）收入的风险。

第四章二·（四）规定，在评估重大错报风险时，注册会计师应当将所了解的控制与特定认定相联系。例如，高新技术产品（服务）收入的截止、分类认定存在重大错报可能与销售收入循环的内部控制相关。

第四章二·（五）规定，注册会计师应当运用职业判断，确定识别的风险中哪些是需要特别考虑的重大错报风险。在确定风险的性质时，注册会计师应当考虑下列事项：①申报企业管理层可能存在为了申请高新技术企业资格以享受税收优惠政策的动机，导致高新技术研究开发费用支出与高新技术产品（服务）收入存在重大错报风险。注册会计师应当假定申报企业的高新技术研究开发费用支出和高新技术产品（服务）收入存在舞弊风险；②错报风险是否与申报企业近期高新技术产品（服务）收入、申报企业的经营状况、会计处理方法和其他方面的重大变化有关；③研究开发项目的复杂程度。例如，大型复杂的研究开发项目可能涉及多个分支机构与多个部门，注册会计师应当考虑研究开发费用的归集是否完整；④高新技术产品（服务）收入是否涉及重大的关联方交易；⑤申报明细表信息计量。例如，高新技术系统集成产品收入的确认是否可能存在较大的随意性从而产生高新技术产品（服务）收入确认的风险；⑥高新技术产品（服务）收入是否涉及异常或与商业惯例不符的重大交易。

第四章二·（六）规定，了解与特别风险相关的控制，有助于注册会计师制定有效的审计方案予以应对。针对特别风险，注册会计师应当评价相关控制的设计情况，并确定其是否已经得到执行。如果申报企业管理层未能实施控制以恰当应对特别风险，注册会计师应当认为内部控制存在重大缺陷，并考虑其对风险评估的影响。在此情况下，注册会计师应当就此类事项与治理层沟通。

第四章二·（七）规定，如果申报企业对日常交易的处理高度自动化，审计证据可能仅以电子形式存在，其充分性和适当性通常取决于自动化信息系统相关控制的有效性。注册会计师应当考虑仅通过实施实质性程序不能获取充分、适当审计证据的可能性。如果认为仅通过实施实质性程序不能获取充分、适当的审计证据，注册会计师应当考虑依赖相关的内部控制。

3.9.4.5　了解内部控制方面

（1）未按规定了解内部控制要素。

《高新技术企业认定专项审计指引》第五章第一项规定，内部控制包括下列要素：①控制环境；②风险评估过程；③信息系统与沟通；④控制活动；⑤对控制的监督。注册会计师实施专项审计的目的是对申报企业编制的申报明细表发表审计意见，并非对申报企业内部控制的有效性发表意见，注册会计师需要了解和评价的内部控制只是与申报明细表相关的内部控制，并非申报企业所有的内部控制。与申报明细表相关的内部控制，包括申报企业为实现申报明细表可靠性目标设计和实施的控制。注册会计师应当运用职业判断，考虑一项控制单独或连同其他控制是否与评估重大错报风险以及针对评估的风险设计和实施的进一步审计程序有关。

在运用职业判断时,注册会计师应当考虑下列因素:①注册会计师确定的重要性水平;②申报企业的性质,包括组织结构和所有制性质;③申报企业的规模;④申报企业经营的多样性和复杂性;⑤法律法规和监管要求;⑥作为内部控制组成部分的系统(包括利用服务机构)的性质和复杂性。

注册会计师通常实施下列风险评估程序,以获取有关控制设计和执行的审计证据:①询问申报企业的人员;②观察特定控制的运用;③检查文件和报告;④追踪交易在与申报明细表相关的信息系统中的处理过程(穿行测试)。这些程序是风险评估程序在了解申报企业内部控制方面的具体运用。

第五章一·(一)规定,在评价控制环境的设计时,注册会计师应当考虑构成控制环境的下列要素,以及这些要素如何被纳入申报企业的业务流程:①对诚信和道德价值观念的沟通与落实;②对胜任能力的重视;③治理层的参与程度;④管理层的理念和经营风格;⑤组织结构;⑥职权与责任的分配;⑦人力资源政策与实务。在评价控制环境各个要素时,注册会计师应当考虑控制环境各个要素是否得到执行。在确定构成控制环境的要素是否得到执行时,注册会计师应当考虑将询问与其他风险评估程序相结合以获取审计证据。控制环境本身并不能防止或发现并纠正各类交易、账户余额、列报认定层次的重大错报,注册会计师在评估重大错报风险时,应当将控制环境连同其他内部控制要素产生的影响一并考虑。例如,将控制环境与对控制的监督和具体控制活动一并考虑。

第五章一·(二)规定,在评价申报企业风险评估过程的设计和执行时,注册会计师应当确定管理层如何识别与申报明细表相关的经营风险,如何估计该风险的重要性,如何评估风险发生的可能性,以及如何采取措施管理这些风险。如果申报企业的风险评估过程符合其具体情况,了解申报企业的风险评估过程和结果有助于注册会计师识别申报明细表的重大错报风险。

第五章一·(三)规定,注册会计师应当从下列方面了解与申报明细表相关的信息系统:①在申报企业经营过程中,对申报明细表具有重大影响的各类交易;②在信息技术和人工系统中,交易生成、记录、处理和报告的程序;③与交易生成、记录、处理和报告相关的会计记录、支持性信息和申报明细表中的特定项目;④信息系统如何获取除各类交易之外的对申报明细表具有重大影响的事项和情况的信息;⑤申报企业编制申报明细表的过程。与申报明细表相关的沟通通常包括使员工了解各自在与申报明细表有关的内部控制方面的角色和职责,员工之间的工作联系,以及向适当级别的管理层报告例外事项的方式。注册会计师应当了解申报企业内部如何对与申报明细表相关的岗位职责,以及与申报明细表相关的重大事项进行沟通。注册会计师还应当了解管理层与治理层(特别是审计委员会)之间的沟通,以及申报企业与外部(包括监管部门)的沟通。

第五章一·(四)规定,在了解控制活动时,注册会计师应当重点考虑一项控制活动单独或连同其他控制活动是否能够以及如何防止或发现并纠正各类交易、账户余额、列报存在的重大错报。

第五章一·(五)规定,注册会计师应当了解申报企业对控制的持续监督活动和专门的评价活动。通常,申报企业通过持续的监督活动、专门的评价活动或两者相结合,实现对控制的监督。用于监督活动的信息大多由申报企业的信息系统产生,这些信息可能会存在错报,从而导致管理层从监督活动中得出错误的结论。因此,注册会计师应当了解与申报企业监督活动相关的信息来源，以及管理层认为信息具有可靠性的依据。如果拟利用申报企业监督活动使用的信息（包括内部审计报告），注册会计师应当考虑该信息是否具有可靠的基础，是否足以实现审计目标。

(2) 未按规定了解和评价与研究开发费用相关的控制活动和信息系统。

《高新技术企业认定专项审计指引》第五章二·（一）规定，对申报企业研究和开发费用相关的内部控制的了解，应当从了解研究开发的背景开始，以便于注册会计师更好地理解申报企业的研发控制活动。对研究开发背景的了解可以围绕下列内容展开：①申报企业拥有自主知识产权的情况；②从事研究开发的主要领域；③在研究开发方面的获奖情况；④从事研究开发人员的基本情况；⑤研究开发活动使用的材料、燃料、电力情况；⑥研究开发活动使用的固定资产、无形资产情况等。

研究开发费用控制通常属于申报企业费用和成本控制的重要组成部分，在对研究开发费用控制进行了解时，注册会计师需要考虑那些针对研究开发费用完整性、发生、准确性和分类等认定的控制。

研究开发业务流程通常包括下列主要活动：1）立项和预算管理：①项目的申请和批准；②预算的编制和批准。2）人员管理：①研发机构的设立、研发人员的组织和聘用；②工作记录；③绩效考核；④薪酬的计算、支付和记录。3）设备、材料管理：①设备、材料的购置申请；②设备、材料的验收；③设备、材料的领用和记录。4）委托外部研究开发：①委托外部研究开发的申请和审批；②委托外部开发成果的验收；③付款和记录。5）结项管理：①项目的总体评议和成果鉴定；②预算差异分析。

了解控制的程序包括检查申报企业相关控制手册和其他书面指引，询问各部门的相关人员，观察操作流程等。例如，注册会计师可以询问研究开发项目负责人，了解研究开发项目的立项和预算情况；可以询问仓库人员，了解设备、材料管理流程；也可以询问会计人员，了解有关账务处理的流程。注册会计师应当考虑流程在各部门之间如何衔接，如单据的流转和核对，以及各部门人员的职责分工等。

注册会计师可以通过文字叙述、流程图等方式记录上述业务流程。

第五章二·（二）规定，注册会计师应当结合上述了解的结果，确定申报企业需要在哪些环节设置控制，以防止或发现并纠正交易流程中的错报，即确定错报可能发生的环节。

值得注意的是，一方面，某项控制目标可能涉及几项控制。注册会计师应当重点考虑某项控制活动单独或连同其他控制活动是否能够防止或发现并纠正重大错报。另一方面，某些控制可能涉及多项控制目标。因此，在实务中，为提高审计效率，注册会计师应当考虑了解和识别能针对多项控制目标的控制。

第五章二·（三）规定，注册会计师应当根据申报企业的实际情况，通过询问、观察、检查、穿行测试等审计程序，了解和识别相关控制，并对其结果形成审计工作记录，包括记录控制由谁执行以及如何执行。注册会计师了解和识别内部控制时，应当将重点放在能够发现并纠正错误的关键控制，并且对控制的描述应当说明控制活动与最终的研究开发费用结构明细表的逻辑关系。

第五章二·（四）规定，执行穿行测试，证实对研发流程和相关控制的了解，并确定相关控制是否得到执行。注册会计师应当选择一笔或几笔交易进行穿行测试。例如，针对人工费用，追踪从职工薪酬标准采用→员工人数统计→工时统计→支付审批→项目工时归集→项目人工费用分配→各研究开发项目人工费用数据生成的整个流程，考虑之前对相关内部控制的了解是否正确和完整，并确定相关控制是否得到执行。

在执行穿行测试时，注册会计师应当询问执行交易流程和控制的相关人员，并根据需要检查有关单据和文件，询问其对已发现的错报的处理。需要注意的是，如果不打算依赖控制，注册会计师仍应执行穿行测试，以确定之前对业务流程及可能发生错报环节的了解是否正确和完整。注册会计师还应当按照审计准则的规定，对相关控制的设计是否合理和得到执行进行评价，以确定进一步审计程序。

（3）未按规定了解与高新技术产品（服务）收入相关的控制活动和信息系统。

《高新技术企业认定专项审计指引》第五章三·（一）规定，高新技术产品销售的业务流程通常包括下列主要活动：1）一般销售的业务流程：①接到客户订单；②将订单输入系统；③核准信用状况及赊销条款；④检查订单并准备发货；⑤编制发运凭证（或提货单）；⑥递交发运凭证（或提货单）至客户；⑦开具销售发票；⑧复核销售发票的准确性并递交至客户；⑨生成销售明细账；⑩汇总销售明细账并过入总账。2）销售退回、折扣与折让的业务流程：①处理销售退回、折扣与折让的请求；②批准请求；③收到退货；④编制销售退回、折扣与折让的表单，即销售方同意贷记购买方应收账款的凭证；⑤记录销售退回、折扣与折让；⑥更新应收账款账户。3）维护客户档案的业务流程：①提交变更申请；②审核、批准；③更新客户档案。

了解的程序包括检查申报企业相关控制手册和其他书面指引，询问各部门的相关人员，观察操作流程等。例如，注册会计师可以询问销售人员，了解订单处理和开票的流程；可以询问仓库人员，了解发货的流程；也可以询问会计人员，了解有关账务处理的流程。注册会计师还应当考虑流程在各部门之间如何衔接，如单据的流转和核对，以及各部门人员的职责分工等。

注册会计师可以通过文字叙述、流程图等方式记录上述业务流程。

第五章三·（二）规定，注册会计师应当结合了解的结果，确定申报企业需要在哪些环节设置控制，以防止或发现并纠正业务流程中的错报，即确定错报可能发生的环节。

值得注意的是，一方面，某项控制目标可能涉及几项控制，注册会计师应当重点考虑某项控制活动单独或连同其他控制活动，是否能够防止或发现并纠正重大错报。另一方面，某些控制可能涉及多项控制目标。因此，在实务中，为提高审计效率，注册会计师应当考虑了解和识别能针对多项控制目标的控制。

第五章三·（三）规定，注册会计师应当根据申报企业的实际情况，通过询问、观察、检查、穿行测试等审计程序，了解和识别相关控制，并对其结果形成审计工作记录，包括记录控制由谁执行以及如何执行。在了解和识别内部控制时，注册会计师应当将重点放在能够发现并纠正错误的关键控制，并且对控制的描述应当说明控制活动与最终的高新技术产品（服务）收入明细表的逻辑关系。

第五章三·（四）规定，注册会计师应当选择一笔或几笔交易进行穿行测试。例如，针对销售，追踪从接到客户订单→将订单输入系统→核准信用状况及赊销条款→核准订单并准备发货→编制发运凭证（或提货单）→递交发运凭证（或提货单）至客户→开具销售发票→复核发票的准确性并递交至客户→生成销售明细账→汇总销售明细账过入总账等交易的整个流程，考虑之前对相关控制的了解是否正确和完整，并确定相关控制是否得到执行。

在执行穿行测试时，注册会计师应当询问执行业务流程和控制的相关人员，并根据需要检查有关单据和文件，询问其对已发现错报的处理。需要注意的是，如果不打算信赖控制，注册会计师仍应当执行穿行测试，以确定之前对业务流程及可能发生错报环节的了解是否准确和完整。注册会计师还应当按照审计准则的相关规定，对相关控制设计是否合理和得到执行进行评价，以确定进一步审计程序。

3.9.4.6 对研究开发费用实施的进一步审计程序方面

（1）未按规定实施控制测试。

《高新技术企业认定专项审计指引》第六章一·（一）规定，当在评估认定层次重大错报风险时，预期控制的运行是有效的，或者实施实质性程序不足以提供认定层次充分、适当的审计证据时，注册会计师应当实施控制测试，以获取其运行有效的审计证据。注册会计师只对那些设计合理，能够防止、发现并纠正认定层次重大错报的内部控制进行测试以验证其运行是否有效。这种测试主要是出于成本效益的考虑。

需要说明的是，申报企业在所审计期间内可能由于技术更新或组织管理变更而更换了信息系统，从而导致在不同时期使用了不同的控制。如果申报企业在所审计期间内的不同时期使用了不同的控制，注册会计师应当考虑不同时期控制运行的有效性。

第六章一·（一）·1规定，控制测试的性质是指控制测试审计程序的类型，通常包括询问、观察、检查、穿行测试和重新执行。注册会计师应当根据特定控制的性质选择所需实施审计程序的类型。注册会计师不仅应当考虑与认定直接相关的控制，而且还应当考虑这些控制所依赖的与认定间接相关的控制，以获取支持控制运行有效性的审计证据。对于一项自动化的应用控制，由于信息技术处理过程的内在一贯性，注册会计师可以利用该项控制得以执行的审计证据和信息技术一般控制（特别是对系统变动的控制）运行有效性的审计证据，作为支持该项控制在相关期间运行有效性的重要审计证据。如果通过实施实质性程序未发现某项认定存在错报，这本身并不能说明与该认定有关的控制是有效运行的；但如果通过实施实质性程序发现某项认定存在错报，注册会计师应当在评价相关控制的运行有效性时予以考虑。

第六章一·（一）·2规定，对特定时点的控制进行测试，注册会计师仅得到该时点控制运行有效性的审计证据；对某一期间的控制进行测试，注册会计师可获取控制在该期间有效运行的审计证据。注册会计师对研究开发费用进行专项审计，需要获取研究开发费用内部控制在被审计期间运行有效的审计证据，并需要对被审计期间进行测试。研究开发费用专项审计涉及三个完整的会计年度，如果注册会计师拟信赖内部控制，应对三个完整会计年度与研究开发费用相关的内部控制进行测试。

第六章一·（一）·3规定，注册会计师应当设计控制测试，以获取控制在整个拟信赖的期间有效运行的充分、适当的审计证据。注册会计师在确定控制测试范围时，一般应当考虑下列因素：①在整个拟信赖的期间，申报企业执行控制的频率。控制执行的频率越高，控制测试的范围越大。②在所审计期间，注册会计师拟信赖控制运行有效性的时间长度。拟信赖控制运行有效性的时间长度不同，在该时间长度内发生的控制活动次数也不同。注册会计师需要根据拟信赖控制的时间长度确定控制测试的范围。拟信赖期间越长，控制测试的范围越大。③为证实控制能够防止或发现并纠正认定层次重大错报,所需获取审计证据的相关性和可靠性。对审计证据的相关性和可靠性要求越高,控制测试的范围越大。④通过测试与认定相关的其他控制获取的审计证据的范围。针对同一认定,可能存在不同的控制。当针对其他控制获取审计证据的充分性和适当性较高时,测试该控制的范围可适当缩小。⑤在风险评估时拟信赖控制运行有效性的程度,并依据对控制的信赖程度相应减少实质性程序。注册会计师在风险评估时对控制运行有效性的拟信赖程度越高,需要实施控制测试的范围越大。⑥控制的预期偏差。预期偏差可以用控制未得到执行的预期次数占控制应当得到执行次数的比率加以衡量。控制的预期偏差率越高,需要实施控制测试的范围越大。如果控制的预期偏差率过高,针对某一认定实施控制测试可能是无效的。

第六章一·(二)规定,注册会计师对内部控制的测试应涵盖内部控制的五个要素,这里重点说明对研究开发费用相关的控制活动和信息系统的测试,其他要素的测试要求应当遵循《中国注册会计师审计准则第1231号——针对评估的重大错报风险实施的程序》。

(2) 未按规定实施实质性程序。

《高新技术企业认定专项审计指引》第六章二·(一)·1规定,在确定实质性程序的范围时,注册会计师应当考虑评估的认定层次重大错报风险和实施控制测试的结果。注册会计师评估的认定层次的重大错报风险越高,需要实施实质性程序的范围越广;如果对控制测试结果不满意,注册会计师应当考虑扩大实质性程序的范围。

在设计细节测试时,注册会计师应当采用适当方法(包括选取全部项目、选取特定项目和审计抽样等)以选取测试项目,其中,在确定样本规模时,应当考虑能否将抽样风险降至可接受的低水平。

第六章二·(二)·2规定,申报企业进行研究开发活动需要发生费用,在按照适用的会计准则和相关会计制度的规定进行会计核算时,这些费用或列为费用而计入当期损益,或予以资本化而形成资产。基于专项审计的目的,注册会计师审计时应当重点关注研究开发费用结构明细表中列报的研究开发项目、研究开发费用是否符合《高新技术企业认定管理工作指引》的相关规定,申报企业是否存在将其他费用列报为研究开发费用的错报风险。研究开发费用专项审计常用的实质性程序如下:1)获取研究开发费用结构明细表,复核加计是否正确。2)检查研究开发费用结构明细表中列报的研究开发项目是否符合《高新技术企业认定管理工作指引》的相关规定,包括:①获取申报企业按单一项目填报的企业研究开发项目情况表,并取得各研究开发项目的有关立项批复,如董事会或类似权力机构的决议、政府有关主管部门的立项计划或批复等;②取得各项研究开发项目的实施方案、阶段性报告或工作总结、验收报告或政府有关主管部门的批复等;③关注各项研究开发项目是否属于常规性升级或对某项科研成果的直接应用,必要时,利用专家的工作。3)根据实际情况,实施下列实质性分析程序:①将各项研究开发项目的研究开发费用项目(科目)进行结构性分析,判断其合理性,作出相应记录;②将各项研究开发项目的研究开发费用的实际金额与预算金额进行比较,并记录差异的原因。4)检查研究开发费用项目(科目)的分类、各项目(科目)归集范围和核算内容是否符合《高新技术企业认定管理工作指引》的相关规定,若存在费用分类错误,提请申报企业调整。5)人员人工:①获取申报企业编制的研究开发人数统计表和申报企业缴纳职工"五险一金"的相关资料,检查两者之间是否相符,必要时,抽查劳动合同;②检查研究开发人数统计表中研发人员的认定是否符合《高新技术企业认定管理工作指引》的相关规定；③对各研究开发项目企业研究开发项目情况表中的本项目研发人员数进行汇总，将汇总数与研究开发人数统计表中的合计数核对，并记录差异的原因；④检查工资发放记录、奖金核准及发放记录，核实人员人工中的基本工资、津贴、补贴等以及奖金、年终加薪与相关记录是否相符；⑤检查管理层相关决议及相关支付记录，核实与研发人员任职或者受雇有关的其他支出（包括股份支付，同时取得股东大会决议及监管部门批复）与相关资料是否相符；⑥检查是否存在将非研发人员工资薪金列入研究开发费用的情况，若有，提请申报企业调整；⑦若存在人工相关费用在各项研究开发项目之间的分摊，检查分摊方法是否合理且前后各期是否保持一致。6）直接投入：①检查开支范围是否符合《高新技术企业认定管理工作指引》的相关规定；②检查为实施研究开发项目而购买的原材料等相关支出，例如，水和燃料（包括煤气和电）使用费等，用于中间试验和产品试制达不到固定资产标准的模具、样品、样机及一般测试手段购置费、试制产品的检验费等，以及用于研究开发活动的仪器设备的简单维护费，核实其是否与相关原始凭证相符；③对以经营租赁方式租入的固定资产所发生的租赁费，检查相关合同或协议、付款记录；④检查是否存在将为实施研究开发项目以外的项目而发生的采购费用、水电费、租赁费等列入直接投入的情形，若有，提请申报企业调整；⑤检查是否存在将达到固定资产、无形资产确认标准的支出一次性计入直接投入的情形，如不符合规定，提请申报企业调整。7）折旧费用与长期待摊费用摊销：①检查是否属于为执行研究开发活动而购置的仪器和设备或研究开发项目在用建筑物的折旧费用；②检查固定资产折旧计提、长期待摊费用摊销所采用的会计政策、会计估计是否与财务报表所采用的一致，且前后各期是否保持一致，折旧或摊销的计算是否正确；③对于研究开发项目和非研究开发项目共用的资产，检查折旧或摊销的分配方法是否合理，且前后各期是否保持一致，分配的金额是否正确。8）设计费用：①检查是否为新产品和新工艺的构思、开发和制造，进行工序、技术规范、操作特性方面的设计等所发生的费用；②检查设计费用的核准、支付是否符合内部管理办法的规定，是否与原始凭证相符；③检查是否存在列入与研究开发项目无关的设计费的情形，若有，提请申报企业调整。9）设备调试费：①检查是否属于工装准备过程中研究开发活动（如研制生产机器、模具和工具，改变生产和质量控制程序，或制定新方法及标准等）所发生的费用；②检查相关费用的核准、支付是否符合内部管理办法的规定，是否与原始凭证相符；③检查是否存在列入为大规模批量化和商业化生产所进行的常规性工装准备及工业工程发生的费用的情形，若有，提请申报企业调整。10）无形资产摊销：①检查是否属于因研究开发活动需要而购入的专利、非专利发明、许可证、专有技术、设计和计算方法等所发生的费用摊销；②取得相关无形资产初始购置时的协议或合同、发票、付款凭证等，检查无形资产原值的确认是否正确；③检查无形资产摊销的政策是否正确，且前后各期是否保持一致，摊销的金额是否正确；④检查是否存在列入与研究开发项目无关的其他无形资产摊销的情形，若有，提请申报企业调整。11）其他费用：①检查是否属于为研究开发活动所发生的其他费用，如办公费、通讯费、专利申请维护费、高新科技研发保险费等；②检查相关费用的核准、支付是否符合内部管理办法的规定，是否与原始凭证相符；③检查是否存在列入与研究开发项目无关的其他费用的情形，若有，提请申报企业调整；④若存在其他费用在研究开发项目与其他项目之间分摊的情形，检查分摊方法是否合理，且前后各期是否保持一致，分摊的金额是否正确；⑤检查列报的其他费用是否超过研究开发费用总额的10%，若超过10%，提请申报企业调整；⑥检查研究开发费用中列支的借款费用是否符合资本化条件，资本化金额的计算是否正确。12）委托外部研究开发投入：①检查是否属于申报企业委托境内其他企业、大学、研究机构、转制院所、技术专业服务机构和境外机构进行研究开发活动所发生的费用，关注项目成果是否为申报企业拥有且与申报企业的主要经营业务紧密相关；②检查委托外部研究开发费用的定价是否按照非关联方交易的原则确定；③取得相关协议或合同、付款记录，检查其是否与账面记录相符；④检查是否存在列入研究开发项目以外的其他委托外部支出的情形，若有，提请申报企业调整；⑤检查研究开发项目中委托外部研究开发的投入额是否按80%计入研究开发费用总额，若超过80%，提请申报企业调整；⑥检查是否存在列入委托境外机构完成研究开发活动所发生的费用的情形，若有，提请申报企业调整。13）选择重要或异常的研究开发费用，检查费用的开支标准是否符合申报企业的相关规定，原始凭证是否合法，金额计算和会计处理是否正确。14）检查是否存在向关联方支付研究开发费用的情形，若有，应关注计价是否公允，原始凭证是否合法，会计处理是否正确。15）抽取会计年度终了日前、后若干天的记账凭证，实施截止测试，若存在异常迹象，考虑是否有必要追加审计程序，对于重大跨期项目，提请申报企业调整。16）检查研究开发费用的列报与披露是否恰当。

第六章二·（二）·3规定，根据《高新技术企业认定管理办法》的规定，高新技术企业认定必须满足最近三个会计年度研究开发费用总额占销售收入总额一定比例的要求，具体要求如下：①最近一年销售收入小于5000万元的企业，比例不低于6%；②最近一年销售收入在5000万元至20000万元的企业，比例不低于4%；③最近一年销售收入在20000万元以上的企业，比例不低于3%。其中，企业在中国境内发生的研究开发费用总额占全部研究开发费用总额的比例不低于60%。

结合审定的研究开发费用，复核研究开发费用总额占销售收入总额比例的常用程序如下：①获取经具有资质的会计师事务所审计的申报企业最近三个会计年度的财务报表。②复算加计最近三个会计年度的销售收入，按《高新技术企业认定申请书》填报说明，销售收入是指产品收入和技术服务收入之和。③复算加计最近三个会计年度的研究开发费用。④复算研究开发费用总额占销售收入总额的比例，与申报企业计算的结果核对是否一致。⑤复算在中国境内发生的研究开发费用总额占全部研究开发费用总额的比例，与申报企业计算的结果核对是否一致。

3.9.4.7　对高新技术产品（服务）收入实施的进一步审计程序方面

（1）未按规定实施控制测试。

《高新技术企业认定专项审计指引》第七章一·（一）规定，注册会计师对内部控制的测试应当涵盖内部控制的五个要素，这里重点说明对与高新技术产品（服务）收入相关的控制活动和信息系统的测试，其他要素的测试要求应当遵循《中国注册会计师审计准则第1231号——针对评估的重大错报风险实施的程序》。

（2）未按规定实施实质性程序。

《高新技术企业认定专项审计指引》第七章二·（一）·1规定，申报企业高新技术产品（服务）收入实质性程序的一般要求与研究开发费用实质性程序相同。

第七章二·（二）·2规定，申报企业主营高新技术产品的研发、生产和销售时，高新技术产品收入通常是该企业的主要收入。基于专项审计的目的，注册会计师审计时应重点关注高新技术产品（服务）收入明细表中列报的产品收入是否属于《国家重点支持的高新技术领域》规定领域的产品收入，申报企业是否存在将一般产品收入列报为高新技术产品收入的错报风险。高新技术产品收入审计常用的实质性程序如下：1）获取高新技术产品（服务）收入明细表：①复核加计是否正确，并与高新技术产品收入明细账合计数核对是否相符；②检查以非记账本位币结算的产品收入的折算汇率及折算结果是否正确；③取得知识产权证书（包括发明、实用新型、外观设计等的专利证书，软件著作权证书）或独占许可合同、生产批文、新产品或新技术证明、产品质量检验报告、省级以上科技计划立项证明以及其他相关证明材料，检查产品收入是否属于《国家重点支持的高新技术领域》规定领域的产品实现的收入，必要时，应当利用专家的工作。2）根据实际情况，实施下列实质性分析程序：①将本期的高新技术产品收入与上期的高新技术产品收入进行比较，分析产品销售的数量和价格变动是否异常，并分析异常变动的原因；②比较本期各月各品种高新技术产品收入的波动情况，分析其变动趋势是否正常，是否符合申报企业的经营规律（如季节性、周期性等），查明异常现象和重大波动的原因；③将本期主要高新技术产品的销售数量、价格、毛利率与同行业企业本期相关资料进行对比分析，检查是否存在异常；④计算本期主要高新技术产品的毛利率并与上期比较，关注收入与成本是否配比，检查是否异常，两期之间是否存在异常波动，如有异常波动，应当查明原因。3）检查高新技术产品收入的确认方法是否与财务报表所采用的收入确认方法一致，是否符合适用的会计准则和相关会计制度的规定，前后各期是否保持一致；关注周期性、偶然性的高新技术产品收入是否符合既定的收入确认原则、方法。4）获取申报企业高新技术产品价格目录，抽查售价是否符合价格政策，并关注销售给关联方或关系密切的重要客户的产品价格是否合理，有无以高价结算的方法向申报企业转移收入的现象。5）抽取与高新技术产品收入相关的记账凭证，核查入账日期、品名、数量、单价、金额等是否与发票、发货单、销售合同等一致。6）抽取与高新技术产品收入相关的发货单，核查出库日期、品名、数量等是否与发票、销售合同、记账凭证等一致。7）针对毛利率异常的高新技术产品，关注其成本结转是否正常，检查相关销售合同或协议、原始凭证等相关资料，分析交易的实质，必要时对毛利率异常的大额销售进行函证。8）选择高新技术产品销售主要客户、本期销售增幅较大的客户、关联方客户或其他异常客户，函证本期高新技术产品销售的数量和金额。9）对于出口销售，应当将出口销售记录与出口报关单、货运提单、销售发票等出口销售单据进行核对，必要时向海关函证。10）对于软件销售，应当将软件销售记录与增值税申报表、增值税退税收入表中列示的相应计税（退税）收入核对是否相符，如不相符，应当查明原因。11）销售的截止测试：①检查会计年度终了日前、后若干天的账簿记录、销售发票存根联及货运单，检查销售收入有无提前确认或延迟确认的情形；②取得会计年度终了日后若干月内所有的销售退回记录，检查是否存在不当确认收入或提前确认收入的情形；③结合函证程序，检查有无未取得对方认可的大额销售；④重大跨期销售的建议调整。12）存在销货退回的，检查退货手续是否符合规定，结合销售凭证检查其会计处理是否正确。13）取得申报企业销售折扣与折让的相关资料，了解折扣与折让的具体规定，与实际执行情况进行核对；抽查大额折扣与折让发生额，检查是否经授权批准，确认其合法性、真实性；检查销售折扣与折让的会计处理是否正确。14）检查有无特殊的销售行为，如委托代销、分期收款销售、商品需要安装和检验的销售、附有退回条件的销售、售后租回、售后回购、以旧换新等,选择恰当的审计程序进行审核。15)调查向关联方销售高新技术产品的情况,记录其交易品种、价格、数量、金额和比例,并记录其占总销售收入的比例。16)对于财务报表汇总范围内的内部销售活动,记录应予汇总抵销的金额。17)获取申报企业按单一产品(服务)填报的上年度高新技术产品(服务)情况表,加计各种产品上年度销售收入,核对其与高新技术产品(服务)收入明细表中产品收入小计数是否相符。18)确定高新技术产品收入的列报和披露是否恰当。

第七章二·(二)·3规定,申报企业主营高新技术产品(服务)的研发、生产和销售时,还可能兼营技术服务、技术转让和受托技术开发等业务并取得收入,这些收入通常通过"其他业务收入"或"营业外收入"核算。对于主营技术开发和转让、技术服务的申报企业来说,技术转让收入、技术承包收入、技术服务收入和接受委托科研收入则是其主营业务收入。基于专项审计的目的,注册会计师审计时同样应当重点关注高新技术产品(服务)收入明细表中列报的技术性收入是否属于《国家重点支持的高新技术领域》规定领域的技术收入,申报企业是否存在将非技术性收入列报为技术性收入的错报风险。技术性收入审计常用的实质性程序如下:1)获取高新技术产品(服务)收入明细表:①复核加计正确,并与技术性收入明细账合计数核对是否相符;②检查以非记账本位币结算的技术性收入的折算汇率及折算结果是否正确;③取得知识产权证书(包括发明、实用新型、外观设计等的专利证书,软件著作权证书)或独占许可合同、生产批文、新产品或新技术证明、产品质量检验报告、省级以上科技计划立项证明以及其他相关证明材料,检查技术性收入是否属于《国家重点支持的高新技术领域》规定的技术所实现的收入,必要时,应当利用专家的工作。2)实质性分析程序:将本期各类技术性收入与上期技术性收入相比较,检查是否存在重大波动,如有,应当查明原因。3)检查技术性收入的确认方法是否与财务报表所采用的收入确认方法相一致,是否符合适用的会计准则和相关会计制度的规定,前后各期是否保持一致。①检查技术转让收入是否在该项技术对应的无形资产所有权的主要风险和报酬转移时加以确认,包括检查相关合同或协议、财产移交手续和收款记录;②对于当期发生并在年度内完成的技术承包、技术服务、接受委托科研等合同,检查其收入是否及时、完整地于当期确认,包括检查相关合同或协议、交易对方(技术发包方、技术服务接受方、科研委托方)的确认函或验收报告以及收款记录;③对于当期开始提供劳务、跨期完工的技术承包、技术服务、接受委托科研等合同,检查其是否采用完工百分比法确认收入,包括检查相关合同或协议、完工进度确认文件以及收款记录,关注完工进度的确认方法是否合理。4)关注技术性收入对应的成本,如无成本或成本较少,检查相关合同或协议、原始凭证等相关资料,分析交易的实质。5)选择技术性收入的主要客户、本期收入增幅较大的客户、关联方客户或其他异常客户,函证本期技术性收入的业务内容及其金额。6)将技术性收入记录与营业税申报表中列示的应税技术性收入核对是否相符,如有不符,应当查明原因。7)截止测试:①抽查会计年度终了日前、后若干天与技术性收入相关的记账凭证,实施截止测试,追踪到发票、收据,确定入账时间是否正确,对于重大跨期项目作必要的调整建议;②取得会计年度终了日后若干月所有的技术性收入冲回记录,检查是否存在非实质性交易或提前确认收入的情形。8)调查向关联方提供的技术性收入情况,记录其交易类型、价格、金额和比例,并记录其占技术性收入总额的比例。9)对于财务报表汇总范围内的技术性收入,记录应予汇总抵销的金额。10)获取申报企业上年度高新技术产品(服务)情况表,加计各类技术性服务的上年度收入，核对其与高新技术产品（服务）收入明细表中技术性收入小计数是否相符。11）确定技术性收入的列报和披露是否恰当。

第七章二·（二）·4 规定，根据《高新技术企业认定管理办法》的规定，高新技术企业认定必须满足"最近一个会计年度高新技术产品（服务）收入占企业当年总收入的60%以上"的条件。结合审定的高新技术产品（服务）收入，复核高新技术产品（服务）收入占企业当年总收入比例的常用程序如下：①获取经具有资质的会计师事务所审计的申报企业最近一个会计年度的财务报表。②复算最近一个会计年度高新技术产品（服务）收入占申报企业当年总收入（主营业务收入与其他业务收入之和）的比例，与申报企业计算的结果核对是否一致。

3.9.4.8 其他方面

（1）注册会计师未保持职业怀疑态度。

《高新技术企业认定专项审计指引》第一章第六项规定，在计划和实施高新技术企业认定专项审计工作时，注册会计师应当保持职业怀疑态度，充分考虑可能存在的导致申报企业研究开发费用结构明细表和高新技术产品（服务）收入明细表发生重大错报的情形。注册会计师应当以质疑的思维方式评价所获取证据的有效性，并对相互矛盾的证据，以及引起对文件记录或管理层和治理层提供信息的可靠性产生怀疑的证据保持警觉。

（2）未按规定获取书面声明。

《高新技术企业认定专项审计指引》第八章第一项规定，在完成审计工作前，注册会计师还应当按照《中国注册会计师审计准则第1341号——管理层声明》的要求，获取管理层对研究开发费用和高新技术产品（服务）收入有重大影响的事项作出的书面声明。

3.9.5 企业内部控制审计方面的违规行为

3.9.5.1 内部控制审计报告方面

（1）内部控制审计报告要素不完整。

《企业内部控制审计指引》第二十七条规定，注册会计师在完成内部控制审计工作后，应当出具内部控制审计报告。标准内部控制审计报告应当包括下列要素：（一）标题；（二）收件人；（三）引言段；（四）企业对内部控制的责任段；（五）注册会计师的责任段；（六）内部控制固有局限性的说明段；（七）财务报告内部控制审计意见段；（八）非财务报告内部控制重大缺陷描述段；（九）注册会计师的签名和盖章；（十）会计师事务所的名称、地址及盖章；（十一）报告日期。

（2）未按规定出具无保留意见的内部控制审计报告。

《企业内部控制审计指引》第二十八条规定，符合下列所有条件的，注册会计师应当对财务报告内部控制出具无保留意见的内部控制审计报告：（一）企业按照《企业内部控制基本规范》、《企业内部控制应用指引》、《企业内部控制评价指引》以及企业自身内部控制制度的要求，在所有重大方面保持了有效的内部控制；（二）注册会计师已经按照《企业内部控制审计指引》的要求计划和实施审计工作，在审计过程中未受到限制。

（3）未按规定在内部控制审计报告中增加强调事项段。

《企业内部控制审计指引》第二十九条规定，注册会计师认为财务报告内部控制虽不存在重大缺陷，但仍有一项或者多项重大事项需要提请内部控制审计报告使用者注意的，应当在内部控制审计报告中增加强调事项段予以说明。

注册会计师应当在强调事项段中指明，该段内容仅用于提醒内部控制审计报告使用者关注，并不影响对财务报告内部控制发表的审计意见。

（4）未按规定对财务报告内部控制发表否定意见。

《企业内部控制审计指引》第三十条规定，注册会计师认为财务报告内部控制存在一项或多项重大缺陷的，除非审计范围受到限制，应当对财务报告内部控制发表否定意见。

注册会计师出具否定意见的内部控制审计报告，还应当包括下列内容：（一）重大缺陷的定义；（二）重大缺陷的性质及其对财务报告内部控制的影响程度。

（5）未按规定出具无法表示意见的内部控制审计报告。

《企业内部控制审计指引》第三十一条规定，注册会计师审计范围受到限制的，应当解除业务约定或出具无法表示意见的内部控制审计报告，并就审计范围受到限制的情况，以书面形式与董事会进行沟通。

注册会计师在出具无法表示意见的内部控制审计报告时，应当在内部控制审计报告中指明审计范围受到限制，无法对内部控制的有效性发表意见。

注册会计师在已执行的有限程序中发现财务报告内部控制存在重大缺陷的，应当在内部控制审计报告中对重大缺陷做出详细说明。

（6）未按规定处理在审计过程中注意到的非财务报告内部控制缺陷。

《企业内部控制审计指引》第三十二条规定，注册会计师对在审计过程中注意到的非财务报告内部控制缺陷，应当区别具体情况予以处理：（一）注册会计师认为非财务报告内部控制缺陷为一般缺陷的，应当与企业进行沟通，提醒企业加以改进，但无需在内部控制审计报告中说明；（二）注册会计师认为非财务报告内部控制缺陷为重要缺陷的，应当以书面形式与企业董事会和经理层沟通，提醒企业加以改进，但无需在内部控制审计报告中说明；（三）注册会计师认为非财务报告内部控制缺陷为重大缺陷的，应当以书面形式与企业董事会和经理层沟通，提醒企业加以改进；同时应当在内部控制审计报告中增加非财务报告内部控制重大缺陷描述段，对重大缺陷的性质及其对实现相关控制目标的影响程度进行披露，提示内部控制审计报告使用者注意相关风险。

（7）未按规定披露非财务报告内部控制的重大缺陷。

《企业内部控制审计指引》第四条规定，注册会计师执行内部控制审计工作，应当获取充分、适当的证据，为发表内部控制审计意见提供合理保证。

注册会计师应当对财务报告内部控制的有效性发表审计意见，并对内部控制审计过程中注意到的非财务报告内部控制的重大缺陷，在内部控制审计报告中增加"非财务报告内部控制重大缺陷描述段"予以披露。

（8）未按规定处理内部控制的期后事项。

《企业内部控制审计指引》第三十三条规定，在企业内部控制自我评价基准日并不存在、但在该基准日之后至审计报告日之前（以下简称期后期间）内部控制可能发生变化，或出现其他可能对内部控制产生重要影响的因素。注册会计师应当询问是否存在这类变化或影响因素，并获取企业关于这些情况的书面声明。

注册会计师知悉对企业内部控制自我评价基准日内部控制有效性有重大负面影响的期后事项的，应当对财务报告内部控制发表否定意见。

注册会计师不能确定期后事项对内部控制有效性的影响程度的，应当出具无法表示意见的内部控制审计报告。

3.9.5.2 内部控制审计程序和其他方面

（1）未按规定计划内部控制审计工作。

《企业内部控制审计指引》第六条规定，注册会计师应当恰当地计划内部控制审计工作，配备具有专业胜任能力的项目组，并对助理人员进行适当的督导。

第七条规定，在计划审计工作时，注册会计师应当评价下列事项对内部控制、财务报表以及审计工作的影响：（一）与企业相关的风险；（二）相关法律法规和行业概况；（三）企业组织结构、经营特点和资本结构等相关重要事项；（四）企业内部控制最近发生变化的程度；（五）与企业沟通过的内部控制缺陷；（六）重要性、风险等与确定内部控制重大缺陷相关的因素；（七）对内部控制有效性的初步判断；（八）可获取的、与内部控制有效性相关的证据的类型和范围。

第八条规定，注册会计师应当以风险评估为基础，选择拟测试的控制，确定测试所需收集的证据。内部控制的特定领域存在重大缺陷的风险越高，给予该领域的审计关注就越多。

第九条规定，注册会计师应当对企业内部控制自我评价工作进行评估，判断是否利用企业内部审计人员、内部控制评价人员和其他相关人员的工作以及可利用的程度，相应减少可能本应由注册会计师执行的工作。注册会计师利用企业内部审计人员、内部控制评价人员和其他相关人员的工作，应当对其专业胜任能力和客观性进行充分评价。与某项控制相关的风险越高，可利用程度就越低，注册会计师应当更多地对该项控制亲自进行测试。注册会计师应当对发表的审计意见独立承担责任，其责任不因为利用企业内部审计人员、内部控制评价人员和其他相关人员的工作而减轻。

（2）未按规定实施内部控制审计工作。

《企业内部控制审计指引》第十条规定，注册会计师应当按照自上而下的方法实施审计工作。自上而下的方法是注册会计师识别风险、选择拟测试控制的基本思路。注册会计师在实施审计工作时，可以将企业层面控制和业务层面控制的测试结合进行。

第十一条规定，注册会计师测试企业层面控制，应当把握重要性原则，至少应当关注：（一）与内部环境相关的控制；（二）针对董事会、经理层凌驾于控制之上的风险而设计的控制；（三）企业的风险评估过程；（四）对内部信息传递和财务报告流程的控制；（五）对控制有效性的内部监督和自我评价。

第十二条规定，注册会计师测试业务层面控制，应当把握重要性原则，结合企业实际、企业内部控制各项应用指引的要求和企业层面控制的测试情况，重点对企业生产经营活动中的重要业务与事项的控制进行测试。注册会计师应当关注信息系统对内部控制及风险评估的影响。

第十三条规定，注册会计师在测试企业层面控制和业务层面控制时，应当评价内部控制是否足以应对舞弊风险。

第十四条规定，注册会计师应当测试内部控制设计与运行的有效性。如果某项控制由拥有必要授权和专业胜任能力的人员按照规定的程序与要求执行，能够实现控制目标，表明该项控制的设计是有效的。如果某项控制正在按照设计运行，执行人员拥有必要授权和专业胜任能力，能够实现控制目标，表明该项控制的运行是有效的。

第十五条规定，注册会计师应当根据与内部控制相关的风险，确定拟实施审计程序的性质、时间安排和范围，获取充分、适当的证据。与内部控制相关的风险越高，注册会计师需要获取的证据应越多。

第十六条规定，注册会计师在测试控制设计与运行的有效性时，应当综合运用询问适当人员、观察经营活动、检查相关文件、穿行测试和重新执行等方法。询问本身并不足以提供充分、适当的证据。

第十七条规定，注册会计师在确定测试的时间安排时，应当在下列两个因素之间作出平衡，以获取充分、适当的证据：（一）尽量在接近企业内部控制自我评价基准日实施测试；（二）实施的测试需要涵盖足够长的期间。

第十八条规定，注册会计师对于内部控制运行偏离设计的情况（即控制偏差），应当确定该偏差对相关风险评估、需要获取的证据以及控制运行有效性结论的影响。

第十九条规定，在连续审计中，注册会计师在确定测试的性质、时间安排和范围时，应当考虑以前年度执行内部控制审计时了解的情况。

（3）未按规定评价内部控制缺陷。

《企业内部控制审计指引》第二十条规定，内部控制缺陷按其成因分为设计缺陷和运行缺陷，按其影响程度分为重大缺陷、重要缺陷和一般缺陷。注册会计师应当评价其识别的各项内部控制缺陷的严重程度，以确定这些缺陷单独或组合起来，是否构成重大缺陷。

第二十一条规定，在确定一项内部控制缺陷或多项内部控制缺陷的组合是否构成重大缺陷时，注册会计师应当评价补偿性控制（替代性控制）的影响。企业执行的补偿性控制应当具有同样的效果。

第二十二条规定，表明内部控制可能存在重大缺陷的迹象，主要包括：（一）注册会计师发现董事、监事和高级管理人员舞弊；（二）企业更正已经公布的财务报表；（三）注册会计师发现当期财务报表存在重大错报，而内部控制在运行过程中未能发现该错报；（四）企业审计委员会和内部审计机构对内部控制的监督无效。

（4）未按规定取得书面声明。

《企业内部控制审计指引》第二十三条规定，注册会计师完成审计工作后，应当取得经企业签署的书面声明。书面声明应当包括下列内容：（一）企业董事会认可其对建立健全和有效实施内部控制负责；（二）企业已对内部控制的有效性作出自我评价，并说明评价时采用的标准以及得出的结论；（三）企业没有利用注册会计师执行的审计程序及其结果作为自我评价的基础；（四）企业已向注册会计师披露识别出的所有内部控制缺陷，并单独披露其中的重大缺陷和重要缺陷；（五）企业对于注册会计师在以前年度审计中识别的重大缺陷和重要缺陷，是否已经采取措施予以解决；（六）企业在内部控制自我评价基准日后，内部控制是否发生重大变化，或者存在对内部控制具有重要影响的其他因素。

第二十四条规定，企业如果拒绝提供或以其他不当理由回避书面声明，注册会计师应当将其视为审计范围受到限制，解除业务约定或出具无法表示意见的内部控制审计报告。

(5) 未按规定与企业进行沟通。

《企业内部控制审计指引》第二十五条规定，注册会计师应当与企业沟通审计过程中识别的所有控制缺陷。对于其中的重大缺陷和重要缺陷，应当以书面形式与董事会和经理层沟通。

注册会计师认为审计委员会和内部审计机构对内部控制的监督无效的，应当就此以书面形式直接与董事会和经理层沟通。

书面沟通应当在注册会计师出具内部控制审计报告之前进行。

(6) 未按规定对获取的证据进行评价。

《企业内部控制审计指引》第二十六条规定，注册会计师应当对获取的证据进行评价，形成对内部控制有效性的意见。

(7) 未按规定形成内部控制审计工作底稿。

《企业内部控制审计指引》第三十四条规定，注册会计师应当按照《中国注册会计师审计准则第1131号——审计工作底稿》的规定，编制内部控制审计工作底稿，完整记录审计工作情况。

第三十五条规定，注册会计师应当在审计工作底稿中记录下列内容：（一）内部控制审计计划及重大修改情况；（二）相关风险评估和选择拟测试的内部控制的主要过程及结果；（三）测试内部控制设计与运行有效性的程序及结果；（四）对识别的控制缺陷的评价；（五）形成的审计结论和意见；（六）其他重要事项。

3.9.6 验资项目方面的违规行为

3.9.6.1 验资报告方面

(1) 验资报告的标题不规范。

《中国注册会计师审计准则第1602号——验资》第二十三条规定，验资报告的标题应当统一规范为"验资报告"。

(2) 验资报告未按规定载明收件人全称。

《中国注册会计师审计准则第1602号——验资》第二十四条规定，验资报告的收件人是指注册会计师按照业务约定书的要求致送验资报告的对象，一般是指验资业务的委托人。验资报告应当载明收件人的全称。

(3) 验资报告的范围段内容不符合规定。

《中国注册会计师审计准则第1602号——验资》第二十五条规定，验资报告的范围段应当说明审验范围、出资者和被审验单位的责任、注册会计师的责任、审验依据和已实施的主要审验程序等。

(4) 验资报告的意见段内容不符合规定。

《中国注册会计师审计准则第1602号——验资》第二十六条规定，验资报告的意见段应当说明已审验的被审验单位注册资本的实收情况或注册资本及实收资本的变更情况。对于变更验资，注册会计师仅对本次注册资本及实收资本的变更情况发表审验意见。

(5) 验资报告的说明段内容不符合规定。

《中国注册会计师审计准则第1602号——验资》第二十七条规定，验资报告的说明段应当说明验资报告的用途、使用责任及注册会计师认为应当说明的其他重要事项。对于变更验资，注册会计师还应当在验资报告说明段中说明对以前注册资本实收情况审验的会计师事务所名称及其审验情况，并说明变更后的累计注册资本实收金额。

第二十八条规定，如果在注册资本及实收资本的确认方面与被审验单位存在异议，且无法协商一致，注册会计师应当在验资报告说明段中清晰地反映有关事项及其差异和理由。

（6）验资报告的附件不符合规定。

《中国注册会计师审计准则第1602号——验资》第二十九条规定，验资报告的附件应当包括已审验的注册资本实收情况明细表或注册资本、实收资本变更情况明细表和验资事项说明等。

（7）验资报告未按规定由注册会计师签名并盖章。

《中国注册会计师审计准则第1602号——验资》第三十条规定，验资报告应当由注册会计师签名并盖章。

《财政部关于注册会计师在审计报告上签名盖章有关问题的通知》规定，"二、审计报告应当由两名具备相关业务资格的注册会计师签名盖章并经会计师事务所盖章方为有效：（一）合伙会计师事务所出具的审计报告，应当由一名对审计项目负最终复核责任的合伙人和一名负责该项目的注册会计师签名盖章；（二）有限责任会计师事务所出具的审计报告，应当由会计师事务所主任会计师或其授权的副主任会计师和一名负责该项目的注册会计师签名盖章。"、"三、会计师事务所出具验资报告、盈利预测审核报告等具有法定证明效力的报告，应当遵照本通知执行。"

（8）验资报告未按规定加盖会计师事务所公章。

《中国注册会计师审计准则第1602号——验资》第三十一条规定，验资报告应当载明会计师事务所的名称和地址，并加盖会计师事务所公章。

（9）验资报告日期不符合规定。

《中国注册会计师审计准则第1602号——验资》第三十二条规定，验资报告日期是指注册会计师完成审验工作的日期。

（10）未按规定拒绝出具验资报告并解除业务约定。

《中国注册会计师审计准则第1602号——验资》第三十三条规定，注册会计师在审验过程中，遇有下列情形之一时，应当拒绝出具验资报告并解除业务约定：（一）被审验单位或出资者不提供真实、合法、完整的验资资料的；（二）被审验单位或出资者对注册会计师应当实施的审验程序不予合作，甚至阻挠审验的；（三）被审验单位或出资者坚持要求注册会计师作不实证明的。

3.9.6.2 业务约定书和验资计划方面

（1）业务承接不符合规定。

《中国注册会计师审计准则第1602号——验资》第七条规定，注册会计师应当了解被审验单位基本情况，考虑自身独立性和专业胜任能力，初步评估验资风险，以确定是否接受委托。

（2）未按规定签订业务约定书。

《中国注册会计师审计准则第1602号——验资》第八条规定，注册会计师应当就下列主要事项与委托人沟通，并达成一致意见：（一）委托目的；（二）出资者和被审验单位的责任以及注册会计师的责任；（三）审验范围；（四）时间要求；（五）验资收费；（六）报告分发和使用的限制。

第九条规定，如果接受委托，注册会计师应当与委托人就双方达成一致的事项签订业务约定书。

（3）未按规定编制验资计划。

《中国注册会计师审计准则第1602号——验资》第十条规定，注册会计师执行验资业务，应当编制验资计划，对验资工作作出合理安排。

3.9.6.3 验资程序方面

（1）未按规定获取注册资本实收情况明细表或注册资本、实收资本变更情况明细表。

《中国注册会计师审计准则第1602号——验资》第十一条规定，注册会计师应当向被审验单位获取注册资本实收情况明细表或注册资本、实收资本变更情况明细表。

（2）审验范围不符合规定。

《中国注册会计师审计准则第1602号——验资》第十二条规定，设立验资的审验范围一般限于与被审验单位注册资本实收情况有关的事项，包括出资者、出资币种、出资金额、出资时间、出资方式和出资比例等。

第十三条规定，变更验资的审验范围一般限于与被审验单位注册资本及实收资本增减变动情况有关的事项。

增加注册资本及实收资本时，审验范围包括与增资相关的出资者、出资币种、出资金额、出资时间、出资方式、出资比例和相关会计处理，以及增资后的出资者、出资金额和出资比例等。

减少注册资本及实收资本时，审验范围包括与减资相关的减资者、减资币种、减资金额、减资时间、减资方式、债务清偿或债务担保情况、相关会计处理，以及减资后的出资者、出资金额和出资比例等。

（3）审验方法不符合规定。

《中国注册会计师审计准则第1602号——验资》第十四条规定，对于出资者投入的资本及其相关的资产、负债，注册会计师应当分别采用下列方法进行审验：（一）以货币出资的，应当在检查被审验单位开户银行出具的收款凭证、对账单及银行询证函回函等的基础上，审验出资者的实际出资金额和货币出资比例是否符合规定。对于股份有限公司向社会公开募集的股本，还应当检查证券公司承销协议、募股清单和股票发行费用清单等。（二）以实物出资的，应当观察、检查实物，审验其权属转移情况，并按照国家有关规定在资产评估的基础上审验其价值。如果被审验单位是外商投资企业，注册会计师应当按照国家有关外商投资企业的规定，审验实物出资的价值。（三）以知识产权、土地使用权等无形资产出资的，应当审验其权属转移情况，并按照国家有关规定在资产评估的基础上审验其价值。如果被审验单位是外商投资企业，注册会计师应当按照国家有关外商投资企业的规定，审验无形资产出资的价值。（四）以净资产折合实收资本的，或以资本公积、盈余公积、未分配利润转增注册资本及实收资本的，应当在审计的基础上按照国家有关规定审验其价值。（五）以货币、实物、知识产权、土地使用权以外的其他财产出资的，注册会计师应当审验出资是否符合国家有关规定。(六) 外商投资企业的外方出资者以本条第 (一) 项至第 (五) 项所述方式出资的,注册会计师还应当关注其是否符合国家外汇管理有关规定,向企业注册地的外汇管理部门发出外方出资情况询证函,并根据外方出资者的出资方式附送银行询证函回函、资本项目外汇业务核准件及进口货物报关单等文件的复印件,以询证上述文件内容的真实性、合规性。

《财政部 国家外汇管理局关于进一步加强外商投资企业验资工作及健全外资外汇登记制度的通知》(财会 [2002] 1017 号) 第一项规定,注册会计师执行外商投资企业验资业务,除实施《独立审计实务公告第 1 号——验资》、《中国注册会计师执业规范指南第 3 号——验资(试行)》规定的审验程序外,还应当根据情况采用下列方法验证:(一) 外方出资者以外币出资的,注册会计师应当检查外商投资企业的外汇登记证,以确定外币是否汇入经国家外汇管理局各分支局、外汇管理部(以下简称"外汇局")核准的资本金账户,并向该账户开户银行函证。(二) 有下列情形的,注册会计师应当检查企业提供的"国家外汇管理局资本项目外汇业务核准件"原件,以确定其行为是否与外汇局核准的相一致:①外方出资者以其来源于中国境内举办的其他外商投资企业净利润和因清算、股权转让、先行收回投资、减资等所得的货币资金在境内再投资的;②外商投资企业以资本公积、盈余公积、未分配利润、已登记外债和应付股利转增资本的;③外方出资者减少出资的;④国家规定的其他出资方式须经外汇局核准的。(三) 外方出资者以实物出资的,注册会计师应当获取进口货物报关单,检查实物是否来源于境外。(四) 外方以本条 (一) 至 (三) 项所述方式出资的,注册会计师应当向企业注册地外汇局发出外方出资情况询证函,并根据外方出资者的出资方式附送银行询证函回函、资本项目外汇业务核准件及进口货物报关单等文件的复印件,以询证上述文件内容的真实性、合规性。上述款项中涉及外方出资者以外币出资但在境内原币划转的,注册会计师还应当检查原币划转是否经外汇局核准。

第四项规定,注册会计师应当在收到外方出资情况询证函回函后,以注明外资外汇登记编号的回函作为出具验资报告的依据,并将其复印件交企业留存备查。如果外汇局在回函中注明附送文件存在虚假、违规等情况,注册会计师不得出具验资报告。如果收到注明外资外汇登记编号的回函后因情况变化不出具验资报告,注册会计师应当将变动情况以书面方式告知外汇局,外汇局应当及时注销外资外汇登记编号。

(4) 非货币财产作价出资未依法办理财产权转移手续。

《中国注册会计师审计准则第 1602 号——验资》第十五条规定,对于出资者以实物、知识产权和土地使用权等非货币财产作价出资的,注册会计师应当在出资者依法办理财产权转移手续后予以审验。

(5) 未按规定关注分次缴纳注册资本的首次出资额和出资比例。

《中国注册会计师审计准则第 1602 号——验资》第十六条规定,对于设立验资,如果出资者分次缴纳注册资本,注册会计师应当关注全体出资者的首次出资额和出资比例是否符合国家有关规定。

(6) 未按规定关注被审验单位以前的注册资本实收情况和出资时间。

《中国注册会计师审计准则第 1602 号——验资》第十七条规定,对于变更验资,注册会计师应当关注被审验单位以前的注册资本实收情况,并关注出资者是否按照规定的期限缴纳注册资本。

3.9.6.4 其他方面

(1) 未按规定利用专家协助工作。

《中国注册会计师审计准则第 1602 号——验资》第十八条规定，注册会计师在审验过程中利用专家协助工作时，应当考虑其专业胜任能力和客观性，并对利用专家工作结果所形成的审验结论负责。

(2) 未按规定获取与验资业务有关的重大事项的书面声明。

《中国注册会计师审计准则第 1602 号——验资》第十九条规定，注册会计师应当向出资者和被审验单位获取与验资业务有关的重大事项的书面声明。

(3) 未按规定形成验资工作底稿。

《中国注册会计师审计准则第 1602 号——验资》第二十条规定，注册会计师应当对验资过程及结果进行记录，形成验资工作底稿。

3.9.7 财务报表审阅方面的违规行为

3.9.7.1 审阅报告方面

(1) 审阅报告未按规定表达有限保证的结论。

《中国注册会计师审阅准则第 2101 号——财务报表审阅》第二十条规定，审阅报告应当清楚地表达有限保证的结论。注册会计师应当复核和评价根据审阅证据得出的结论，以此作为表达有限保证的基础。

第二十一条规定，根据已实施的工作，注册会计师应当评估在审阅过程中获知的信息是否表明财务报表没有按照适用的会计准则和相关会计制度的规定编制，未能在所有重大方面公允反映被审阅单位的财务状况、经营成果和现金流量。

(2) 审阅报告的标题不规范。

《中国注册会计师审阅准则第 2101 号——财务报表审阅》第二十三条规定，审阅报告的标题应当统一规范为"审阅报告"。

(3) 审阅报告的收件人不符合规定。

《中国注册会计师审阅准则第 2101 号——财务报表审阅》第二十四条规定，审阅报告的收件人应当为审阅业务的委托人。审阅报告应当载明收件人的全称。

(4) 审阅报告的引言段不符合规定。

《中国注册会计师审阅准则第 2101 号——财务报表审阅》第二十五条规定，审阅报告的引言段应当说明下列内容：（一）所审阅财务报表的名称；（二）管理层的责任和注册会计师的责任。

(5) 审阅报告的范围段不符合规定。

《中国注册会计师审阅准则第 2101 号——财务报表审阅》第二十六条规定，审阅报告的范围段应当说明审阅的性质，包括下列内容：（一）审阅业务所依据的准则；（二）审阅主要限于询问和实施分析程序，提供的保证程度低于审计；（三）没有实施审计，因而不发表审计意见。

（6）审阅报告的结论不符合规定。

《中国注册会计师审阅准则第 2101 号——财务报表审阅》第八条规定，由于实施审阅程序不能提供在财务报表审计中要求的所有证据，审阅业务对所审阅的财务报表不存在重大错报提供有限保证，注册会计师应当以消极方式提出结论。

第二十七条规定，注册会计师应当根据实施审阅程序的情况，在审阅报告的结论段中提出下列之一的结论：（一）根据注册会计师的审阅，如果没有注意到任何事项使其相信财务报表没有按照适用的会计准则和相关会计制度的规定编制，未能在所有重大方面公允反映被审阅单位的财务状况、经营成果和现金流量，注册会计师应当提出无保留的结论。（二）如果注意到某些事项使其相信财务报表没有按照适用的会计准则和相关会计制度的规定编制，未能在所有重大方面公允反映被审阅单位的财务状况、经营成果和现金流量，注册会计师应当在审阅报告的结论段前增设说明段，说明这些事项对财务报表的影响，并提出保留结论。如果这些事项对财务报表的影响非常重大和广泛，以至于认为仅提出保留结论不足以揭示财务报表的误导性或不完整性，注册会计师应当对财务报表提出否定结论，即财务报表没有按照适用的会计准则和相关会计制度的规定编制，未能在所有重大方面公允反映被审阅单位的财务状况、经营成果和现金流量。（三）如果存在重大的范围限制，注册会计师应当在审阅报告中说明，假定范围不受限制，注册会计师可能发现需要调整财务报表的事项，因而提出保留结论。如果范围限制的影响非常重大和广泛，以至于注册会计师认为不能提供任何程度的保证时，不应提供任何保证。

（7）审阅报告未由注册会计师签名并盖章。

《中国注册会计师审阅准则第 2101 号——财务报表审阅》第二十八条规定，审阅报告应当由注册会计师签名并盖章。

（8）审阅报告未按规定加盖会计师事务所公章。

《中国注册会计师审阅准则第 2101 号——财务报表审阅》第二十九条规定，审阅报告应当载明会计师事务所的名称和地址，并加盖会计师事务所公章。

（9）审阅报告的日期不符合规定。

《中国注册会计师审阅准则第 2101 号——财务报表审阅》第三十条规定，审阅报告应当注明报告日期。审阅报告的日期是指注册会计师完成审阅工作的日期，不应早于管理层批准财务报表的日期。

3.9.7.2 审阅程序和其他方面

（1）注册会计师未遵守相关的职业道德规范。

《中国注册会计师审阅准则第 2101 号——财务报表审阅》第三条规定，注册会计师应当遵守相关的职业道德规范，恪守独立、客观、公正的原则，保持专业胜任能力和应有的关注，并对执业过程中获知的信息保密。

（2）未按规定保持职业怀疑态度。

《中国注册会计师审阅准则第 2101 号——财务报表审阅》第五条规定，在计划和实施审阅工作时，注册会计师应当保持职业怀疑态度，充分考虑可能存在导致财务报表发生重大错报的情形。

(3) 注册会计师未主要通过询问和分析程序获取充分、适当的证据。

《中国注册会计师审阅准则第 2101 号——财务报表审阅》第六条规定，注册会计师应当主要通过询问和分析程序获取充分、适当的证据，作为得出审阅结论的基础。

(4) 未按规定签订业务约定书。

《中国注册会计师审阅准则第 2101 号——财务报表审阅》第九条规定，注册会计师应当与被审阅单位就业务约定条款达成一致意见，并签订业务约定书。

第十条规定，业务约定书应当包括下列主要内容：（一）审阅业务的目标；（二）管理层对财务报表的责任；（三）审阅范围，其中应提及按照本准则的规定执行审阅工作；（四）注册会计师不受限制地接触审阅业务所要求的记录、文件和其他信息；（五）预期提交的报告样本；（六）说明不能依赖财务报表审阅揭示错误、舞弊和违反法规行为；（七）说明没有实施审计，因此注册会计师不发表审计意见，不能满足法律法规或第三方对审计的要求。

(5) 未按规定计划审阅工作。

《中国注册会计师审阅准则第 2101 号——财务报表审阅》第十一条规定，注册会计师应当计划审阅工作，以有效执行审阅业务。

第十二条规定，在计划审阅工作时，注册会计师应当了解被审阅单位及其环境，或更新以前了解的内容，包括考虑被审阅单位的组织结构、会计信息系统、经营管理情况以及资产、负债、收入和费用的性质等。

(6) 未按规定确定审阅程序的性质、时间和范围。

《中国注册会计师审阅准则第 2101 号——财务报表审阅》第十三条规定，在确定审阅程序的性质、时间和范围时，注册会计师应当运用职业判断，并考虑下列因素：（一）以前期间执行财务报表审计或审阅所了解的情况；（二）对被审阅单位及其环境的了解，包括适用的会计准则和相关会计制度、行业惯例；（三）会计信息系统；（四）管理层的判断对特定项目的影响程度；（五）各类交易和账户余额的重要性。

(7) 未按规定确定重要性水平。

《中国注册会计师审阅准则第 2101 号——财务报表审阅》第十四条规定，在考虑重要性水平时，注册会计师应当采用与执行财务报表审计业务相同的标准。

(8) 未按规定实施财务报表审阅程序。

《中国注册会计师审阅准则第 2101 号——财务报表审阅》第十五条规定，财务报表审阅程序通常包括：（一）了解被审阅单位及其环境；（二）询问被审阅单位采用的会计准则和相关会计制度、行业惯例；（三）询问被审阅单位对交易和事项的确认、计量、记录和报告的程序；（四）询问财务报表中所有重要的认定；（五）实施分析程序，以识别异常关系和异常项目；（六）询问股东会、董事会以及其他类似机构决定采取的可能对财务报表产生影响的措施；（七）阅读财务报表，以考虑是否遵循指明的编制基础；（八）获取其他注册会计师对被审阅单位组成部分财务报表出具的审计报告或审阅报告。

注册会计师应当向负责财务会计事项的人员询问下列事项：（一）所有交易是否均已记录；（二）财务报表是否按照指明的编制基础编制；（三）被审阅单位业务活动、会计政策和行业惯例的变化；（四）在实施本条前款第（一）项至第（八）项程序时所发现的问题。必要时，注册会计师应当获取管理层书面声明。

第十六条规定,注册会计师应当询问在资产负债表日后发生的、可能需要在财务报表中调整或披露的期后事项。注册会计师没有责任实施程序以识别审阅报告日后发生的事项。

第十七条规定,如果有理由相信所审阅的财务报表可能存在重大错报,注册会计师应当实施追加的或更为广泛的程序,以便能够以消极方式提出结论或确定是否出具非无保留结论的报告。

第十八条规定,在利用其他注册会计师或专家的工作时,注册会计师应当考虑其工作是否满足财务报表审阅的需要。

(9) 注册会计师未按规定记录重大事项和相关证据。

《中国注册会计师审阅准则第 2101 号——财务报表审阅》第十九条规定,注册会计师应当记录为审阅报告提供证据的重大事项,以及按照本准则的规定执行审阅业务的证据。

3.9.8 历史财务信息审计或审阅以外的鉴证业务方面的违规行为

3.9.8.1 编制鉴证报告方面

(1) 鉴证报告的标题不符合规定。

《中国注册会计师其他鉴证业务准则第3101号——历史财务信息审计或审阅以外的鉴证业务》第五十四条规定,鉴证报告的标题应当清晰表述其他鉴证业务的性质。

(2) 鉴证报告的收件人不符合规定。

《中国注册会计师其他鉴证业务准则第3101号——历史财务信息审计或审阅以外的鉴证业务》第五十五条规定,鉴证报告的收件人是指鉴证报告应当提交的对象,在可行的情况下,鉴证报告的收件人应当明确为所有的预期使用者。

(3) 鉴证报告中对鉴证对象信息的界定与描述不符合规定。

《中国注册会计师其他鉴证业务准则第3101号——历史财务信息审计或审阅以外的鉴证业务》第五十六条规定,鉴证报告中对鉴证对象信息(适当时也包括鉴证对象)的界定与描述主要包括:(一) 与评价或计量鉴证对象相关的时点或期间;(二) 鉴证对象涉及的被鉴证单位或其组成部分的名称;(三) 对鉴证对象或鉴证对象信息的特征及其影响的解释,包括解释这些特征如何影响对鉴证对象按照既定标准进行评价或计量的准确性,以及如何影响所获取证据的说服力。如果在鉴证结论中提及责任方的认定,注册会计师应当将该认定附于鉴证报告后,或在鉴证报告中复述该认定,或指明预期使用者能够从何处获取该认定。

(4) 未按规定指出评价或计量鉴证对象所使用的标准。

《中国注册会计师其他鉴证业务准则第3101号——历史财务信息审计或审阅以外的鉴证业务》第五十七条规定,鉴证报告应当指出评价或计量鉴证对象所使用的标准,以使预期使用者能够了解注册会计师提出结论的依据。

注册会计师可以将该标准直接包括在鉴证报告中。如果预期使用者能够获取的责任方认定中已包括该标准,或容易从其他来源获取该标准,注册会计师也可以仅在鉴证报告中提及该标准。

(5) 注册会计师未根据具体业务环境披露相关事项。

《中国注册会计师其他鉴证业务准则第3101号——历史财务信息审计或审阅以外的鉴证

业务》第五十八条规定，注册会计师应当根据具体业务环境考虑是否披露：（一）标准的来源，以及标准是否为公开发布标准；如果不是公开发布标准，应当说明采用该标准的理由；（二）当标准允许选用多种计量方法时，采用的计量方法；（三）使用标准时作出的重要解释；（四）采用的计量方法是否发生变更。

第五十九条规定，如果根据标准评价或计量鉴证对象存在重大固有限制，且预期鉴证报告的使用者不能充分理解，注册会计师应当在鉴证报告中明确提及该限制。

第六十条规定，如果用于评价或计量鉴证对象的标准仅能为特定使用者所获取，或仅与特定目的相关，注册会计师应当在鉴证报告中指明该鉴证报告的使用仅限于特定使用者或特定目的。

（6）未在鉴证报告中界定责任方以及责任方和注册会计师各自的责任。

《中国注册会计师其他鉴证业务准则第3101号——历史财务信息审计或审阅以外的鉴证业务》第六十一条规定，注册会计师应当在鉴证报告中界定责任方以及责任方和注册会计师各自的责任。对于直接报告业务，注册会计师应当指明责任方对鉴证对象负责；对于基于认定的业务，注册会计师应当指明责任方对鉴证对象信息负责。注册会计师的责任是对鉴证对象信息独立地提出结论。

（7）未按规定在鉴证报告中说明遵循的执业准则。

《中国注册会计师其他鉴证业务准则第3101号——历史财务信息审计或审阅以外的鉴证业务》第六十二条规定，注册会计师应当在鉴证报告中说明，该项其他鉴证业务是按照其他鉴证业务准则的规定执行的。如果存在针对该项其他鉴证业务的具体准则，注册会计师应当根据该准则的规定决定是否在鉴证报告中特别提及该准则。

第六十三条规定，为使预期使用者了解鉴证报告所表达的保证性质，注册会计师应当参照相关的审计准则和审阅准则，在鉴证报告中概述已执行的鉴证工作。如果没有相关鉴证业务准则对特定鉴证对象的证据收集程序作出规定，注册会计师应当在概述时更具体地说明已执行的工作。

（8）在有限保证的其他鉴证业务中对已执行工作的概述不详细。

《中国注册会计师其他鉴证业务准则第3101号——历史财务信息审计或审阅以外的鉴证业务》第六十四条规定，在有限保证的其他鉴证业务中，为使预期使用者理解以消极方式表达的结论所传达的保证性质，注册会计师对已执行工作的概述通常比在合理保证的其他鉴证业务中更加详细。

在有限保证的其他鉴证业务中，对已执行工作的概述应当包括下列内容：（一）指出证据收集程序的性质、时间和范围存在的限制，必要时，说明没有执行合理保证的其他鉴证业务中通常实施的程序；（二）说明由于证据收集程序比合理保证的其他鉴证业务更为有限，因此，获得的保证程度低于合理保证的其他鉴证业务的保证程度。

（9）鉴证报告中未清楚地说明鉴证结论。

《中国注册会计师其他鉴证业务准则第3101号——历史财务信息审计或审阅以外的鉴证业务》第六十五条规定，注册会计师应当在鉴证报告中清楚地说明鉴证结论。如果鉴证对象信息由多个方面组成，注册会计师可就每个方面分别提出结论。虽然提出这些结论并非都需要执行相同水平的证据收集程序，但注册会计师应当根据某一方面执行的工作是合理保证还是有限保证，决定该方面结论的适当表达方式。

第六十六条规定，在适当情况下，注册会计师应当在鉴证报告中告知预期使用者提出该结论的背景，比如注册会计师的结论中可能包括"本结论是在受到鉴证报告中指出的固有限制的条件下形成的"的措辞。

（10）合理保证的其他鉴证业务未以积极方式提出结论。

《中国注册会计师其他鉴证业务准则第3101号——历史财务信息审计或审阅以外的鉴证业务》第六十七条规定，在合理保证的其他鉴证业务中，注册会计师应当以积极方式提出结论，如"我们认为，根据×标准，内部控制在所有重大方面是有效的"或"我们认为，责任方作出的'根据×标准，内部控制在所有重大方面是有效的'这一认定是公允的"。

（11）有限保证的其他鉴证业务未以消极方式提出结论。

《中国注册会计师其他鉴证业务准则第3101号——历史财务信息审计或审阅以外的鉴证业务》第六十八条规定，在有限保证的其他鉴证业务中，注册会计师应当以消极方式提出结论，如"基于本报告所述的工作，我们没有注意到任何事项使我们相信，根据×标准，×系统在任何重大方面是无效的"或"基于本报告所述的工作，我们没有注意到任何事项使我们相信，责任方作出的'根据×标准，×系统在所有重大方面是有效的'这一认定是不公允的"。

（12）非无保留结论未清楚地说明提出该结论的理由。

《中国注册会计师其他鉴证业务准则第3101号——历史财务信息审计或审阅以外的鉴证业务》第六十九条规定，如果提出无保留结论之外的其他结论，注册会计师应当在鉴证报告中清楚地说明提出该结论的理由。

（13）鉴证报告未按规定注明报告日期。

《中国注册会计师其他鉴证业务准则第3101号——历史财务信息审计或审阅以外的鉴证业务》第七十条规定，鉴证报告应当注明报告日期，以使预期使用者了解注册会计师已考虑截至报告日发生的事项对鉴证对象信息和鉴证报告的影响。

（14）鉴证报告未按规定增加不会影响鉴证结论的其他信息或解释。

《中国注册会计师其他鉴证业务准则第3101号——历史财务信息审计或审阅以外的鉴证业务》第七十一条规定，注册会计师可以在鉴证报告中增加不会影响鉴证结论的其他信息或解释。这些信息或解释主要包括：（一）注册会计师和其他参加具体业务的人员的资格和经验；（二）重要性水平；（三）在该业务的特定方面发现的问题及相关建议。鉴证报告中是否包含此类信息取决于该信息对预期使用者需求的重要程度。增加的信息应当与注册会计师的结论清楚分开，并在措辞上不影响鉴证结论。

（15）鉴证结论不恰当。

《中国注册会计师其他鉴证业务准则第3101号——历史财务信息审计或审阅以外的鉴证业务》第七十二条规定，如果存在下列事项，且判断该事项的影响重大或可能重大，注册会计师不应当提出无保留结论：（一）由于工作范围受到业务环境、责任方或委托人的限制，注册会计师不能获取必要的证据将鉴证业务风险降至适当水平，在这种情况下，应当出具保留结论或无法提出结论的报告；（二）如果结论提及责任方认定，且该认定未在所有重大方面作出公允表达，注册会计师应当提出保留结论或否定结论；如果结论直接提及鉴证对象及标准，且鉴证对象信息存在重大错报，注册会计师应当提出保留结论或否定结论；（三）在承接业务后，如果发现标准或鉴证对象不适当，可能误导预期使用者，注册会计师应当提出保留结论或否定结论；如果发现标准或鉴证对象不适当，造成工作范围受到限制，注册会计师应当出具保留结论或无法提出结论的报告。

第七十三条规定，如果某事项造成影响的重大与广泛程度不足以导致出具否定结论或无法提出结论的报告，注册会计师应当提出保留结论，并在报告中使用"除……的影响外"等措辞。

第七十四条规定，如果责任方认定已指出并适当说明鉴证对象信息存在重大错报，注册会计师应当选择下列一种方式提出鉴证结论：（一）直接对鉴证对象和使用的标准提出保留结论或否定结论；（二）如果业务约定条款特别要求针对责任方认定提出结论，注册会计师应当提出无保留结论，并在鉴证报告中增加强调事项段，说明鉴证对象信息存在重大错报且责任方认定已对此作出了适当说明。

3.9.8.2 鉴证程序和其他方面

（1）未按规定承接或保持其他鉴证业务。

《中国注册会计师其他鉴证业务准则第3101号——历史财务信息审计或审阅以外的鉴证业务》第五条规定，只有符合下列所有条件，会计师事务所才能承接或保持其他鉴证业务：（一）鉴证对象由预期使用者和注册会计师以外的第三方负责；（二）在初步了解业务环境的基础上，未发现不符合职业道德规范和《中国注册会计师鉴证业务基本准则》要求的情况；（三）确信执行其他鉴证业务的人员在整体上具备必要的专业胜任能力。

（2）未按规定向责任方获取书面声明。

《中国注册会计师其他鉴证业务准则第3101号——历史财务信息审计或审阅以外的鉴证业务》第六条规定，注册会计师应当向责任方获取书面声明，以明确责任方对鉴证对象的责任。如果无法获取责任方的书面声明，注册会计师应当考虑：（一）承接业务是否适当，法律法规或合同是否明确了相关责任；（二）如果承接业务，是否在鉴证报告中披露该情况。

（3）注册会计师未遵守职业道德规范的要求。

《中国注册会计师其他鉴证业务准则第3101号——历史财务信息审计或审阅以外的鉴证业务》第七条规定，注册会计师应当考虑职业道德规范中有关独立性的要求，以及拟承接的其他鉴证业务是否具备《中国注册会计师鉴证业务基本准则》第十条规定的所有特征。

（4）未按规定签订业务约定书。

《中国注册会计师其他鉴证业务准则第3101号——历史财务信息审计或审阅以外的鉴证业务》第九条规定，注册会计师应当在其他鉴证业务开始前，与委托人就其他鉴证业务约定条款达成一致意见，并签订业务约定书，以避免双方对其他鉴证业务的理解产生分歧。如果委托人与责任方不是同一方，业务约定书的性质和内容可以有所不同。

（5）未按规定计划其他鉴证业务工作。

《中国注册会计师其他鉴证业务准则第3101号——历史财务信息审计或审阅以外的鉴证业务》第十一条规定，注册会计师应当计划其他鉴证业务工作，以有效执行其他鉴证业务。计划工作包括制定总体策略和具体计划。总体策略包括确定其他鉴证业务的范围、重点、时间安排和实施。具体计划包括拟执行的证据收集程序的性质、时间和范围以及选择这些程序的理由。

计划工作的性质和范围因被鉴证单位的规模、复杂程度以及注册会计师的相关经验等情况的不同而存在差异。在计划其他鉴证业务工作时，注册会计师应当考虑下列主要因素：（一）业务约定条款；（二）鉴证对象特征和既定标准；（三）其他鉴证业务的实施过程和可能的证据来源；（四）对被鉴证单位及其环境的了解，包括对鉴证对象信息可能存在重大错报风险的了解；（五）确定预期使用者及其需要，考虑重要性以及鉴证业务风险要素；（六）对参与业务的人员及其技能的要求，包括专家参与的性质和范围。

第十二条规定，计划其他鉴证业务工作不是一个孤立阶段，而是整个其他鉴证业务中持续的、不断修正的过程。由于未预期事项、业务情况变化或获取的证据等因素，注册会计师可能需要在业务实施过程中修订总体策略和具体计划，进而修改计划实施的进一步程序的性质、时间和范围。

（6）未按规定保持职业怀疑态度。

《中国注册会计师其他鉴证业务准则第3101号——历史财务信息审计或审阅以外的鉴证业务》第十三条规定，在计划和执行其他鉴证业务时，注册会计师应当保持职业怀疑态度，以识别可能导致鉴证对象信息发生重大错报的情况。

（7）未按规定了解鉴证对象和其他的业务环境事项。

《中国注册会计师其他鉴证业务准则第3101号——历史财务信息审计或审阅以外的鉴证业务》第十四条规定，注册会计师应当了解鉴证对象和其他的业务环境事项，以足够识别和评估鉴证对象信息发生重大错报的风险，并设计和实施进一步的证据收集程序。

第十五条规定，在计划和执行其他鉴证业务时，注册会计师应当了解鉴证对象和其他的业务环境事项，以便为在下列关键环节作出职业判断提供重要基础：（一）考虑鉴证对象特征；（二）评估标准的适当性；（三）确定需要特殊考虑的领域，比如显示存在舞弊的迹象、需要特殊技能或利用专家工作的领域；（四）确定重要性水平，评价其数量的持续适当性，并考虑其性质因素；（五）实施分析程序时确定期望值；（六）设计和实施进一步的证据收集程序，以将鉴证业务风险降至适当水平；（七）评价证据，包括评价责任方口头声明和书面声明的合理性。

第十六条规定，注册会计师应当运用职业判断，确定需要了解鉴证对象及其他的业务环境事项的程度，并考虑这种了解是否足以评估鉴证对象信息发生重大错报的风险。

（8）未按规定评估鉴证对象的适当性。

《中国注册会计师其他鉴证业务准则第3101号——历史财务信息审计或审阅以外的鉴证业务》第十七条规定，注册会计师应当评估鉴证对象的适当性。适当的鉴证对象应当具备下列所有条件：（一）鉴证对象可以识别；（二）不同的组织或人员按照既定标准对鉴证对象进行评价或计量的结果合理一致；（三）注册会计师能够收集与鉴证对象有关的信息，获取充分、适当的证据，以支持其提出适当的鉴证结论。

第十八条规定，只有当对业务环境的初步了解表明鉴证对象适当时，会计师事务所才能承接其他鉴证业务。在承接其他鉴证业务后，如果认为鉴证对象不适当，注册会计师应当出具保留结论、否定结论或无法提出结论的报告。必要时，注册会计师应当考虑解除业务约定。

（9）未按规定评估用于评价或计量鉴证对象的标准的适当性。

《中国注册会计师其他鉴证业务准则第3101号——历史财务信息审计或审阅以外的鉴证

业务》第十九条规定，注册会计师应当评估用于评价或计量鉴证对象的标准的适当性。

适当的标准应当具备下列所有特征：（一）相关性：相关的标准有助于得出结论，便于预期使用者作出决策；（二）完整性：完整的标准不应忽略业务环境中可能影响得出结论的相关因素，当涉及列报时，还包括列报的基准；（三）可靠性：可靠的标准能够使能力相近的注册会计师在相似的业务环境中，对鉴证对象作出合理一致的评价或计量；（四）中立性：中立的标准有助于得出无偏向的结论；（五）可理解性：可理解的标准有助于得出清晰、易于理解、不会产生重大歧义的结论。

第二十条规定，只有当对业务环境的初步了解表明使用的标准适当时，会计师事务所才能承接其他鉴证业务。在承接其他鉴证业务后，如果认为使用的标准不适当，注册会计师应当出具保留结论、否定结论或无法提出结论的报告。必要时，注册会计师应当考虑解除业务约定。

（10）未按规定考虑重要性和鉴证业务风险。

《中国注册会计师其他鉴证业务准则第 3101 号——历史财务信息审计或审阅以外的鉴证业务》第二十三条规定，在计划和执行其他鉴证业务时，注册会计师应当考虑重要性和鉴证业务风险。

第二十四条规定，在确定证据收集程序的性质、时间和范围，评价鉴证对象信息是否不存在错报时，注册会计师应当考虑重要性。在考虑重要性时，注册会计师应当了解并评价哪些因素可能会影响预期使用者的决策。注册会计师应当综合数量和性质因素考虑重要性。在具体业务中，注册会计师需要运用职业判断，评估重要性以及数量和性质因素的相对重要程度。

（11）未按规定将鉴证业务风险降至该业务环境下可接受的水平。

《中国注册会计师其他鉴证业务准则第 3101 号——历史财务信息审计或审阅以外的鉴证业务》第二十五条规定，注册会计师应当将鉴证业务风险降至该业务环境下可接受的水平。

在合理保证的其他鉴证业务中，注册会计师应当将鉴证业务风险降至该业务环境下可接受的低水平，以此作为以积极方式提出结论的基础。

由于证据收集程序的性质、时间和范围不同，有限保证的其他鉴证业务的风险水平高于合理保证的其他鉴证业务的风险水平。但在有限保证的其他鉴证业务中，证据收集程序的性质、时间和范围应当至少足以使注册会计师获得某种有意义的保证水平，以此作为注册会计师以消极方式提出结论的基础。当注册会计师获取的保证水平很有可能在一定程度上增强预期使用者对鉴证对象信息的信任时，这种保证水平是有意义的保证水平。

（12）未按规定利用专家的工作。

《中国注册会计师其他鉴证业务准则第 3101 号——历史财务信息审计或审阅以外的鉴证业务》第二十七条规定，在收集和评价证据时，对于某些其他鉴证业务的鉴证对象和相关标准，可能需要运用特殊知识和技能。在这种情况下，注册会计师应当考虑利用专家的工作。

第二十八条规定，当利用专家的工作收集和评价证据时，注册会计师与专家作为一个整体，应当具备与鉴证对象和标准相关的足够的专业知识和技能。

（13）注册会计师未按规定获取充分、适当的证据。

《中国注册会计师其他鉴证业务准则第 3101 号——历史财务信息审计或审阅以外的鉴证

业务》第三十四条规定，注册会计师应当获取充分、适当的证据，据此形成鉴证结论。证据的充分性是对证据数量的衡量。证据的适当性是对证据质量的衡量，即证据的相关性和可靠性。

第三十五条规定，注册会计师可以考虑获取证据的成本与所获取信息有用性之间的关系，但不应仅以获取证据的困难和成本为由减少不可替代的程序。

第三十六条规定，在评价证据的充分性和适当性以支持鉴证结论时，注册会计师应当运用职业判断，并保持职业怀疑态度。

第三十七条规定，其他鉴证业务通常不涉及鉴定文件记录的真伪，注册会计师也不是鉴定文件记录真伪的专家，但应当考虑用作证据的信息的可靠性，包括考虑与信息生成和维护相关的控制的有效性。

如果在执行业务过程中识别出的情况使其认为文件记录可能是伪造的或文件记录中的某些条款已发生变动，注册会计师应当作进一步调查，包括直接向第三方询证，或考虑利用专家的工作，以评价文件记录的真伪。

第三十八条规定，在合理保证的其他鉴证业务中，注册会计师应当通过下列不断修正的、系统化的执业过程，获取充分、适当的证据：（一）了解鉴证对象及其他的业务环境事项，必要时包括了解内部控制；（二）在了解鉴证对象及其他的业务环境事项的基础上，评估鉴证对象信息可能存在的重大错报风险；（三）应对评估的风险，包括制定总体应对措施以及确定进一步程序的性质、时间和范围；（四）针对识别的风险实施进一步程序，包括实施实质性程序，以及在必要时测试控制运行的有效性；（五）评价证据的充分性和适当性。

第四十条规定，合理保证的其他鉴证业务和有限保证的其他鉴证业务都需要运用鉴证技术和方法，收集充分、适当的证据。与合理保证的其他鉴证业务相比，有限保证的其他鉴证业务在证据收集程序的性质、时间、范围等方面是有意识地加以限制的。

第四十一条规定，无论是合理保证还是有限保证的其他鉴证业务，如果注意到某事项可能导致对鉴证对象信息是否需要作出重大修改产生疑问，注册会计师应当执行其他足够的程序，追踪这一事项，以支持鉴证结论。

（14）注册会计师未按规定向责任方获取声明。

《中国注册会计师其他鉴证业务准则第3101号——历史财务信息审计或审阅以外的鉴证业务》第四十二条规定，注册会计师在必要时应当向责任方获取声明。责任方声明包括书面声明和口头声明。责任方对口头声明的书面确认，可以减少注册会计师和责任方之间产生误解的可能性。

注册会计师应当要求责任方就其按照既定标准对鉴证对象进行评价或计量出具书面声明，无论该声明作为责任方的认定能否为预期使用者获取。如果无法获取该项书面声明，注册会计师应当根据工作范围受到限制的程度，考虑出具保留结论或无法提出结论的鉴证报告，并考虑是否需要对鉴证报告的使用作出限制。

第四十三条规定，在其他鉴证业务中，责任方可能主动提供声明或以回复注册会计师询问的方式提供声明。当责任方声明与某一事项相关，且该事项对鉴证对象的评价或计量有重大影响时，注册会计师应当实施下列程序：（一）评价责任方声明的合理性及其与其他证据（包括其他声明）的一致性；（二）考虑作出声明的人员是否充分知晓所声明的特定事项；（三）在合理保证的其他鉴证业务中，获取佐证性的证据；在有限保证的其他鉴证业务中，考虑是否有必要寻求佐证性的证据。

第四十四条规定，责任方声明不能替代注册会计师合理预期能够获取的其他证据。如果某事项对评价或计量鉴证对象产生重大影响或可能产生重大影响，且对该事项无法获取在正常情况下能够获取的充分、适当的证据，即使已从责任方获取相关声明，注册会计师应将其视为工作范围受到限制。

（15）注册会计师未按规定考虑期后事项的影响。

《中国注册会计师其他鉴证业务准则第3101号——历史财务信息审计或审阅以外的鉴证业务》第四十五条规定，注册会计师应当考虑截至鉴证报告日发生的事项对鉴证对象信息和鉴证报告的影响。

第四十六条规定，注册会计师对期后事项的考虑程度，取决于这些事项对鉴证对象信息和鉴证结论适当性的潜在影响。在某些其他鉴证业务中，由于鉴证对象性质特殊，注册会计师可能无需考虑期后事项，如对某一时点统计报表的准确性提出鉴证结论。

（16）未按规定形成鉴证工作底稿。

《中国注册会计师其他鉴证业务准则第3101号——历史财务信息审计或审阅以外的鉴证业务》第四十七条规定，注册会计师应当记录重大事项，以提供证据支持鉴证报告，并证明其已按照其他鉴证业务准则的规定执行业务。

第四十八条规定，对需要运用职业判断的所有重大事项，注册会计师应当记录推理过程和相关结论。如果对某些事项难以进行判断，注册会计师还应当记录得出结论时已知悉的有关事实。

第四十九条规定，注册会计师应当将鉴证过程中考虑的所有重大事项记录于工作底稿。在运用职业判断确定工作底稿的编制和保存范围时，注册会计师应当考虑，使未曾接触该项其他鉴证业务的有经验的专业人士了解实施的鉴证程序，以及作出重大决策的依据。

3.9.9 预测性财务信息的审核方面的违规行为

3.9.9.1 审核报告方面

（1）预测性财务信息审核报告的内容不完整。

《中国注册会计师其他鉴证业务准则第3111号——预测性财务信息的审核》第二十四条规定，注册会计师对预测性财务信息出具的审核报告应当包括下列内容：（一）标题；（二）收件人；（三）指出所审核的预测性财务信息；（四）提及审核预测性财务信息时依据的准则；（五）说明管理层对预测性财务信息（包括编制该信息所依据的假设）负责；（六）适当时，提及预测性财务信息的使用目的和分发限制；（七）以消极方式说明假设是否为预测性财务信息提供合理基础；（八）对预测性财务信息是否依据假设恰当编制，并按照适用的会计准则和相关会计制度的规定进行列报发表意见；（九）对预测性财务信息的可实现程度作出适当警示；（十）注册会计师的签名及盖章；（十一）会计师事务所的名称、地址及盖章；（十二）报告日期。报告日期应为完成审核工作的日期。

（2）预测性财务信息审核报告未按规定说明有关事项。

《中国注册会计师其他鉴证业务准则第3111号——预测性财务信息的审核》第二十五条

规定，审核报告应当说明：（一）根据对支持假设的证据的检查，注册会计师是否注意到任何事项，导致其认为这些假设不能为预测性财务信息提供合理基础；（二）对预测性财务信息是否依据这些假设恰当编制，并按照适用的会计准则和相关会计制度的规定进行列报发表意见。

第二十六条规定，审核报告还应当说明：（一）由于预期事项通常并非如预期那样发生，并且变动可能重大，实际结果可能与预测性财务信息存在差异；同样，当预测性财务信息以区间形式表述时，对实际结果是否处于该区间内不提供任何保证。（二）在审核规划的情况下，编制预测性财务信息是为了特定目的（列明具体目的）。在编制过程中运用了一整套假设，包括有关未来事项和管理层行动的推测性假设，而这些事项和行动预期在未来未必发生。因此，提醒信息使用者注意，预测性财务信息不得用于该特定目的以外的其他目的。

(3) 预测性财务信息审核报告的审核意见不恰当。

《中国注册会计师其他鉴证业务准则第 3111 号——预测性财务信息的审核》第二十七条规定，如果认为预测性财务信息的列报不恰当，注册会计师应当对预测性财务信息出具保留或否定意见的审核报告，或解除业务约定。

第二十八条规定，如果认为一项或者多项重大假设不能为依据最佳估计假设编制的预测性财务信息提供合理基础，或在给定的推测性假设下，一项或者多项重大假设不能为依据推测性假设编制的预测性财务信息提供合理基础，注册会计师应当对预测性财务信息出具否定意见的审核报告，或解除业务约定。

第二十九条规定，如果审核范围受到限制，导致无法实施必要的审核程序，注册会计师应当解除业务约定，或出具无法表示意见的审核报告，并在报告中说明审核范围受到限制的情况。

3.9.9.2 审核程序及其他方面

(1) 注册会计师未就规定的事项获取充分、适当的证据。

《中国注册会计师其他鉴证业务准则第 3111 号——预测性财务信息的审核》第三条规定，在执行预测性财务信息审核业务时，注册会计师应当就下列事项获取充分、适当的证据：（一）管理层编制预测性财务信息所依据的最佳估计假设并非不合理；在依据推测性假设的情况下，推测性假设与信息的编制目的是相适应的；（二）预测性财务信息是在假设的基础上恰当编制的；（三）预测性财务信息已恰当列报，所有重大假设已充分披露，包括说明采用的是推测性假设还是最佳估计假设；（四）预测性财务信息的编制基础与历史财务报表一致，并选用了恰当的会计政策。

(2) 注册会计师违规对预测性财务信息的结果能否实现发表意见。

《中国注册会计师其他鉴证业务准则第 3111 号——预测性财务信息的审核》第五条规定，注册会计师不应对预测性财务信息的结果能否实现发表意见。

(3) 未按规定对管理层采用的假设的合理性发表意见。

《中国注册会计师其他鉴证业务准则第 3111 号——预测性财务信息的审核》第六条规定，当对管理层采用的假设的合理性发表意见时，注册会计师仅提供有限保证。

(4) 未按规定承接预测性财务信息审核业务。

《中国注册会计师其他鉴证业务准则第 3111 号——预测性财务信息的审核》第七条规定，在承接预测性财务信息审核业务前，注册会计师应当考虑下列因素：（一）信息的预定用途；(二)信息是广为分发还是有限分发；(三)假设的性质，即假设是最佳估计假设还是推测性假设；(四)信息中包含的要素；(五)信息涵盖的期间。

第八条规定，如果假设明显不切实际，或认为预测性财务信息并不适合预定用途，注册会计师应当拒绝接受委托，或解除业务约定。

第九条规定，注册会计师应当与委托人就业务约定条款达成一致意见，并签订业务约定书。

(5) 未按规定了解被审核单位情况。

《中国注册会计师其他鉴证业务准则第3111号——预测性财务信息的审核》第十条规定，注册会计师应当充分了解被审核单位情况，以评价管理层是否识别出编制预测性财务信息所要求的全部重要假设。

注册会计师还应当通过考虑下列事项，熟悉被审核单位编制预测性财务信息的过程：(一)与编制预测性财务信息相关的内部控制，以及负责编制预测性财务信息人员的专业技能和经验；(二)支持管理层作出假设的文件的性质；(三)运用统计、数学方法及计算机辅助技术的程度；(四)形成和运用假设时使用的方法；(五)以前期间编制预测性财务信息的准确性，及其与实际情况出现重大差异的原因。

第十一条规定，注册会计师应当考虑被审核单位编制预测性财务信息时依赖历史财务信息的程度是否合理。注册会计师应当了解被审核单位的历史财务信息，以评价预测性财务信息与历史财务信息的编制基础是否一致，并为考虑管理层假设提供历史基准。注册会计师应当确定相关历史财务信息是否已经审计或审阅，是否选用了恰当的会计政策。

(6) 未按规定考虑预测性财务信息涵盖的期间。

《中国注册会计师其他鉴证业务准则第3111号——预测性财务信息的审核》第十三条规定，注册会计师应当考虑预测性财务信息涵盖的期间。随着涵盖期间的延长，假设的主观性将会增加，管理层作出最佳估计假设的能力将会减弱。预测性财务信息涵盖的期间不应超过管理层可作出合理假设的期间。

第十四条规定，注册会计师可以从下列方面考虑预测性财务信息涵盖的期间是否合理：(一)经营周期；(二)假设的可靠程度；(三)使用者的需求。

(7) 未按规定实施预测性财务信息的审核程序。

《中国注册会计师其他鉴证业务准则第3111号——预测性财务信息的审核》第十五条规定，在确定审核程序的性质、时间和范围时，注册会计师应当考虑下列因素：(一)重大错报的可能性；(二)以前期间执行业务所了解的情况；(三)管理层编制预测性财务信息的能力；(四)预测性财务信息受管理层判断影响的程度；(五)基础数据的恰当性和可靠性。

第十六条规定，注册会计师应当评估支持管理层作出最佳估计假设的证据的来源和可靠性。注册会计师可以从内部或外部来源获取支持这些假设的充分、适当的证据，包括根据历史财务信息考虑这些假设，以及评价这些假设是否依据被审核单位有能力实现的计划。

第十七条规定，当使用推测性假设时，注册会计师应当确定这些假设的所有重要影响是否已得到考虑。对推测性假设，注册会计师不需要获取支持性的证据，但应当确定这些假设与编制预测性财务信息的目的相适应，并且没有理由相信这些假设明显不切合实际。

第十八条规定，注册会计师应当通过检查数据计算准确性和内在一致性等，确定预测性财务信息是否依据管理层确定的假设恰当编制。内在一致性是指管理层拟采取的各项行动相互之间不存在矛盾,以及根据共同的变量确定的金额之间不存在不一致。

第十九条规定,注册会计师应当关注对变化特别敏感的领域,并考虑该领域影响预测性财务信息的程度。

第二十条规定,当接受委托审核预测性财务信息的一项或多项要素时,注册会计师应当考虑该要素与财务信息其他要素之间的关联关系。

第二十一条规定,当预测性财务信息包括本期部分历史信息时,注册会计师应当考虑对历史信息需要实施的程序的范围。

第二十二条规定,注册会计师应当就下列事项向管理层获取书面声明:(一)预测性财务信息的预定用途;(二)管理层作出的重大假设的完整性;(三)管理层认可对预测性财务信息的责任。

(8) 未按规定评价预测性财务信息的列报。

《中国注册会计师其他鉴证业务准则第 3111 号——预测性财务信息的审核》第二十三条规定,在评价预测性财务信息的列报(包括披露)时,注册会计师除考虑相关法律法规的具体要求外,还应当考虑下列事项:(一)预测性财务信息的列报是否提供有用信息且不会产生误导;(二)预测性财务信息的附注中是否清楚地披露会计政策;(三)预测性财务信息的附注中是否充分披露所依据的假设,是否明确区分最佳估计假设和推测性假设;对于涉及重大且具有高度不确定性的假设,是否已充分披露该不确定性以及由此导致的预测结果的敏感性;(四)预测性财务信息的编制日期是否得以披露,管理层是否确认截至该日期止,编制该预测性财务信息所依据的各项假设仍然适当;(五)当预测性财务信息的结果以区间表示时,是否已清楚说明在该区间内选取若干点的基础,该区间的选择是否不带偏见或不产生误导;(六)从最近历史财务信息披露以来,会计政策是否发生变更、变更的原因及其对预测性财务信息的影响。

3.9.10 基本建设工程预算、结算、决算审核方面的违规行为

3.9.10.1 审核报告方面

(1) 未按规定的工作程序出具审核报告。

《会计师事务所从事基本建设工程预算、结算、决算审核暂行办法》第二十四条规定,审核人员应当在实施必要的审核程序后,以经过核实的证据为依据,分析、评价审核结论,形成审核意见,出具审核报告。

(2) 审核报告的内容不完整。

《会计师事务所从事基本建设工程预算、结算、决算审核暂行办法》第二十五条规定,审核报告应当包括以下基本内容:(一)标题。标题应当统一规范为"基本建设工程预算审核报告"、"基本建设工程结算审核报告"或"基本建设工程决算审核报告"。(二)收件人。收件人为审核业务的委托人,审核报告应当载明收件人的全称。(三)范围段。范围段应当说明审核范围、被审核单位责任与审核责任、审核依据和已实施的主要审核程序。(四)意见段。意见段应当明确说明审核意见。(五)签章和会计师事务所地址。审核报告应当由审核人员签名、盖章,并加盖会计师事务所公章。(六)报告日期。审核报告日期是

指审核人员完成外勤审核工作的日期，审核报告日期不应早于被审核单位确认和签署基本建设工程预算、结算及决算的日期。（七）附件。基本建设工程预算审核报告附件包括"基本建设工程预算审核定案表"，基本建设工程结算审核报告附件包括"基本建设工程结算审核定案表"。

（3）审核报告范围段不符合规定。

《会计师事务所从事基本建设工程预算、结算、决算审核暂行办法》第二十六条规定，审核人员应当在审核报告范围段中明确指明已审核基本建设工程预算、结算及决算的名称、建设期间及建设单位、施工单位名称，工程项目质量验证情况。

（4）审核报告意见段不符合规定。

《会计师事务所从事基本建设工程预算、结算、决算审核暂行办法》第二十七条规定，审核人员应当在基本建设工程预算或工程结算审核报告的意见段中说明基本建设工程预算或结算金额、审定金额、核增或核减金额。

第二十八条规定，审核人员应当在基本建设工程决算审核报告的意见段中说明工程项目资金来源、支出及结余或超支等财务情况，概算执行情况，工程价款结算情况，尾工工程及未尽事宜处理情况，项目支出存在的问题，资产交付使用情况。

（5）审核报告说明段不符合规定。

《会计师事务所从事基本建设工程预算、结算、决算审核暂行办法》第二十九条规定，审核人员与委托人、建设单位、施工单位在审核意见方面存在异议，且无法协商一致时，或审核人员认为必要时，应当在意见段之后增列说明段予以说明。

（6）审核报告未按规定附送相关资料。

《会计师事务所从事基本建设工程预算、结算、决算审核暂行办法》第三十条规定，审核人员在出具基本建设工程预算审核报告时，应附送已审核的《基本建设工程预算书》。

审核人员在出具基本建设工程结算审核报告时，应附送已审核的《基本建设工程结算书》。

审核人员在出具基本建设工程决算审核报告时，应附送已审核的《基本建设项目竣工财务决算表》。

3.9.10.2 其他方面

（1）会计师事务所和审核人员不具备承办审核业务的条件和资格。

《会计师事务所从事基本建设工程预算、结算、决算审核暂行办法》第五条规定，会计师事务所和审核人员承办基本建设工程预算、结算、决算审核业务，应当符合国家有关部门规定的条件，并取得相应的资格。

（2）未按规定形成审核工作底稿。

《会计师事务所从事基本建设工程预算、结算、决算审核暂行办法》第八条规定，审核人员应当将基本建设工程预算、结算、决算审核的过程及其结果记录于审核工作底稿，并进行必要的复核。

（3）未按规定承接审核业务。

《会计师事务所从事基本建设工程预算、结算、决算审核暂行办法》第九条规定，在接受委托前，审核人员应当了解被审核单位及基本建设工程项目的基本情况，并考虑自身能力和能否保持独立性，初步评估审核风险，以确定是否接受委托。

如接受委托，会计师事务所应与委托人就基本建设工程预算、结算、决算审核的目的与范围，双方的责任与义务等事项进行商议，达成一致意见，并签订审核业务约定书。

第十条规定，审核人员应当了解所审核的基本建设工程项目的以下情况：（一）工程项目性质、类别、规模、承建方式等情况；（二）审核所需的相关资料的可获得性；（三）工程材料的供应方式；（四）工程价款结算情况；（五）工程项目预算、结算、决算已审核情况及审核结果的处理；（六）工程项目现场施工条件；（七）建设期内工程预算定额、预算单价、取费标准等的变化情况；（八）其他需要了解的情况。

第十一条规定，基本建设工程预算、结算、决算审核的范围应当根据有关法规的规定及业务约定书的要求确定。

(4) 未按规定制定审核计划。

《会计师事务所从事基本建设工程预算、结算、决算审核暂行办法》第十二条规定，审核人员执行基本建设工程预算、结算、决算审核业务，应当在充分了解被审核单位有关情况和获取审核资料的基础上，合理制定审核计划，并根据审核过程中情况的变化，予以必要的修改或补充。

第十三条规定，在编制审核计划时，审核人员应当获取被审核单位基本建设工程预算、结算、决算及其编制所依据的以下资料：（一）工程项目批准建设、监理、质量验收等有关文件；（二）概算资料及招投标文件；（三）合同、协议；（四）施工图或竣工图；（五）工程量计算书；（六）材料费用资料；（七）取费资料；（八）付款资料；（九）有关证照；（十）施工组织设计；（十一）工程变更签证资料；（十二）隐蔽工程资料；（十三）工程决算的财务资料；（十四）其他影响工程造价的有关资料。

(5) 未按规定实施审核程序。

《会计师事务所从事基本建设工程预算、结算、决算审核暂行办法》第十四条规定，审核人员在审核基本建设工程预算时，应当重点审查以下事项：（一）单项工程预算编制是否真实、准确，主要包括：①工程量计算是否符合规定的计算规则、是否准确；②分项工程预算定额选套是否合规，选用是否恰当；③工程取费是否执行相应计算基数和费率标准；④设备、材料用量是否与定额含量或设计含量一致；⑤设备、材料是否按国家定价或市场价计价；⑥利润和税金的计算基数、利润率、税率是否符合规定。（二）预算项目是否与图纸相符；（三）多个单项工程构成一个工程项目时，审查工程项目是否包含各个单项工程，费用内容是否正确；（四）预算是否控制在概算允许范围以内。

第十五条规定，审核人员在审核基本建设工程结算时，应当在审查本办法第十四条规定的预算审查事项的基础上，重点审查对工程项目的价格产生影响的以下事项：（一）工程实施过程中发生的设计变更和现场签证；（二）工程材料和设备价格的变化情况；（三）工程实施过程中的建筑经济政策变化情况；（四）补充合同的内容。

第十六条规定，审核人员在审核基本建设工程决算时，应当在审查本办法第十五条规定的结算审查事项的基础上，重点审查以下事项：（一）工程项目概算执行情况；（二）工程项目资金的来源、支出及结余等财务情况；（三）工程项目合同工期执行情况和合同质量等级控制情况；（四）交付使用资产情况。

第十七条规定，会计师事务所接受政府有关部门委托，审核基本建设工程决算时，除重点审查本办法第十六条规定内容外，还应当审查以下事项：（一）被审核单位是否有计划外建设项目，有无自行扩大投资规模和提高建设标准的情况；（二）各项费用支出是否合法，有无混淆生产成本和建设成本的情况；（三）交付使用资产是否符合条件，有无虚报完成及虚列应付债务或转移基建资金等情况；（四）历年的各项基本建设拨款数额和结余资金是否真实、准确，应收回的设备材料以及拆除临时建筑和原有建筑的残值是否作价收回，对器材的盘盈、盘亏及销售盈亏是否按照有关规定及时处理；（五）报废工程是否经主管部门审批；（六）竣工投产时间是否符合国家计划规定；（七）基本建设收入的来源、分配、上缴和留成及使用情况；（八）有无隐匿、截留或拖延不交应交财政部门的包干结余、竣工结余及各项收入；（九）尾工工程的预留工程款及建设情况；（十）有必要审查的其他事项。

第十八条规定，审核人员在审核基本建设工程结算、决算过程中，必要时，应通过委托人会同建设单位、施工单位，对以下项目进行现场查勘核实：（一）分部或分项工程；（二）实际施工用料偏离结算的工程项目；（三）变更设计的工程项目；（四）必须丈量的工程项目；（五）交付使用的资产；（六）预留的尾工工程；（七）需要查勘的其他事项。

（6）未按规定对特定情况获取适当的证据或必要的签证。

《会计师事务所从事基本建设工程预算、结算、决算审核暂行办法》第十九条规定，审核人员审核基本建设工程结算及决算遇到以下情况时，应当获取适当的证据：（一）变更工程设计；（二）建设单位提供材料和设备；（三）施工中使用的工程材料或设备的价格与规定不符；（四）变更不同资质的施工企业；（五）改变工程项目的性质；（六）提高或降低建设标准；（七）计划外工程项目；（八）其他应当获取证据的情况。

第二十条规定，审核人员审核基本建设工程结算及决算遇到以下情况时，应当获取必要的签证：（一）施工情况与图纸不符；（二）实物工程量与图纸不符；（三）施工用料发生变化；（四）施工情况与施工合同不符。

（7）未按规定对定额和取费标准进行关注。

《会计师事务所从事基本建设工程预算、结算、决算审核暂行办法》第二十一条规定，审核人员应当特别关注以下事项，以判断基本建设工程预算、结算是否运用了不合理定额和取费标准：（一）对预算、结算有重大影响的；（二）特别容易受关键因素变动影响的；（三）具有高度不确定性的分项工程；（四）预算定额没有列入或需要换算的。

第二十二条规定，审核人员在审核过程中没有责任专门就基本建设工程项目的定额标准、取费标准发表意见。

（8）未按规定对审核后的意见进行会审并签章确认。

《会计师事务所从事基本建设工程预算、结算、决算审核暂行办法》第二十三条规定，审核人员通常应当就审核后的意见与委托人、建设单位和施工单位会审，根据会审情况形成审核结论。经会审后，如果委托人、建设单位、施工单位对审核结论无异议，审核人员应提请其在"基本建设工程预算审核定案表"、"基本建设工程结算审核定案表"上签章确认。

3.9.11 外汇收支情况表审核方面的违规行为

3.9.11.1 审核报告方面

（1）未按规定的工作程序出具审核报告。

《外汇收支情况表审核指导意见》第五条规定，注册会计师应当获取充分、适当的审核证据，以得出恰当的审核结论，作为形成审核意见的基础。

第二十五条规定，注册会计师应当复核与评价审核证据，考虑在实施年度会计报表审计时与外汇收支有关的审计工作及相应审计结论，形成审核意见，出具审核报告。

(2) 审核报告的要素不完整。

《外汇收支情况表审核指导意见》第二十六条规定，审核报告应当包括下列要素：（一）标题；（二）收件人；（三）引言段；（四）范围段；（五）意见段；（六）对审核报告分发使用的限制性说明；（七）注册会计师的签名及盖章；（八）会计师事务所的名称、地址及盖章；（九）报告日期。注册会计师可以根据需要，在审核报告的意见段之前增加说明段，或在意见段之后增加强调事项段。

(3) 审核报告的标题不规范。

《外汇收支情况表审核指导意见》第二十七条规定，审核报告的标题应当统一规范为"外汇收支情况表审核报告"。

(4) 审核报告的收件人不符合规定。

《外汇收支情况表审核指导意见》第二十八条规定，审核报告的收件人应当为审核业务的委托人。审核报告应当载明收件人全称。

(5) 审核报告的引言段不符合规定。

《外汇收支情况表审核指导意见》第二十九条规定，审核报告的引言段应当说明下列内容：（一）已审核外汇收支情况表的名称和日期；（二）被审核单位管理当局的责任和注册会计师的责任。

(6) 审核报告的范围段不符合规定。

《外汇收支情况表审核指导意见》第三十条规定，审核报告的范围段应当说明下列内容：（一）审核的依据是中国注册会计师协会制定的《外汇收支情况表审核指导意见》；（二）审核工作主要包括检查记录和文件、询问以及实施分析程序；（三）审核工作为注册会计师发表意见提供了合理的基础。

(7) 审核报告的意见段不符合规定。

《外汇收支情况表审核指导意见》第三十一条规定，审核报告的意见段应当说明外汇收支情况表的编制在所有重大方面是否符合国家外汇管理的有关规定。

(8) 审核报告的意见类型不符合规定。

《外汇收支情况表审核指导意见》第三十二条规定，注册会计师应当根据实施审核工作得出的结果，参照《独立审计具体准则第7号——审计报告》，对外汇收支情况表出具无保留意见、保留意见、否定意见或无法表示意见的审核报告。

第六条规定，注册会计师的审核意见旨在合理保证外汇收支情况表的真实性和完整性，但不应被视为是对被审核单位外汇收支行为的合规性提供的保证。如果在审核过程中注意到被审核单位存在严重违反国家外汇管理有关规定的情形，注册会计师应当在审核报告中予以恰当反映。

(9) 审核报告的强调事项段不符合规定。

《外汇收支情况表审核指导意见》第三十三条规定，如果在审核过程中注意到被审核单位存在严重违反国家外汇管理有关规定的情形，或发现外汇收支情况表项目期初数存在重大错报且已在本年作出调整，注册会计师应当在意见段之后增加强调事项段予以说明。

注册会计师应当在强调事项段中指明，该段内容仅用于提醒外汇收支情况表使用人关注，并不影响已发表的意见。

（10）审核报告未按规定限定用途。

《外汇收支情况表审核指导意见》第三十四条规定，注册会计师应当在审核报告中说明，审核报告仅供被审核单位向国家外汇管理部门报送外汇收支情况表时使用，不得用于其他用途。

（11）审核报告未按规定由会计师事务所和注册会计师签署。

《外汇收支情况表审核指导意见》第三十五条规定，审核报告应当由注册会计师签名并盖章，载明会计师事务所的名称和地址，并加盖会计师事务所公章。

（12）审核报告日期不符合规定。

《外汇收支情况表审核指导意见》第三十六条规定，审核报告日期是指注册会计师完成审核工作的日期。审核报告日期不应早于被审核单位管理当局签署外汇收支情况表的日期，且通常不早于被审核单位年度会计报表审计报告的日期。

（13）审核报告未按规定后附已审核的外汇收支情况表。

《外汇收支情况表审核指导意见》第三十七条规定，注册会计师出具的审核报告应当后附已审核的外汇收支情况表。

3.9.11.2 审核程序及其他方面

（1）未按规定在年度会计报表审计的基础上对外汇收支情况表进行审核。

《外汇收支情况表审核指导意见》第四条规定，注册会计师应当在年度会计报表审计的基础上对外汇收支情况表进行审核。如果被审核单位年度会计报表审计由其他注册会计师实施，注册会计师应当考虑利用其他注册会计师的工作，或实施必要的审计程序以作为外汇收支情况表审核的基础。

（2）未按规定接受业务委托。

《外汇收支情况表审核指导意见》第七条规定，在承接外汇收支情况表审核业务前，注册会计师应当了解下列基本情况，考虑自身专业胜任能力和业务风险，以确定是否接受委托：（一）国家外汇管理的有关法规；（二）被审核单位与外汇收支有关的经营内容；（三）被审核单位外汇核算的原则和方法；（四）被审核单位外汇登记情况；（五）被审核单位与外汇收支有关的内部控制；（六）被审核单位以前年度外汇收支情况表的审核情况；（七）被审核单位年度会计报表是否由其他注册会计师审计。

第八条规定，如果接受委托，注册会计师应当就委托目的、审核范围、双方的责任、审核报告的用途、审核收费等事项与委托人沟通，并签订业务约定书。

（3）未按规定确定审核程序的性质、时间和范围。

《外汇收支情况表审核指导意见》第九条规定，注册会计师应当根据被审核单位外汇业务的具体情况，合理运用重要性原则，计划和实施审核工作。

第十条规定，注册会计师应当在年度会计报表审计的基础上，对外汇收支情况表实施第十一条至第二十二条规定的程序。如果发现外汇收支情况表存在重大不符合编制规定的迹象，注册会计师应当追加必要的审核程序。注册会计师应当根据重要性水平、被审核单位与外汇收支有关的内部控制的有效性、外汇收支情况表项目的错报风险等因素确定审核程序的性质、时间和范围。

(4) 未按规定对外汇货币资金实施审核程序。

《外汇收支情况表审核指导意见》第十一条规定，注册会计师应当对外汇货币资金实施下列审核程序：（一）获取外汇货币资金余额明细表，将明细余额相对应的人民币金额和非外汇账户明细余额的合计数与已审计会计报表有关项目金额进行核对；（二）将外汇账户明细余额的分类汇总数与外汇收支情况表相关项目进行核对；（三）获取外汇开户核准文件，检查填列项目的账户类型是否符合外汇收支情况表的编制规定；（四）检查非美元外币的折算是否正确。

(5) 未按规定对外汇应收、应付类项目实施审核程序。

《外汇收支情况表审核指导意见》第十二条规定，注册会计师应当对外汇应收、应付类项目（含预付、预收类项目，不含应付外汇利息）实施下列审核程序：（一）获取外汇应收、应付类项目余额明细表，将明细余额相对应的人民币金额和非外汇账户明细余额的合计数与已审计会计报表有关项目金额进行核对；（二）将外汇账户明细余额的分类汇总数与外汇收支情况表相关项目进行核对；（三）检查被审核单位是否按照外汇收支情况表的指标说明，对明细账户重新分类，外汇应付类项目账龄的划分是否正确；（四）检查非美元外币的折算是否正确。

(6) 未按规定对境外投资和境内外汇投资实施审核程序。

《外汇收支情况表审核指导意见》第十三条规定，注册会计师应当对境外投资和境内外汇投资实施下列审核程序：（一）获取各被投资单位的验资报告或相关的出资证明，检查是否与外汇收支情况表相关项目金额一致；（二）将验资报告或相关的出资证明载明的出资方式、金额与外汇收支情况表相关项目填列的金额相核对；（三）检查本年实际取得的投资收益是否恰当反映在经常项目差额中；（四）检查非美元外币的折算是否正确。

(7) 未按规定对非外汇形式资产实施审核程序。

《外汇收支情况表审核指导意见》第十四条规定，注册会计师应当对非外汇形式资产实施下列审核程序：（一）获取各类非外汇形式资产本年增减变动情况表，检查非外汇形式资产的本年变动情况；（二）检查其他相关外汇项目余额的本年增减变动及相关文件资料，确定是否存在未包含在所获取的各类非外汇形式资产本年增减变动情况表中的非外汇形式资产；（三）检查以外币计价而以人民币结算的债权、债务填列金额是否正确；（四）检查以增加、减少资本方式而形成的非外汇形式资产填列金额是否正确；（五）检查非美元外币的折算是否正确。

(8) 未按规定对结购汇差额实施审核程序。

《外汇收支情况表审核指导意见》第十五条规定，注册会计师应当对结购汇差额实施下列审核程序：（一）获取本年结汇与购汇的明细汇总表，重新计算本年结购汇差额，并与外汇收支情况表相应项目金额核对；（二）通过分析资产负债表、利润表相关项目，检查未通过外汇账户核算、由银行直接办理的结购汇业务，是否已包含在本年结汇与购汇的明细汇总表中；（三）检查非美元外币的折算是否正确。

(9) 未按规定对汇率折算差额实施审核程序。

《外汇收支情况表审核指导意见》第十六条规定，注册会计师应当对汇率折算差额实施下列审核程序：（一）检查编制外汇收支情况表时使用的折算汇率是否符合规定；（二）实施分析程序，评价汇率折算差额本年变动金额的合理性。

（10）未按规定对其他资产实施审核程序。

《外汇收支情况表审核指导意见》第十七条规定，注册会计师应当对其他资产实施下列审核程序：（一）检查本年其他资产的形成和数据来源；（二）如果其他资产金额较大（例如占期末资产合计数的比率超过0.5%），应当进一步检查外汇收支情况表其他项目的真实性和完整性；（三）如经进一步检查仍无法将其他资产金额降至可接受的低水平，应当视错报的重要程度出具保留意见或否定意见的审核报告。

（11）未按规定对借款类项目实施审核程序。

《外汇收支情况表审核指导意见》第十八条规定，注册会计师应当对借款类项目（含应付外汇利息）实施下列审核程序：（一）获取外汇借款明细余额表，并将外汇借款明细余额相应的人民币金额和非外汇借款明细余额的合计数与已审计会计报表相应项目金额进行核对；（二）检查被审核单位是否按照外汇收支情况表的指标说明，对外汇借款明细余额重新分类计算，填列金额是否正确；（三）获取外债登记证和借款合同，检查借款类项目填列金额是否完整；（四）对计提的借款利息实施分析程序，评价应付外汇利息本年发生额的合理性，并确定其对经常项目差额的影响；（五）检查非美元外币的折算是否正确。

（12）未按规定对实收外汇资本实施审核程序。

《外汇收支情况表审核指导意见》第十九条规定，注册会计师应当对实收外汇资本实施下列审核程序：（一）获取本年外汇资本增减变动的验资报告及相关文件，检查外汇资本增减变动金额与验资报告及相关文件载明的金额是否相符；（二）检查本年是否发生资本对价转移及单方面资本转移的情况；如果发生，则获取相关文件，检查资本对价转移及单方面资本转移后的填列金额是否正确，同时检查资产方相应项目填列信息的一致性；（三）检查非美元外币的折算是否正确。

（13）未按规定对经常项目差额实施审核程序。

《外汇收支情况表审核指导意见》第二十条规定，注册会计师应当对经常项目差额实施下列审核程序：（一）如果被审核单位不存在与经常项目差额相关的编报系统，注册会计师应当对经常项目差额的本年发生额实施重新计算程序，检查填列金额是否正确；（二）如果被审核单位存在与经常项目差额相关的编报系统，注册会计师应当在对相关编报系统有效性实施测试的基础上，对经常项目差额的本年发生额实施实质性分析程序，检查填列金额是否正确；（三）检查非美元外币的折算是否正确。

（14）未按规定应对外汇收支情况表项目期初数存在的错报。

《外汇收支情况表审核指导意见》第二十一条规定，如果发现外汇收支情况表项目期初数存在错报，注册会计师应当提请被审核单位调整相关项目的本年期末数，并视错报的重要程度在审核报告中予以恰当反映。

（15）未按规定对外汇收支情况表附注内容实施审核程序。

《外汇收支情况表审核指导意见》第二十二条规定，注册会计师应当对外汇收支情况表附注内容实施下列审核程序：（一）对于对外担保本年变动及余额，应当结合被审核单位年度会计报表审计中针对对外担保实施的审计程序，检查填列金额是否正确；（二）对于按股权或约定比例计算外方所有的未分配利润年末余额，应当根据已审计会计报表，检查填列金额是否正确;(三)对于其他资产占资产合计的比率,应当根据外汇收支情况表的审核结果,检查填列数是否正确。

(16) 未按规定获取书面声明。

《外汇收支情况表审核指导意见》第二十三条规定,注册会计师应当就被审核单位管理当局按照国家外汇管理的有关规定真实、完整地编制外汇收支情况表获取书面声明。

(17) 未按规定形成工作记录。

《外汇收支情况表审核指导意见》第二十四条规定,注册会计师应当对实施的审核程序及其结果形成工作记录。

3.9.12 外商投资企业外方权益确认表审核方面的违规行为

3.9.12.1 审核报告方面

(1) 未按规定的工作程序出具审核报告。

《外商投资企业外方权益确认表审核指导意见》第五条规定,注册会计师应当获取充分、适当的审核证据,以得出恰当的审核结论,作为出具审核报告的基础。

第二十一条规定,注册会计师应当评价获取的审核证据,结合在执行财务报表审计时与外方权益确认表项目有关的审计工作及相应审计结论,提出审核结论,出具审核报告。

(2) 审核报告的要素不完整。

《外商投资企业外方权益确认表审核指导意见》第二十二条规定,审核报告应当包括下列要素:(一)标题;(二)收件人;(三)引言段;(四)范围段;(五)结论段;(六)对审核报告分发和使用限制的说明;(七)注册会计师的签名及盖章;(八)会计师事务所的名称、地址及盖章;(九)报告日期。

注册会计师可以根据需要,在结论段之后增加其他信息或解释,这些信息或解释不影响已提出的审核结论。

(3) 审核报告的标题不规范。

《外商投资企业外方权益确认表审核指导意见》第二十三条规定,审核报告的标题应当为"外商投资企业外方权益确认表审核报告"。

(4) 审核报告的收件人不符合规定。

《外商投资企业外方权益确认表审核指导意见》第二十四条规定,审核报告的收件人应当为审核业务的委托人。审核报告应当载明收件人全称。

(5) 审核报告的引言段不符合规定。

《外商投资企业外方权益确认表审核指导意见》第二十五条规定,审核报告的引言段应当说明下列内容:(一)已审核外方权益确认表的名称和期间;(二)被审核单位管理层的责任和注册会计师的责任。

(6) 审核报告的范围段不符合规定。

《外商投资企业外方权益确认表审核指导意见》第二十六条规定,审核报告的范围段应当说明下列内容:(一)审核的依据是中国注册会计师协会制定的《外商投资企业外方权益确认表审核指导意见》;(二)审核工作包括询问、检查记录和文件、重新计算以及注册会计师认为必要的其他程序；（三）审核工作为注册会计师提出审核结论提供了合理的基础。

（7） 审核报告的结论段不符合规定。

《外商投资企业外方权益确认表审核指导意见》第二十七条规定，审核报告的结论段应当说明外方权益确认表是否在所有重大方面按照国家外汇管理的有关规定编制。

（8） 审核报告的意见类型不符合规定。

《外商投资企业外方权益确认表审核指导意见》第二十八条规定，注册会计师应当根据执行审核工作得出的结果，按照《中国注册会计师其他鉴证业务准则第3101号——历史财务信息审计或审阅以外的鉴证业务》，对外方权益确认表出具无保留结论、保留结论、否定结论或无法提出结论的审核报告。

第六条规定，注册会计师的审核结论旨在合理保证外方权益确认表在所有重大方面按照国家外汇管理的有关规定编制，但不应被视为是对被审核单位外汇收支行为的合规性提供的保证。

如在审核过程中注意到与外方权益确认表项目有关的严重违反国家外汇管理有关规定的情形，注册会计师应当与管理层和治理层进行沟通，并在审核报告中予以恰当反映。

（9） 审核报告的其他信息段不符合规定。

《外商投资企业外方权益确认表审核指导意见》第二十九条规定，如在审核过程中注意到与外方权益确认表项目有关的严重违反国家外汇管理有关规定的情形，注册会计师应当在结论段之后增加其他信息段予以说明。

注册会计师应当在其他信息段中指明，该段内容不影响已提出的审核结论。

（10） 审核报告未按规定限定用途。

《外商投资企业外方权益确认表审核指导意见》第三十条规定，注册会计师应当在审核报告中说明，审核报告仅供被审核单位向国家外汇管理部门报送外方权益确认表时使用，不得用于其他用途。

（11） 审核报告未按规定由会计师事务所和注册会计师签署。

《外商投资企业外方权益确认表审核指导意见》第三十一条规定，审核报告应当由注册会计师签名并盖章，载明会计师事务所的名称和地址，并加盖会计师事务所公章。

（12） 审核报告日期不符合规定。

《外商投资企业外方权益确认表审核指导意见》第三十二条规定，审核报告日期是指注册会计师完成审核工作的日期。审核报告日期不应早于被审核单位管理层签署外方权益确认表的日期，且不早于注册会计师对被审核单位的财务报表出具的审计报告的日期。

（13） 审核报告未按规定后附已审核和签署的外方权益确认表。

《外商投资企业外方权益确认表审核指导意见》第三十三条规定，注册会计师出具的审核报告应当后附已审核的并经被审核单位盖章及被审核单位相关人员签字的外方权益确认表。

3.9.12.2 审核程序及其他方面

（1） 未按规定在财务报表审计的基础上对外方权益确认表进行审核。

《外商投资企业外方权益确认表审核指导意见》第四条规定，注册会计师应当基于已审计的财务报表对外方权益确认表进行审核。如财务报表未经审计，注册会计师应当在对财务报表执行审计工作的基础上对外方权益确认表进行审核。

(2) 未遵守职业道德守则。

《外商投资企业外方权益确认表审核指导意见》第七条规定，注册会计师执行审核业务，应当遵守中国注册会计师职业道德守则，遵循诚信、客观和公正原则，保持独立性，保持专业胜任能力和应有的关注，勤勉尽责，并对执业过程中获知的涉密信息保密。

(3) 未按规定接受业务委托。

《外商投资企业外方权益确认表审核指导意见》第八条规定，在承接外方权益确认表审核业务前，注册会计师应当了解下列基本情况，考虑自身专业胜任能力和业务风险，以确定是否接受委托：（一）国家外汇管理的有关法规；（二）被审核单位外汇登记情况；（三）被审核单位以前年度外汇年检情况；（四）被审核单位年度财务报表是否由其他注册会计师审计。

第九条规定，如接受委托，注册会计师应当就委托目的、审核范围、双方的责任、审核报告的用途、审核收费等事项与委托人沟通，并签订业务约定书。

(4) 未按规定确定审核程序的性质、时间和范围。

《外商投资企业外方权益确认表审核指导意见》第十条规定，注册会计师应当根据被审核单位的具体情况，合理运用重要性，计划和执行审核工作。

第十一条规定，注册会计师应当在年度财务报表审计的基础上，对外方权益确认表实施本指导意见第十二条至第十六条规定的程序。注册会计师应当根据确定的重要性和评估的外方权益确认表的重大错报风险，确定审核程序的性质、时间安排和范围。

(5) 未按规定对外方投资者实际出资额实施审核程序。

《外商投资企业外方权益确认表审核指导意见》第十二条规定，注册会计师应当对外方投资者实际出资额实施下列审核程序：（一）获取被审核单位的验资报告及相关文件，检查外方权益确认表中的外方投资者实际出资额及外方实到注册资本金额与被审核单位的验资报告及相关文件所载明的金额是否相符；（二）如年末部分或全部外方投资者实际出资额及外方实到注册资本尚未经过验资，获取已投入未验资的外方投资者实际出资额及外方实到注册资本明细表，将明细表列示的项目与相关出资文件记录及有关支持凭证进行核对。

(6) 未按规定对外方享有的公积金及留存收益额实施审核程序。

《外商投资企业外方权益确认表审核指导意见》第十三条规定，注册会计师应当对外方享有的公积金及留存收益额实施下列审核程序：（一）获取被审核单位经审计的财务报表，将资产负债表中的年末资本公积、盈余公积和未分配利润余额，乘以外方的股权比例或约定分配比例；（二）检查上述计算结果与外方权益确认表中的外方享有的公积金及留存收益额金额是否一致。

(7) 未按规定对已分配但尚未汇出的外方股利实施审核程序。

《外商投资企业外方权益确认表审核指导意见》第十四条规定，注册会计师应当对已分配但尚未汇出的外方股利实施下列审核程序：（一）获取应付股利明细表，检查明细表的明细金额与应付股利明细账是否一致，检查明细表的合计数与经审计的财务报表中的应付股利余额是否一致；（二）检查应付股利明细表中应付外方股利金额与相关的代扣代缴税款（如已扣除）的合计数是否与外方权益确认表中的已分配但尚未汇出的外方股利金额一致；（三）检查外币的折算是否正确。

（8）未按规定对外汇账户余额实施审核程序。

《外商投资企业外方权益确认表审核指导意见》第十五条规定，注册会计师应当对外汇账户余额实施下列审核程序：（一）获取外币银行存款明细表，将明细余额相对应的人民币金额和非外币银行存款明细表余额的合计数与已审计财务报表的银行存款余额进行核对；（二）检查外币银行存款明细表的人民币分类汇总数是否与外方权益确认表中的外汇账户余额金额一致；（三）检查外币的折算是否正确。

（9）未按规定对外方权益确认表附注内容实施审核程序。

《外商投资企业外方权益确认表审核指导意见》第十六条规定，注册会计师应当对外方权益确认表附注内容实施下列审核程序：（一）对于本年度已汇出外方利润金额，检查实际支付给外方完税后利润的银行付款凭证；（二）对于对外担保本年新增担保金额、本年减少担保金额及年末余额，结合被审核单位年度财务报表审计中针对对外担保实施的审计程序，检查填列币种和金额是否正确；如涉及外币折算的，检查外币的折算是否正确；（三）对于对外担保本年新增担保金额，检查是否已取得外汇管理局的核准件。

（10）未按规定应对外方权益确认表项目期初数存在的错报。

《外商投资企业外方权益确认表审核指导意见》第十七条规定，在执行外方权益确认表审核业务时，如注意到期初数存在重大错报，注册会计师应当要求管理层作出调整。

如期初数未经审核，注册会计师应当按照本指导意见第十二条至第十六条的规定，对期初数实施审核程序。

（11）未按规定利用其他注册会计师的工作并实施必要的审计程序。

《外商投资企业外方权益确认表审核指导意见》第十八条规定，如被审核单位的财务报表由其他注册会计师审计，注册会计师应当考虑利用其他注册会计师的工作并实施必要的审计程序，以作为外方权益确认表审核的基础。

如注册会计师认为经其他注册会计师审计的财务报表存在重大错报，且该错报导致外方权益确认表存在重大错报，应当要求被审核单位管理层对外方权益确认表金额作出相应调整。如管理层拒绝调整，注册会计师应当考虑出具保留结论或否定结论的审核报告。

（12）未按规定获取书面声明。

《外商投资企业外方权益确认表审核指导意见》第十九条规定，注册会计师应当就被审核单位管理层按照国家外汇管理的有关规定真实、完整地编制外方权益确认表获取书面声明。

（13）未按规定审核工作底稿。

《外商投资企业外方权益确认表审核指导意见》第二十条规定，注册会计师应当对实施的审核程序及其结果形成审核工作底稿。

3.9.13　企业破产案件相关业务方面的违规行为

3.9.13.1　对债务人实施接收和管理方面

（1）未按规定接收财产、印章和资料。

《注册会计师承办企业破产案件相关业务指南［试行］》第七条规定，注册会计师应当接收债务人的财产、印章和账簿、文书等资料，包括但不限于：（一）现金、债权、存货、固定资产、在建工程、对外投资、无形资产等财产及相关凭证；（二）公章、财务专用章、合同专用章、发票专用章、海关报关章、职能部门章、各分支机构章、电子印章、法定代表人名章等印章；（三）总账、明细账、台账、日记账等账簿及全部会计凭证、重要空白凭证；（四）设立批准文件、营业执照、税务登记证书及各类资质证书、章程、合同、协议及各类决议、会议记录、人事档案、电子文档、管理系统授权密码等资料。

（2）未按规定对债务人的财产、内部事务和营业事务实施管理。

《注册会计师承办企业破产案件相关业务指南［试行］》第八条规定，注册会计师应当对债务人的财产、内部事务和营业事务实施管理，必要时经人民法院许可，可以聘请工作人员参与管理工作。

3.9.13.2 调查债务人财产状况方面

（1）对债务人财产状况的调查内容不符合规定。

《注册会计师承办企业破产案件相关业务指南［试行］》第十条规定，注册会计师应当对债务人的出资情况、现金状况、债权状况、存货状况、固定资产状况、在建工程状况、对外投资状况、土地及无形资产状况等财产状况进行调查。

第十一条规定，注册会计师在调查时，应当关注有关财产的真实性、合法性、权属及实际状况，也应关注其可变现情况。

（2）未按规定对债务人出资情况进行调查。

《注册会计师承办企业破产案件相关业务指南［试行］》第十二条规定，注册会计师对债务人出资情况进行调查时，要重点关注：（一）出资人名册、出资协议、债务人章程、验资报告及实际出资情况；（二）非货币财产出资的批准文件、财产权属证明文件及权属变更登记文件；（三）历次资本变动情况及相应的验资报告。

（3）未按规定对债务人现金状况进行调查。

《注册会计师承办企业破产案件相关业务指南［试行］》第十三条规定，注册会计师对债务人现金状况进行调查时，要重点关注库存现金、银行存款及其他货币资金。

（4）未按规定对债务人债权状况进行调查。

《注册会计师承办企业破产案件相关业务指南［试行］》第十四条规定，注册会计师对债务人债权状况进行调查时，要重点关注债权形成原因、形成时间、具体债权内容及债权催收情况。

（5）未按规定对债务人存货状况进行调查。

《注册会计师承办企业破产案件相关业务指南［试行］》第十五条规定，注册会计师对债务人存货状况进行调查时，要重点关注存货的存放地点、数量、状态、性质及相关凭证。

（6）未按规定对债务人固定资产状况进行调查。

《注册会计师承办企业破产案件相关业务指南［试行］》第十六条规定，注册会计师对债务人固定资产状况进行调查时，要重点关注：（一）债务人的房屋产权及重要设备权属；（二）债务人有关海关免税的设备情况。

（7）未按规定对债务人在建工程状况进行调查。

《注册会计师承办企业破产案件相关业务指南［试行］》第十七条规定，注册会计师对债务人在建工程状况进行调查时，要重点关注在建工程立项文件、相关许可、工程进度、施工状况及相关技术资料。

（8）未按规定对债务人对外投资状况进行调查。

《注册会计师承办企业破产案件相关业务指南［试行］》第十八条规定，注册会计师对债务人对外投资状况进行调查时，要重点关注：（一）各种有价证券；（二）对外投资情况证明；（三）被投资企业的所有者权益情况，必要时可以申请进行审计、评估。

（9）未按规定对债务人土地及无形资产状况进行调查。

《注册会计师承办企业破产案件相关业务指南［试行］》第十九条规定，注册会计师对债务人土地及无形资产状况进行调查时，要重点关注：（一）债务人土地使用权属及使用情况；（二）债务人拥有的专利、非专利技术、商标、版权等；（三）债务人拥有的许可或特许经营权情况。

（10）未按规定对债务人所涉企业破产法可撤销或无效行为进行调查。

《注册会计师承办企业破产案件相关业务指南［试行］》第二十条规定，注册会计师应当对债务人所涉企业破产法第三十一条、第三十二条、第三十三条所列的可撤销或无效行为进行调查。

（11）未按规定对债务人董事、监事和高级管理人员利用职权从企业获取非正常收入和侵占企业财产进行调查。

《注册会计师承办企业破产案件相关业务指南［试行］》第二十一条规定，注册会计师应当对涉及债务人的董事、监事和高级管理人员利用职权从企业获取非正常收入和侵占企业财产进行调查。

（12）未按规定对债权人主张抵销的债权债务进行调查。

《注册会计师承办企业破产案件相关业务指南［试行］》第二十二条规定，注册会计师应当对债权人主张抵销的债权债务进行调查，调查时要重点关注是否存在下列情形：（一）债务人的债务人在破产申请受理后取得他人对债务人的债权；（二）除因为法律规定或者有破产申请一年前所发生的原因而负担债务外，债权人已知债务人有不能清偿到期债务或者破产申请的事实，对债务人负担债务；（三）除因为法律规定或者有破产申请一年前所发生的原因而取得债权外，债务人的债务人已知债务人有不能清偿到期债务或者破产申请的事实，对债务人取得债权。

（13）未关注有关财产权利受限和相关争议情况。

《注册会计师承办企业破产案件相关业务指南［试行］》第二十三条规定，注册会计师在财产状况调查过程中，应当关注有关财产是否存在抵押、质押等权利受限情况，以及相关争议情况。

（14）未按规定的工作程序出具债务人财产状况报告。

《注册会计师承办企业破产案件相关业务指南［试行］》第二十四条规定，注册会计师根据对债务人财产调查情况，在整理、分析相关证据后，出具债务人财产状况报告。

（15）债务人财产状况报告的要素不符合规定。

《注册会计师承办企业破产案件相关业务指南［试行］》第二十五条规定，债务人财产状况报告包括但不限于下列要素：（一）标题；（二）收件人；（三）目的和范围；（四）执行的主要程序；（五）财产状况说明；（六）报告使用范围；（七）管理人盖章；（八）报告日期。

3.9.13.3 调查债务人营业状况方面

(1) 对债务人营业状况的调查内容不完整。

《注册会计师承办企业破产案件相关业务指南［试行］》第二十七条规定，注册会计师应当对债务人基本情况、经营情况、签署的重要合同（协议）情况等营业状况进行调查。

(2) 未按规定调查债务人的基本情况。

《注册会计师承办企业破产案件相关业务指南［试行］》第二十八条规定，注册会计师调查债务人基本情况时，要重点关注：（一）营业执照、税务登记证书、特许经营证书、资质证书、相关批准文件，以及相关合同及文件；（二）组织结构、股权结构、下属公司、分支机构及营业网点等。

(3) 未按规定调查债务人经营情况。

《注册会计师承办企业破产案件相关业务指南［试行］》第二十九条规定，注册会计师调查债务人经营情况时，要重点关注：（一）债务人产品、服务结构；（二）债务人所在行业发展状况；（三）债务人市场位置；（四）债务人破产的重要原因；（五）债务人生产产品、提供服务能力。

(4) 未按规定调查债务人签署的重要合同。

《注册会计师承办企业破产案件相关业务指南［试行］》第三十条规定，注册会计师调查债务人签署的重要合同时，要重点关注：（一）与股权有关的合同；（二）在债务人财产上设定抵押权、质押权、留置权等限制债务人权利的合同及履行情况，以及债务人作为抵押权人、质押权人、留置权人等相关合同及履行情况；（三）与合并、分立、重组、收购有关的重要合同及文件；（四）重要服务合同；（五）重要特许合同；（六）与知识产权有关的重要合同；（七）重要租赁合同；（八）重要购销合同；（九）重要保险合同；（十）重要借款合同；（十一）附条件、附期限的合同。

(5) 未按规定对有关债务人的民事诉讼或者仲裁情况进行调查。

《注册会计师承办企业破产案件相关业务指南［试行］》第三十一条规定，注册会计师应当对有关债务人的民事诉讼或者仲裁情况进行调查。

(6) 未按规定拟定债务人财产管理方案。

《注册会计师承办企业破产案件相关业务指南［试行］》第三十二条规定，注册会计师应当根据对债务人营业状况调查的情况，拟定债务人财产管理方案。

3.9.13.4 调查职工债权方面

(1) 未按规定对职工债权情况进行调查。

《注册会计师承办企业破产案件相关业务指南［试行］》第三十四条规定，注册会计师应当对职工债权情况进行调查，调查时要重点关注：（一）职工人数、工资标准、职务岗位、在债务人连续工作时间和参加工作时间；（二）债务人与职工签订的劳动合同；（三）补偿金额应当达到法定最低要求；（四）董事、监事、高级管理人员的工资应当按照债务人职工的平均工资计算；（五）职工债权金额、类别等。

第三十五条规定，注册会计师应当根据职工债权调查情况，列出职工债权清单并予以公示。

（2）未按规定处理职工对职工债权清单的异议。

《注册会计师承办企业破产案件相关业务指南［试行］》第三十六条　职工对职工债权清单有异议要求注册会计师更正的，注册会计师核实后应当予以更正。

3.9.13.5　接受债权申报方面

（1）未按规定接受债权申报。

《注册会计师承办企业破产案件相关业务指南［试行］》第三十七条规定，注册会计师受人民法院指定担任管理人，应当接受所有提供了企业破产法第四十九条规定的债权申报材料的债权人的债权申报。

（2）未按规定对债权申报材料登记造册。

《注册会计师承办企业破产案件相关业务指南［试行］》第三十八条规定，注册会计师收到债权申报材料后，应当登记造册，列明各债权人申报材料中提供的债权数额、有无财产担保及有关证据等情况。

（3）未按规定对申报的债权进行审查。

《注册会计师承办企业破产案件相关业务指南［试行］》第三十九条规定，注册会计师应当对申报的债权进行审查，在审查基础上编制债权表。

（4）未按规定保管债权表和债权申报材料。

《注册会计师承办企业破产案件相关业务指南［试行］》第四十条规定，注册会计师应当妥善保管债权表和债权申报材料，供利害关系人查阅。

（5）未按规定将编制的债权表提交核查和确认。

《注册会计师承办企业破产案件相关业务指南［试行］》第四十一条规定，注册会计师应当将编制的债权表提交第一次债权人会议核查，债务人、债权人对债权表记载的债权无异议的，提交人民法院裁定确认。

3.9.13.6　制作重整计划草案方面

（1）未制作和提交重整计划草案。

《注册会计师承办企业破产案件相关业务指南［试行］》第四十二条规定，注册会计师受人民法院指定担任管理人，在人民法院裁定债务人重整后，如负责管理债务人财产和营业事务，应当在前期调查基础上，在人民法院裁定债务人重整之日起六个月内制作重整计划草案，同时向人民法院和债权人会议提交。

（2）重整计划草案的内容不完整。

《注册会计师承办企业破产案件相关业务指南［试行］》第四十三条规定，重整计划草案应当包括下列内容：（一）债务人的经营方案；（二）债权分类；（三）债权调整方案；（四）债权受偿方案；（五）重整计划的执行期限；（六）重整计划执行的监督期限；（七）有利于债务人重整的其他方案。

（3）制作重整计划草案不符合相关要求。

《注册会计师承办企业破产案件相关业务指南［试行］》第四十四条规定，注册会计师在制作重整计划草案时，要重点关注下列问题：（一）各类债权人因重整计划的实施而获得的受偿比例是否低于破产清算的受偿比例；（二）不减免债务人欠缴的企业破产法第八十二条第一款第二项规定以外的社会保险费用。

第四十五条规定，注册会计师制作重整计划草案的，应当向债权人会议就重整计划草案作出说明，并回答询问。

第四十六条规定，债权人会议部分表决组未通过重整计划草案的，注册会计师可以同未通过重整计划草案的表决组协商。未通过重整计划草案的表决组拒绝再次表决或者再次表决仍未通过重整计划草案，但重整计划草案符合企业破产法第八十七条第二款所列条件的，注册会计师可以申请人民法院批准重整计划草案。

第四十七条规定，注册会计师应当依据企业破产法第八十六条的规定，自重整计划通过之日起十日内，向人民法院提出批准重整计划的申请。

3.9.13.7　破产清算方面

(1) 未及时整理破产清算的有关材料。

《注册会计师承办企业破产案件相关业务指南［试行］》第四十九条规定，注册会计师收到人民法院宣告债务人破产的裁定书后，应当及时整理财产清册、债务清册、债权清册、清算期间有关的财务会计报告等材料。

(2) 未按规定拟定和提交破产财产变价方案。

《注册会计师承办企业破产案件相关业务指南［试行］》第五十条规定，注册会计师应当组织对破产财产进行审查、估价，及时拟定破产财产变价方案，提交债权人会议讨论。

(3) 未按规定变价出售破产财产。

《注册会计师承办企业破产案件相关业务指南［试行］》第五十一条规定，注册会计师应当根据债权人会议通过的或人民法院裁定的变价方案，适时变价出售破产财产。变价出售破产财产应当通过拍卖进行，但是，债权人会议决定以协议处分或资产抵债处置等其他方式进行的除外。

(4) 未按规定拟定和提交破产财产分配方案。

《注册会计师承办企业破产案件相关业务指南［试行］》第五十二条规定，注册会计师应当根据破产财产变价出售情况，及时拟定破产财产分配方案，提交债权人会议讨论，债权人会议通过后提请人民法院裁定认可。

(5) 未按规定执行破产财产分配方案。

《注册会计师承办企业破产案件相关业务指南［试行］》第五十三条规定，注册会计师应当执行经人民法院裁定认可后的破产财产分配方案，并关注企业破产法第一百一十七条、第一百一十八条、第一百一十九条规定的应当提存分配额的事项。

(6) 未按规定提交破产财产分配报告。

《注册会计师承办企业破产案件相关业务指南［试行］》第五十四条规定，注册会计师在破产财产最后分配完结后，应当及时向人民法院提交破产财产分配报告，并提请人民法院裁定终结破产程序。

(7) 未按规定编写履职情况报告。

《注册会计师承办企业破产案件相关业务指南［试行］》第五十五条规定，注册会计师应当编写履职情况报告，内容包括但不限于：（一）管理人基本情况；（二）破产人基本情况；（三）破产财产情况；（四）债权申报及审查确认情况；（五）破产人对外债权催收情况；（六）破产清算中财务收支情况；（七）破产财产的管理、变价及分配情况；（八）诉讼和仲裁情况；（九）未完结事项安排。

（8）未按规定向破产人的原登记机关办理注销登记。

《注册会计师承办企业破产案件相关业务指南［试行］》第五十六条规定，注册会计师应当自破产程序终结之日起十日内，持人民法院终结破产程序的裁定，向破产人的原登记机关办理注销登记。

第五十七条规定，注册会计师于办理注销登记完毕的次日终止执行管理人职务。但是，存在诉讼或者仲裁未决情况的除外。

第五十八条规定，注册会计师依据企业破产法第一百二十二条规定终止执行职务后，应当将管理人印章交公安机关销毁，并将销毁的证明送交人民法院。

3.9.13.8 承办其他相关业务方面

（1）未按规定为管理人提供专业服务。

《注册会计师承办企业破产案件相关业务指南［试行］》第五十九条规定，注册会计师可以接受管理人委托，提供会计、审计、咨询等相关专业服务。包括但不限于：（一）对破产申请受理日债务人的资产、负债、所有者权益进行清算审计，出具清算审计报告；（二）对清算期间的财务报表进行审计，出具清算审计报告；（三）对清算终结日债务人、破产人的资产状况、财务收支情况、财产分配情况进行审计，出具清算审计报告；（四）进行其他专项审计，并出具审计报告。

第六十条规定，注册会计师可以接受管理人委托，协助管理人履行职责。包括但不限于：（一）接管债务人的财产、印章和账簿、文书等资料；（二）调查债务人财产状况，制作财产状况报告；（三）审查债权人申报的债权；（四）清理职工债权；（五）制作重整计划草案。

（2）未按规定为债权人提供专业服务。

《注册会计师承办企业破产案件相关业务指南［试行］》第六十一条规定，注册会计师可以接受债权人委托，提供相关专业服务。包括但不限于：（一）协助准备有关破产申请材料；（二）代理申报债权；（三）代理债权人出席债权人会议，行使表决权。

（3）未按规定为债务人提供专业服务。

《注册会计师承办企业破产案件相关业务指南［试行］》第六十二条规定，注册会计师可以接受债务人委托，提供相关专业服务。包括但不限于：（一）协助准备有关破产申请材料；（二）协助编制重整计划草案；（三）协助制定和解协议草案；（四）协助引进战略投资人。

（4）未按规定签订业务约定书。

《注册会计师承办企业破产案件相关业务指南［试行］》第六十三条规定，注册会计师接受管理人、债权人、债务人或其他相关人委托，提供专业服务时，应当与委托人签订业务约定书，明确双方权利义务。

（5）未按规定制作必要的工作底稿。

《注册会计师承办企业破产案件相关业务指南［试行］》第六十四条规定，注册会计师承办企业破产案件相关业务，应当制作必要的工作底稿，工作底稿应真实、完整、记录清晰。

（6）注册会计师的素质和专业胜任能力不符合要求。

《注册会计师承办企业破产案件相关业务指南［试行］》第六十五条规定，注册会计师接受管理人、债权人、债务人或其他相关人委托，提供专业服务时，应当考虑是否具有必要的素质和专业胜任能力。

（7）未按规定进行回避。

《注册会计师承办企业破产案件相关业务指南［试行］》第六十六条规定，注册会计师担任管理人时，应当考虑是否存在法定应予回避的情形。

3.9.14 对财务信息执行商定程序方面的违规行为

（1）商定程序业务报告未详细说明业务的目的和商定的程序。

《中国注册会计师相关服务准则第4101号——对财务信息执行商定程序》第十五条规定，商定程序业务报告应当详细说明业务的目的和商定的程序，以便使用者了解所执行工作的性质和范围。

（2）商定程序业务报告的内容不完整。

《中国注册会计师相关服务准则第4101号——对财务信息执行商定程序》第十六条规定，商定程序业务报告应当包括下列内容：（一）标题；（二）收件人；（三）说明执行商定程序的财务信息；（四）说明执行的商定程序是与特定主体协商确定的；（五）说明已按照本准则的规定和业务约定书的要求执行了商定程序；（六）当注册会计师不具有独立性时，说明这一事实；（七）说明执行商定程序的目的；（八）列出所执行的具体程序；（九）说明执行商定程序的结果，包括详细说明发现的错误和例外事项；（十）说明所执行的商定程序并不构成审计或审阅，注册会计师不提出鉴证结论；（十一）说明如果执行商定程序以外的程序，或执行审计或审阅，注册会计师可能得出其他应报告的结果；（十二）说明报告仅限于特定主体使用；（十三）在适用的情况下，说明报告仅与执行商定程序的特定财务数据有关，不得扩展到财务报表整体；（十四）注册会计师的签名和盖章；（十五）会计师事务所的名称、地址及盖章；（十六）报告日期。

（3）未按规定报告执行的商定程序及其结果。

《中国注册会计师相关服务准则第4101号——对财务信息执行商定程序》第三条规定，注册会计师执行商定程序业务，仅报告执行的商定程序及其结果，并不提出鉴证结论。报告使用者自行对注册会计师执行的商定程序及其结果作出评价，并根据注册会计师的工作得出自己的结论。

（4）商定程序业务报告的使用者不符合规定。

《中国注册会计师相关服务准则第4101号——对财务信息执行商定程序》第四条规定，商定程序业务报告仅限于参与协商确定程序的特定主体使用，以避免不了解商定程序的人对报告产生误解。

（5）未按规定遵守相关职业道德规范。

《中国注册会计师相关服务准则第4101号——对财务信息执行商定程序》第五条规定，注册会计师执行商定程序业务，应当遵守相关职业道德规范，恪守客观、公正的原则，保持专业胜任能力和应有的关注，并对执业过程中获知的信息保密。

第六条规定，本准则不对商定程序业务提出独立性要求；但如果业务约定书或委托目的对注册会计师的独立性提出要求，注册会计师应当从其规定。如果注册会计师不具有独立性，应当在商定程序业务报告中说明这一事实。

（6）未按规定签订业务约定书。

《中国注册会计师相关服务准则第 4101 号——对财务信息执行商定程序》第八条规定，注册会计师应当与特定主体进行沟通，确保其已经清楚理解拟执行的商定程序和业务约定条款。注册会计师应当就下列事项与特定主体沟通，并达成一致意见：（一）业务性质，包括说明执行的商定程序并不构成审计或审阅，不提出鉴证结论；（二）委托目的；（三）拟执行商定程序的财务信息；（四）拟执行的具体程序的性质、时间和范围；（五）预期的报告样本；（六）报告分发和使用的限制。

第九条规定，如果无法与所有的报告致送对象直接讨论拟执行的商定程序，注册会计师应当考虑采取下列措施：（一）与报告致送对象的代表讨论拟执行的商定程序；（二）查阅来自报告致送对象的相关信函和文件；（三）向报告致送对象提交报告样本。

第十条规定，如果接受委托，注册会计师应当与委托人就双方达成一致的事项签订业务约定书，以避免双方对商定程序业务的理解产生分歧。

（7）未合理制定工作计划。

《中国注册会计师相关服务准则第 4101 号——对财务信息执行商定程序》第十一条规定，注册会计师应当合理制定工作计划，以有效执行商定程序业务。

（8）注册会计师未按规定执行商定的程序。

《中国注册会计师相关服务准则第 4101 号——对财务信息执行商定程序》第十二条规定，注册会计师应当执行商定的程序，并将获取的证据作为出具报告的基础。

第十三条规定，执行商定程序业务运用的程序通常包括：（一）询问和分析；（二）重新计算、比较和其他核对方法；（三）观察；（四）检查；（五）函证。

（9）注册会计师未按规定记录重大事项和相关证据。

《中国注册会计师相关服务准则第 4101 号——对财务信息执行商定程序》第十四条规定，注册会计师应当记录支持商定程序业务报告的重大事项，并记录按照本准则的规定和业务约定书的要求执行商定程序的证据。

（10）注册会计师未参照本准则对非财务信息执行商定程序业务。

《中国注册会计师相关服务准则第 4101 号——对财务信息执行商定程序》第十七条规定，如果注册会计师具备专业胜任能力，且存在合理的判断标准，可参照本准则对非财务信息执行商定程序业务。

3.9.15 代编财务信息方面的违规行为

（1）代编业务报告的内容不完整。

《中国注册会计师相关服务准则第 4111 号——代编财务信息》第十七条规定，代编业务报告应当包括下列内容：（一）标题；（二）收件人；（三）说明注册会计师已按照本准则的规定执行代编业务；（四）当注册会计师不具有独立性时，说明这一事实；（五）指出财务信息是在管理层提供信息的基础上代编的，并说明代编财务信息的名称、日期或涵盖的期间；（六）说明管理层对注册会计师代编的财务信息负责；（七）说明执行的业务既非审计，也非审阅，因此不对代编的财务信息提出鉴证结论；（八）必要时，应当增加一个段落，提醒注意代编财务信息对采用的编制基础的重大背离；（九）注册会计师的签名及盖章；（十）会计师事务所的名称、地址及盖章；（十一）报告日期。

（2）未按规定标示需要提示的字样。

《中国注册会计师相关服务准则第4111号——代编财务信息》第十八条规定，注册会计师应当在代编财务信息的每页或一套完整的财务报表的首页明确标示"未经审计或审阅"、"与代编业务报告一并阅读"等字样。

（3）未遵守相关职业道德规范。

《中国注册会计师相关服务准则第4111号——代编财务信息》第三条规定，注册会计师执行代编业务，应当遵守相关职业道德规范，恪守客观、公正的原则，保持专业胜任能力和应有的关注，并对执业过程中获知的信息保密。

第四条规定，本准则不对代编业务提出独立性要求。但如果注册会计师不具有独立性，应当在代编业务报告中说明这一事实。

（4）未按规定签订业务约定书。

《中国注册会计师相关服务准则第4111号——代编财务信息》第六条规定，注册会计师应当在代编业务开始前，与客户就代编业务约定条款达成一致意见，并签订业务约定书，以避免双方对代编业务的理解产生分歧。

第七条规定，业务约定书应当包括下列主要事项：（一）业务的性质，包括说明拟执行的业务既非审计也非审阅，注册会计师不对代编的财务信息提出任何鉴证结论；（二）说明不能依赖代编业务揭露可能存在的错误、舞弊以及违反法规行为；（三）客户提供的信息的性质；（四）说明客户管理层应当对提供给注册会计师的信息的真实性和完整性负责，以保证代编财务信息的真实性和完整性；（五）说明代编财务信息的编制基础，并说明将在代编财务信息和出具的代编业务报告中对该编制基础以及任何重大背离予以披露；（六）代编财务信息的预期用途和分发范围；（七）如果注册会计师的姓名与代编的财务信息相联系，说明注册会计师出具的代编业务报告的格式；（八）业务收费；（九）违约责任；（十）解决争议的方法；（十一）签约双方法定代表人或其授权代表的签字盖章，以及签约双方加盖的公章。

（5）未按规定制定代编业务计划。

《中国注册会计师相关服务准则第4111号——代编财务信息》第八条规定，注册会计师应当制定代编业务计划，以有效执行代编业务。

（6）未按规定对客户进行了解。

《中国注册会计师相关服务准则第4111号——代编财务信息》第九条规定，注册会计师应当了解客户的业务和经营情况，熟悉其所处行业的会计政策和惯例，以及与具体情况相适应的财务信息的形式和内容。

第十条规定，注册会计师应当了解客户业务交易的性质、会计记录的形式和财务信息的编制基础。注册会计师通常利用以前经验、查阅文件记录或询问客户的相关人员，获取对这些事项的了解。

（7）未按规定实施代编财务信息的程序。

《中国注册会计师相关服务准则第4111号——代编财务信息》第十一条规定，除本准则规定的程序外，注册会计师通常不需要执行下列程序：（一）询问管理层，以评价所提供信息的可靠性和完整性；（二）评价内部控制；（三）验证任何事项；（四）验证任何解释。

第十二条规定，如果注意到管理层提供的信息不正确、不完整或在其他方面不令人满意，注册会计师应当考虑执行本准则第十一条提及的程序，并要求管理层提供补充信息。如果管理层拒绝提供补充信息，注册会计师应当解除该项业务约定，并告知客户解除业务约定的原因。

第十三条规定，注册会计师应当阅读代编的财务信息，并考虑形式是否恰当，是否不存在明显的重大错报。本条前款所述的重大错报包括下列情形：（一）错误运用编制基础；（二）未披露所采用的编制基础和获知的重大背离；（三）未披露注册会计师注意到的其他重大事项。注册会计师应当在代编财务信息中披露采用的编制基础和获知的重大背离，但不必报告背离的定量影响。

第十四条规定，如果注意到存在重大错报，注册会计师应当尽可能与客户就如何恰当地更正错报达成一致意见。如果重大错报仍未得到更正，并且认为财务信息存在误导，注册会计师应当解除该项业务约定。

第十五条规定，注册会计师应当从管理层获取其承担恰当编制财务信息和批准财务信息的责任的书面声明。该声明还应当包括管理层对会计数据的真实性和完整性负责，以及已向注册会计师完整提供所有重要且相关的信息。

(8) 未按规定记录重大事项。

《中国注册会计师相关服务准则第 4111 号——代编财务信息》第十六条规定，注册会计师应当记录重大事项，以证明其已按照本准则的规定和业务约定书的要求执行代编业务。

(9) 未按规定参照本准则执行代编非财务信息业务。

《中国注册会计师相关服务准则第 4111 号——代编财务信息》第十九条规定，注册会计师执行代编非财务信息业务，除有特定要求者外，应当参照本准则办理。

3.10　六种证券违法行为

3.10.1　证券服务机构和人员违规买卖股票

◆**相关规定**：《证券法》第四十五条规定，为股票发行出具审计报告、资产评估报告或者法律意见书等文件的证券服务机构和人员，在该股票承销期内和期满后六个月内，不得买卖该种股票。除前款规定外，为上市公司出具审计报告、资产评估报告或者法律意见书等文件的证券服务机构和人员，自接受上市公司委托之日起至上述文件公开后五日内，不得买卖该种股票。

◆**行政责任**：《证券法》第二百零一条规定，为股票的发行、上市、交易出具审计报告、资产评估报告或者法律意见书等文件的证券服务机构和人员，违反本法第四十五条的规定买卖股票的，责令依法处理非法持有的股票，没收违法所得，并处以买卖股票等值以下的罚款。

3.10.2 证券内幕人员违规买卖证券或者泄露信息或者建议他人买卖证券

◆**相关规定**：《证券法》第七十六条规定，证券交易内幕信息的知情人和非法获取内幕信息的人，在内幕信息公开前，不得买卖该公司的证券，或者泄露该信息，或者建议他人买卖该证券。

◆**行政责任**：《证券法》第二百零二条规定，证券交易内幕信息的知情人或者非法获取内幕信息的人，在涉及证券的发行、交易或者其他对证券的价格有重大影响的信息公开前，买卖该证券，或者泄露该信息，或者建议他人买卖该证券的，责令依法处理非法持有的证券，没收违法所得，并处以违法所得一倍以上五倍以下的罚款；没有违法所得或者违法所得不足三万元的，处以三万元以上六十万元以下的罚款。单位从事内幕交易的，还应当对直接负责的主管人员和其他直接责任人员给予警告，并处以三万元以上三十万元以下的罚款。

3.10.3 证券服务机构制作、出具有虚假记载、误导性陈述或者重大遗漏的文件

◆**相关规定**：《证券法》第一百七十三条规定，证券服务机构为证券的发行、上市、交易等证券业务活动制作、出具审计报告、资产评估报告、财务顾问报告、资信评级报告或者法律意见书等文件，应当勤勉尽责，对所制作、出具的文件内容的真实性、准确性、完整性进行核查和验证。

《首次公开发行股票并上市管理办法》第六条规定，为证券发行出具有关文件的证券服务机构和人员，应当按照本行业公认的业务标准和道德规范，严格履行法定职责，并对其所出具文件的真实性、准确性和完整性负责。

《证券投资基金法》第六十三条规定，对公开披露的基金信息出具审计报告或者法律意见书的会计师事务所、律师事务所，应当保证其所出具文件内容的真实性、准确性和完整性。

◆**行政责任**：《证券法》第二百二十三条规定，证券服务机构未勤勉尽责，所制作、出具的文件有虚假记载、误导性陈述或者重大遗漏的，责令改正，没收业务收入，暂停或者撤销证券服务业务许可，并处以业务收入一倍以上五倍以下的罚款。对直接负责的主管人员和其他直接责任人员给予警告，撤销证券从业资格，并处以三万元以上十万元以下的罚款。

《首次公开发行股票并上市管理办法》第六十六条规定，证券服务机构未勤勉尽责，所制作、出具的文件有虚假记载、误导性陈述或者重大遗漏的，除依照《证券法》及其他相关法律、行政法规和规章的规定处罚外，中国证监会将采取12个月内不接受相关机构出具的证券发行专项文件，36个月内不接受相关签字人员出具的证券发行专项文件的监管措施。

《证券投资基金法》第九十四条规定，为基金信息披露义务人公开披露的基金信息出具审计报告、法律意见书等文件的专业机构就其所应负责的内容弄虚作假的，责令改正，没收违法所得，并处违法所得一倍以上五倍以下罚款；情节严重的，责令停业，暂停或者取消直接责任人员的相关资格；给基金份额持有人造成损害的，依法承担赔偿责任；构成犯罪的，依法追究刑事责任。

3.10.4 证券服务机构擅自从事证券审计业务

◆**相关规定**：《证券法》第一百六十九条规定，投资咨询机构、财务顾问机构、资信评级机构、资产评估机构、会计师事务所从事证券服务业务，必须经国务院证券监督管理机构和有关主管部门批准。

◆**行政责任**：《证券法》第二百二十六条规定，投资咨询机构、财务顾问机构、资信评级机构、资产评估机构、会计师事务所未经批准，擅自从事证券服务业务的，责令改正，没收违法所得，并处以违法所得一倍以上五倍以下的罚款。

3.10.5 证券服务机构制作或者出具的文件不符合要求，擅自改动已提交的文件，或者拒绝答复中国证监会审核中提出的相关问题

◆**相关规定**：《首次公开发行股票并上市管理办法》第六条规定，为证券发行出具有关文件的证券服务机构和人员，应当按照本行业公认的业务标准和道德规范，严格履行法定职责，并对其所出具文件的真实性、准确性和完整性负责。

◆**行政责任**：《首次公开发行股票并上市管理办法》第六十七条规定，发行人、保荐人或证券服务机构制作或者出具的文件不符合要求，擅自改动已提交的文件，或者拒绝答复中国证监会审核中提出的相关问题的，中国证监会将视情节轻重，对相关机构和责任人员采取监管谈话、责令改正等监管措施，记入诚信档案并公布；情节特别严重的，给予警告。

3.10.6 经注册会计师审核的发行人利润实现数未达到盈利预测的80%

◆**相关规定**：《首次公开发行股票并上市管理办法》第六条规定，为证券发行出具有关文件的证券服务机构和人员，应当按照本行业公认的业务标准和道德规范，严格履行法定职责，并对其所出具文件的真实性、准确性和完整性负责。

◆**行政责任**：《首次公开发行股票并上市管理办法》第六十八条规定，发行人披露盈利预测的，利润实现数如未达到盈利预测的80%，除因不可抗力外，其法定代表人、盈利预测审核报告签字注册会计师应当在股东大会及中国证监会指定报刊上公开作出解释并道歉；中国证监会可以对法定代表人处以警告。利润实现数未达到盈利预测的50%的，除因不可抗力外，中国证监会在36个月内不受理该公司的公开发行证券申请。

3.11 七种价格违法行为

3.11.1 未按规定公示服务项目、收费标准

◆**相关规定**：《价格法》第十三条规定，经营者销售、收购商品和提供服务，应当按照政府价格主管部门的规定明码标价，注明商品的品名、产地、规格、等级、计价单位、价格

或者服务的项目、收费标准等有关情况。经营者不得在标价之外加价出售商品，不得收取任何未予标明的费用。

《会计师事务所服务收费管理办法》第十七条规定，会计师事务所应当在营业场所显著位置公示服务项目、收费标准、收费依据等内容，自觉接受社会监督。

◆**行政责任**：《价格法》第四十二条规定，经营者违反明码标价规定的，责令改正，没收违法所得，可以并处五千元以下的罚款。

《价格违法行为行政处罚规定》第十三条规定，经营者违反明码标价规定，有下列行为之一的，责令改正，没收违法所得，可以并处 5000 元以下的罚款：（一）不标明价格的；（二）不按照规定的内容和方式明码标价的；（三）在标价之外加价出售商品或者收取未标明的费用的；（四）违反明码标价规定的其他行为。

《会计师事务所服务收费管理办法》第十九条规定，会计师事务所有下列情形之一的，由政府价格主管部门依照《价格法》和《价格违法行为行政处罚规定》实施行政处罚：（一）未按规定公示服务项目、收费标准的……

3.11.2 超出政府指导价浮动幅度制定价格

◆**相关规定**：《价格法》第十二条规定，经营者进行价格活动，应当遵守法律、法规，执行依法制定的政府指导价、政府定价和法定的价格干预措施、紧急措施。

《会计师事务所服务收费管理办法》第十四条规定，审计服务采取招（投）标方式取得的，会计师事务所应当在规定的基准价和浮动幅度内合理确定投标报价。

《财政部关于进一步落实〈会计师事务所服务收费管理办法〉的通知》（财会[2011]18号）第一项规定，……会计师事务所投标报价在招标项目评审中所占的权重最高不得超过20%……会计师事务所投标报价不得低于当地价格主管部门制定的收费标准下限。因委托方特殊原因确需会计师事务所给予一定价格减让的，在保证执业质量的前提下，会计师事务所可以适当降低投标报价，但投标报价不得低于当地价格主管部门制定的收费标准下限的75%，否则一律按废标处理。

◆**行政责任**：《价格法》第三十九条规定，经营者不执行政府指导价、政府定价以及法定的价格干预措施、紧急措施的，责令改正，没收违法所得，可以并处违法所得五倍以下的罚款；没有违法所得的，可以处以罚款；情节严重的，责令停业整顿。

《价格违法行为行政处罚规定》第九条规定，经营者不执行政府指导价、政府定价，有下列行为之一的，责令改正，没收违法所得，并处违法所得 5 倍以下的罚款；没有违法所得的，处 5 万元以上 50 万元以下的罚款，情节较重的处 50 万元以上 200 万元以下的罚款；情节严重的，责令停业整顿：（一）超出政府指导价浮动幅度制定价格的……

《会计师事务所服务收费管理办法》第十九条规定，会计师事务所有下列情形之一的，由政府价格主管部门依照《价格法》和《价格违法行为行政处罚规定》实施行政处罚：……（二）超出政府指导价浮动幅度制定价格的……

3.11.3 擅自制定实行政府指导价的审计服务收费标准

◆**相关规定**：《价格法》第十二条规定，经营者进行价格活动，应当遵守法律、法规，执行依法制定的政府指导价、政府定价和法定的价格干预措施、紧急措施。

《会计师事务所服务收费管理办法》第十九条规定，会计师事务所有下列情形之一的，由政府价格主管部门依照《价格法》和《价格违法行为行政处罚规定》实施行政处罚：……（三）擅自制定实行政府指导价的审计服务收费标准的……

◆**行政责任**：《价格法》第三十九条规定，经营者不执行政府指导价、政府定价以及法定的价格干预措施、紧急措施的，责令改正，没收违法所得，可以并处违法所得五倍以下的罚款；没有违法所得的，可以处以罚款；情节严重的，责令停业整顿。

《价格违法行为行政处罚规定》第九条规定，经营者不执行政府指导价、政府定价，有下列行为之一的，责令改正，没收违法所得，并处违法所得5倍以下的罚款；没有违法所得的，处5万元以上50万元以下的罚款，情节较重的处50万元以上200万元以下的罚款；情节严重的，责令停业整顿：……（三）擅自制定属于政府指导价、政府定价范围内的商品或者服务价格的……

3.11.4 违反规定以佣金、回扣等形式变相降低审计服务收费超出政府指导价浮动下限

◆**相关规定**：《价格法》第十二条规定，经营者进行价格活动，应当遵守法律、法规，执行依法制定的政府指导价、政府定价和法定的价格干预措施、紧急措施。

《会计师事务所服务收费管理办法》第十九条规定，会计师事务所有下列情形之一的，由政府价格主管部门依照《价格法》和《价格违法行为行政处罚规定》实施行政处罚：……（四）违反规定以佣金、回扣等形式变相降低审计服务收费超出政府指导价浮动下限的……

◆**行政责任**：《价格法》第三十九条规定，经营者不执行政府指导价、政府定价以及法定的价格干预措施、紧急措施的，责令改正，没收违法所得，可以并处违法所得五倍以下的罚款；没有违法所得的，可以处以罚款；情节严重的，责令停业整顿。

《价格违法行为行政处罚规定》第九条规定，经营者不执行政府指导价、政府定价，有下列行为之一的，责令改正，没收违法所得，并处违法所得5倍以下的罚款；没有违法所得的，处5万元以上50万元以下的罚款，情节较重的处50万元以上200万元以下的罚款；情节严重的，责令停业整顿：……（十一）不执行政府指导价、政府定价的其他行为。

3.11.5 采取分解收费项目、重复收费、扩大收费范围或自立名目等方式乱收费

◆**相关规定**：《价格法》第十二条规定，经营者进行价格活动，应当遵守法律、法规，执行依法制定的政府指导价、政府定价和法定的价格干预措施、紧急措施。

《会计师事务所服务收费管理办法》第十九条规定，会计师事务所有下列情形之一的，由政府价格主管部门依照《价格法》和《价格违法行为行政处罚规定》实施行政处罚：……（五）采取分解收费项目、重复收费、扩大收费范围或自立名目等方式乱收费的……

◆**行政责任**：《价格法》第三十九条规定，经营者不执行政府指导价、政府定价以及法定的价格干预措施、紧急措施的，责令改正，没收违法所得，可以并处违法所得五倍以下的罚款；没有违法所得的，可以处以罚款；情节严重的，责令停业整顿。

《价格违法行为行政处罚规定》第九条规定，经营者不执行政府指导价、政府定价，有下列行为之一的，责令改正，没收违法所得，并处违法所得5倍以下的罚款；没有违法所得的，处5万元以上50万元以下的罚款，情节较重的处50万元以上200万元以下的罚款；情节严重的，责令停业整顿：……（六）采取分解收费项目、重复收费、扩大收费范围等方式变相提高收费标准的……

3.11.6 不按照规定提供服务而收取费用

◆**相关规定**：《价格法》第七条规定，经营者定价，应当遵循公平、合法和诚实信用的原则。

《会计师事务所服务收费管理办法》第十九条规定，会计师事务所有下列情形之一的，由政府价格主管部门依照《价格法》和《价格违法行为行政处罚规定》实施行政处罚：……（六）不按照规定提供服务而收取费用的……

◆**行政责任**：《价格法》第三十九条规定，经营者不执行政府指导价、政府定价以及法定的价格干预措施、紧急措施的，责令改正，没收违法所得，可以并处违法所得五倍以下的罚款；没有违法所得的，可以处以罚款；情节严重的，责令停业整顿。

《价格违法行为行政处罚规定》第九条规定，经营者不执行政府指导价、政府定价，有下列行为之一的，责令改正，没收违法所得，并处违法所得5倍以下的罚款；没有违法所得的，处5万元以上50万元以下的罚款，情节较重的处50万元以上200万元以下的罚款；情节严重的，责令停业整顿：……（十）不按照规定提供服务而收取费用的……

3.11.7 其他价格违法行为

◆**相关规定**：《价格法》第七条规定，经营者定价，应当遵循公平、合法和诚实信用的原则。

第十二条规定，经营者进行价格活动，应当遵守法律、法规，执行依法制定的政府指导价、政府定价和法定的价格干预措施、紧急措施。

《会计师事务所服务收费管理办法》第十六条规定，会计师事务所向委托人收取服务费，应当出具合法票据，注册会计师个人不得私自收费。

第十八条规定，会计师事务所应当严格执行价格主管部门制定的会计师事务所服务收费管理办法和收费标准，建立健全内部收费管理制度。

◆**行政责任**：《价格法》第三十九条规定，经营者不执行政府指导价、政府定价以及法定的价格干预措施、紧急措施的，责令改正，没收违法所得，可以并处违法所得五倍以下的罚款；没有违法所得的，可以处以罚款；情节严重的，责令停业整顿。

《价格违法行为行政处罚规定》第九条规定，经营者不执行政府指导价、政府定价，有下列行为之一的，责令改正，没收违法所得，并处违法所得5倍以下的罚款；没有违法所得的，处5万元以上50万元以下的罚款，情节较重的处50万元以上200万元以下的罚款；情节严重的，责令停业整顿：……（十一）不执行政府指导价、政府定价的其他行为。

《会计师事务所服务收费管理办法》第十九条规定，会计师事务所有下列情形之一的，由政府价格主管部门依照《价格法》和《价格违法行为行政处罚规定》实施行政处罚：……（七）其他价格违法行为。

3.12　十一种违反公司管理规定的行为

3.12.1　虚报注册资本，取得公司登记

◆**相关规定**：《公司法》第六条规定，设立公司，应当依法向公司登记机关申请设立登记；第二十六条规定，有限责任公司的注册资本为在公司登记机关登记的全体股东认缴的出资额；第三十条规定，股东的首次出资经依法设立的验资机构验资后，由全体股东指定的代表或者共同委托的代理人向公司登记机关报送公司登记申请书、公司章程、验资证明等文件，申请设立登记。

◆**行政责任**：《公司法》第一百九十九条规定，违反本法规定，虚报注册资本、提交虚假材料或者采取其他欺诈手段隐瞒重要事实取得公司登记的，由公司登记机关责令改正，对虚报注册资本的公司，处以虚报注册资本金额百分之五以上百分之十五以下的罚款；对提交虚假材料或者采取其他欺诈手段隐瞒重要事实的公司，处以五万元以上五十万元以下的罚款；情节严重的，撤销公司登记或者吊销营业执照。

《公司登记管理条例》第六十八规定，虚报注册资本，取得公司登记的，由公司登记机关责令改正，处以虚报注册资本金额5%以上15%以下的罚款；情节严重的，撤销公司登记或者吊销营业执照。

3.12.2　虚假出资，未交付或者未按期交付作为出资的货币或者非货币财产

◆**相关规定**：《公司法》第二十八条规定，股东应当按期足额缴纳公司章程中规定的各自所认缴的出资额。股东以货币出资的，应当将货币出资足额存入有限责任公司在银行开设的账户；以非货币财产出资的，应当依法办理其财产权的转移手续。

◆**行政责任**：《公司法》第二百条规定，公司的发起人、股东虚假出资，未交付或者未按期交付作为出资的货币或者非货币财产的，由公司登记机关责令改正，处以虚假出资金额百分之五以上百分之十五以下的罚款。

《公司登记管理条例》第七十规定，公司的发起人、股东虚假出资，未交付或者未按期交付作为出资的货币或者非货币财产的，由公司登记机关责令改正，处以虚假出资金额5%

以上15%以下的罚款。

3.12.3 抽逃出资

◆**相关规定**：《公司法》第三十六条规定，公司成立后，股东不得抽逃出资。

◆**行政责任**：《公司法》第二百零一条规定，公司的发起人、股东在公司成立后，抽逃其出资的，由公司登记机关责令改正，处以所抽逃出资金额百分之五以上百分之十五以下的罚款。

《公司登记管理条例》第七十一规定，公司的发起人、股东在公司成立后，抽逃出资的，由公司登记机关责令改正，处以所抽逃出资金额5%以上15%以下的罚款。

3.12.4 在法定的会计账簿以外另立会计账簿

◆**相关规定**：《公司法》第一百七十二条规定，公司除法定的会计账簿外，不得另立会计账簿。对公司资产，不得以任何个人名义开立账户存储。

◆**行政责任**：《公司法》第二百零二条规定，公司违反本法规定，在法定的会计账簿以外另立会计账簿的，由县级以上人民政府财政部门责令改正，处以五万元以上五十万元以下的罚款。

3.12.5 在财务会计报告等材料上作虚假记载或者隐瞒重要事实

◆**相关规定**：《公司法》第一百六十五条规定，公司应当在每一会计年度终了时编制财务会计报告，并依法经会计师事务所审计。财务会计报告应当依照法律、行政法规和国务院财政部门的规定制作。

◆**行政责任**：《公司法》第二百零三条规定，公司在依法向有关主管部门提供的财务会计报告等材料上作虚假记载或者隐瞒重要事实的，由有关主管部门对直接负责的主管人员和其他直接责任人员处以三万元以上三十万元以下的罚款。

3.12.6 不按照规定提取法定公积金

◆**相关规定**：《公司法》第一百六十七条规定，公司分配当年税后利润时，应当提取利润的百分之十列入公司法定公积金。公司法定公积金累计额为公司注册资本的百分之五十以上的，可以不再提取。

◆**行政责任**：《公司法》第二百零四条规定，公司不依照本法规定提取法定公积金的，由县级以上人民政府财政部门责令如数补足应当提取的金额，可以对公司处以二十万元以下的罚款。

3.12.7 未按规定办理公司变更登记或备案

◆**相关规定**：《公司登记管理条例》第二十六条规定，公司变更登记事项，应当向原公司登记机关申请变更登记。未经变更登记，公司不得擅自改变登记事项。

◆**行政责任**：《公司登记管理条例》第七十三规定，公司登记事项发生变更时，未依照本条例规定办理有关变更登记的，由公司登记机关责令限期登记；逾期不登记的，处以1万元以上10万元以下的罚款。其中，变更经营范围涉及法律、行政法规或者国务院决定规定须经批准的项目而未取得批准，擅自从事相关经营活动，情节严重的，吊销营业执照。公司未依照本条例规定办理有关备案的，由公司登记机关责令限期办理；逾期未办理的，处以3万元以下的罚款。

3.12.8 不按照规定接受公司年度检验

◆**相关规定**：《公司登记管理条例》第六十条规定，公司应当按照公司登记机关的要求，在规定的时间内接受年度检验，并提交年度检验报告书、年度资产负债表和损益表、《企业法人营业执照》副本。

◆**行政责任**：《公司登记管理条例》第七十六规定，公司不按照规定接受年度检验的，由公司登记机关处以1万元以上10万元以下的罚款，并限期接受年度检验；逾期仍不接受年度检验的，吊销营业执照。年度检验中隐瞒真实情况、弄虚作假的，由公司登记机关处以1万元以上5万元以下的罚款，并限期改正；情节严重的，吊销营业执照。

3.12.9 未将营业执照置于住所或者营业场所醒目位置

◆**相关规定**：《公司登记管理条例》第六十三条规定，《企业法人营业执照》正本或者《营业执照》正本应当置于公司住所或者分公司营业场所的醒目位置。

◆**行政责任**：《公司登记管理条例》第七十八规定，未将营业执照置于住所或者营业场所醒目位置的，由公司登记机关责令改正；拒不改正的，处以1000元以上5000元以下的罚款。

3.12.10 验资或者验证机构提供虚假材料

◆**相关规定**：《公司法》第二十九条规定，股东缴纳出资后，必须经依法设立的验资机构验资并出具证明；第八十四条规定，股东缴纳出资后，必须经依法设立的验资机构验资并出具证明；第九十条规定，发行股份的股款缴足后，必须经依法设立的验资机构验资并出具证明。

◆**行政责任**：《公司法》第二百零八条规定，承担资产评估、验资或者验证的机构提供虚假材料的，由公司登记机关没收违法所得，处以违法所得一倍以上五倍以下的罚款，并可以由有关主管部门依法责令该机构停业、吊销直接责任人员的资格证书，吊销营业执照。

《公司登记管理条例》第七十九规定，承担资产评估、验资或者验证的机构提供虚假材料的，由公司登记机关没收违法所得，处以违法所得1倍以上5倍以下的罚款，并可以由有关主管部门依法责令该机构停业、吊销直接责任人员的资格证书，吊销营业执照。

3.12.11 验资或者验证机构因过失提供有重大遗漏的报告

◆**相关规定**：《公司法》第二十九条规定，股东缴纳出资后，必须经依法设立的验资机构验资并出具证明；第八十四条规定，股东缴纳出资后，必须经依法设立的验资机构验资并出具证明；第九十条规定，发行股份的股款缴足后，必须经依法设立的验资机构验资并出具证明。

◆**行政责任**：《公司法》第二百零八条规定，承担资产评估、验资或者验证的机构因过失提供有重大遗漏的报告的，由公司登记机关责令改正，情节较重的，处以所得收入一倍以上五倍以下的罚款，并可以由有关主管部门依法责令该机构停业、吊销直接责任人员的资格证书，吊销营业执照。

《公司登记管理条例》第七十九规定，承担资产评估、验资或者验证的机构因过失提供有重大遗漏的报告的，由公司登记机关责令改正，情节较重的，处以所得收入1倍以上5倍以下的罚款，并可以由有关主管部门依法责令该机构停业、吊销直接责任人员的资格证书，吊销营业执照。

3.13 两种严重的会计法违法行为

3.13.1 伪造、变造会计凭证、会计账簿，编制虚假财务会计报告

◆**相关规定**：《会计法》第十三条规定，会计凭证、会计账簿、财务会计报告和其他会计资料，必须符合国家统一的会计制度的规定。使用电子计算机进行会计核算的，其软件及其生成的会计凭证、会计账簿、财务会计报告和其他会计资料，也必须符合国家统一的会计制度的规定。任何单位和个人不得伪造、变造会计凭证、会计账簿及其他会计资料，不得提供虚假的财务会计报告。

◆**行政责任**：《会计法》第四十三条规定，伪造、变造会计凭证、会计账簿，编制虚假财务会计报告，尚不构成犯罪的，由县级以上人民政府财政部门予以通报，可以对单位并处五千元以上十万元以下的罚款；对其直接负责的主管人员和其他直接责任人员，可以处三千元以上五万元以下的罚款；属于国家工作人员的，还应当由其所在单位或者有关单位依法给予撤职直至开除的行政处分；对其中的会计人员，并由县级以上人民政府财政部门吊销会计从业资格证书。

3.13.2 隐匿或者故意销毁依法应当保存的会计凭证、会计账簿、财务会计报告

◆**相关规定**：《会计法》第二十三条规定，各单位对会计凭证、会计账簿、财务会计报告和其他会计资料应当建立档案，妥善保管。

◆**行政责任**：《会计法》第四十四条规定，隐匿或者故意销毁依法应当保存的会计凭证、会计账簿、财务会计报告，尚不构成犯罪的，由县级以上人民政府财政部门予以通报，可以对单位并处五千元以上十万元以下的罚款；对其直接负责的主管人员和其他直接责任人员，可以处三千元以上五万元以下的罚款；属于国家工作人员的，还应当由其所在单位或者有关单位依法给予撤职直至开除的行政处分；对其中的会计人员，并由县级以上人民政府财政部门吊销会计从业资格证书。

3.14 三种其他违反会计法的行为

3.14.1 授意、指使、强令会计机构、会计人员及其他人员伪造、变造会计凭证、会计账簿，编制虚假财务会计报告

◆**相关规定**：《会计法》第五条规定，会计机构、会计人员依照本法规定进行会计核算，实行会计监督。任何单位或者个人不得以任何方式授意、指使、强令会计机构、会计人员伪造、变造会计凭证、会计账簿和其他会计资料，提供虚假财务会计报告。

◆**行政责任**：《会计法》第四十五条规定，授意、指使、强令会计机构、会计人员及其他人员伪造、变造会计凭证、会计账簿，编制虚假财务会计报告或者隐匿、故意销毁依法应当保存的会计凭证、会计账簿、财务会计报告，尚不构成犯罪的，可以处五千元以上五万元以下的罚款；属于国家工作人员的，还应当由其所在单位或者有关单位依法给予降级、撤职、开除的行政处分。

3.14.2 授意、指使、强令会计机构、会计人员及其他人员隐匿、故意销毁依法应当保存的会计凭证、会计账簿、财务会计报告

◆**相关规定**：《会计法》第二十三条规定，各单位对会计凭证、会计账簿、财务会计报告和其他会计资料应当建立档案，妥善保管。

第二十八条规定，单位负责人应当保证会计机构、会计人员依法履行职责，不得授意、指使、强令会计机构、会计人员违法办理会计事项。

◆**行政责任**：《会计法》第四十五条规定，授意、指使、强令会计机构、会计人员及其他人员伪造、变造会计凭证、会计账簿，编制虚假财务会计报告或者隐匿、故意销毁依法应当保存的会计凭证、会计账簿、财务会计报告，尚不构成犯罪的，可以处五千元以上五万元以下的罚款；属于国家工作人员的，还应当由其所在单位或者有关单位依法给予降级、撤

职、开除的行政处分。

3.14.3 单位负责人对会计人员实行打击报复

◆**相关规定**：《会计法》第五条规定，任何单位或者个人不得对依法履行职责、抵制违反本法规定行为的会计人员实行打击报复。

◆**行政责任**：《会计法》第四十六条规定，单位负责人对依法履行职责、抵制违反本法规定行为的会计人员以降级、撤职、调离工作岗位、解聘或者开除等方式实行打击报复，构成犯罪的，依法追究刑事责任；尚不构成犯罪的，由其所在单位或者有关单位依法给予行政处分。对受打击报复的会计人员，应当恢复其名誉和原有职务、级别。

3.15 七种财务会计报告违法行为

3.15.1 随意改变会计要素的确认和计量标准

◆**相关规定**：《企业财务会计报告条例》第十八条规定，企业应当依照本条例和国家统一的会计制度规定，对会计报表中各项会计要素进行合理的确认和计量，不得随意改变会计要素的确认和计量标准。

◆**行政责任**：《企业财务会计报告条例》第三十九条规定，违反本条例规定，有下列行为之一的，由县级以上人民政府财政部门责令限期改正，对企业可以处3000元以上5万元以下的罚款；对直接负责的主管人员和其他直接责任人员，可以处2000元以上2万元以下的罚款；属于国家工作人员的，并依法给予行政处分或者纪律处分：（一）随意改变会计要素的确认和计量标准的……会计人员有前款所列行为之一，情节严重的，由县级以上人民政府财政部门吊销会计从业资格证书。

3.15.2 随意改变财务会计报告的编制基础、编制依据、编制原则和方法

◆**相关规定**：《企业财务会计报告条例》第十七条规定，企业编制财务会计报告，应当根据真实的交易、事项以及完整、准确的账簿记录等资料，并按照国家统一的会计制度规定的编制基础、编制依据、编制原则和方法。企业不得违反本条例和国家统一的会计制度规定，随意改变财务会计报告的编制基础、编制依据、编制原则和方法。任何组织或者个人不得授意、指使、强令企业违反本条例和国家统一的会计制度规定，改变财务会计报告的编制基础、编制依据、编制原则和方法。

◆**行政责任**：《企业财务会计报告条例》第三十九条规定，违反本条例规定，有下列行为之一的，由县级以上人民政府财政部门责令限期改正，对企业可以处3000元以上5万元以下的罚款；对直接负责的主管人员和其他直接责任人员，可以处2000元以上2万元以下的罚款；属于国家工作人员的，并依法给予行政处分或者纪律处分：……（二）随意改变财务会计报告的编制基础、编制依据、编制原则和方法的……会计人员有前款所列行为之

一，情节严重的，由县级以上人民政府财政部门吊销会计从业资格证书。

3.15.3 提前或者延迟结账日结账

◆**相关规定**：《企业财务会计报告条例》第十九条规定，企业应当依照有关法律、行政法规和本条例规定的结账日进行结账，不得提前或者延迟。年度结账日为公历年度每年的12月31日；半年度、季度、月度结账日分别为公历年度每半年、每季、每月的最后一天。

◆**行政责任**：《企业财务会计报告条例》第三十九条规定，违反本条例规定，有下列行为之一的，由县级以上人民政府财政部门责令限期改正，对企业可以处3000元以上5万元以下的罚款；对直接负责的主管人员和其他直接责任人员，可以处2000元以上2万元以下的罚款；属于国家工作人员的，并依法给予行政处分或者纪律处分：……（三）提前或者延迟结账日结账的……会计人员有前款所列行为之一，情节严重的，由县级以上人民政府财政部门吊销会计从业资格证书。

3.15.4 在编制年度财务会计报告前，未按规定全面清查资产、核实债务

◆**相关规定**：《企业财务会计报告条例》第二十条规定，企业在编制年度财务会计报告前，应当按照下列规定，全面清查资产、核实债务：（一）结算款项，包括应收款项、应付款项、应交税金等是否存在，与债务、债权单位的相应债务、债权金额是否一致；（二）原材料、在产品、自制半成品、库存商品等各项存货的实存数量与账面数量是否一致，是否有报废损失和积压物资等；（三）各项投资是否存在，投资收益是否按照国家统一的会计制度规定进行确认和计量；（四）房屋建筑物、机器设备、运输工具等各项固定资产的实存数量与账面数量是否一致；（五）在建工程的实际发生额与账面记录是否一致；（六）需要清查、核实的其他内容。企业通过前款规定的清查、核实，查明财产物资的实存数量与账面数量是否一致、各项结算款项的拖欠情况及其原因、材料物资的实际储备情况、各项投资是否达到预期目的、固定资产的使用情况及其完好程度等。企业清查、核实后，应当将清查、核实的结果及其处理办法向企业的董事会或者相应机构报告，并根据国家统一的会计制度的规定进行相应的会计处理。企业应当在年度中间根据具体情况，对各项财产物资和结算款项进行重点抽查、轮流清查或者定期清查。

◆**行政责任**：《企业财务会计报告条例》第三十九条规定，违反本条例规定，有下列行为之一的，由县级以上人民政府财政部门责令限期改正，对企业可以处3000元以上5万元以下的罚款；对直接负责的主管人员和其他直接责任人员，可以处2000元以上2万元以下的罚款；属于国家工作人员的，并依法给予行政处分或者纪律处分：……（四）在编制年度财务会计报告前，未按照本条例规定全面清查资产、核实债务的……会计人员有前款所列行为之一，情节严重的，由县级以上人民政府财政部门吊销会计从业资格证书。

3.15.5 拒绝财政部门和其他有关部门对财务会计报告依法进行的监督检查，或者不如实提供有关情况

◆**相关规定**：《会计法》第三十五条规定，各单位必须依照有关法律、行政法规的规定，接受有关监督检查部门依法实施的监督检查，如实提供会计凭证、会计账簿、财务会计报告和其他会计资料以及有关情况，不得拒绝、隐匿、谎报。

◆**行政责任**：《企业财务会计报告条例》第三十九条规定，违反本条例规定，有下列行为之一的，由县级以上人民政府财政部门责令限期改正，对企业可以处3000元以上5万元以下的罚款；对直接负责的主管人员和其他直接责任人员，可以处2000元以上2万元以下的罚款；属于国家工作人员的，并依法给予行政处分或者纪律处分：……（五）拒绝财政部门和其他有关部门对财务会计报告依法进行的监督检查，或者不如实提供有关情况的。会计人员有前款所列行为之一，情节严重的，由县级以上人民政府财政部门吊销会计从业资格证书。

3.15.6 企业编制、对外提供虚假的或者隐瞒重要事实的财务会计报告

◆**相关规定**：《企业财务会计报告条例》第三条规定，企业不得编制和对外提供虚假的或者隐瞒重要事实的财务会计报告。

◆**行政责任**：《企业财务会计报告条例》第四十条规定，企业编制、对外提供虚假的或者隐瞒重要事实的财务会计报告，尚不构成犯罪的，由县级以上人民政府财政部门予以通报，对企业可以处5000元以上10万元以下的罚款；对直接负责的主管人员和其他直接责任人员，可以处3000元以上5万元以下的罚款；属于国家工作人员的，并依法给予撤职直至开除的行政处分或者纪律处分；对其中的会计人员，情节严重的，并由县级以上人民政府财政部门吊销会计从业资格证书。

3.15.7 授意、指使、强令会计机构、会计人员及其他人员编制、对外提供虚假的或者隐瞒重要事实的财务会计报告

◆**相关规定**：《企业财务会计报告条例》第四条规定，任何组织或者个人不得授意、指使、强令企业编制和对外提供虚假的或者隐瞒重要事实的财务会计报告。

◆**行政责任**：《企业财务会计报告条例》第四十一条规定，授意、指使、强令会计机构、会计人员及其他人员编制、对外提供虚假的或者隐瞒重要事实的财务会计报告，或者隐匿、故意销毁依法应当保存的财务会计报告，尚不构成犯罪的，可以处5000元以上5万元以下的罚款；属于国家工作人员的，并依法给予降级、撤职、开除的行政处分或者纪律处分。

3.16 十种典型的会计基础工作违法行为

3.16.1 不依法设置会计账簿

◆**相关规定**：《会计法》第三条规定，各单位必须依法设置会计账簿，并保证其真实、完整。

◆**行政责任**：《会计法》第四十二条规定，违反本法规定，有下列行为之一的，由县级以上人民政府财政部门责令限期改正，可以对单位并处三千元以上五万元以下的罚款；对其直接负责的主管人员和其他直接责任人员，可以处二千元以上二万元以下的罚款；属于国家工作人员的，还应当由其所在单位或者有关单位依法给予行政处分：（一）不依法设置会计账簿的……会计人员有第一款所列行为之一，情节严重的，由县级以上人民政府财政部门吊销会计从业资格证书。有关法律对第一款所列行为的处罚另有规定的，依照有关法律的规定办理。

3.16.2 私设会计账簿

◆**相关规定**：《会计法》第十六条规定，各单位发生的各项经济业务事项应当在依法设置的会计账簿上统一登记、核算，不得违反本法和国家统一的会计制度的规定私设会计账簿登记、核算。

◆**行政责任**：《会计法》第四十二条规定，违反本法规定，有下列行为之一的，由县级以上人民政府财政部门责令限期改正，可以对单位并处三千元以上五万元以下的罚款；对其直接负责的主管人员和其他直接责任人员，可以处二千元以上二万元以下的罚款；属于国家工作人员的，还应当由其所在单位或者有关单位依法给予行政处分：……（二）私设会计账簿的……会计人员有第一款所列行为之一，情节严重的，由县级以上人民政府财政部门吊销会计从业资格证书。有关法律对第一款所列行为的处罚另有规定的，依照有关法律的规定办理。

3.16.3 未按照规定填制、取得原始凭证或者填制、取得的原始凭证不符合规定

◆**相关规定**：《会计法》第十四条规定，会计凭证包括原始凭证和记账凭证。办理本法第十条所列的经济业务事项，必须填制或者取得原始凭证并及时送交会计机构。会计机构、会计人员必须按照国家统一的会计制度的规定对原始凭证进行审核，对不真实、不合法的原始凭证有权不予接受，并向单位负责人报告；对记载不准确、不完整的原始凭证予以退回，并要求按照国家统一的会计制度的规定更正、补充。原始凭证记载的各项内容均不得涂改；原始凭证有错误的，应当由出具单位重开或者更正，更正处应当加盖出具单位印章。原始凭证金额有错误的，应当由出具单位重开，不得在原始凭证上更正。记账凭证应当根据经过审

核的原始凭证及有关资料编制。

◆**行政责任**：《会计法》第四十二条规定，违反本法规定，有下列行为之一的，由县级以上人民政府财政部门责令限期改正，可以对单位并处三千元以上五万元以下的罚款；对其直接负责的主管人员和其他直接责任人员，可以处二千元以上二万元以下的罚款；属于国家工作人员的，还应当由其所在单位或者有关单位依法给予行政处分：……（三）未按照规定填制、取得原始凭证或者填制、取得的原始凭证不符合规定的……会计人员有第一款所列行为之一，情节严重的，由县级以上人民政府财政部门吊销会计从业资格证书。有关法律对第一款所列行为的处罚另有规定的，依照有关法律的规定办理。

3.16.4 以未经审核的会计凭证为依据登记会计账簿或者登记会计账簿不符合规定

◆**相关规定**：《会计法》第十五条规定，会计账簿登记，必须以经过审核的会计凭证为依据，并符合有关法律、行政法规和国家统一的会计制度的规定。会计账簿包括总账、明细账、日记账和其他辅助性账簿。会计账簿应当按照连续编号的页码顺序登记。会计账簿记录发生错误或者隔页、缺号、跳行的，应当按照国家统一的会计制度规定的方法更正，并由会计人员和会计机构负责人（会计主管人员）在更正处盖章。使用电子计算机进行会计核算的，其会计账簿的登记、更正，应当符合国家统一的会计制度的规定。

◆**行政责任**：《会计法》第四十二条规定，违反本法规定，有下列行为之一的，由县级以上人民政府财政部门责令限期改正，可以对单位并处三千元以上五万元以下的罚款；对其直接负责的主管人员和其他直接责任人员，可以处二千元以上二万元以下的罚款；属于国家工作人员的，还应当由其所在单位或者有关单位依法给予行政处分：……（四）以未经审核的会计凭证为依据登记会计账簿或者登记会计账簿不符合规定的……会计人员有第一款所列行为之一，情节严重的，由县级以上人民政府财政部门吊销会计从业资格证书。有关法律对第一款所列行为的处罚另有规定的，依照有关法律的规定办理。

3.16.5 随意变更会计处理方法

◆**相关规定**：《会计法》第十八条规定，各单位采用的会计处理方法，前后各期应当一致，不得随意变更；确有必要变更的，应当按照国家统一的会计制度的规定变更，并将变更的原因、情况及影响在财务会计报告中说明。

◆**行政责任**：《会计法》第四十二条规定，违反本法规定，有下列行为之一的，由县级以上人民政府财政部门责令限期改正，可以对单位并处三千元以上五万元以下的罚款；对其直接负责的主管人员和其他直接责任人员，可以处二千元以上二万元以下的罚款；属于国家工作人员的，还应当由其所在单位或者有关单位依法给予行政处分：……（五）随意变更会计处理方法的……会计人员有第一款所列行为之一，情节严重的，由县级以上人民政府财政部门吊销会计从业资格证书。有关法律对第一款所列行为的处罚另有规定的，依照有关法律的规定办理。

3.16.6 向不同的会计资料使用者提供的财务会计报告编制依据不一致

◆**相关规定**：《会计法》第二十条规定，财务会计报告应当根据经过审核的会计账簿记录和有关资料编制，并符合本法和国家统一的会计制度关于财务会计报告的编制要求、提供对象和提供期限的规定；其他法律、行政法规另有规定的，从其规定。财务会计报告由会计报表、会计报表附注和财务情况说明书组成。向不同的会计资料使用者提供的财务会计报告，其编制依据应当一致。

◆**行政责任**：《会计法》第四十二条规定，违反本法规定，有下列行为之一的，由县级以上人民政府财政部门责令限期改正，可以对单位并处三千元以上五万元以下的罚款；对其直接负责的主管人员和其他直接责任人员，可以处二千元以上二万元以下的罚款；属于国家工作人员的，还应当由其所在单位或者有关单位依法给予行政处分：……（六）向不同的会计资料使用者提供的财务会计报告编制依据不一致的……会计人员有第一款所列行为之一，情节严重的，由县级以上人民政府财政部门吊销会计从业资格证书。有关法律对第一款所列行为的处罚另有规定的，依照有关法律的规定办理。

3.16.7 未按照规定使用会计记录文字或者记账本位币

◆**相关规定**：《会计法》第十二条规定，会计核算以人民币为记账本位币。业务收支以人民币以外的货币为主的单位，可以选定其中一种货币作为记账本位币，但是编报的财务会计报告应当折算为人民币。

第二十二条规定，会计记录的文字应当使用中文。在民族自治地方，会计记录可以同时使用当地通用的一种民族文字。在中华人民共和国境内的外商投资企业、外国企业和其他外国组织的会计记录可以同时使用一种外国文字。

◆**行政责任**：《会计法》第四十二条规定，违反本法规定，有下列行为之一的，由县级以上人民政府财政部门责令限期改正，可以对单位并处三千元以上五万元以下的罚款；对其直接负责的主管人员和其他直接责任人员，可以处二千元以上二万元以下的罚款；属于国家工作人员的，还应当由其所在单位或者有关单位依法给予行政处分：……（七）未按照规定使用会计记录文字或者记账本位币的……会计人员有第一款所列行为之一，情节严重的，由县级以上人民政府财政部门吊销会计从业资格证书。有关法律对第一款所列行为的处罚另有规定的，依照有关法律的规定办理。

3.16.8 未按照规定保管会计资料，致使会计资料毁损、灭失

◆**相关规定**：《会计法》第二十三条规定，各单位对会计凭证、会计账簿、财务会计报告和其他会计资料应当建立档案，妥善保管。

◆**行政责任**：《会计法》第四十二条规定，违反本法规定，有下列行为之一的，由县级以上人民政府财政部门责令限期改正，可以对单位并处三千元以上五万元以下的罚款；对其直接负责的主管人员和其他直接责任人员，可以处二千元以上二万元以下的罚款；属于国家

工作人员的，还应当由其所在单位或者有关单位依法给予行政处分：……（八）未按照规定保管会计资料，致使会计资料毁损、灭失的……会计人员有第一款所列行为之一，情节严重的，由县级以上人民政府财政部门吊销会计从业资格证书。有关法律对第一款所列行为的处罚另有规定的，依照有关法律的规定办理。

3.16.9 未按照规定建立并实施单位内部会计监督制度，或者拒绝依法实施的监督，或者不如实提供有关会计资料及有关情况

◆相关规定：《会计法》第二十七条规定，各单位应当建立、健全本单位内部会计监督制度。单位内部会计监督制度应当符合下列要求：（一）记账人员与经济业务事项和会计事项的审批人员、经办人员、财物保管人员的职责权限应当明确，并相互分离、相互制约；（二）重大对外投资、资产处置、资金调度和其他重要经济业务事项的决策和执行的相互监督、相互制约程序应当明确；（三）财产清查的范围、期限和组织程序应当明确；（四）对会计资料定期进行内部审计的办法和程序应当明确。

第三十五条规定，各单位必须依照有关法律、行政法规的规定，接受有关监督检查部门依法实施的监督检查，如实提供会计凭证、会计账簿、财务会计报告和其他会计资料以及有关情况，不得拒绝、隐匿、谎报。

◆行政责任：《会计法》第四十二条规定，违反本法规定，有下列行为之一的，由县级以上人民政府财政部门责令限期改正，可以对单位并处三千元以上五万元以下的罚款；对其直接负责的主管人员和其他直接责任人员，可以处二千元以上二万元以下的罚款；属于国家工作人员的，还应当由其所在单位或者有关单位依法给予行政处分：……（九）未按照规定建立并实施单位内部会计监督制度或者拒绝依法实施的监督或者不如实提供有关会计资料及有关情况的……会计人员有第一款所列行为之一，情节严重的，由县级以上人民政府财政部门吊销会计从业资格证书。有关法律对第一款所列行为的处罚另有规定的，依照有关法律的规定办理。

3.16.10 任用会计人员不符合规定

◆相关规定：《会计法》第三十八条规定，从事会计工作的人员，必须取得会计从业资格证书。担任单位会计机构负责人（会计主管人员）的，除取得会计从业资格证书外，还应当具备会计师以上专业技术职务资格或者从事会计工作三年以上经历。会计人员从业资格管理办法由国务院财政部门规定。

◆行政责任：《会计法》第四十二条规定，违反本法规定，有下列行为之一的，由县级以上人民政府财政部门责令限期改正，可以对单位并处三千元以上五万元以下的罚款；对其直接负责的主管人员和其他直接责任人员，可以处二千元以上二万元以下的罚款；属于国家工作人员的，还应当由其所在单位或者有关单位依法给予行政处分：……（十）任用会计人员不符合本法规定的。会计人员有第一款所列行为之一，情节严重的，由县级以上人民政府财政部门吊销会计从业资格证书。有关法律对第一款所列行为的处罚另有规定的，依照有关法律的规定办理。

3.17 四十二种违反会计基础工作规范的行为

3.17.1 会计机构和会计人员方面

(1) 未按规定设置会计机构或配备专职会计人员。

◆**相关规定**：《会计基础工作规范》第六条规定，各单位应当根据会计业务的需要设置会计机构；不具备单独设置会计机构条件的，应当在有关机构中配备专职会计人员。设置会计机构，应当配备会计机构负责人；在有关机构中配备专职会计人员，应当在专职会计人员中指定会计主管人员。会计机构负责人、会计主管人员的任免，应当符合《中华人民共和国会计法》和有关法律的规定。

◆**行政责任**：《会计基础工作规范》第五条规定，各省、自治区、直辖市财政厅（局）要加强对会计基础工作的管理和指导，通过政策引导、经验交流、监督检查等措施，促进基层单位加强会计基础工作，不断提高会计工作水平。国务院各业务主管部门根据职责权限管理本部门的会计基础工作。

(2) 任用会计人员不符合规定。

◆**相关规定**：《会计基础工作规范》第七条规定，会计机构负责人、会计主管人员应当具备下列基本条件：（一）坚持原则，廉洁奉公；（二）具有会计专业技术资格；（三）主管一个单位或者单位内一个重要方面的财务会计工作时间不少于2年；（四）熟悉国家财经法律、法规、规章和方针、政策，掌握本行业业务管理的有关知识；（五）有较强的组织能力；（六）身体状况能够适应本职工作的要求。

第十条规定，各单位应当根据会计业务需要配备持有会计证的会计人员。未取得会计证的人员，不得从事会计工作。

◆**行政责任**：《会计基础工作规范》第五条规定，各省、自治区、直辖市财政厅（局）要加强对会计基础工作的管理和指导，通过政策引导、经验交流、监督检查等措施，促进基层单位加强会计基础工作，不断提高会计工作水平。国务院各业务主管部门根据职责权限管理本部门的会计基础工作。

(3) 未根据会计业务需要设置会计工作岗位。

◆**相关规定**：《会计基础工作规范》第十一条规定，各单位应当根据会计业务需要设置会计工作岗位。会计工作岗位一般可分为：会计机构负责人或者会计主管人员，出纳，财产物资核算，工资核算，成本费用核算，财务成果核算，资金核算，往来结算，总账报表，稽核，档案管理等。开展会计电算化和管理会计的单位，可以根据需要设置相应工作岗位，也可以与其他工作岗位相结合。

第十二条规定，会计工作岗位，可以一人一岗、一人多岗或者一岗多人。但出纳人员不得兼管稽核、会计档案保管和收入、费用、债权债务账目的登记工作。

第十三条规定，会计人员的工作岗位应当有计划地进行轮换。

◆**行政责任**：《会计基础工作规范》第五条规定，各省、自治区、直辖市财政厅（局）要加强对会计基础工作的管理和指导，通过政策引导、经验交流、监督检查等措施，促进基

(4) 单位领导人不支持会计机构、会计人员依法行使职权。

◆相关规定：《会计基础工作规范》第十五条规定，各单位领导人应当支持会计机构、会计人员依法行使职权；对忠于职守，坚持原则，做出显著成绩的会计机构、会计人员，应当给予精神的和物质的奖励。

◆行政责任：《会计基础工作规范》第五条规定，各省、自治区、直辖市财政厅（局）要加强对会计基础工作的管理和指导，通过政策引导、经验交流、监督检查等措施，促进基层单位加强会计基础工作，不断提高会计工作水平。国务院各业务主管部门根据职责权限管理本部门的会计基础工作。

(5) 任用会计人员未实行回避制度。

◆相关规定：《会计基础工作规范》第十六条规定，国家机关、国有企业、事业单位任用会计人员应当实行回避制度。单位领导人的直系亲属不得担任本单位的会计机构负责人、会计主管人员。会计机构负责人、会计主管人员的直系亲属不得在本单位会计机构中担任出纳工作。需要回避的直系亲属为：夫妻关系、直系血亲关系、三代以内旁系血亲以及配偶亲关系。

◆行政责任：《会计基础工作规范》第五条规定，各省、自治区、直辖市财政厅（局）要加强对会计基础工作的管理和指导，通过政策引导、经验交流、监督检查等措施，促进基层单位加强会计基础工作，不断提高会计工作水平。国务院各业务主管部门根据职责权限管理本部门的会计基础工作。

(6) 会计人员未遵守职业道德。

◆相关规定：《会计基础工作规范》第十七条规定，会计人员在会计工作中应当遵守职业道德，树立良好的职业品质、严谨的工作作风，严守工作纪律，努力提高工作效率和工作质量。

第十八条规定，会计人员应当热爱本职工作，努力钻研业务，使自己的知识和技能适应所从事工作的要求。

第十九条规定，会计人员应当熟悉财经法律、法规、规章和国家统一会计制度，并结合会计工作进行广泛宣传。

第二十条规定，会计人员应当按照会计法规、法规和国家统一会计制度规定的程序和要求进行会计工作，保证所提供的会计信息合法、真实、准确、及时、完整。

第二十一条规定，会计人员办理会计事务应当实事求是、客观公正。

第二十二条规定，会计人员应当熟悉本单位的生产经营和业务管理情况，运用掌握的会计信息和会计方法，为改善单位内部管理、提高经济效益服务。

第二十三条规定，会计人员应当保守本单位的商业秘密。除法律规定和单位领导人同意外，不能私自向外界提供或者泄露单位的会计信息。

◆行政责任：《会计基础工作规范》第五条规定，各省、自治区、直辖市财政厅（局）要加强对会计基础工作的管理和指导，通过政策引导、经验交流、监督检查等措施，促进基层单位加强会计基础工作，不断提高会计工作水平。国务院各业务主管部门根据职责权限管理本部门的会计基础工作。

第二十四条规定，财政部门、业务主管部门和各单位应当定期检查会计人员遵守职业道德的情况，并作为会计人员晋升、晋级、聘任专业职务、表彰奖励的重要考核依据。

会计人员违反职业道德的，由所在单位进行处罚；情节严重的，由会计证发证机关吊销其会计证。

（7）未按规定办理会计工作交接手续。

◆相关规定：《会计基础工作规范》第二十五条规定，会计人员工作调动或者因故离职，必须将本人所经管的会计工作全部移交给接替人员。没有办清交接手续的，不得调动或者离职。

第二十六条规定，接替人员应当认真接管移交工作，并继续办理移交的未了事项。

第二十七条规定，会计人员办理移交手续前，必须及时做好以下工作：（一）已经受理的经济业务尚未填制会计凭证的，应当填制完毕。（二）尚未登记的账目，应当登记完毕，并在最后一笔余额后加盖经办人员印章。（三）整理应该移交的各项资料，对未了事项写出书面材料。（四）编制移交清册，列明应当移交的会计凭证、会计账簿、会计报表、印章、现金、有价证券、支票簿、发票、文件、其他会计资料和物品等内容；实行会计电算化的单位，从事该项工作的移交人员还应当在移交清册中列明会计软件及密码、会计软件数据磁盘（磁带等）及有关资料、实物等内容。

第二十八条规定，会计人员办理交接手续，必须有监交人负责监交。一般会计人员交接，由单位会计机构负责人、会计主管人员负责监交；会计机构负责人、会计主管人员交接，由单位领导人负责监交，必要时可由上级主管部门派人会同监交。

第二十九条规定，移交人员在办理移交时，要按移交清册逐项移交；接替人员要逐项核对点收。（一）现金、有价证券要根据会计账簿有关记录进行点交。库存现金、有价证券必须与会计账簿记录保持一致。不一致时，移交人员必须限期查清。（二）会计凭证、会计账簿、会计报表和其他会计资料必须完整无缺。如有短缺，必须查清原因，并在移交清册中注明，由移交人员负责。（三）银行存款账户余额要与银行对账单核对，如不一致，应当编制银行存款余额调节表调节相符，各种财产物资和债权债务的明细账户余额要与总账有关账户余额核对相符；必要时，要抽查个别账户的余额，与实物核对相符，或者与往来单位、个人核对清楚。（四）移交人员经管的票据、印章和其他实物等，必须交接清楚；移交人员从事会计电算化工作的，要对有关电子数据在实际操作状态下进行交接。

第三十条规定，会计机构负责人、会计主管人员移交时，还必须将全部财务会计工作、重大财务收支和会计人员的情况等，向接替人员详细介绍。对需要移交的遗留问题，应当写出书面材料。

第三十一条规定，交接完毕后，交接双方和监交人员要在移交注册上签名或者盖章。并应在移交注册上注明：单位名称，交接日期，交接双方和监交人员的职务、姓名，移交清册页数以及需要说明的问题和意见等。移交清册一般应当填制一式三份，交接双方各执一份，存档一份。

第三十二条规定，接替人员应当继续使用移交的会计账簿，不得自行另立新账，以保持会计记录的连续性。

第三十三条规定，会计人员临时离职或者因病不能工作且需要接替或者代理的，会计机构负责人、会计主管人员或者单位领导人必须指定有关人员接替或者代理，并办理交接手续。临时离职或者因病不能工作的会计人员恢复工作的,应当与接替或者代理人员办理交接手续。移交人员因病或者其他特殊原因不能亲自办理移交的,经单位领导人批准,可由移交人员委托他人代办移交,但委托人应当承担本规范第三十五条规定的责任。

第三十四条规定,单位撤销时,必须留有必要的会计人员,会同有关人员办理清理工作,编制决算。未移交前,不得离职。接收单位和移交日期由主管部门确定。单位合并、分立的,其会计工作交接手续比照上述有关规定办理。

第三十五条规定,移交人员对所移交的会计凭证、会计账簿、会计报表和其他有关资料的合法性、真实性承担法律责任。

◆**行政责任**:《会计基础工作规范》第五条规定,各省、自治区、直辖市财政厅(局)要加强对会计基础工作的管理和指导,通过政策引导、经验交流、监督检查等措施,促进基层单位加强会计基础工作,不断提高会计工作水平。国务院各业务主管部门根据职责权限管理本部门的会计基础工作。

3.17.2 会计核算方面

(1) 未遵守会计核算的一般要求。

◆**相关规定**:《会计基础工作规范》第三十六条规定,各单位应当按照《中华人民共和国会计法》和国家统一会计制度的规定建立会计账册,进行会计核算,及时提供合法、真实、准确、完整的会计信息。

第三十七条规定,各单位发生的下列事项,应当及时办理会计手续、进行会计核算:(一)款项和有价证券的收付;(二)财物的收发、增减和使用;(三)债权债务的发生和结算;(四)资本、基金的增减;(五)收入、支出、费用、成本的计算;(六)财务成果的计算和处理;(七)其他需要办理会计手续、进行会计核算的事项。

第三十八条规定,各单位的会计核算应当以实际发生的经济业务为依据,按照规定的会计处理方法进行,保证会计指标的口径一致、相互可比和会计处理方法的前后各期相一致。

第三十九条规定,会计年度自公历1月1日起至12月31日止。

第四十条规定,会计核算以人民币为记账本位币。收支业务以外国货币为主的单位,也可以选定某种外国货币作为记账本位币,但是编制的会计报表应当折算为人民币反映。境外单位向国内有关部门编报的会计报表,应当折算为人民币反映。

第四十一条规定,各单位根据国家统一会计制度的要求,在不影响会计核算要求、会计报表指标汇总和对外统一会计报表的前提下,可以根据实际情况自行设置和使用会计科目。

第四十二条规定,会计凭证、会计账簿、会计报表和其他会计资料的内容和要求必须符合国家统一会计制度的规定,不得伪造、变造会计凭证和会计账簿,不得设置账外账,不得报送虚假会计报表。

第四十三条规定,各单位对外报送的会计报表格式由财政部统一规定。

第四十四条规定,实行会计电算化的单位,对使用的会计软件及其生成的会计凭证、会计账簿、会计报表和其他会计资料的要求,应当符合财政部关于会计电算化的有关规定。

第四十五条规定,各单位的会计凭证、会计账簿、会计报表和其他会计资料,应当建立档案,妥善保管。会计档案建档要求、保管期限、销毁办法等依据《会计档案管理办法》

的规定进行。实行会计电算化的单位，有关电子数据、会计软件资料等应当作为会计档案进行管理。

第四十六条规定，会计记录的文字应当使用中文，少数民族自治地区可以同时使用少数民族文字。中国境内的外商投资企业、外国企业和其他外国经济组织也可以同时使用某种外国文字。

◆**行政责任**：《会计基础工作规范》第五条规定，各省、自治区、直辖市财政厅（局）要加强对会计基础工作的管理和指导，通过政策引导、经验交流、监督检查等措施，促进基层单位加强会计基础工作，不断提高会计工作水平。国务院各业务主管部门根据职责权限管理本部门的会计基础工作。

（2）未按规定取得或者填制原始凭证。

◆**相关规定**：《会计基础工作规范》第四十七条规定，各单位办理本规范第三十七条规定的事项，必须取得或者填制原始凭证，并及时送交会计机构。

第四十八条规定，原始凭证的基本要求是：（一）原始凭证的内容必须具备：凭证的名称；填制凭证的日期；填制凭证单位名称或者填制人姓名；经办人员的签名或者盖章；接受凭证单位名称；经济业务内容；数量、单价和金额。（二）从外单位取得的原始凭证，必须盖有填制单位的公章；从个人取得的原始凭证，必须有填制人员的签名或者盖章。自制原始凭证必须有经办单位领导人或者其指定的人员签名或者盖章。对外开出的原始凭证，必须加盖本单位公章。（三）凡填有大写和小写金额的原始凭证，大写与小写金额必须相符。购买实物的原始凭证，必须有验收证明。支付款项的原始凭证，必须有收款单位和收款人的收款证明。（四）一式几联的原始凭证，应当注明各联的用途，只能以一联作为报销凭证。一式几联的发票和收据，必须用双面复写纸（发票和收据本身具备复写纸功能的除外）套写，并连续编号。作废时应当加盖"作废"戳记，连同存根一起保存，不得撕毁。（五）发生销货退回的，除填制退货发票外，还必须有退货验收证明；退款时，必须取得对方的收款收据或者汇款银行的凭证，不得以退货发票代替收据。（六）职工公出借款凭据，必须附在记账凭证之后。收回借款时，应当另开收据或者退还借据副本，不得退还原借款收据。（七）经上级有关部门批准的经济业务，应当将批准文件作为原始凭证附件。如果批准文件需要单独归档的，应当在凭证上注明批准机关名称、日期和文件字号。

第四十九条规定，原始凭证不得涂改、挖补。发现原始凭证有错误的，应当由开出单位重开或者更正，更正处应当加盖开出单位的公章。

◆**行政责任**：《会计基础工作规范》第五条规定，各省、自治区、直辖市财政厅（局）要加强对会计基础工作的管理和指导，通过政策引导、经验交流、监督检查等措施，促进基层单位加强会计基础工作，不断提高会计工作水平。国务院各业务主管部门根据职责权限管理本部门的会计基础工作。

（3）未按规定填制记账凭证。

◆**相关规定**：《会计基础工作规范》第五十条规定，会计机构、会计人员要根据审核无误的原始凭证填制记账凭证。记账凭证可以分为收款凭证、付款凭证和转账凭证，也可以使用通用记账凭证。

第五十一条规定，记账凭证的基本要求是：（一）记账凭证的内容必须具备：填制凭证的日期；凭证编号；经济业务摘要；会计科目；金额；所附原始凭证张数；填制凭证人员、稽核人员、记账人员、会计机构负责人、会计主管人员签名或者盖章。收款和付款记账凭证还应当由出纳人员签名或者盖章。以自制的原始凭证或者原始凭证汇总表代替记账凭证的，也必须具备记账凭证应有的项目。（二）填制记账凭证时，应当对记账凭证进行连续编号。一笔经济业务需要填制两张以上记账凭证的，可以采用分数编号法编号。（三）记账凭证可以根据每一张原始凭证填制，或者根据若干张同类原始凭证汇总填制，也可以根据原始凭证汇总表填制。但不得将不同内容和类别的原始凭证汇总填制在一张记账凭证上。（四）除结账和更正错误的记账凭证可以不附原始凭证外，其他记账凭证必须附有原始凭证。如果一张原始凭证涉及几张记账凭证，可以把原始凭证附在一张主要的记账凭证后面，并在其他记账凭证上注明附有该原始凭证的记账凭证的编号或者附原始凭证复印机。一张复始凭证所列支出需要几个单位共同负担的，应当将其他单位负担的部分，开给对方原始凭证分割单，进行结算。原始凭证分割单必须具备原始凭证的基本内容：凭证名称、填制凭证日期、填制凭证单位名称或者填制人姓名、经办人的签名或者盖章、接受凭证单位名称、经济业务内容、数量、单价、金额和费用分摊情况等。（五）如果在填制记账凭证时发生错误，应当重新填制。已经登记入账的记账凭证，在当年内发现填写错误时，可以用红字填写一张与原内容相同的记账凭证，在摘要栏注明"注销某月某日某号凭证"字样，同时再用蓝字重新填制一张正确的记账凭证，注明"订正某月某日某号凭证"字样。如果会计科目没有错误，只是金额错误，也可以将正确数字与错误数字之间的差额，另编一张调整的记账凭证，调增金额用蓝字，调减金额用红字。发现以前年度记账凭证有错误的，应当用蓝字填制一张更正的记账凭证。（六）记账凭证填制完经济业务事项后，如有空行，应当自金额栏最后一笔金额数字下的空行处至合计数上的空行处划线注销。

◆**行政责任：**《会计基础工作规范》第五条规定，各省、自治区、直辖市财政厅（局）要加强对会计基础工作的管理和指导，通过政策引导、经验交流、监督检查等措施，促进基层单位加强会计基础工作，不断提高会计工作水平。国务院各业务主管部门根据职责权限管理本部门的会计基础工作。

（4）填制会计凭证的字迹不符合要求。

◆**相关规定：**《会计基础工作规范》第五十二条规定，填制会计凭证，字迹必须清晰、工整，并符合下列要求：（一）阿拉伯数字应当一个一个地写，不得连笔写。阿拉伯金额数字前面应当书写货币币种符号或者货币名称简写和币种符号。币种符号与阿拉伯金额数字之间不得留有空白。凡阿拉伯数字前写有币种符号的，数字后面不再写货币单位。（二）所有以元为单位（其他货币种类为货币基本单位，下同）的阿拉伯数字，除表示单价等情况外，一律填写到角分；无角分的，角位和分位可写"00"，或者符号"——"；有角无分的，分位应当写"0"，不得用符号"——"代替。（三）汉字大写数字金额如零、壹、贰、叁、肆、伍、陆、柒、捌、玖、拾、佰、仟、万、亿等，一律用正楷或者行书体书写，不得用〇、一、二、三、四、五、六、七、八、九、十等简化字代替，不得任意自造简化字。大写金额数字到元或者角为止的，在"元"或者"角"字之后应当写"整"字或者"正"字；大写金额数字有分的，分字后面不写"整"或者"正"字。（四）大写金额数字前未印有货币名称的，应当加填货币名称，货币名称与金额数字之间不得留有空白。（五）阿拉伯金额数字中间有"0"时，汉字大写金额要写"零"字；阿拉伯数字金额中间连续有几个"0"时，汉字大写金额中可以只写一个"零"字；阿拉伯金额数字元位是"0"，或者数字中间连续有几个"0"、元位也是"0"但角位不是"0"时,汉字大写金额可以只写一个"零"字,也可以不写"零"字。

◆**行政责任**:《会计基础工作规范》第五条规定,各省、自治区、直辖市财政厅(局)要加强对会计基础工作的管理和指导,通过政策引导、经验交流、监督检查等措施,促进基层单位加强会计基础工作,不断提高会计工作水平。国务院各业务主管部门根据职责权限管理本部门的会计基础工作。

(5)机制记账凭证不符合规定。

◆**相关规定**:《会计基础工作规范》第五十三条规定,实行会计电算化的单位,对于机制记账凭证,要认真审核,做到会计科目使用正确,数字准确无误。打印出的机制记账凭证要加盖制单人员、审核人员、记账人员及会计机构负责人、会计主管人员印章或者签字。

◆**行政责任**:《会计基础工作规范》第五条规定,各省、自治区、直辖市财政厅(局)要加强对会计基础工作的管理和指导,通过政策引导、经验交流、监督检查等措施,促进基层单位加强会计基础工作,不断提高会计工作水平。国务院各业务主管部门根据职责权限管理本部门的会计基础工作。

(6)会计凭证的传递程序不科学、合理。

◆**相关规定**:《会计基础工作规范》第五十四条规定,各单位会计凭证的传递程序应当科学、合理,具体办法由各单位根据会计业务需要自行规定。

◆**行政责任**:《会计基础工作规范》第五条规定,各省、自治区、直辖市财政厅(局)要加强对会计基础工作的管理和指导,通过政策引导、经验交流、监督检查等措施,促进基层单位加强会计基础工作,不断提高会计工作水平。国务院各业务主管部门根据职责权限管理本部门的会计基础工作。

(7)未妥善保管会计凭证。

◆**相关规定**:《会计基础工作规范》第五十五条规定,会计机构、会计人员要妥善保管会计凭证。(一)会计凭证应当及时传递,不得积压。(二)会计凭证登记完毕后,应当按照分类和编号顺序保管,不得散乱丢失。(三)记账凭证应当连同所附的原始凭证或者原始凭证汇总表,按照编号顺序,折叠整齐,按期装订成册,并加具封面,注明单位名称、年度、月份和起讫日期、凭证种类、起讫号码,由装订人在装订线封签外签名或者盖章。对于数量过多的原始凭证,可以单独装订保管,在封面上注明记账凭证日期、编号、种类,同时在记账凭证上注明"附件另订"和原始凭证名称及编号。各种经济合同、存出保证金收据以及涉外文件等重要原始凭证,应当另编目录,单独登记保管,并在有关的记账凭证和原始凭证上相互注明日期和编号。(四)原始凭证不得外借,其他单位如因特殊原因需要使用原始凭证时,经本单位会计机构负责人、会计主管人员批准,可以复制。向外单位提供的原始凭证复制件,应当在专设的登记簿上登记,并由提供人员和收取人员共同签名或者盖章。(五)从外单位取得的原始凭证如有遗失,应当取得原开出单位盖有公章的证明,并注明原来凭证的号码、金额和内容等,由经办单位会计机构负责人、会计主管人员和单位领导人批准后,才能代作原始凭证。如果确实无法取得证明的,如火车、轮船、飞机票等凭证,由当事人写出详细情况,由经办单位会计机构负责人、会计主管人员和单位领导人批准后,代作原始凭证。

◆**行政责任**:《会计基础工作规范》第五条规定,各省、自治区、直辖市财政厅(局)

要加强对会计基础工作的管理和指导，通过政策引导、经验交流、监督检查等措施，促进基层单位加强会计基础工作，不断提高会计工作水平。国务院各业务主管部门根据职责权限管理本部门的会计基础工作。

（8）未按规定设置会计账簿。

◆**相关规定**：《会计基础工作规范》第五十六条规定，各单位应当按照国家统一会计制度的规定和会计业务的需要设置会计账簿。会计账簿包括总账、明细账、日记账和其他辅助性账簿。

第五十七条规定，现金日记账和银行存款日记账必须采用订本式账簿。不得用银行对账单或者其他方法代替日记账。

第五十八条规定，实行会计电算化的单位，用计算机打印的会计账簿必须连续编号，经审核无误后装订成册，并由记账人员和会计机构负责人、会计主管人员签字或者盖章。

第五十九条规定，启用会计账簿时，应当在账簿封面上写明单位名称和账簿名称。在账簿扉页上应当附启用表，内容包括：启用日期、账簿页数、记账人员和会计机构负责人、会计主管人员姓名，并加盖名章和单位公章。记账人员或者会计机构负责人、会计主管人员调动工作时，应当注明交接日期、接办人员或者监交人员姓名，并由交接双方人员签名或者盖章。

启用订本式账簿，应当从第一页到最后一页顺序编定页数，不得跳页、缺号。使用活页式账页，应当按账户顺序编号，并须定期装订成册。装订后再按实际使用的账页顺序编定页码。另加目录，记明每个账户的名称和页次。

◆**行政责任**：《会计基础工作规范》第五条规定，各省、自治区、直辖市财政厅（局）要加强对会计基础工作的管理和指导，通过政策引导、经验交流、监督检查等措施，促进基层单位加强会计基础工作，不断提高会计工作水平。国务院各业务主管部门根据职责权限管理本部门的会计基础工作。

（9）未按规定登记会计账簿。

◆**相关规定**：《会计基础工作规范》第六十条规定，会计人员应当根据审核无误的会计凭证登记会计账簿。登记账簿的基本要求是：（一）登记会计账簿时，应当将会计凭证日期、编号、业务内容摘要、金额和其他有关资料逐项记入账内，做到数字准确、摘要清楚、登记及时、字迹工整。（二）登记完毕后，要在记账凭证上签名或者盖章，并注明已经登账的符号，表示已经记账。（三）账簿中书写的文字和数字上面要留有适当空格，不要写满格；一般应占格距的二分之一。（四）登记账簿要用蓝黑墨水或者碳素墨水书写，不得使用圆珠笔（银行的复写账簿除外）或者铅笔书写。（五）下列情况，可以用红色墨水记账：①按照红字冲账的记账凭证，冲销错误记录；②在不设借贷等栏的多栏式账页中，登记减少数；③在三栏式账户的余额栏前，如未印明余额方向的，在余额栏内登记负数余额；④根据国家统一会计制度的规定可以用红字登记的其他会计记录。（六）各种账簿按页次顺序连续登记，不得跳行、隔页。如果发生跳行、隔页，应当将空行、空页划线注销，或者注明"此行空白"、"此页空白"字样，并由记账人员签名或者盖章。（七）凡需要结出余额的账户，结出余额后，应当在"借或贷"等栏内写明"借"或者"贷"等字样。没有余额的账户，应当在"借或贷"等栏内写"平"字，并在余额栏内用"Q"表示。现金日记账和银行存款日记账必须逐日结出余额。（八）每一账页登记完毕结转下页时，应当结出本页合计数及余额，写在本页最后一行和下页第一行有关栏内，并在摘要栏内注明"过次页"和

"承前页"字样；也可以将本页合计数及金额只写在下页第一行有关栏内，并在摘要栏内注明"承前页"字样。对需要结计本月发生额的账户，结计"过次页"的本页合计数应当为自本月初起至本页末止的发生额合计数；对需要结计本年累计发生额的账户，结计"过次页"的本页合计数应当为自年初起至本页末止的累计数；对既不需要结计本月发生额也不需要结计本年累计发生额的账户，可以只将每页末的余额结转次页。

第六十一条规定，实行会计电算化的单位，总账和明细账应当定期打印。发生收款和付款业务的，在输入收款凭证和付款凭证的当天必须打印出现金日记账和银行存款日记账，并与库存现金核对无误。

第六十二条规定，账簿记录发生错误，不准涂改、挖补、刮擦或者用药水消除字迹，不准重新抄写，必须按照下列方法进行更正：（一）登记账簿时发生错误，应当将错误的文字或者数字划红线注销，但必须使原有字迹仍可辨认；然后在划线上方填写正确的文字或者数字，并由记账人员在更正处盖章。对于错误的数字，应当全部划红线更正，不得只更正其中的错误数字。对于文字错误，可只划去错误的部分。（二）由于记账凭证错误而使账簿记录发生错误，应当按更正的记账凭证登记账簿。

◆**行政责任：**《会计基础工作规范》第五条规定，各省、自治区、直辖市财政厅（局）要加强对会计基础工作的管理和指导，通过政策引导、经验交流、监督检查等措施，促进基层单位加强会计基础工作，不断提高会计工作水平。国务院各业务主管部门根据职责权限管理本部门的会计基础工作。

（10）未定期对会计账簿记录的有关数字与库存实物、货币资金、有价证券、往来单位或者个人等进行相互核对。

◆**相关规定：**《会计基础工作规范》第六十三条规定，各单位应当定期对会计账簿记录的有关数字与库存实物、货币资金、有价证券、往来单位或者个人等进行相互核对，保证账证相符、账账相符、账实相符。对账工作每年至少进行一次。（一）账证核对。核对会计账簿记录与原始凭证、记账凭证的时间、凭证字号、内容、金额是否一致，记账方向是否相符。（二）账账核对。核对不同会计账簿之间的账簿记录是否相符，包括：总账有关账户的余额核对，总账与明细账核对，总账与日记账核对，会计部门的财产物资明细账与财产物资保管和使用部门的有关明细账核对等。（三）账实核对。核对会计账簿记录与财产等实有数额是否相符。包括：现金日记账账面余额与现金实际库存数相核对；银行存款日记账账面余额定期与银行对账单相核对；各种财物明细账账面余额与财物实存数额相核对；各种应收、应付款明细账账面余额与有关债务、债权单位或者个人核对等。

◆**行政责任：**《会计基础工作规范》第五条规定，各省、自治区、直辖市财政厅（局）要加强对会计基础工作的管理和指导，通过政策引导、经验交流、监督检查等措施，促进基层单位加强会计基础工作，不断提高会计工作水平。国务院各业务主管部门根据职责权限管理本部门的会计基础工作。

（11）未按规定定期结账。

◆**相关规定：**《会计基础工作规范》第六十四条规定，各单位应当按照规定定期结账。（一）结账前，必须将本期内所发生的各项经济业务全部登记入账。（二）结账时，应当结出每个账户的期末余额。需要结出当月发生额的，应当在摘要栏内注明"本月合计"字样，并在下面通栏划单红线。需要结出本年累计发生额的，应当在摘要栏内注明"本年累计"

字样，并在下面通栏划单红线；12月末的"本年累计"就是全年累计发生额。全年累计发生额下面应当通栏划双红线。年度终了结账时，所有总账账户都应当结出全年发生额和年末余额。（三）年度终了，要把各账户的余额结转到下一会计年度，并在摘要栏注明"结转下年"字样；在下一会计年度新建有关会计账簿的第一行余额栏内填写上年结转的余额，并在摘要栏注明"上年结转"字样。

◆**行政责任：**《会计基础工作规范》第五条规定，各省、自治区、直辖市财政厅（局）要加强对会计基础工作的管理和指导，通过政策引导、经验交流、监督检查等措施，促进基层单位加强会计基础工作，不断提高会计工作水平。国务院各业务主管部门根据职责权限管理本部门的会计基础工作。

（12）未按规定编制和报送财务报告。

◆**相关规定：**《会计基础工作规范》第六十五条规定，各单位必须按照国家统一会计制度的规定，定期编制财务报告。财务报告包括会计报表及其说明。会计报表包括会计报表主表、会计报表附表、会计报表附注。

第六十六条规定，各单位对外报送的财务报告应当根据国家统一会计制度规定的格式和要求编制。单位内部使用的财务报告，其格式和要求由各单位自行规定。

第六十七条规定，会计报表应当根据登记完整、核对无误的会计账簿记录和其他有关资料编制，做到数字真实、计算准确、内容完整、说明清楚。任何人不得篡改或者授意、指使、强令他人篡改会计报表的有关数字。

第六十八条规定，会计报表之间、会计报表各项目之间，凡有对应关系的数字，应当相互一致。本期会计报表与上期会计报表之间有关的数字应当相互衔接。如果不同会计年度会计报表中各项目的内容和核算方法有变更的，应当在年度会计报表中加以说明。

第六十九条规定，各单位应当按照国家统一会计制度的规定认真编写会计报表附注及其说明，做到项目齐全，内容完整。

第七十条规定，各单位应当按照国家规定的期限对外报送财务报告。对外报送的财务报告，应当依次编写页码，加具封面，装订成册，加盖公章。封面上应当注明：单位名称，单位地址，财务报告所属年度、季度、月度、送出日期，并由单位领导人、总会计师、会计机构负责人、会计主管人员签名或者盖章。单位领导人对财务报告的合法性、真实性负法律责任。

第七十一条规定，根据法律和国家有关规定应当对财务报告进行审计的，财务报告编制单位应当先行委托注册会计师进行审计，并将注册会计师出具的审计报告随同财务报告按照规定的期限报送有关部门。

第七十二条规定，如果发现对外报送的财务报告有错误，应当及时办理更正手续。除更正本单位留存的财务报告外，并应同时通知接受财务报告的单位更正。错误较多的，应当重新编报。

◆**行政责任：**《会计基础工作规范》第五条规定，各省、自治区、直辖市财政厅（局）要加强对会计基础工作的管理和指导，通过政策引导、经验交流、监督检查等措施，促进基层单位加强会计基础工作，不断提高会计工作水平。国务院各业务主管部门根据职责权限管理本部门的会计基础工作。

3.17.3 会计监督方面

(1) 未按规定对本单位的经济活动进行会计监督。

◆**相关规定**：《会计基础工作规范》第七十三条规定，各单位的会计机构、会计人员对本单位的经济活动进行会计监督。

第七十四条规定，会计机构、会计人员进行会计监督的依据是：（一）财经法律、法规、规章；（二）会计法律、法规和国家统一会计制度；（三）各省、自治区、直辖市财政厅（局）和国务院业务主管部门根据《中华人民共和国会计法》和国家统一会计制度制定的具体实施办法或者补充规定；（四）各单位根据《中华人民共和国会计法》和国家统一会计制度制定的单位内部会计管理制度；（五）各单位内部的预算、财务计划、经济计划、业务计划等。

◆**行政责任**：《会计基础工作规范》第五条规定，各省、自治区、直辖市财政厅（局）要加强对会计基础工作的管理和指导，通过政策引导、经验交流、监督检查等措施，促进基层单位加强会计基础工作，不断提高会计工作水平。国务院各业务主管部门根据职责权限管理本部门的会计基础工作。

(2) 未按规定对原始凭证进行审核和监督。

◆**相关规定**：《会计基础工作规范》第七十五条规定，会计机构、会计人员应当对原始凭证进行审核和监督。对不真实、不合法的原始凭证，不予受理。对弄虚作假、严重违法的原始凭证，在不予受理的同时，应当予以扣留，并及时向单位领导人报告，请求查明原因，追究当事人的责任。对记载不准确、不完整的原始凭证，予以退回，要求经办人员更正、补充。

◆**行政责任**：《会计基础工作规范》第五条规定，各省、自治区、直辖市财政厅（局）要加强对会计基础工作的管理和指导，通过政策引导、经验交流、监督检查等措施，促进基层单位加强会计基础工作，不断提高会计工作水平。国务院各业务主管部门根据职责权限管理本部门的会计基础工作。

(3) 未按规定制止和纠正伪造、变造、故意毁灭会计账簿或者账外设账行为。

◆**相关规定**：《会计基础工作规范》第七十六条规定，会计机构、会计人员对伪造、变造、故意毁灭会计账簿或者账外设账行为，应当制止和纠正；制止和纠正无效的，应当向上级主管单位报告，请求作出处理。

◆**行政责任**：《会计基础工作规范》第五条规定，各省、自治区、直辖市财政厅（局）要加强对会计基础工作的管理和指导，通过政策引导、经验交流、监督检查等措施，促进基层单位加强会计基础工作，不断提高会计工作水平。国务院各业务主管部门根据职责权限管理本部门的会计基础工作。

(4) 未按规定对实物、款项进行监督。

◆**相关规定**：《会计基础工作规范》第七十七条规定，会计机构、会计人员应当对实物、款项进行监督，督促建立并严格执行财产清查制度。发现账簿记录与实物、款项不符时，应当按照国家有关规定进行处理。超出会计机构、会计人员职权范围的，应当立即向本单位领导报告，请求查明原因，作出处理。

◆**行政责任**：《会计基础工作规范》第五条规定，各省、自治区、直辖市财政厅（局）要加强对会计基础工作的管理和指导，通过政策引导、经验交流、监督检查等措施，促进基层单位加强会计基础工作，不断提高会计工作水平。国务院各业务主管部门根据职责权限管理本部门的会计基础工作。

（5）未按规定制止和纠正指使、强令编造、篡改财务报告行为。

◆**相关规定**：《会计基础工作规范》第七十八条规定，会计机构、会计人员对指使、强令编造、篡改财务报告行为，应当制止和纠正；制止和纠正无效的，应当向上级主管单位报告，请求处理。

◆**行政责任**：《会计基础工作规范》第五条规定，各省、自治区、直辖市财政厅（局）要加强对会计基础工作的管理和指导，通过政策引导、经验交流、监督检查等措施，促进基层单位加强会计基础工作，不断提高会计工作水平。国务院各业务主管部门根据职责权限管理本部门的会计基础工作。

（6）未按规定对财务收支进行监督。

◆**相关规定**：《会计基础工作规范》第七十九条规定，会计机构、会计人员应当对财务收支进行监督。（一）对审批手续不全的财务收支，应当退回，要求补充、更正。（二）对违反规定不纳入单位统一会计核算的财务收支，应当制止和纠正。（三）对违反国家统一的财政、财务、会计制度规定的财务收支，不予办理。（四）对认为是违反国家统一的财政、财务、会计制度规定的财务收支，应当制止和纠正；制止和纠正无效的，应当向单位领导人提出书面意见请求处理。单位领导人应当在接到书面意见起十日内作出书面决定，并对决定承担责任。（五）对违反国家统一的财政、财务、会计制度规定的财务收支，不予制止和纠正，又不向单位领导人提出书面意见的，也应当承担责任。（六）对严重违反国家利益和社会公众利益的财务收支，应当向主管单位或者财政、审计、税务机关报告。

◆**行政责任**：《会计基础工作规范》第五条规定，各省、自治区、直辖市财政厅（局）要加强对会计基础工作的管理和指导，通过政策引导、经验交流、监督检查等措施，促进基层单位加强会计基础工作，不断提高会计工作水平。国务院各业务主管部门根据职责权限管理本部门的会计基础工作。

（7）未按规定制止和纠正违反单位内部会计管理制度的经济活动。

◆**相关规定**：《会计基础工作规范》第八十条规定，会计机构、会计人员对违反单位内部会计管理制度的经济活动，应当制止和纠正；制止和纠正无效的，向单位领导人报告，请求处理。

◆**行政责任**：《会计基础工作规范》第五条规定，各省、自治区、直辖市财政厅（局）要加强对会计基础工作的管理和指导，通过政策引导、经验交流、监督检查等措施，促进基层单位加强会计基础工作，不断提高会计工作水平。国务院各业务主管部门根据职责权限管理本部门的会计基础工作。

（8）未按规定对单位制定的预算、财务计划、经济计划、业务计划的执行情况进行监督。

◆**相关规定**：《会计基础工作规范》第八十一条规定，会计机构、会计人员应当对单位制定的预算、财务计划、经济计划、业务计划的执行情况进行监督。

◆**行政责任**：《会计基础工作规范》第五条规定，各省、自治区、直辖市财政厅（局）

要加强对会计基础工作的管理和指导，通过政策引导、经验交流、监督检查等措施，促进基层单位加强会计基础工作，不断提高会计工作水平。国务院各业务主管部门根据职责权限管理本部门的会计基础工作。

（9）单位未按规定接受财政、审计、税务等机关的监督。

◆**相关规定：**《会计基础工作规范》第八十二条规定，各单位必须依照法律和国家有关规定接受财政、审计、税务等机关的监督，如实提供会计凭证、会计账簿、会计报表和其他会计资料以及有关情况、不得拒绝、隐匿、谎报。

◆**行政责任：**《会计基础工作规范》第五条规定，各省、自治区、直辖市财政厅（局）要加强对会计基础工作的管理和指导，通过政策引导、经验交流、监督检查等措施，促进基层单位加强会计基础工作，不断提高会计工作水平。国务院各业务主管部门根据职责权限管理本部门的会计基础工作。

（10）未按规定配合注册会计师的审计工作。

◆**相关规定：**《会计基础工作规范》第八十三条规定，按照法律规定应当委托注册会计师进行审计的单位，应当委托注册会计师进行审计，并配合注册会计师的工作，如实提供会计凭证、会计账簿、会计报表和其他会计资料以及有关情况，不得拒绝、隐匿、谎报，不得示意注册会计师出具不当的审计报告。

◆**行政责任：**《会计基础工作规范》第五条规定，各省、自治区、直辖市财政厅（局）要加强对会计基础工作的管理和指导，通过政策引导、经验交流、监督检查等措施，促进基层单位加强会计基础工作，不断提高会计工作水平。国务院各业务主管部门根据职责权限管理本部门的会计基础工作。

3.17.4 内部会计管理制度方面

（1）未按要求建立健全相应的内部会计管理制度。

◆**相关规定：**《会计基础工作规范》第八十四条规定，各单位应当根据《中华人民共和国会计法》和国家统一会计制度的规定，结合单位类型和内容管理的需要，建立健全相应的内部会计管理制度。

第八十五条规定，各单位制定内部会计管理制度应当遵循下列原则：（一）应当执行法律、法规和国家统一的财务会计制度。（二）应当体现本单位的生产经营、业务管理的特点和要求。（三）应当全面规范本单位的各项会计工作，建立健全会计基础，保证会计工作的有序进行。（四）应当科学、合理，便于操作和执行。（五）应当定期检查执行情况。（六）应当根据管理需要和执行中的问题不断完善。

◆**行政责任：**《会计基础工作规范》第五条规定，各省、自治区、直辖市财政厅（局）要加强对会计基础工作的管理和指导，通过政策引导、经验交流、监督检查等措施，促进基层单位加强会计基础工作，不断提高会计工作水平。国务院各业务主管部门根据职责权限管理本部门的会计基础工作。

（2）未按规定建立内部会计管理体系。

◆**相关规定：**《会计基础工作规范》第八十六条规定，各单位应当建立内部会计管理体系。主要内容包括：单位领导人、总会计师对会计工作的领导职责；会计部门及其会计机构负责人、会计主管人员的职责、权限；会计部门与其他职能部门的关系；会计核算的组织形式等。

◆**行政责任**：《会计基础工作规范》第五条规定，各省、自治区、直辖市财政厅（局）要加强对会计基础工作的管理和指导，通过政策引导、经验交流、监督检查等措施，促进基层单位加强会计基础工作，不断提高会计工作水平。国务院各业务主管部门根据职责权限管理本部门的会计基础工作。

（3）未按规定建立会计人员岗位责任制度。

◆**相关规定**：《会计基础工作规范》第八十七条规定，各单位应当建立会计人员岗位责任制度。主要内容包括：会计人员的工作岗位设置；各会计工作岗位的职责和标准；各会计工作岗位的人员和具体分工；会计工作岗位轮换办法；对各会计工作岗位的考核办法。

◆**行政责任**：《会计基础工作规范》第五条规定，各省、自治区、直辖市财政厅（局）要加强对会计基础工作的管理和指导，通过政策引导、经验交流、监督检查等措施，促进基层单位加强会计基础工作，不断提高会计工作水平。国务院各业务主管部门根据职责权限管理本部门的会计基础工作。

（4）未按规定建立账务处理程序制度。

◆**相关规定**：《会计基础工作规范》第八十八条规定，各单位应当建立账务处理程序制度。主要内容包括：会计科目及其明细科目的设置和使用；会计凭证的格式、审核要求和传递程序；会计核算方法；会计账簿的设置；编制会计报表的种类和要求；单位会计指标体系。

◆**行政责任**：《会计基础工作规范》第五条规定，各省、自治区、直辖市财政厅（局）要加强对会计基础工作的管理和指导，通过政策引导、经验交流、监督检查等措施，促进基层单位加强会计基础工作，不断提高会计工作水平。国务院各业务主管部门根据职责权限管理本部门的会计基础工作。

（5）未按规定建立内部牵制制度。

◆**相关规定**：《会计基础工作规范》第八十九条规定，各单位应当建立内部牵制制度。主要内容包括：内部牵制制度的原则；组织分工；出纳岗位的职责和限制条件；有关岗位的职责和权限。

◆**行政责任**：《会计基础工作规范》第五条规定，各省、自治区、直辖市财政厅（局）要加强对会计基础工作的管理和指导，通过政策引导、经验交流、监督检查等措施，促进基层单位加强会计基础工作，不断提高会计工作水平。国务院各业务主管部门根据职责权限管理本部门的会计基础工作。

（6）未按规定建立稽核制度。

◆**相关规定**：《会计基础工作规范》第九十条规定，各单位应当建立稽核制度。主要内容包括：稽核工作的组织形式和具体分工；稽核工作的职责、权限；审核会计凭证和复核会计账簿、会计报表的方法。

◆**行政责任**：《会计基础工作规范》第五条规定，各省、自治区、直辖市财政厅（局）要加强对会计基础工作的管理和指导，通过政策引导、经验交流、监督检查等措施，促进基层单位加强会计基础工作，不断提高会计工作水平。国务院各业务主管部门根据职责权限管理本部门的会计基础工作。

(7) 未按规定建立原始记录管理制度。

◆相关规定：《会计基础工作规范》第九十一条规定，各单位应当建立原始记录管理制度。主要内容包括：原始记录的内容和填制方法；原始记录的格式；原始记录的审核；原始记录填制人的责任；原始记录签署、传递、汇集要求。

◆行政责任：《会计基础工作规范》第五条规定，各省、自治区、直辖市财政厅（局）要加强对会计基础工作的管理和指导，通过政策引导、经验交流、监督检查等措施，促进基层单位加强会计基础工作，不断提高会计工作水平。国务院各业务主管部门根据职责权限管理本部门的会计基础工作。

(8) 未按规定建立定额管理制度。

◆相关规定：《会计基础工作规范》第九十二条规定，各单位应当建立定额管理制度。主要内容包括：定额管理的范围；制定和修订定额的依据、程序和方法；定额的执行；定额考核和奖惩办法等。

◆行政责任：《会计基础工作规范》第五条规定，各省、自治区、直辖市财政厅（局）要加强对会计基础工作的管理和指导，通过政策引导、经验交流、监督检查等措施，促进基层单位加强会计基础工作，不断提高会计工作水平。国务院各业务主管部门根据职责权限管理本部门的会计基础工作。

(9) 未按规定建立计量验收制度。

◆相关规定：《会计基础工作规范》第九十三条规定，各单位应当建立计量验收制度。主要内容包括：计量检测手段和方法；计量验收管理的要求；计量验收人员的责任和奖惩办法。

◆行政责任：《会计基础工作规范》第五条规定，各省、自治区、直辖市财政厅（局）要加强对会计基础工作的管理和指导，通过政策引导、经验交流、监督检查等措施，促进基层单位加强会计基础工作，不断提高会计工作水平。国务院各业务主管部门根据职责权限管理本部门的会计基础工作。

(10) 未按规定建立财产清查制度。

◆相关规定：《会计基础工作规范》第九十四条规定，各单位应当建立财产清查制度。主要内容包括：财产清查的范围；财产清查的组织；财产清查的期限和方法；对财产清查中发现问题的处理办法；对财产管理人员的奖惩办法。

◆行政责任：《会计基础工作规范》第五条规定，各省、自治区、直辖市财政厅（局）要加强对会计基础工作的管理和指导，通过政策引导、经验交流、监督检查等措施，促进基层单位加强会计基础工作，不断提高会计工作水平。国务院各业务主管部门根据职责权限管理本部门的会计基础工作。

(11) 未按规定建立财务收支审批制度。

◆相关规定：《会计基础工作规范》第九十五条规定，各单位应当建立财务收支审批制度。主要内容包括：财务收支审批人员和审批权限；财务收支审批程序；财务收支审批人员的责任。

◆行政责任：《会计基础工作规范》第五条规定，各省、自治区、直辖市财政厅（局）要加强对会计基础工作的管理和指导，通过政策引导、经验交流、监督检查等措施，促进基层单位加强会计基础工作，不断提高会计工作水平。国务院各业务主管部门根据职责权限管理本部门的会计基础工作。

（12）未按规定建立成本核算制度。

◆相关规定：《会计基础工作规范》第九十六条规定，实行成本核算的单位应当建立成本核算制度。主要内容包括：成本核算的对象；成本核算的方法和程序；成本分析等。

◆行政责任：《会计基础工作规范》第五条规定，各省、自治区、直辖市财政厅（局）要加强对会计基础工作的管理和指导，通过政策引导、经验交流、监督检查等措施，促进基层单位加强会计基础工作，不断提高会计工作水平。国务院各业务主管部门根据职责权限管理本部门的会计基础工作。

（13）未按规定建立财务会计分析制度。

◆相关规定：《会计基础工作规范》第九十七条规定，各单位应当建立财务会计分析制度。主要内容包括：财务会计分析的主要内容；财务会计分析的基本要求和组织程序；财务会计分析的具体方法；财务会计分析报告的编写要求等。

◆行政责任：《会计基础工作规范》第五条规定，各省、自治区、直辖市财政厅（局）要加强对会计基础工作的管理和指导，通过政策引导、经验交流、监督检查等措施，促进基层单位加强会计基础工作，不断提高会计工作水平。国务院各业务主管部门根据职责权限管理本部门的会计基础工作。

3.18　三种地方会计违法行为

3.18.1　总账、银行存款日记账和现金日记账未按规定实行建账监管

◆相关规定：《四川省会计管理条例》第八条规定，各单位发生的经济业务事项，应当在依法设置的会计账簿上统一登记、核算。各单位的总账、银行存款日记账和现金日记账，由县级以上人民政府财政部门实行建账监督管理。财政、税务、审计、工商、人民银行、证券监管、保险监管等部门，依法在对单位进行监督检查时，不得将未实行建账监管的总账、银行存款日记账和现金日记账作为会计资料使用。

◆行政责任：《四川省会计管理条例》第二十四条规定，违反本条例第八条规定，不接受会计账簿建账监管的单位，由县级以上人民政府财政部门责令限期改正，并可处以3000元以上5万元以下的罚款。

3.18.2　机构未经批准擅自从事代理记账业务或个人非法从事代理记账业务

◆相关规定：《四川省会计管理条例》第十九条规定，从事代理记账的从业人员必须持有财政部门颁发的会计从业资格证书，并在经县级以上人民政府财政部门批准的代理记账机构执业。代理记账机构及其从业人员，对在执行代理记账业务中知悉的国家秘密和商业秘密负有保密义务。

◆行政责任：《四川省会计管理条例》第二十五条规定，违反本条例第十九条规定，未经批准擅自从事代理记账业务的机构，由县级以上人民政府财政部门责令改正，没收违法所得，并可处以3000元以上5万元以下的罚款；个人非法从事代理记账业务的，由县级以上

人民政府财政部门责令改正，没收违法所得，可处以 2000 元以上 2 万元以下的罚款，并可吊销其会计从业资格证书。单位委托非法代理记账机构或者个人进行代理记账的，由县级以上人民政府财政部门责令改正，并可处以 3000 元以上 5 万元以下的罚款。

3.18.3 会计人员不及时办理会计交接手续

◆**相关规定**：《四川省会计管理条例》第二十条规定，会计人员工作调动或者离职，应当在 30 日内与接管人员办理完会计交接手续。

◆**行政责任**：《四川省会计管理条例》第二十六条规定，违反本条例第二十条第一款规定，不及时办理会计交接手续的，由县级以上人民政府财政部门责令限期办理；无正当理由逾期不办理的，由县级以上人民政府财政部门吊销其会计从业资格证书，并可处以 2000 元以上 2 万元以下的罚款。

第 4 章

会计师事务所民事违法行为及民事责任

4.1 违约行为

根据违约行为发生的时间，违约行为总体上可分为预期违约和实际违约；而实际违约又可分为不履行（包括根本违约和拒绝履行）、不符合约定的履行和其他违反合同义务的行为；而不符合约定的履行又可分为迟延履行、质量有瑕疵的履行、不完全履行（包括部分履行、履行地点不当的履行和履行方法不当的履行）。

（1）预期违约。

预期违约又叫先期违约、事先违约、提前违约、预期毁约，是指当事人一方在合同规定的履行期到来之前，明示或者默示其将不履行合同，由此在当事人之间发生一定的权利义务关系的一项合同法律制度。

（2）实际违约。

① 不履行。指在合同履行期届满时，合同当事人完全不履行自己的合同义务。不履行又分为根本违约和拒绝履行。根本违约是指当事人一方迟延履行债务或者有其他违约行为，致使不能实现合同目的。拒绝履行又叫履行拒绝、给付拒绝，是指履行期届满时，债务人无正当理由表示不履行合同义务的行为。

② 不符合约定的履行。迟延履行是指债务人无正当理由，在合同规定的履行期届满时，仍未履行合同债务。合同中未约定履行期限的，在债权人提出履行催告后仍未履行债务，就是迟延履行。

质量有瑕疵的履行又叫不适当履行，是指债务人所作的履行不符合合同规定的质量标准，甚至因交付的产品有缺陷而造成他人人身、财产的损害。

不完全履行又叫不完全给付，是指债务人虽然以完全给付的意思为给付，但给付不符合债务本旨。

③ 其他违反合同义务的行为。主要是指违反法定的通知、协助、保密等义务的行为。如《担保法》第 49 条第 1 款规定，"抵押人转让已办理抵押登记的抵押物，而未告知抵押权人或受让人的，其转让行为无效。"

4.1.1 相关规定

(1)《民法通则》。

第六十一条规定，双方恶意串通，实施民事行为损害国家的、集体的或者第三人的利益的，应当追缴双方取得的财产，收归国家、集体所有或者返还第三人。

第一百零六条规定，公民、法人违反合同或者不履行其他义务的，应当承担民事责任。

第一百一十一条规定，当事人一方不履行合同义务或者履行合同义务不符合约定条件的，另一方有权要求履行或者采取补救措施，并有权要求赔偿损失。

第一百一十二条规定，当事人一方违反合同的赔偿责任，应当相当于另一方因此所受到的损失。当事人可以在合同中约定，一方违反合同时，向另一方支付一定数额的违约金；也可以在合同中约定对于违反合同而产生的损失赔偿额的计算方法。

第一百一十三条规定，当事人双方都违反合同的，应当分别承担各自应负的民事责任。

第一百一十四条规定，当事人一方因另一方违反合同受到损失的，应当及时采取措施防止损失的扩大；没有及时采取措施致使损失扩大的，无权就扩大的损失要求赔偿。

第一百一十五条规定，合同的变更或者解除，不影响当事人要求赔偿损失的权利。

第一百一十六条规定，当事人一方由于上级机关的原因，不能履行合同义务的，应当按照合同约定向另一方赔偿损失或者采取其他补救措施，再由上级机关对它因此受到的损失负责处理。

第一百一十七条规定，侵占国家的、集体的财产或者他人财产的，应当返还财产，不能返还财产的，应当折价赔偿。损坏国家的、集体的财产或者他人财产的，应当恢复原状或者折价赔偿。受害人因此遭受其他重大损失的，侵害人并应当赔偿损失。

(2)《中华人民共和国公司法》。

第二十条第一款规定，公司股东应当遵守法律、行政法规和公司章程，依法行使股东权利，不得滥用股东权利损害公司或者其他股东的利益；不得滥用公司法人独立地位和股东有限责任损害公司债权人的利益。

第二十二条第四款规定，公司根据股东会或者股东大会、董事会决议已办理变更登记的，人民法院宣告该决议无效或者撤销该决议后，公司应当向公司登记机关申请撤销变更登记。

第四十三条规定，股东会会议由股东按照出资比例行使表决权；但是，公司章程另有规定的除外。

(3)《中华人民共和国合同法》。

第五十八条规定，合同无效或者被撤销后，因该合同取得的财产，应当予以返还；不能返还或者没有必要返还的，应当折价补偿。有过错的一方应当赔偿对方因此所受到的损失，双方都有过错的，应当各自承担相应的责任。

第一百零七条规定，当事人一方不履行合同义务或者履行合同义务不符合约定的，应当承担继续履行、采取补救措施或者赔偿损失等违约责任。

第一百零八条规定，当事人一方明确表示或者以自己的行为表明不履行合同义务的，对方可以在履行期限届满之前要求其承担违约责任。

第一百零九条规定，当事人一方未支付价款或者报酬的，对方可以要求其支付价款或者报酬。

第一百一十一条规定，质量不符合约定的，应当按照当事人的约定承担违约责任。对违约责任没有约定或者约定不明确，依照本法第六十一条的规定仍不能确定的，受损害方根据标的的性质以及损失的大小，可以合理选择要求对方承担修理、更换、重作、退货、减少价款或者报酬等违约责任。

第一百一十二条规定，当事人一方不履行合同义务或者履行合同义务不符合约定的，在履行义务或者采取补救措施后，对方还有其他损失的，应当赔偿损失。

第一百一十三条规定，当事人一方不履行合同义务或者履行合同义务不符合约定，给对方造成损失的，损失赔偿额应当相当于因违约所造成的损失，包括合同履行后可以获得的利益，但不得超过违反合同一方订立合同时预见到或者应当预见到的因违反合同可能造成的损失。

第一百一十四条规定，当事人可以约定一方违约时应当根据违约情况向对方支付一定数额的违约金，也可以约定因违约产生的损失赔偿额的计算方法。约定的违约金低于造成的损失的，当事人可以请求人民法院或者仲裁机构予以增加；约定的违约金过分高于造成的损失的，当事人可以请求人民法院或者仲裁机构予以适当减少。当事人就迟延履行约定违约金的，违约方支付违约金后，还应当履行债务。

第一百一十五条规定，当事人可以依照《中华人民共和国担保法》约定一方向对方给付定金作为债权的担保。债务人履行债务后，定金应当抵作价款或者收回。给付定金的一方不履行约定的债务的，无权要求返还定金；收受定金的一方不履行约定的债务的，应当双倍返还定金。

第一百一十九条规定，当事人一方违约后，对方应当采取适当措施防止损失的扩大；没有采取适当措施致使损失扩大的，不得就扩大的损失要求赔偿。当事人因防止损失扩大而支出的合理费用，由违约方承担。

第一百二十条规定，当事人双方都违反合同的，应当各自承担相应的责任。

第一百二十一条规定，当事人一方因第三人的原因造成违约的，应当向对方承担违约责任。当事人一方和第三人之间的纠纷，依照法律规定或者按照约定解决。

第一百二十二条规定，因当事人一方的违约行为，侵害对方人身、财产权益的，受损害方有权选择依照本法要求其承担违约责任或者依照其他法律要求其承担侵权责任。

4.1.2　违约责任

违约责任是违反合同的民事责任的简称，是指合同当事人一方不履行合同义务或履行合同义务不符合合同约定所应承担的民事责任。《民法通则》第一百一十一条、《合同法》第一百零七条对违约责任均做了概括性规定。违约责任的构成要件如下：（1）有违约行为；（2）有损害事实；（3）违约行为与损害事实之间存在因果关系；（4）无免责事由。前者称为违约责任的积极要件，后者称为违约责任的消极要件。

违约责任有继续履行、采取补救措施、赔偿损失、违约金和定金责任等形式。

（1）继续履行。也称强制实际履行，是指违约方根据对方当事人的请求继续履行合同规定的义务的违约责任形式。其特征为：①继续履行是一种独立的违约责任形式，不同于一般意义上的合同履行。具体表现在：继续履行以违约为前提；继续履行体现了法的强制；继续履行不依附于其他责任形式。②继续履行的内容表现为按合同约定的标的履行义务，这一点与一般履行并无不同。③继续履行以对方当事人（守约方）请求为条件，法院不得径行判决。

（2）采取补救措施。作为一种独立的违约责任形式，是指矫正合同不适当履行（质量不合格）、使履行缺陷得以消除的具体措施。这种责任形式，与继续履行（解决不履行问题）和赔偿损失具有互补性。关于采取补救措施的具体方式，相关法律做了如下规定：

①《合同法》第一百一十一条规定为：修理、更换、重作、退货、减少价款或者报酬等；

②《消费者权益保护法》第四十四条规定为：修理、重作、更换、退货、补足商品数量、退还货款和服务费用、赔偿损失；

③《产品质量法》第四十条规定为：修理、更换、退货。

（3）赔偿损失。在合同法上也称违约损害赔偿，是指违约方以支付金钱的方式弥补受害方因违约行为所减少的财产或者所丧失的利益的责任形式。赔偿损失的确定方式有两种：法定损害赔偿和约定损害赔偿。

① 法定损害赔偿。法定损害赔偿是指由法律规定的，由违约方对守约方因其违约行为而对守约方遭受的损失承担的赔偿责任。根据合同法的规定，法定损害赔偿应遵循以下原则：完全赔偿原则。违约方对于守约方因违约所遭受的全部损失承担的赔偿责任。具体包括：直接损失与间接损失；积极损失与消极损失（可得利益损失）。《合同法》第一百一十三条规定，损失"包括合同履行后可以获得的利益"，可见其赔偿范围包括现有财产损失和可得利益损失。前者主要表现为标的物灭失、为准备履行合同而支出的费用、停工损失、为减少违约损失而支出的费用、诉讼费用等；后者是指在合同适当履行后可以实现和取得的财产利益。合理预见规则。违约损害赔偿的范围以违约方在订立合同时预见到或者应当预见到的损失为限。合理预见规则是限制法定违约损害赔偿范围的一项重要规则，其理论基础是意思自治原则和公平原则。减轻损失规则。一方违约后，另一方应当及时采取合理措施防止损失的扩大，否则，不得就扩大的损失要求赔偿。

② 约定损害赔偿。约定损害赔偿，是指当事人在订立合同时，预先约定一方违约时应当向对方支付一定数额的赔偿金或约定损害赔偿额的计算方法。它具有预定型（缔约时确定）、从属性（以主合同的有效成立为前提）、附条件性（以损失的发生为条件）。

（4）违约金。指当事人一方违反合同时应当向对方支付的一定数量的金钱或财物。依不同标准，违约金可分为：①法定违约金和约定违约金；②惩罚性违约金和补偿性（赔偿性）违约金。

关于违约金的性质，一般认为，现行合同法所确立的违约金制度是不具有惩罚性的违约金制度，而属于赔偿性违约金制度。即使约定的违约金数额高于实际损失，也不能改变这种基本属性。关于当事人是否可以约定单纯的惩罚性违约金，合同法未作明确规定。通常认为此种约定并非无效，但其性质仍属违约的损害赔偿。

（5）定金责任。所谓定金，是指合同当事人为了确保合同的履行，根据双方约定，由一方按合同标的额的一定比例预先给付对方的金钱或其他替代物。对此担保法做了专门规定。《合同法》第一百一十五条也规定：当事人可以依照担保法约定一方向对方给付定金作为债权的担保。债务人履行债务后，定金应当抵作价款或者收回。给付定金的一方不履行约定的债务的，无权要求返还定金；收受定金的一方不履行约定的债务的，应当双倍返还定金。据此，在当事人约定了定金担保的情况下，如一方违约，定金罚则即成为一种违约责任形式。定金应当以书面形式约定，定金的数额由当事人约定，但不得超过主合同标的额的20%。

4.2 侵权行为

从构成要件区分，侵权行为可分为一般侵权行为与特殊侵权行为。

一般侵权行为是指行为人有过错直接致人损害，因此适用民法上的一般责任条款的行为。这是最常见的侵权行为，例如，行为人故意损坏他人财产，故意损伤他人身体等。

特殊侵权行为指行为虽无过错，但他人的损害确系与行为人有关的行为、事件或特别原因所致，因此适用民法上的特别责任条款或民事特别法的规定应负民事责任的行为。

会计师事务所的侵权行为属于一般侵权行为，根据过错大小分别承担补充赔偿责任和连带赔偿责任。

4.2.1 一般性规定

（1）《民法通则》第一百零六条规定，公民、法人违反合同或者不履行其他义务的，应当承担民事责任。公民、法人由于过错侵害国家的、集体的财产，侵害他人财产、人身的，应当承担民事责任。没有过错，但法律规定应当承担民事责任的，应当承担民事责任。

（2）《注册会计师法》第四十二条规定，会计师事务所违反本法规定，给委托人、其他利害关系人造成损失的，应当依法承担赔偿责任。

（3）《公司法》第二百零八条第三款规定，承担资产评估、验资或者验证的机构因出具的评估结果、验资或者验证证明不实，给公司债权人造成损失的，除能够证明自己没有过错的外，在其评估或者证明不实的金额范围内承担赔偿责任。

（4）《最高人民法院关于会计师事务所、审计事务所脱钩改制前民事责任承担问题的通知》规定，对原事务所的应承担的民事责任，应当由其开办单位在所接收的原事务所的剩余财产和风险基金范围内承担清算责任。但如开办单位将原事务所的剩余财产和风险基金留给脱钩改制后的新事务所，则应当由新事务所在所接收的资产范围内对原事务所的债务承担民事责任。

（5）《最高人民法院关于审理涉及会计师事务所在审计业务活动中民事侵权赔偿案件的若干规定》第一条规定，利害关系人以会计师事务所在从事注册会计师法第十四条规定的审计业务活动中出具不实报告并致其遭受损失为由，向人民法院提起民事侵权赔偿诉讼的，人民法院应当依法受理。

第二条规定，因合理信赖或者使用会计师事务所出具的不实报告，与被审计单位进行交易或者从事与被审计单位的股票、债券等有关的交易活动而遭受损失的自然人、法人或者其他组织，应认定为注册会计师法规定的利害关系人。

会计师事务所违反法律法规、中国注册会计师协会依法拟定并经国务院财政部门批准后施行的执业准则和规则以及诚信公允的原则，出具的具有虚假记载、误导性陈述或者重大遗漏的审计业务报告，应认定为不实报告。

第四条规定，会计师事务所因在审计业务活动中对外出具不实报告给利害关系人造成损失的，应当承担侵权赔偿责任，但其能够证明自己没有过错的除外。会计师事务所在证明自己没有过错时，可以向人民法院提交与该案件相关的执业准则、规则以及审计工作底稿等。

第十二条规定，本规定所涉会计师事务所侵权赔偿纠纷未经审判，人民法院不得将会计师事务所追加为被执行人。

4.2.2　出具虚假或不实的验资证明，给利害关系人造成损失的行为

◆ **民事责任**：在验资不实部分或者虚假资金证明金额范围内，根据过错大小承担责任。

◆ **相关规定**：

（1）《最高人民法院关于金融机构为企业出具不实或者虚假验资报告资金证明如何承担民事责任问题的通知》。

① 出资人未出资或者未足额出资，但金融机构为企业提供不实、虚假的验资报告或者资金证明，相关当事人使用该报告或者证明，与该企业进行经济往来而受到损失的，应当由该企业承担民事责任。对于该企业财产不足以清偿债务的，由出资人在出资不实或者虚假资金额范围内承担责任。

② 对前项所述情况，企业、出资人的财产依法强制执行后仍不能清偿债务的，由金融机构在验资不实部分或者虚假资金证明金额范围内，根据过错大小承担责任，此种民事责任不属于担保责任。

③ 未经审理，不得将金融机构追加为被执行人。

④ 企业登记时出资人未足额出资但后来补足的，或者债权人索赔所依据的合同无效的，免除验资金融机构的赔偿责任。

⑤ 注册会计师事务所不实或虚假验资民事责任案件的审理和执行中出现类似问题的，参照本通知办理。

（2）《最高人民法院关于会计师事务所为企业出具虚假验资证明应如何承担责任问题的批复》。

① 会计师事务所系国家批准的依法独立承担注册会计师业务的事业单位。会计师事务所为企业出具验资证明，属于依据委托合同实施的民事行为。依据《中华人民共和国民法通则》第一百零六条第二款规定，会计师事务所在1994年1月1日之前为企业出具虚假验资证明，给委托人、其他利害关系人造成损失的，应当承担相应的民事赔偿责任。

② 会计师事务所与案件的合同当事人虽然没有直接的法律关系，但鉴于其出具虚假验资证明的行为，损害了当事人的合法权益，因此，在民事责任的承担上，应当先由债务人负责清偿，不足部分，再由会计师事务所在其证明金额的范围内承担赔偿责任。

（3）《最高人民法院关于验资单位对多个案件债权人损失应如何承担责任的批复》。

金融机构、会计师事务所为公司出具不实的验资报告或者虚假的资金证明，公司资不抵

债的，该验资单位应当对公司债务在验资报告不实部分或者虚假资金证明金额以内，承担民事赔偿责任。

验资单位对一个或多个债权人在验资不实部分之内承担的责任累计已经达到其应当承担责任部分限额的，对于公司其他债权人则不再承担赔偿责任。

对于多个债权人同时要求受偿的，验资单位应当在其出具的被验资单位不实的注册资金、证明金额内，就其应当承担责任的部分按比例分别承担赔偿责任。

(4)《最高人民法院关于会计师事务所为企业出具虚假验资证明应如何处理的复函》。

即使会计师事务所出具的虚假验资证明无特别注明，给委托人、其他利害关系人造成损失的，根据《中华人民共和国注册会计师法》第四十二条的规定，亦应当依法承担赔偿责任。

4.2.3 故意出具不实报告并给利害关系人造成损失的行为

◆**具体情形：**

（1）与被审计单位恶意串通；
（2）明知被审计单位对重要事项的财务会计处理与国家有关规定相抵触，而不予指明；
（3）明知被审计单位的财务会计处理会直接损害利害关系人的利益，而予以隐瞒或者作不实报告；
（4）明知被审计单位的财务会计处理会导致利害关系人产生重大误解，而不予指明；
（5）明知被审计单位的会计报表的重要事项有不实的内容，而不予指明；
（6）被审计单位示意其作不实报告，而不予拒绝。

◆**民事责任：**连带赔偿责任。

◆**相关规定：**《最高人民法院关于审理涉及会计师事务所在审计业务活动中民事侵权赔偿案件的若干规定》第五条规定，注册会计师在审计业务活动中存在下列情形之一，出具不实报告并给利害关系人造成损失的，应当认定会计师事务所与被审计单位承担连带赔偿责任：（一）与被审计单位恶意串通；（二）明知被审计单位对重要事项的财务会计处理与国家有关规定相抵触，而不予指明；（三）明知被审计单位的财务会计处理会直接损害利害关系人的利益，而予以隐瞒或者作不实报告；（四）明知被审计单位的财务会计处理会导致利害关系人产生重大误解，而不予指明；（五）明知被审计单位的会计报表的重要事项有不实的内容，而不予指明；（六）被审计单位示意其作不实报告，而不予拒绝。对被审计单位有前款第（二）至（五）项所列行为，注册会计师按照执业准则、规则应当知道的，人民法院应认定其明知。

4.2.4 过失出具不实报告并给利害关系人造成损失的行为

◆**民事责任：**根据过失大小确定补充赔偿责任。

◆**相关规定：**《最高人民法院关于审理涉及会计师事务所在审计业务活动中民事侵权赔偿案件的若干规定》第六条规定，会计师事务所在审计业务活动中因过失出具不实报告，并给利害关系人造成损失的，人民法院应当根据其过失大小确定其赔偿责任。注册会计师在审计过程中未保持必要的职业谨慎，存在下列情形之一，并导致报告不实的，人民法院应当认定会计师事务所存在过失：（一）违反注册会计师法第二十条第（二）、（三）项的规定；（二）负责审计的注册会计师以低于行业一般成员应具备的专业水准执业；（三）制定的审计计划存在明显疏漏；（四）未依据执业准则、规则执行必要的审计程序；（五）在发现可能存在错误和舞弊的迹象时，未能追加必要的审计程序予以证实或者排除；（六）未能合理地运用执业准则和规则所要求的重要性原则；（七）未根据审计的要求采用必要的调查方法获取充分的审计证据；（八）明知对总体结论有重大影响的特定审计对象缺少判断能力，未能寻求专家意见而直接形成审计结论；（九）错误判断和评价审计证据；（十）其他违反执业准则、规则确定的工作程序的行为。

第十条规定，人民法院根据本规定第六条确定会计师事务所承担与其过失程度相应的赔偿责任时，应按照下列情形处理：（一）应先由被审计单位赔偿利害关系人的损失。被审计单位的出资人虚假出资、不实出资或者抽逃出资，事后未补足，且依法强制执行被审计单位财产后仍不足以赔偿损失的，出资人应在虚假出资、不实出资或者抽逃出资数额范围内向利害关系人承担补充赔偿责任。（二）对被审计单位、出资人的财产依法强制执行后仍不足以赔偿损失的，由会计师事务所在其不实审计金额范围内承担相应的赔偿责任。（三）会计师事务所对一个或者多个利害关系人承担的赔偿责任应以不实审计金额为限。

4.2.5 证券服务机构制作、出具不实文件，给他人造成损失的行为

◆**民事责任**：连带赔偿责任。

◆**相关规定**：《证券法》第一百七十三条规定，证券服务机构为证券的发行、上市、交易等证券业务活动制作、出具审计报告、资产评估报告、财务顾问报告、资信评级报告或者法律意见书等文件，应当勤勉尽责，对所依据的文件资料内容的真实性、准确性、完整性进行核查和验证。其制作、出具的文件有虚假记载、误导性陈述或者重大遗漏，给他人造成损失的，应当与发行人、上市公司承担连带赔偿责任，但是能够证明自己没有过错的除外。

4.2.6 利害关系人明知为不实报告而使用的行为

◆**民事责任**：酌情减轻会计师事务所的赔偿责任。

◆**相关规定**：《最高人民法院关于审理涉及会计师事务所在审计业务活动中民事侵权赔偿案件的若干规定》第八条规定，利害关系人明知会计师事务所出具的报告为不实报告而仍然使用的，人民法院应当酌情减轻会计师事务所的赔偿责任。

4.2.7 会计师事务所与其分支机构作为共同被告的行为

◆**民事责任**：会计师事务所对其分支机构的责任部分承担连带赔偿责任。

◆**相关规定**：《最高人民法院关于审理涉及会计师事务所在审计业务活动中民事侵权赔偿案件的若干规定》第十一条规定，会计师事务所与其分支机构作为共同被告的，会计师事务所对其分支机构的责任部分承担连带赔偿责任。

4.2.8　会计师事务所在报告中限制使用用途的行为

◆**民事责任**：不作为免责的事由。

◆**相关规定**：《最高人民法院关于审理涉及会计师事务所在审计业务活动中民事侵权赔偿案件的若干规定》第九条规定，会计师事务所在报告中注明"本报告仅供年检使用"、"本报告仅供工商登记使用"等类似内容的，不能作为其免责的事由。

4.2.9　会计师事务所无执业过错或未造成后果的行为

◆**民事责任**：不承担民事赔偿责任。

◆**相关规定**：《最高人民法院关于审理涉及会计师事务所在审计业务活动中民事侵权赔偿案件的若干规定》第七条规定，会计师事务所能够证明存在以下情形之一的，不承担民事赔偿责任：（一）已经遵守执业准则、规则确定的工作程序并保持必要的职业谨慎，但仍未能发现被审计的会计资料错误；（二）审计业务所必须依赖的金融机构等单位提供虚假或者不实的证明文件，会计师事务所在保持必要的职业谨慎下仍未能发现其虚假或者不实；（三）已对被审计单位的舞弊迹象提出警告并在审计业务报告中予以指明；（四）已经遵照验资程序进行审核并出具报告，但被验资单位在注册登记后抽逃资金；（五）为登记时未出资或者未足额出资的出资人出具不实报告，但出资人在登记后已补足出资。

4.3　其他事项

4.3.1　会计师事务所侵权责任产生的事由

《最高人民法院关于审理涉及会计师事务所在审计业务活动中民事侵权赔偿案件的若干规定》第一条规定，利害关系人以会计师事务所在从事注册会计师法第十四条规定的审计业务活动中出具不实报告并致其遭受损失为由，向人民法院提起民事侵权赔偿诉讼的，人民法院应当依法受理。

注册会计师法第十四条规定了四类审计业务，即：企业会计报表审计；企业验资；企业合并、分立、清算中的审计；法律、行政法规规定的其他审计业务，出具不实报告，就可能承担民事侵权赔偿责任。根据上述规定，会计师事务所无论是执行验资业务还是财务报表审计业务，无论是执行一般审计业务还是证券审计业务，无论是执行企业审计还是公立医院、高校、基金会等非营利组织审计业务，其在承担民事侵权赔偿责任时都一致适用。

4.3.2　诉讼当事人的位置

《最高人民法院关于审理涉及会计师事务所在审计业务活动中民事侵权赔偿案件的若干规定》第三条规定，利害关系人未对被审计单位提起诉讼而直接对会计师事务所提起诉讼的，人民法院应当告知其对会计师事务所和被审计单位一并提起诉讼；利害关系人拒不起诉被审计单位的，人民法院应当通知被审计单位作为共同被告参加诉讼。利害关系人对会计师事务所的分支机构提起诉讼的，人民法院可以将该会计师事务所列为共同被告参加诉讼。利害关系人提出被审计单位的出资人虚假出资或出资不实、抽逃出资，且事后未补足的，人民法院可以将该出资人列为第三人参加诉讼。

该条规定涉及了三个民事主体两类诉讼当事人，三个民事主体是指被审计单位、分支机构所属事务所以及被审计单位出资人，两类诉讼当事人是指前述三个民事主体在事务所侵权赔偿案件中应被分别列为共同被告或第三人。这一规定，一是体现了被审计单位——事务所——利害关系人三方之间公平分配损失的原则；二是方便在诉讼中查明事实，一次性解决纠纷。

4.3.3 执业准则的法律地位

1996年最高人民法院针对四川德阳事务所验资案发布的法函〔1996〕56号复函，随后，注册会计师行业掀起一场"验资诉讼浪潮"。在这场"验资诉讼浪潮"中，会计界和法律界之间引发了关于审计报告真实性之争与执业准则法律地位之争。

对此，《最高人民法院关于审理涉及会计师事务所在审计业务活动中民事侵权赔偿案件的若干规定》第二条第二款、第四条第二款、第六条和第七条等规定，明确将执业准则纳入法律程序范畴，将事务所是否遵循了执业准则的要求作为判断其有无故意和过失的重要依据。

4.3.4 归责原则和举证责任分配

归责原则是民事责任制度的核心。民事责任归责原则一般分为两种，即过错责任原则和无过错责任原则。过错责任原则是指有过错才有责任，过错原则又可分为一般过错责任原则和过错推定原则。无过错责任原则是指无过错也要承担责任，如产品责任等。举证责任分配是证明制度的核心，一般分为谁主张谁举证原则和举证责任倒置原则。

对此，《最高人民法院关于审理涉及会计师事务所在审计业务活动中民事侵权赔偿案件的若干规定》采取以过错责任归责原则为基础，统一适用过错推定原则和举证责任倒置的模式。事务所只有存在过错时才承担侵权赔偿责任，无过错不承担责任，但是事务所是否存在过错需要由事务所自己来提出证明。在确定事务所侵权赔偿责任时，除非事务所能够证明原告利害关系人的损失是由于审计报告以外的其他因素引起，否则就可以推定不实报告与损失的因果关系存在。

第 5 章

会计师事务所行业违规行为及违规责任

5.1 违反相关法律法规有关规定的行为

5.1.1 违反《注册会计师法》有关规定的行为

(1) 违反《注册会计师法》第二十条的行为。
◆ 具体情形：
① 委托人示意作不实或者不当证明而注册会计师不予拒绝；
② 委托人故意不提供有关会计资料和文件而注册会计师不予拒绝；
③ 委托人有其他不合理要求，致使注册会计师出具的报告不能对财务会计的重要事项作出正确表述，而注册会计师不予以拒绝。

◆ 相关规定：《注册会计师法》第二十条规定，注册会计师执行审计业务，遇有下列情形之一的，应当拒绝出具有关报告：（一）委托人示意其作不实或者不当证明的；（二）委托人故意不提供有关会计资料和文件的；（三）因委托人有其他不合理要求，致使注册会计师出具的报告不能对财务会计的重要事项作出正确表述的。

《会计师事务所审批和监督暂行办法》第五十六条规定，会计师事务所和注册会计师执行审计业务，遇到下列情形之一的，应当拒绝出具有关报告：（一）委托人示意其作不实或者不当证明的；（二）委托人故意不提供有关会计资料和文件的；（三）因委托人有其他不合理要求，致使其出具的报告不能对财务会计的重要事项做出正确表述的。

◆ 违规责任：《中国注册会计师协会会员执业违规行为惩戒办法》第八条规定，会员违反《注册会计师法》第二十条、第二十一条和第二十二条的规定的，视情节给予通报批评或公开谴责。会员在执业过程中违反其他相关法律法规有关规定的，视情节给予训诫、通报批评或公开谴责。

(2) 违反《注册会计师法》第二十一条的行为。
◆ 具体情形：
① 注册会计师未按照执业准则、规则确定的工作程序出具审计报告；
② 注册会计师明知委托人对重要事项的财务会计处理与国家有关规定相抵触，而不予指明；

③ 注册会计师明知委托人的财务会计处理会直接损害报告使用人或者其他利害关系人的利益，而予以隐瞒或者作不实的报告；

④ 注册会计师明知委托人的财务会计处理会导致报告使用人或者其他利害关系人产生重大误解，而不予指明；

⑤ 注册会计师明知委托人的会计报表的重要事项有其他不实的内容，而不予指明。

◆**相关规定：**《注册会计师法》第二十一条规定，注册会计师执行审计业务，必须按照执业准则、规则确定的工作程序出具报告。

注册会计师执行审计业务出具报告时，不得有下列行为：（一）明知委托人对重要事项的财务会计处理与国家有关规定相抵触，而不予指明；（二）明知委托人的财务会计处理会直接损害报告使用人或者其他利害关系人的利益，而予以隐瞒或者作不实的报告；（三）明知委托人的财务会计处理会导致报告使用人或者其他利害关系人产生重大误解，而不予指明；（四）明知委托人的会计报表的重要事项有其他不实的内容，而不予指明。

对委托人有前款所列行为，注册会计师按照执业准则、规则应当知道的，适用前款规定。

◆**违规责任：**《中国注册会计师协会会员执业违规行为惩戒办法》第八条规定，会员违反《注册会计师法》第二十条、第二十一条和第二十二条的规定的，视情节给予通报批评或公开谴责。

(3) 违反《注册会计师法》第二十二条的行为。

◆**具体情形：**

① 注册会计师违规买卖被审计的单位的股票、债券或者购买被审计单位或者个人所拥有的其他财产；

② 注册会计师索取、收受委托合同约定以外的酬金或者其他财物，或者利用执行业务之便，谋取其他不正当的利益；

③ 注册会计师接受委托催收债款；

④ 注册会计师允许他人以本人名义执行业务；

⑤ 注册会计师同时在两个或者两个以上的会计师事务所执行业务；

⑥ 会计师事务所和注册会计师对其能力进行广告宣传以招揽业务；

⑦ 注册会计师违反法律、行政法规的其他行为。

◆**相关规定：**《注册会计师法》第二十二条规定，注册会计师不得有下列行为：（一）在执行审计业务期间，在法律、行政法规规定不得买卖被审计单位的股票、债券或者不得购买被审计单位或者个人的其他财产的期限内，买卖被审计的单位的股票、债券或者购买被审计单位或者个人所拥有的其他财产；（二）索取、收受委托合同约定以外的酬金或者其他财物，或者利用执行业务之便，谋取其他不正当的利益；（三）接受委托催收债款；（四）允许他人以本人名义执行业务；（五）同时在两个或者两个以上的会计师事务所执行业务；（六）对其能力进行广告宣传以招揽业务；（七）违反法律、行政法规的其他行为。

第三十二条规定，会计师事务所不得有本法第二十二条第（一）项至第（四）项、第（六）项、第（七）项所列的行为。

《会计师事务所审批和监督暂行办法》第五十七条规定，注册会计师不得有下列行为：（一）在执行审计业务期间，在法律、行政法规规定不得买卖被审计单位的股票、债券或者不得购买被审计单位或者个人的其他财产的期限内,买卖被审计单位的股票、债券或者购买被审计单位或者个人所拥有的其他财产;(二)索取、收受委托合同约定以外的酬金或者其他财物,或者利用执行业务之便,谋取其他不正当利益;(三)接受委托催收债款;(四)允许他人以本人名义执行业务;(五)同时在两个或者两个以上的会计师事务所执行业务;(六)对其能力进行广告宣传以招揽业务;(七)违反法律、行政法规的其他行为。

◆违规责任:《中国注册会计师协会会员执业违规行为惩戒办法》第八条规定,会员违反《注册会计师法》第二十条、第二十一条和第二十二条的规定的,视情节给予通报批评或公开谴责。会员在执业过程中违反其他相关法律法规有关规定的,视情节给予训诫、通报批评或公开谴责。

5.1.2 违反《公司法》有关规定的行为

(1)虚报注册资本,取得公司登记。

◆相关规定:《公司法》第六条规定,设立公司,应当依法向公司登记机关申请设立登记;第二十六条规定,有限责任公司的注册资本为在公司登记机关登记的全体股东认缴的出资额;第三十条规定,股东的首次出资经依法设立的验资机构验资后,由全体股东指定的代表或者共同委托的代理人向公司登记机关报送公司登记申请书、公司章程、验资证明等文件,申请设立登记。

◆违规责任:《中国注册会计师协会会员执业违规行为惩戒办法》第八条规定,会员在执业过程中违反其他相关法律法规有关规定的,视情节给予训诫、通报批评或公开谴责。

(2)虚假出资,未交付或者未按期交付作为出资的货币或者非货币财产。

◆相关规定:《公司法》第二十八条规定,股东应当按期足额缴纳公司章程中规定的各自所认缴的出资额。股东以货币出资的,应当将货币出资足额存入有限责任公司在银行开设的账户;以非货币财产出资的,应当依法办理其财产权的转移手续。

◆违规责任:《中国注册会计师协会会员执业违规行为惩戒办法》第八条规定,会员在执业过程中违反其他相关法律法规有关规定的,视情节给予训诫、通报批评或公开谴责。

(3)抽逃出资。

◆相关规定:《公司法》第三十六条规定,公司成立后,股东不得抽逃出资。

◆违规责任:《中国注册会计师协会会员执业违规行为惩戒办法》第八条规定,会员在执业过程中违反其他相关法律法规有关规定的,视情节给予训诫、通报批评或公开谴责。

(4)在法定的会计账簿以外另立会计账簿。

◆相关规定:《公司法》第一百七十二条规定,公司除法定的会计账簿外,不得另立会计账簿。对公司资产,不得以任何个人名义开立账户存储。

◆违规责任:《中国注册会计师协会会员执业违规行为惩戒办法》第八条规定,会员在执业过程中违反其他相关法律法规有关规定的,视情节给予训诫、通报批评或公开谴责。

(5)在财务会计报告等材料上作虚假记载或者隐瞒重要事实。

◆相关规定:《公司法》第一百六十五条规定,公司应当在每一会计年度终了时编制财务会计报告,并依法经会计师事务所审计。财务会计报告应当依照法律、行政法规和国务院财政部门的规定制作。

◆**违规责任**：《中国注册会计师协会会员执业违规行为惩戒办法》第八条规定，会员在执业过程中违反其他相关法律法规有关规定的，视情节给予训诫、通报批评或公开谴责。

（6）不按照规定提取法定公积金。

◆**相关规定**：《公司法》第一百六十七条规定，公司分配当年税后利润时，应当提取利润的百分之十列入公司法定公积金。公司法定公积金累计额为公司注册资本的百分之五十以上的，可以不再提取。

◆**违规责任**：《中国注册会计师协会会员执业违规行为惩戒办法》第八条规定，会员在执业过程中违反其他相关法律法规有关规定的，视情节给予训诫、通报批评或公开谴责。

（7）未按规定办理公司变更登记或备案。

◆**相关规定**：《公司登记管理条例》第二十六条规定，公司变更登记事项，应当向原公司登记机关申请变更登记。未经变更登记，公司不得擅自改变登记事项。

◆**违规责任**：《中国注册会计师协会会员执业违规行为惩戒办法》第八条规定，会员在执业过程中违反其他相关法律法规有关规定的，视情节给予训诫、通报批评或公开谴责。

（8）不按照规定接受公司年度检验。

◆**相关规定**：《公司登记管理条例》第六十条规定，公司应当按照公司登记机关的要求，在规定的时间内接受年度检验，并提交年度检验报告书、年度资产负债表和损益表、《企业法人营业执照》副本。

◆**违规责任**：《中国注册会计师协会会员执业违规行为惩戒办法》第八条规定，会员在执业过程中违反其他相关法律法规有关规定的，视情节给予训诫、通报批评或公开谴责。

（9）未将营业执照置于住所或者营业场所醒目位置。

◆**相关规定**：《公司登记管理条例》第六十三条规定，《企业法人营业执照》正本或者《营业执照》正本应当置于公司住所或者分公司营业场所的醒目位置。

◆**违规责任**：《中国注册会计师协会会员执业违规行为惩戒办法》第八条规定，会员在执业过程中违反其他相关法律法规有关规定的，视情节给予训诫、通报批评或公开谴责。

（10）验资或者验证机构提供虚假材料。

◆**相关规定**：《公司法》第二十九条规定，股东缴纳出资后，必须经依法设立的验资机构验资并出具证明；第八十四条规定，股东缴纳出资后，必须经依法设立的验资机构验资并出具证明；第九十条规定，发行股份的股款缴足后，必须经依法设立的验资机构验资并出具证明。

◆**违规责任**：《中国注册会计师协会会员执业违规行为惩戒办法》第八条规定，会员在执业过程中违反其他相关法律法规有关规定的，视情节给予训诫、通报批评或公开谴责。

（11）验资或者验证机构因过失提供有重大遗漏的报告。

◆**相关规定**：《公司法》第二十九条规定，股东缴纳出资后，必须经依法设立的验资机构验资并出具证明；第八十四条规定，股东缴纳出资后，必须经依法设立的验资机构验资并出具证明；第九十条规定，发行股份的股款缴足后，必须经依法设立的验资机构验资并出具证明。

◆**违规责任**：《中国注册会计师协会会员执业违规行为惩戒办法》第八条规定，会员在执业过程中违反其他相关法律法规有关规定的，视情节给予训诫、通报批评或公开谴责。

5.1.3 违反《证券法》有关规定的行为

(1) 证券服务机构和人员违规买卖股票。

◆相关规定：《证券法》第四十五条规定，为股票发行出具审计报告、资产评估报告或者法律意见书等文件的证券服务机构和人员，在该股票承销期内和期满后六个月内，不得买卖该种股票。除前款规定外，为上市公司出具审计报告、资产评估报告或者法律意见书等文件的证券服务机构和人员，自接受上市公司委托之日起至上述文件公开后五日内，不得买卖该种股票。

◆违规责任：《中国注册会计师协会会员执业违规行为惩戒办法》第八条规定，会员在执业过程中违反其他相关法律法规有关规定的，视情节给予训诫、通报批评或公开谴责。

(2) 证券内幕人员违规买卖证券或者泄露信息或者建议他人买卖证券。

◆相关规定：《证券法》第七十六条规定，证券交易内幕信息的知情人和非法获取内幕信息的人，在内幕信息公开前，不得买卖该公司的证券，或者泄露该信息，或者建议他人买卖该证券。

◆违规责任：《中国注册会计师协会会员执业违规行为惩戒办法》第八条规定，会员在执业过程中违反其他相关法律法规有关规定的，视情节给予训诫、通报批评或公开谴责。

(3) 证券服务机构制作、出具有虚假记载、误导性陈述或者重大遗漏的文件。

◆相关规定：《证券法》第一百七十三条规定，证券服务机构为证券的发行、上市、交易等证券业务活动制作、出具审计报告、资产评估报告、财务顾问报告、资信评级报告或者法律意见书等文件，应当勤勉尽责，对所制作、出具的文件内容的真实性、准确性、完整性进行核查和验证。

《首次公开发行股票并上市管理办法》第六条规定，为证券发行出具有关文件的证券服务机构和人员，应当按照本行业公认的业务标准和道德规范，严格履行法定职责，并对其所出具文件的真实性、准确性和完整性负责。

◆违规责任：《中国注册会计师协会会员执业违规行为惩戒办法》第八条规定，会员在执业过程中违反其他相关法律法规有关规定的，视情节给予训诫、通报批评或公开谴责。

(4) 证券服务机构擅自从事证券审计业务。

◆相关规定：《证券法》第一百六十九条规定，投资咨询机构、财务顾问机构、资信评级机构、资产评估机构、会计师事务所从事证券服务业务，必须经国务院证券监督管理机构和有关主管部门批准。

◆违规责任：《中国注册会计师协会会员执业违规行为惩戒办法》第八条规定，会员在执业过程中违反其他相关法律法规有关规定的，视情节给予训诫、通报批评或公开谴责。

5.1.4 违反《价格法》有关规定的行为

◆**具体情形：**
(1) 未按规定公示服务项目、收费标准；
(2) 超出政府指导价浮动幅度制定价格；

(3) 擅自制定实行政府指导价的审计服务收费标准；
(4) 违反规定以佣金、回扣等形式变相降低审计服务收费超出政府指导价浮动下限；
(5) 采取分解收费项目、重复收费、扩大收费范围或自立名目等方式乱收费；
(6) 不按照规定提供服务而收取费用；
(7) 其他价格违法行为。

◆相关规定：《价格法》第七条规定，经营者定价，应当遵循公平、合法和诚实信用的原则。

第十二条规定，经营者进行价格活动，应当遵守法律、法规，执行依法制定的政府指导价、政府定价和法定的价格干预措施、紧急措施。

第十三条规定，经营者销售、收购商品和提供服务，应当按照政府价格主管部门的规定明码标价，注明商品的品名、产地、规格、等级、计价单位、价格或者服务的项目、收费标准等有关情况。经营者不得在标价之外加价出售商品，不得收取任何未予标明的费用。

第十四条规定，经营者不得有下列不正当价格行为：（一）相互串通，操纵市场价格，损害其他经营者或者消费者的合法权益；（二）在依法降价处理鲜活商品、季节性商品、积压商品等商品外，为了排挤竞争对手或者独占市场，以低于成本的价格倾销，扰乱正常的生产经营秩序，损害国家利益或者其他经营者的合法权益；（三）捏造、散布涨价信息，哄抬价格，推动商品价格过高上涨的；（四）利用虚假的或者使人误解的价格手段，诱骗消费者或者其他经营者与其进行交易；（五）提供相同商品或者服务，对具有同等交易条件的其他经营者实行价格歧视；（六）采取抬高等级或者压低等级等手段收购、销售商品或者提供服务，变相提高或者压低价格；（七）违反法律、法规的规定牟取暴利；（八）法律、行政法规禁止的其他不正当价格行为。

第十五条规定，各类中介机构提供有偿服务收取费用，应当遵守本法的规定。法律另有规定的，按照有关规定执行。

◆违规责任：《中国注册会计师协会会员执业违规行为惩戒办法》第八条规定，会员在执业过程中违反其他相关法律法规有关规定的，视情节给予训诫、通报批评或公开谴责。

《财政部关于进一步落实〈会计师事务所服务收费管理办法〉的通知》（财会〔2011〕18号）第四项规定，对在收费方面被举报投诉或预警提示较多的会计师事务所，由财政部门、注册会计师协会列为重点监管对象，并对其主任会计师进行监管谈话、诫勉谈话或者出具警示函。对经查实存在低价恶性竞争行为的会计师事务所，由财政部门、注册会计师协会依法作出相关处理并予以公告。受到相关处理的会计师事务所及其主任会计师、直接负责的主管人员和其他直接责任人员，不得参与注册会计师行业表彰奖励活动。

5.1.5 违反《会计师事务所审批和监督暂行办法》有关规定的行为

(1) 在未履行必要的审计程序，未获取充分适当的审计证据的情况下出具审计报告。

◆相关规定：《会计师事务所审批和监督暂行办法》第五十六条规定，会计师事务所和注册会计师必须按照执业准则、规则的要求，在实施必要的审计程序后，以经过核实的审计证据为依据，形成审计意见，出具审计报告，不得有下列行为：（一）在未履行必要的审计程序，未获取充分适当的审计证据的情况下出具审计报告……

◆违规责任：《中国注册会计师协会会员执业违规行为惩戒办法》第八条规定，会员在执业过程中违反其他相关法律法规有关规定的，视情节给予训诫、通报批评或公开谴责。

（2）对同一委托单位的同一事项，依据相同的审计证据出具不同结论的审计报告。

◆相关规定：《会计师事务所审批和监督暂行办法》第五十六条规定，会计师事务所和注册会计师必须按照执业准则、规则的要求，在实施必要的审计程序后，以经过核实的审计证据为依据，形成审计意见，出具审计报告，不得有下列行为：……（二）对同一委托单位的同一事项，依据相同的审计证据出具不同结论的审计报告……

◆违规责任：《中国注册会计师协会会员执业违规行为惩戒办法》第八条规定，会员在执业过程中违反其他相关法律法规有关规定的，视情节给予训诫、通报批评或公开谴责。

（3）隐瞒审计中发现的问题，发表不恰当的审计意见。

◆相关规定：《会计师事务所审批和监督暂行办法》第五十六条规定，会计师事务所和注册会计师必须按照执业准则、规则的要求，在实施必要的审计程序后，以经过核实的审计证据为依据，形成审计意见，出具审计报告，不得有下列行为：……（三）隐瞒审计中发现的问题，发表不恰当的审计意见……

◆违规责任：《中国注册会计师协会会员执业违规行为惩戒办法》第八条规定，会员在执业过程中违反其他相关法律法规有关规定的，视情节给予训诫、通报批评或公开谴责。

（4）未实施严格的逐级复核制度，未按规定编制和保存审计工作底稿。

◆相关规定：《会计师事务所审批和监督暂行办法》第五十六条规定，会计师事务所和注册会计师必须按照执业准则、规则的要求，在实施必要的审计程序后，以经过核实的审计证据为依据，形成审计意见，出具审计报告，不得有下列行为：……（四）未实施严格的逐级复核制度，未按规定编制和保存审计工作底稿……

◆违规责任：《中国注册会计师协会会员执业违规行为惩戒办法》第八条规定，会员在执业过程中违反其他相关法律法规有关规定的，视情节给予训诫、通报批评或公开谴责。

（5）向财政部门隐瞒有关情况、提供虚假材料或者拒绝提供反映其活动情况的真实材料。

◆相关规定：《会计师事务所审批和监督暂行办法》第五十二条规定，会计师事务所和注册会计师必须接受财政部和省级财政部门依法实施的监督检查，如实提供中文工作底稿以及有关资料，不得拒绝、阻挠、逃避检查，不得谎报、隐匿、销毁相关证据材料。会计师事务所或者注册会计师有明显转移、隐匿有关证据材料迹象的，财政部和省级财政部门可以对证据材料先行登记保存。

《注册会计师法（修正案）》（征求意见稿，2012）第二十二条规定，注册会计师不得有下列行为：……（八）拒绝、阻挠有关部门依法实施的监督检查；（九）隐匿、伪造、篡改、销毁有关文件和资料……

◆违规责任：《中国注册会计师协会会员执业违规行为惩戒办法》第八条规定，会员在执业过程中违反其他相关法律法规有关规定的，视情节给予训诫、通报批评或公开谴责。

（6）会计师事务所申请人隐瞒有关情况或者提供虚假材料提出申请。

◆相关规定：《会计师事务所审批和监督暂行办法》第十四条规定，申请设立会计师事务所，应当向省级财政部门提交下列材料：（一）设立会计师事务所申请表；（二）会计师事务所合伙人或者股东情况汇总表；（三）注册会计师情况汇总表；（四）工商行政管理部门出具的企业名称预先核准通知书复印件；（五）全体合伙人或者全体股东现所在的省级注册会计师协会为其出具的从事本办法第九条第（四）项规定的审计业务情况的证明、已转出原会计师事务所证明，若合伙人或者股东为原会计师事务所合伙人或者股东的，还应提交退伙或者股权转让证明；（六）会计师事务所注册会计师的注册会计师证书复印件；（七）书面合伙协议或者股东共同制定的章程；（八）办公场所的产权或者使用权的有效证明复印件。设立有限责任会计师事务所，还应当提交验资证明。因合并或者分立新设会计师事务所的，还应当提交合并协议或者分立协议。申请人应当对申请材料内容的真实性负责。

第二十六条规定，会计师事务所申请设立分所，应当向拟设立分所所在地的省级财政部门提交下列材料：（一）会计师事务所设立分所申请表；（二）会计师事务所全体合伙人或者股东会作出的设立分所的决议；（三）注册会计师情况汇总表；（四）会计师事务所上年度资产负债表；（五）会计师事务所拟设立的分所注册会计师的注册会计师证书复印件；（六）会计师事务所对分所的管理办法；（七）分所办公场所的产权或者使用权的有效证明复印件。合并后的会计师事务所于合并当年提出设立分所的，不需要提交前款第（四）项规定的材料，但应当提交合并协议和合并基准日的资产负债表。

◆**违规责任**：《中国注册会计师协会会员执业违规行为惩戒办法》第八条规定，会员在执业过程中违反其他相关法律法规有关规定的，视情节给予训诫、通报批评或公开谴责。

（7）会计师事务所及其分所采取欺骗、贿赂等不正当手段获得批准设立。

◆**相关规定**：《会计师事务所审批和监督暂行办法》第十四条规定，申请设立会计师事务所，应当向省级财政部门提交下列材料：（一）设立会计师事务所申请表；（二）会计师事务所合伙人或者股东情况汇总表；（三）注册会计师情况汇总表；（四）工商行政管理部门出具的企业名称预先核准通知书复印件；（五）全体合伙人或者全体股东现所在的省级注册会计师协会为其出具的从事本办法第九条第（四）项规定的审计业务情况的证明、已转出原会计师事务所证明，若合伙人或者股东为原会计师事务所合伙人或者股东的，还应提交退伙或者股权转让证明；（六）会计师事务所注册会计师的注册会计师证书复印件；（七）书面合伙协议或者股东共同制定的章程；（八）办公场所的产权或者使用权的有效证明复印件。设立有限责任会计师事务所，还应当提交验资证明。因合并或者分立新设会计师事务所的，还应当提交合并协议或者分立协议。申请人应当对申请材料内容的真实性负责。

《会计师事务所审批和监督暂行办法》第二十六条规定，会计师事务所申请设立分所，应当向拟设立分所所在地的省级财政部门提交下列材料：（一）会计师事务所设立分所申请表；（二）会计师事务所全体合伙人或者股东会作出的设立分所的决议；（三）注册会计师情况汇总表；（四）会计师事务所上年度资产负债表；（五）会计师事务所拟设立的分所注册会计师的注册会计师证书复印件；（六）会计师事务所对分所的管理办法；（七）分所办公场所的产权或者使用权的有效证明复印件。合并后的会计师事务所于合并当年提出设立分所的，不需要提交前款第（四）项规定的材料，但应当提交合并协议和合并基准日的资产负债表。

◆**违规责任**：《中国注册会计师协会会员执业违规行为惩戒办法》第八条规定，会员在执业过程中违反其他相关法律法规有关规定的，视情节给予训诫、通报批评或公开谴责。

（8）会计师事务所及其分所未保持设立条件。

◆**相关规定**：《会计师事务所审批和监督暂行办法》第七条规定，设立合伙会计师事务所，应当具备下列条件：（一）有2名以上的合伙人；（二）有书面合伙协议；（三）有会计师事务所的名称；（四）有固定的办公场所。

第八条规定，设立有限责任会计师事务所，应当具备下列条件：（一）有5名以上的股东；（二）有一定数量的专职从业人员；（三）有不少于人民币30万元的注册资本；（四）有股东共同制定的章程；（五）有会计师事务所的名称；（六）有固定的办公场所。

第九条规定，会计师事务所的合伙人或者股东，应当具备下列条件：（一）持有中华人民共和国注册会计师证书。（二）在会计师事务所专职执业。（三）成为合伙人或者股东前3年内没有因为执业行为受到行政处罚。（四）有取得注册会计师证书后最近连续5年在会计师事务所从事下列审计业务的经历，其中在境内会计师事务所的经历不少于3年：①审查企业会计报表，出具审计报告；②验证企业资本，出具验资报告；③办理企业合并、分立、清算事宜中的审计业务，出具有关的报告；④法律、行政法规规定的其他审计业务。（五）成为合伙人或者股东前1年内没有因采取隐瞒或提供虚假材料、欺骗、贿赂等不正当手段申请设立会计师事务所而被省级财政部门作出不予受理、不予批准或者撤销会计师事务所的决定。

第二十三条规定，设立分所的会计师事务所，应当具备下列条件：（一）依法成立3年以上，内部管理制度健全；（二）注册会计师数量（不包括拟到分所执业的注册会计师）不低于50名；（三）有限责任会计师事务所上年末的净资产和职业风险基金总额不低于人民币300万元，合伙会计师事务所上年末的净资产和职业风险基金总额不低于人民币150万元；（四）申请设立分所前3年内该会计师事务所及其已设立的分所没有因为执业行为受到行政处罚。因合并或者分立新设的会计师事务所申请设立分所的，其成立时间可以合并或者分立前会计师事务所的成立时间为准。

第二十四条规定，会计师事务所设立的分所，应当具备下列条件：（一）分所负责人为会计师事务所的合伙人或者股东；（二）至少有5名注册会计师（含分所负责人）；（三）有固定的办公场所。

◆**违规责任**：《中国注册会计师协会会员执业违规行为惩戒办法》第八条规定，会员在执业过程中违反其他相关法律法规有关规定的，视情节给予训诫、通报批评或公开谴责。

（9）会计师事务所设立后合伙人或者股东未在规定时间内办理完转入该所手续。

◆**相关规定**：《会计师事务所审批和监督暂行办法》第十一条规定，注册会计师在成为会计师事务所的合伙人或者股东之前，应当在省、自治区、直辖市注册会计师协会办理完从原会计师事务所转出的手续。若为原会计师事务所合伙人或者股东，还应当按照有关法律、行政法规，以及合伙协议或者章程办理完退伙或者股权转让手续。

◆**违规责任**：《中国注册会计师协会会员执业违规行为惩戒办法》第八条规定，会员在执业过程中违反其他相关法律法规有关规定的，视情节给予训诫、通报批评或公开谴责。

（10）会计师事务所未按照规定办理有关事项备案手续。

◆**相关规定**：《会计师事务所审批和监督暂行办法》第二十九条规定，会计师事务所发生下列事项之一的，应当自作出决议之日起20日内向所在地的省级财政部门备案：（一）变更会计师事务所名称、办公场所（在省级行政区划内）、主任会计师；（二）变更合伙会计师事务所合伙人；（三）变更有限责任会计师事务所注册资本、股东。会计师事务所变更分所名称、负责人、办公场所，或者撤销已设立的分所，应当自作出决议之日起20

日内同时向会计师事务所和分所所在地的省级财政部门备案。

第三十条规定，会计师事务所及其分所发生本办法第二十九条所列变更事项之一的，应当向所在地的省级财政部门报送下列备案材料：（一）会计师事务所变更事项情况表或者会计师事务所分所变更事项情况表；（二）变更后的情况符合本办法第七条至第十二条、第二十四条和第二十五条规定的证明材料。

第三十一条规定，会计师事务所及其设立的分所变更名称的，应当同时向会计师事务所及其分所所在地的省级财政部门备案，提交工商行政管理部门出具的企业名称预先核准通知书复印件，交回原会计师事务所执业证书或者原会计师事务所分所执业证书，换取新的会计师事务所执业证书或者会计师事务所分所执业证书。

第三十二条规定，因合并或者分立存续的会计师事务所，应当按照本办法第二十九条至第三十一条的规定向所在地的省级财政部门备案。

第三十五条规定，会计师事务所跨省级行政区划迁移办公场所，应当向迁入地省级财政部门提交下列材料：（一）会计师事务所跨省级行政区划迁移申请表；（二）会计师事务所合伙人或者股东情况汇总表；（三）注册会计师情况汇总表；（四）书面合伙协议或者股东共同制定的章程；（五）全体合伙人或者股东的注册会计师证书复印件；（六）迁入地办公场所的产权或者使用权的有效证明复印件；（七）全体合伙人或者股东会作出的迁移办公场所决议。迁移同时需要变更会计师事务所名称的，还应当提交迁入地的工商行政管理部门出具的企业名称预先核准通知书复印件。

第三十七条规定，经批准跨省级行政区划迁移办公场所的会计师事务所设有分所的，应当向其分所所在地的省级财政部门备案，并交回原会计师事务所分所执业证书。省级财政部门应当为其换发新的会计师事务所分所执业证书。

第四十一条规定，会计师事务所发生应当终止的情形时，应当分别向会计师事务所及其分所所在地的省级财政部门备案，报送会计师事务所终止情况表，同时交回会计师事务所执业证书和会计师事务所分所执业证书。

第五十四条规定，会计师事务所应当于每年5月31日之前，向所在地的省级财政部门报送下列材料：（一）会计师事务所基本情况表和会计师事务所分所基本情况表；（二）会计师事务所上年年末资产负债表和上年度利润表；（三）会计师事务所合伙人或者股东情况汇总表；（四）对分所的业务管理和执业质量控制情况的说明；（五）会计师事务所出具审计报告情况表；（六）会计师事务所及其注册会计师接受业务检查、被处罚情况；（七）会计师事务所由于执行业务涉及法律诉讼情况。会计师事务所与境外会计师事务所所有成员所或者联系所合作关系的，还应当报送上年度与境外会计师事务所、境外会计师事务所其他成员所或者联系所合作开展业务的情况。会计师事务所跨省级行政区划设有分所的，还应当将该分所有关材料报送分所所在地的省级财政部门。

◆**违规责任**：《中国注册会计师协会会员执业违规行为惩戒办法》第八条规定，会员在执业过程中违反其他相关法律法规有关规定的，视情节给予训诫、通报批评或公开谴责。

（11）事务所未按规定对分所实施统一管理。

◆**相关规定**：《会计师事务所审批和监督暂行办法》第二十一条规定，会计师事务所应当在人事、财务、执业标准、质量控制等方面对其设立的分所进行统一管理，并对分所的业务活动和债务承担行政责任。

《会计师事务所分所管理暂行办法》第四条规定，会计师事务所及其分所应当在人事、财务、业务、技术标准和信息管理等方面做到实质性的统一。

◆**违规责任**：《中国注册会计师协会会员执业违规行为惩戒办法》第八条规定，会员在执业过程中违反其他相关法律法规有关规定的，视情节给予训诫、通报批评或公开谴责。

（12）会计师事务所未设立主任会计师或主任会计师不符合规定。

◆**相关规定**：《会计师事务所审批和监督暂行办法》第十条规定，会计师事务所应当设立主任会计师。合伙会计师事务所的主任会计师由执行会计师事务所事务的合伙人担任。有限责任会计师事务所的主任会计师由法定代表人担任，法定代表人由股东担任。

◆**违规责任**：《中国注册会计师协会会员执业违规行为惩戒办法》第八条规定，会员在执业过程中违反其他相关法律法规有关规定的，视情节给予训诫、通报批评或公开谴责。

（13）会计师事务所未经批准设立分所。

◆**相关规定**：《会计师事务所审批和监督暂行办法》第五十八条规定，会计师事务所不得有下列行为：（一）未经批准设立分所……

◆**违规责任**：《中国注册会计师协会会员执业违规行为惩戒办法》第八条规定，会员在执业过程中违反其他相关法律法规有关规定的，视情节给予训诫、通报批评或公开谴责。

（14）会计师事务所向省级以上财政部门提供虚假材料或者不及时报送相关材料。

◆**相关规定**：《会计师事务所审批和监督暂行办法》第五十八条规定，会计师事务所不得有下列行为：……（二）向省级以上财政部门提供虚假材料或者不及时报送相关材料……

◆**违规责任**：《中国注册会计师协会会员执业违规行为惩戒办法》第八条规定，会员在执业过程中违反其他相关法律法规有关规定的，视情节给予训诫、通报批评或公开谴责。

（15）会计师事务所雇用正在其他会计师事务所执业的注册会计师，或者明知本所的注册会计师在其他会计师事务所执业而不予制止。

◆**相关规定**：《会计师事务所审批和监督暂行办法》第五十八条规定，会计师事务所不得有下列行为：……（三）雇用正在其他会计师事务所执业的注册会计师，或者明知本所的注册会计师在其他会计师事务所执业而不予制止……

◆**违规责任**：《中国注册会计师协会会员执业违规行为惩戒办法》第八条规定，会员在执业过程中违反其他相关法律法规有关规定的，视情节给予训诫、通报批评或公开谴责。

（16）会计师事务所允许本所注册会计师只在本所挂名而不在本所执行业务，或者明知本所注册会计师在其他单位从事获取工资性收入的工作而不予制止。

◆**相关规定**：《会计师事务所审批和监督暂行办法》第五十八条规定，会计师事务所不得有下列行为：……（四）允许本所注册会计师只在本所挂名而不在本所执行业务，或者明知本所注册会计师在其他单位从事获取工资性收入的工作而不予制止……

◆**违规责任**：《中国注册会计师协会会员执业违规行为惩戒办法》第八条规定，会员在执业过程中违反其他相关法律法规有关规定的，视情节给予训诫、通报批评或公开谴责。

（17）会计师事务所允许其他单位或者个人以本所名义承办业务。

◆**相关规定**：《会计师事务所审批和监督暂行办法》第五十八条规定，会计师事务所不得有下列行为：……（五）允许其他单位或者个人以本所名义承办业务……

◆**违规责任**：《中国注册会计师协会会员执业违规行为惩戒办法》第八条规定，会员在执业过程中违反其他相关法律法规有关规定的，视情节给予训诫、通报批评或公开谴责。

（18）会计师事务所采取强迫、欺诈等不正当方式招揽业务。

◆**相关规定**：《会计师事务所审批和监督暂行办法》第五十八条规定，会计师事务所不得有下列行为：……（六）采取强迫、欺诈等不正当方式招揽业务……

◆**违规责任**：《中国注册会计师协会会员执业违规行为惩戒办法》第八条规定，会员在执业过程中违反其他相关法律法规有关规定的，视情节给予训诫、通报批评或公开谴责。

（19）会计师事务所承办与自身规模、执业能力、承担风险能力不匹配的业务。

◆**相关规定**：《会计师事务所审批和监督暂行办法》第五十八条规定，会计师事务所不得有下列行为：……（七）承办与自身规模、执业能力、承担风险能力不匹配的业务……

◆**违规责任**：《中国注册会计师协会会员执业违规行为惩戒办法》第八条规定，会员在执业过程中违反其他相关法律法规有关规定的，视情节给予训诫、通报批评或公开谴责。

5.1.6 违反《会计师事务所财务管理暂行办法》有关规定的行为

（1）未按规定建立内部财务管理体制和各项财务管理制度。

◆**相关规定**：《会计师事务所财务管理暂行办法》第二条规定，会计师事务所应当根据《中华人民共和国会计法》等国家有关法规制度和本暂行办法，结合合伙人协议、事务所章程等，建立内部财务管理体制和各项财务管理制度。

◆**违规责任**：《中国注册会计师协会会员执业违规行为惩戒办法》第八条规定，会员在执业过程中违反其他相关法律法规有关规定的，视情节给予训诫、通报批评或公开谴责。

（2）未按规定实行内部财务的集中统一管理。

◆**相关规定**：《会计师事务所财务管理暂行办法》第四条规定，会计师事务所应当对全所范围内的会计核算、资金使用、业务收支和收益分配等进行统一管理，进一步加强对分所财务的集中控制，切实做到一体化管理，避免会计师事务所内部财务管理各自为政。

◆**违规责任**：《中国注册会计师协会会员执业违规行为惩戒办法》第八条规定，会员在执业过程中违反其他相关法律法规有关规定的，视情节给予训诫、通报批评或公开谴责。

（3）未按规定整合财务和业务信息管理系统。

◆**相关规定**：《会计师事务所财务管理暂行办法》第五条规定，会计师事务所应当结合经营特点和管理要求，优化业务流程，加大信息技术应用推广力度，进一步整合财务和业务信息管理系统，不断提高财务管理效能。

◆**违规责任**：《中国注册会计师协会会员执业违规行为惩戒办法》第八条规定，会员在执业过程中违反其他相关法律法规有关规定的，视情节给予训诫、通报批评或公开谴责。

（4）未按规定设置财会机构或配备专职财会人员。

◆**相关规定**：《会计师事务所财务管理暂行办法》第六条规定，会计师事务所应当按照统一的财务管理体制和财务会计法规制度，设立独立的财会部门或在相关部门内指定专职财会人员，明确相关部门和人员的职责权限。

◆**违规责任**：《中国注册会计师协会会员执业违规行为惩戒办法》第八条规定，会员在执业过程中违反其他相关法律法规有关规定的，视情节给予训诫、通报批评或公开谴责。

第5章 会计师事务所行业违规行为及违规责任

（5）任用会计人员未按规定实行回避制度。

◆相关规定：《会计师事务所财务管理暂行办法》第七条规定，会计师事务所任用会计人员应当实行回避制度。大中型会计师事务所的合伙人（股东）的直系亲属不得担任本会计师事务所的会计机构负责人、会计主管人员。

◆违规责任：《中国注册会计师协会会员执业违规行为惩戒办法》第八条规定，会员在执业过程中违反其他相关法律法规有关规定的，视情节给予训诫、通报批评或公开谴责。

（6）未按规定建立健全财务预算管理制度。

◆相关规定：《会计师事务所财务管理暂行办法》第八条规定，大中型会计师事务所应当建立健全财务预算管理制度，对会计师事务所业务收支等实施预算管理。鼓励小型会计师事务所建立财务预算管理制度。

◆违规责任：《中国注册会计师协会会员执业违规行为惩戒办法》第八条规定，会员在执业过程中违反其他相关法律法规有关规定的，视情节给予训诫、通报批评或公开谴责。

（7）未按规定加强对应收账款的管理。

◆相关规定：《会计师事务所财务管理暂行办法》第九条规定，会计师事务所应当加强对应收账款的管理，完善财务部门和业务部门的沟通和协作机制，保证应收账款真实、完整。

◆违规责任：《中国注册会计师协会会员执业违规行为惩戒办法》第八条规定，会员在执业过程中违反其他相关法律法规有关规定的，视情节给予训诫、通报批评或公开谴责。

（8）未建立严格的资金支付授权审批制度。

◆相关规定：《会计师事务所财务管理暂行办法》第十条规定，会计师事务所应当建立严格的资金支付授权审批制度，明确支出款项的用途、金额、限额、支付方式等内容，保证资金支出的合法、安全。会计师事务所拓展和承接业务，不得向委托人或相关方面提供回扣或其他形式的商业贿赂。

◆违规责任：《中国注册会计师协会会员执业违规行为惩戒办法》第八条规定，会员在执业过程中违反其他相关法律法规有关规定的，视情节给予训诫、通报批评或公开谴责。

（9）未按规定购买有价证券。

◆相关规定：《会计师事务所财务管理暂行办法》第十一条规定，会计师事务所及其注册会计师购买有价证券应当符合相关法律法规和独立性要求。会计师事务所不得为其他企业、单位或个人提供担保。

◆违规责任：《中国注册会计师协会会员执业违规行为惩戒办法》第八条规定，会员在执业过程中违反其他相关法律法规有关规定的，视情节给予训诫、通报批评或公开谴责。

（10）未按规定建立健全财产物资的管理制度。

◆相关规定：《会计师事务所财务管理暂行办法》第十二条规定，会计师事务所应当建立健全财产物资采购、使用、保管、处置等各环节的管理制度，定期清查和盘点，对发生的财产损失要及时查明原因、作出处理。

◆违规责任：《中国注册会计师协会会员执业违规行为惩戒办法》第八条规定，会员在执业过程中违反其他相关法律法规有关规定的，视情节给予训诫、通报批评或公开谴责。

（11）未按规定加强负债管理。

◆相关规定：《会计师事务所财务管理暂行办法》第十三条规定，会计师事务所应当加强负债管理，保证适当的流动性，对发生的各种借款和应付应交款项，应当按合同约定方式和期限及时归还或支付。会计师事务所分所不得同其他企业或单位发生除正常业务活动外的债权债务关系。

◆**违规责任**：《中国注册会计师协会会员执业违规行为惩戒办法》第八条规定，会员在执业过程中违反其他相关法律法规有关规定的，视情节给予训诫、通报批评或公开谴责。

（12）未按规定对收入和支出进行明细核算。

◆**相关规定**：《会计师事务所财务管理暂行办法》第十四条规定，会计师事务所应当按照业务类型对取得的收入进行明细核算，同时按照资金用途对支出的费用进行明细核算。

◆**违规责任**：《中国注册会计师协会会员执业违规行为惩戒办法》第八条规定，会员在执业过程中违反其他相关法律法规有关规定的，视情节给予训诫、通报批评或公开谴责。

（13）未按规定建立有效的工时管理系统和成本控制系统。

◆**相关规定**：《会计师事务所财务管理暂行办法》第十五条规定，会计师事务所应当建立有效的工时管理系统和成本控制系统，在保证执业质量的前提下，不断强化成本预算约束，实现成本的全员管理和全过程控制。

大中型会计师事务所应当以具体承做的业务项目为基础，对主营业务收入和直接成本费用进行核算。鼓励小型会计师事务所以具体承做的业务项目为基础，对主营业务收入和直接成本费用进行核算。

◆**违规责任**：《中国注册会计师协会会员执业违规行为惩戒办法》第八条规定，会员在执业过程中违反其他相关法律法规有关规定的，视情节给予训诫、通报批评或公开谴责。

（14）未按规定制定工资薪酬政策和制度。

◆**相关规定**：《会计师事务所财务管理暂行办法》第十六条规定，会计师事务所应当结合人员定级定岗制度制定工资薪酬政策和制度。工资薪酬政策和制度应当统一，同时统筹考虑分所所在地的地区差异。

◆**违规责任**：《中国注册会计师协会会员执业违规行为惩戒办法》第八条规定，会员在执业过程中违反其他相关法律法规有关规定的，视情节给予训诫、通报批评或公开谴责。

（15）未按规定购买职业保险或计提职业风险基金。

◆**相关规定**：《会计师事务所财务管理暂行办法》第十七条规定，会计师事务所应当统一购买职业保险，或按规定计提职业风险基金。

◆**违规责任**：《中国注册会计师协会会员执业违规行为惩戒办法》第八条规定，会员在执业过程中违反其他相关法律法规有关规定的，视情节给予训诫、通报批评或公开谴责。

（16）未按规定为党组织的活动提供必要经费。

◆**相关规定**：《会计师事务所财务管理暂行办法》第十八条规定，会计师事务所应当为党组织的活动提供必要经费。

◆**违规责任**：《中国注册会计师协会会员执业违规行为惩戒办法》第八条规定，会员在执业过程中违反其他相关法律法规有关规定的，视情节给予训诫、通报批评或公开谴责。

（17）未按规定加大教育培训投入。

◆**相关规定**：《会计师事务所财务管理暂行办法》第十九条规定，会计师事务所应当加大教育培训投入，强化经费保障，提高从业人员职业道德水平和专业胜任能力。

◆**违规责任**：《中国注册会计师协会会员执业违规行为惩戒办法》第八条规定，会员在执业过程中违反其他相关法律法规有关规定的，视情节给予训诫、通报批评或公开谴责。

（18）未按规定制定科学的业绩考核和收益分配制度。

◆**相关规定**：《会计师事务所财务管理暂行办法》第二十条规定，会计师事务所应当制定科学的业绩考核和收益分配制度，业绩考核和收益分配制度应当经合伙人会议（股东大会）审议批准，并在全所范围内执行。会计师事务所应当定期对业绩考核和分配制度进行评估，根据市场环境变化和自身发展需要不断修订完善。

第二十一条规定，会计师事务所制定业绩考核和收益分配制度，应当充分体现会计师事务所"人合"的特性，在优先考虑事务所持续发展的基础上，根据职级、能力和贡献等因素确定业绩考核标准和收益分配方案。

◆**违规责任**：《中国注册会计师协会会员执业违规行为惩戒办法》第八条规定，会员在执业过程中违反其他相关法律法规有关规定的，视情节给予训诫、通报批评或公开谴责。

（19）未按规定编制和报送年度财务报告。

◆**相关规定**：《会计师事务所财务管理暂行办法》第二十二条规定，"会计师事务所应当于每年年度终了编制年度财务报告，并向全体合伙人（股东）报告。除国家统一的会计准则制度规定外，会计师事务所编制的年度财务报告还应当包括业务收入明细表（见附表1）和支出明细表（见附表2）。"

第二十三条规定，会计师事务所应当于每年3月31日前，通过中国注册会计师行业管理信息系统财务报表子系统，向中国注册会计师协会、省级注册会计师协会上报经其他会计师事务所审计的上年度财务报告（包括本办法第二十二条中的业务收入明细表和支出明细表，下同）。省级注册会计师协会应将确认、汇总后的，与系统汇总数据一致的全省会计师事务所财务报告报送中国注册会计师协会。会计师事务所经其他会计师事务所审计的上年度财务报告应当同时报送省级财政部门；其中，大中型会计师事务所经其他会计师事务所审计的财务报告还应当同时报送财政部。

◆**违规责任**：《中国注册会计师协会会员执业违规行为惩戒办法》第八条规定，会员在执业过程中违反其他相关法律法规有关规定的，视情节给予训诫、通报批评或公开谴责。

（20）未按规定建立会计档案管理制度。

◆**相关规定**：《会计师事务所财务管理暂行办法》第二十四条规定，会计师事务所应当按照财政部、国家档案局《会计档案管理办法》（财会字［98］第32号）的规定建立会计档案管理制度，明确会计档案的立卷、归档、保管、查阅和销毁等管理制度，保证会计档案的妥善保管和有序存放。会计师事务所分所撤销后，其会计档案应由会计师事务所统一保管。

◆**违规责任**：《中国注册会计师协会会员执业违规行为惩戒办法》第八条规定，会员在执业过程中违反其他相关法律法规有关规定的，视情节给予训诫、通报批评或公开谴责。

（21）未按规定健全内部财务监督制度。

◆**相关规定**：《会计师事务所财务管理暂行办法》第二十五条规定，会计师事务所应当健全内部财务监督制度。会计师事务所可以通过设立监事会、财务监督委员会、内部审计机构等方式，按照国家相关法规制度的要求、合伙人协议或事务所章程等履行内部财务监督职责。

◆**违规责任**：《中国注册会计师协会会员执业违规行为惩戒办法》第八条规定，会员在执业过程中违反其他相关法律法规有关规定的，视情节给予训诫、通报批评或公开谴责。

5.1.7 违反《会计师事务所分所管理暂行办法》有关规定的行为

(1) 事务所未制定和实施统一的人力资源管理制度。

◆**相关规定**：《会计师事务所分所管理暂行办法》第五条规定，会计师事务所应当制定和实施统一的人力资源管理制度，在全所范围内执行统一的人员聘用、定级、培训、考核、奖惩和退出等标准。

◆**违规责任**：《中国注册会计师协会会员执业违规行为惩戒办法》第八条规定，会员在执业过程中违反其他相关法律法规有关规定的，视情节给予训诫、通报批评或公开谴责。

(2) 事务所未制定和实施统一的财务政策和分配制度。

◆**相关规定**：《会计师事务所分所管理暂行办法》第八条规定，会计师事务所应当制定统一的财务政策和分配制度，对全所的业务收支、会计核算、利益分配、资金调度等进行统一管理与集中控制。

◆**违规责任**：《中国注册会计师协会会员执业违规行为惩戒办法》第八条规定，会员在执业过程中违反其他相关法律法规有关规定的，视情节给予训诫、通报批评或公开谴责。

(3) 事务所未制定统一的业务管理制度。

◆**相关规定**：《会计师事务所分所管理暂行办法》第十二条规定，会计师事务所应当制定统一的业务管理制度，明确业务承接、执行等环节的规范要求，在全所范围内执行统一的业务风险评估和分类分级管理。

◆**违规责任**：《中国注册会计师协会会员执业违规行为惩戒办法》第八条规定，会员在执业过程中违反其他相关法律法规有关规定的，视情节给予训诫、通报批评或公开谴责。

(4) 事务所未制定统一的执业标准和质量控制制度。

◆**相关规定**：《会计师事务所分所管理暂行办法》第十五条规定，会计师事务所应当制定统一的执业标准和质量控制制度，加强执业活动全过程的质量控制和风险管理，通过培训、督导和检查等方式，切实做到执业标准和质量控制制度在全所范围内得到有效执行。

◆**违规责任**：《中国注册会计师协会会员执业违规行为惩戒办法》第八条规定，会员在执业过程中违反其他相关法律法规有关规定的，视情节给予训诫、通报批评或公开谴责。

(5) 事务所未运用信息化手段加强对分所执业质量和管理状况的监控。

◆**相关规定**：《会计师事务所分所管理暂行办法》第二十条规定，会计师事务所应当结合自身发展战略和经营管理需要，不断提高会计师事务所在业务管理、财务管理、人力资源管理等方面的信息化水平，并运用信息化手段加强对分所执业质量和管理状况的实时监控。

◆**违规责任**：《中国注册会计师协会会员执业违规行为惩戒办法》第八条规定，会员在执业过程中违反其他相关法律法规有关规定的，视情节给予训诫、通报批评或公开谴责。

(6) 分所负责人未由会计师事务所统一委派、监督和考核。

◆**相关规定**：《会计师事务所分所管理暂行办法》第六条规定，分所负责人应当由会计师事务所统一委派、监督和考核。分所人员接受会计师事务所的统一管理和调配。

◆**违规责任**：《中国注册会计师协会会员执业违规行为惩戒办法》第八条规定，会员在执业过程中违反其他相关法律法规有关规定的，视情节给予训诫、通报批评或公开谴责。

5.1.8　违反其他规定的行为

(1) 未按规定提取职业风险基金或购买职业保险。

◆相关规定：《会计师事务所职业风险基金管理办法》第三条规定，事务所应当于每年年末，以本年度审计业务收入为基数，按照不低于5%的比例提取职业风险基金。

第四条规定，事务所可以通过购买职业保险方式提高抵御职业责任风险的能力。事务所购买职业保险的，实际缴纳的保险费可以按以下公式计算抵扣保险受益年度的应提职业风险基金金额：可抵扣金额＝当年度负担的保险费×15。可抵扣金额大于或者等于当年度应提职业风险基金金额的，当年度可以不提取职业风险基金。可抵扣金额小于当年度应提职业风险基金金额的，应当按其差额提取职业风险基金。事务所以保险费抵扣应提职业风险基金金额的，应当于每年5月31日前，将保单（含保险条款）复印件报所在地的省级财政部门、省级注册会计师协会备案。

◆违规责任：《中国注册会计师协会会员执业违规行为惩戒办法》第八条规定，会员在执业过程中违反其他相关法律法规有关规定的，视情节给予训诫、通报批评或公开谴责。

(2) 未按规定使用职业风险基金。

◆相关规定：《会计师事务所职业风险基金管理办法》第六条规定，事务所存续期间，职业风险基金只能用于下列支出：（一）因职业责任引起的民事赔偿；（二）与民事赔偿相关的律师费、诉讼费等法律费用。

第七条规定，有限责任事务所合并，合并各方合并前已提取的职业风险基金应当并入合并后事务所。

第八条规定，有限责任事务所分立，已提取的职业风险基金应当按照净资产分割比例在分立各方之间分割。分立各方另有约定的，从其约定。

第九条规定，事务所存续期间不得分配职业风险基金。

◆违规责任：《中国注册会计师协会会员执业违规行为惩戒办法》第八条规定，会员在执业过程中违反其他相关法律法规有关规定的，视情节给予训诫、通报批评或公开谴责。

5.2　违反注册会计师职业道德守则的行为

5.2.1　在职业活动中违反诚信原则

◆相关规定：《中国注册会计师职业道德守则第1号——职业道德基本原则》第三条规定，注册会计师应当遵守诚信原则、客观和公正原则，在执行审计和审阅业务以及其他鉴证业务时保持独立性。同时，第二章（7条至9条）提出了诚信的相关要求。

◆违规责任：《中国注册会计师协会会员执业违规行为惩戒办法》第九条规定，会员违反中国注册会计师职业道德守则的要求，有下列行为之一的，视情节给予训诫、通报批评或公开谴责：（一）在职业活动中，违反诚信原则的……

5.2.2 违反职业道德守则有关独立性的相关要求

◆**相关规定**：《中国注册会计师职业道德守则第 1 号——职业道德基本原则》第三条规定，注册会计师应当遵守诚信原则、客观和公正原则，在执行审计和审阅业务以及其他鉴证业务时保持独立性。同时，第三章（10 条至 11 条）提出了独立性的相关要求。

《中国注册会计师职业道德守则第 4 号——审计和审阅业务对独立性的要求》（共 182 条）提出了审计、审阅业务对独立性的要求。

《中国注册会计师职业道德守则第 5 号——其他鉴证业务对独立性的要求》（共 84 条）提出了其他鉴证业务对独立性的要求。

◆**违规责任**：《中国注册会计师协会会员执业违规行为惩戒办法》第九条规定，会员违反中国注册会计师职业道德守则的要求，有下列行为之一的，视情节给予训诫、通报批评或公开谴责：……（二）在执行审计、审阅和其他鉴证业务时，违反职业道德守则有关独立性的相关要求的……

5.2.3 违反客观和公正原则

◆**相关规定**：《中国注册会计师职业道德守则第 1 号——职业道德基本原则》第三条规定，注册会计师应当遵守诚信原则、客观和公正原则，在执行审计和审阅业务以及其他鉴证业务时保持独立性。同时，第四章（12 条至 13 条）提出了客观和公正的相关要求。

《中国注册会计师职业道德守则第 3 号——提供专业服务的具体要求》第九章（44 条至 47 条）规定了对客观和公正原则的要求。

◆**违规责任**：《中国注册会计师协会会员执业违规行为惩戒办法》第九条规定，会员违反中国注册会计师职业道德守则的要求，有下列行为之一的，视情节给予训诫、通报批评或公开谴责：……（三）在作出职业判断、发表专业意见时，违反客观和公正原则的……

5.2.4 未能按照有关规定获取和保持专业胜任能力

◆**相关规定**：《中国注册会计师职业道德守则第 1 号——职业道德基本原则》第四条规定，注册会计师应当获取和保持专业胜任能力，保持应有的关注，勤勉尽责。同时，第五章（14 条至 16 条）提出了专业胜任能力的相关要求。

◆**违规责任**：《中国注册会计师协会会员执业违规行为惩戒办法》第九条规定，会员违反中国注册会计师职业道德守则的要求，有下列行为之一的，视情节给予训诫、通报批评或公开谴责：……（四）未能按照有关规定获取和保持专业胜任能力，在承接业务和提供专业服务时，缺乏适当的专业胜任能力的……

5.2.5 在执业过程中未保持应有的关注、勤勉尽责

◆**相关规定**：《中国注册会计师职业道德守则第 1 号——职业道德基本原则》第四条规

定，注册会计师应当获取和保持专业胜任能力，保持应有的关注，勤勉尽责。同时，第五章（17条至19条）提出了保持应有的关注的相关要求。

◆**违规责任**：《中国注册会计师协会会员执业违规行为惩戒办法》第九条规定，会员违反中国注册会计师职业道德守则的要求，有下列行为之一的，视情节给予训诫、通报批评或公开谴责：……（五）在执业过程中没有保持应有的关注、勤勉尽责的……

5.2.6 违反保密原则，泄露职业活动中获知的涉密信息

◆**相关规定**：《中国注册会计师职业道德守则第1号——职业道德基本原则》第五条规定，注册会计师应当履行保密义务，对职业活动中获知的涉密信息保密。同时，第六章（20条至27条）提出了保密的相关要求。

◆**违规责任**：《中国注册会计师协会会员执业违规行为惩戒办法》第九条规定，会员违反中国注册会计师职业道德守则的要求，有下列行为之一的，视情节给予训诫、通报批评或公开谴责：……（六）违反保密原则，泄露职业活动中获知的涉密信息的……

5.2.7 违反相关法律法规，损害职业声誉

◆**相关规定**：《中国注册会计师职业道德守则第1号——职业道德基本原则》第六条规定，注册会计师应当维护职业声誉，树立良好的职业形象。第二十八条规定，注册会计师应当遵守相关法律法规，避免发生任何损害职业声誉的行为。

◆**违规责任**：《中国注册会计师协会会员执业违规行为惩戒办法》第九条规定，会员违反中国注册会计师职业道德守则的要求，有下列行为之一的，视情节给予训诫、通报批评或公开谴责：……（七）违反相关法律法规，损害职业声誉的……

5.2.8 未按规定向公众传递信息以及推介自己和工作

◆**相关规定**：《中国注册会计师职业道德守则第1号——职业道德基本原则》第二十九条规定，注册会计师在向公众传递信息以及推介自己和工作时，应当客观、真实、得体，不得损害职业形象。

第三十条规定，注册会计师应当诚实、实事求是，不得有下列行为：（一）夸大宣传提供的服务、拥有的资质或获得的经验；（二）贬低或无根据地比较其他注册会计师的工作。

◆**违规责任**：《中国注册会计师协会会员执业违规行为惩戒办法》第九条规定，会员违反中国注册会计师职业道德守则的要求，有下列行为之一的，视情节给予训诫、通报批评或公开谴责：……（八）向公众传递信息以及推介自己和工作时，夸大宣传提供的服务、拥有的资质，贬低或无根据地比较其他注册会计师的工作，未能诚实、实事求是，损害职业形象的……

5.2.9 违反职业道德守则有关收费的相关规定

◆**相关规定**：《中国注册会计师职业道德守则第 3 号——提供专业服务的具体要求》第五章（27 至 33 条）、《中国注册会计师职业道德守则第 4 号——审计和审阅业务对独立性的要求》第十三章（154 条至 161 条）、《中国注册会计师职业道德守则第 5 号——其他鉴证业务对独立性的要求》第十二章（73 条至 79 条），提出了收费的有关要求。

◆**违规责任**：《中国注册会计师协会会员执业违规行为惩戒办法》第九条规定，会员违反中国注册会计师职业道德守则的要求，有下列行为之一的，视情节给予训诫、通报批评或公开谴责：……（九）在提供专业服务时，违反职业道德守则有关收费的相关规定的……

5.2.10 其他违反职业道德守则的行为

◆**相关规定**：《中国注册会计师职业道德守则第 2 号——职业道德概念框架》、《中国注册会计师职业道德守则第 3 号——提供专业服务的具体要求》规定了违反职业道德要求的其他行为。

具体违规情形，参考本书"3.9 其他违反执业准则、规则的一般行为"。

◆**违规责任**：《中国注册会计师协会会员执业违规行为惩戒办法》第九条规定，会员违反中国注册会计师职业道德守则的要求，有下列行为之一的，视情节给予训诫、通报批评或公开谴责：……（十）其他违反职业道德守则的行为。

5.3 违反注册会计师业务准则的行为

5.3.1 未按规定计划和执行审计业务

◆**相关规定**：《中国注册会计师鉴证业务基本准则》、《中国注册会计师审计准则第 1101 号——注册会计师的总体目标和审计工作的基本要求》等 44 项审计准则，对计划和执行审计业务作出了详细的规定。

◆**违规责任**：《中国注册会计师协会会员执业违规行为惩戒办法》第十条规定，会员违反中国注册会计师业务准则的规定，有下列行为之一的，视情节给予训诫、通报批评或公开谴责：（一）未按规定计划和执行审计业务的……

5.3.2 未获取充分、适当的证据支持审计结论

◆**相关规定**：《中国注册会计师审计准则第 1301 号——审计证据》（共 16 条），对审计证据提出了要求。《中国注册会计师审计准则第 1211 号——通过了解被审计单位及其环境识别和评估重大错报风险》等准则规范了审计的具体方面对审计证据的要求；《中国注册会计

师审计准则第 1324 号——持续经营》等准则规范了针对特定问题需要获取的审计证据；《中国注册会计师审计准则第 1313 号——分析程序》等准则规范了获取审计证据需要实施的具体程序；《中国注册会计师审计准则第 1101 号——注册会计师的总体目标和审计工作的基本要求》和《中国注册会计师审计准则第 1231 号——针对评估的重大错报风险采取的应对措施》等准则规范了对已获取审计证据的充分性和适当性的评价。

◆**违规责任**：《中国注册会计师协会会员执业违规行为惩戒办法》第十条规定，会员违反中国注册会计师业务准则的规定，有下列行为之一的，视情节给予训诫、通报批评或公开谴责：……（二）未获取充分、适当的证据支持审计结论的……

5.3.3 因过失出具不恰当审计报告

◆**相关规定**：《中国注册会计师审计准则第 1501 号——对财务报表形成审计意见和出具审计报告》、《中国注册会计师审计准则第 1502 号——在审计报告中发表非无保留意见》、《中国注册会计师审计准则第 1503 号——在审计报告中增加强调事项段和其他事项段》对出具审计报告提出了要求。

《中国注册会计师审计准则第 1601 号——对按照特殊目的编制基础编制的财务报表审计的特殊考虑》，规定了注册会计师对按照特殊目的编制基础编制的财务报表审计的特殊考虑。

《中国注册会计师审计准则第 1603 号——对单一财务报表和财务报表特定要素审计的特殊考虑》，规定了注册会计师对单一财务报表或财务报表特定要素、账户或项目审计的特殊考虑。

◆**违规责任**：《中国注册会计师协会会员执业违规行为惩戒办法》第十条规定，会员违反中国注册会计师业务准则的规定，有下列行为之一的，视情节给予训诫、通报批评或公开谴责：……（三）因过失出具不恰当审计报告的……

5.3.4 未按规定编制、归整和保存审计工作底稿

◆**相关规定**：《中国注册会计师审计准则第 1131 号——审计工作底稿》对审计工作底稿进行规定，《中国注册会计师审计准则第 1111 号——就审计业务约定条款达成一致意见》第十条至第十二条、《中国注册会计师审计准则第 1121 号——对财务报表审计实施的质量控制》第三十九条和第四十条、《中国注册会计师审计准则第 1141 号——财务报表审计中与舞弊相关的责任》第四十八条至第五十一条、《中国注册会计师审计准则第 1142 号——财务报表审计中对法律法规的考虑》第二十九条、《中国注册会计师审计准则第 1151 号——与治理层的沟通》第二十四条、《中国注册会计师审计准则第 1201 号——计划审计工作》第十二条、《中国注册会计师审计准则第 1211 号——通过了解被审计单位及其环境识别和评估重大错报风险》第三十五条、《中国注册会计师审计准则第 1221 号——计划和执行审计工作时的重要性》第十四条、《中国注册会计师审计准则第 1231 号——针对评估的重大错报风险采取的应对措施》第二十八条至第三十条、《中国注册会计师审计准则第 1251 号——评价审计过程中识别出的错报》第十六条、《中国注册会计师审计准则第 1321

号——审计会计估计（包括公允价值会计估计）和相关披露》第二十八条、《中国注册会计师审计准则第 1323 号——关联方》第二十九条、《中国注册会计师审计准则第 1401 号——对集团财务报表审计的特殊考虑》第六十三条、《中国注册会计师审计准则第 1411 号——利用内部审计人员的工作》第十三条，对注册会计师在特定情况下就相关事项编制审计工作底稿提出具体要求。

◆**违规责任**：《中国注册会计师协会会员执业违规行为惩戒办法》第十条规定，会员违反中国注册会计师业务准则的规定，有下列行为之一的，视情节给予训诫、通报批评或公开谴责：……（四）未按规定编制、归整和保存审计工作底稿的……

5.3.5 隐瞒审计中发现的问题，出具不实审计报告

◆**相关规定**：《中国注册会计师审计准则第 1501 号——对财务报表形成审计意见和出具审计报告》、《中国注册会计师审计准则第 1502 号——在审计报告中发表非无保留意见》、《中国注册会计师审计准则第 1503 号——在审计报告中增加强调事项段和其他事项段》对出具审计报告提出了要求。

《中国注册会计师审计准则第 1601 号——对按照特殊目的编制基础编制的财务报表审计的特殊考虑》，规定了注册会计师对按照特殊目的编制基础编制的财务报表审计的特殊考虑。

《中国注册会计师审计准则第 1603 号——对单一财务报表和财务报表特定要素审计的特殊考虑》，规定了注册会计师对单一财务报表或财务报表特定要素、账户或项目审计的特殊考虑。

◆**违规责任**：《中国注册会计师协会会员执业违规行为惩戒办法》第十条规定，会员违反中国注册会计师业务准则的规定，有下列行为之一的，视情节给予训诫、通报批评或公开谴责：……（五）隐瞒审计中发现的问题，出具不实审计报告的……

5.3.6 与客户通同作弊，故意出具虚假审计报告

◆**相关规定**：《中国注册会计师审计准则第 1501 号——对财务报表形成审计意见和出具审计报告》、《中国注册会计师审计准则第 1502 号——在审计报告中发表非无保留意见》、《中国注册会计师审计准则第 1503 号——在审计报告中增加强调事项段和其他事项段》对出具审计报告提出了要求。

《中国注册会计师审计准则第 1601 号——对按照特殊目的编制基础编制的财务报表审计的特殊考虑》，规定了注册会计师对按照特殊目的编制基础编制的财务报表审计的特殊考虑。

《中国注册会计师审计准则第 1603 号——对单一财务报表和财务报表特定要素审计的特殊考虑》，规定了注册会计师对单一财务报表或财务报表特定要素、账户或项目审计的特殊考虑。

◆**违规责任**：《中国注册会计师协会会员执业违规行为惩戒办法》第十条规定，会员违反中国注册会计师业务准则的规定，有下列行为之一的，视情节给予训诫、通报批评或公开

谴责：……（六）与客户通同作弊，故意出具虚假审计报告的……

5.3.7 其他违反业务准则的行为

◆**相关规定**：《中国注册会计师审阅准则第 2101 号——财务报表审阅》、《中国注册会计师其他鉴证业务准则第 3101 号——历史财务信息审计或审阅以外的鉴证业务》、《中国注册会计师其他鉴证业务准则第 3111 号——预测性财务信息的审核》、《中国注册会计师相关服务准则第 4101 号——对财务信息执行商定程序》、《中国注册会计师相关服务准则第 4111 号——代编财务信息》等等，对执行审阅业务、其他鉴证业务和相关服务提出了要求。

具体违规情形，参考本书"3.9 其他违反执业准则、规则的一般行为"。

◆**违规责任**：《中国注册会计师协会会员执业违规行为惩戒办法》第十条规定，会员违反中国注册会计师业务准则的规定，有下列行为之一的，视情节给予训诫、通报批评或公开谴责：……（七）其他违反业务准则的行为。

会员执行审阅业务、其他鉴证业务和相关服务业务，未遵守中国注册会计师审阅准则、中国注册会计师其他鉴证业务准则和中国注册会计师相关服务准则的，参照前款实施惩戒。

5.4 违反会计师事务所质量控制准则的行为

5.4.1 未按规定制定质量控制制度

◆**相关规定**：《会计师事务所质量控制准则第 5101 号——会计师事务所对执行财务报表审计和审阅、其他鉴证和相关服务业务实施的质量控制》第四条规定，质量控制制度包括为实现本准则第二十七条规定的目标而制定的政策，以及为执行政策和监督政策的遵守情况而制定的必要程序。

第二十七条规定，会计师事务所的目标是建立并保持质量控制制度，以合理保证：（一）会计师事务所及其人员遵守职业准则和适用的法律法规的规定；（二）会计师事务所和项目合伙人出具适合具体情况的报告。

第三十一条规定，会计师事务所应当建立并保持质量控制制度。质量控制制度包括针对下列要素而制定的政策和程序：（一）对业务质量承担的领导责任；（二）相关职业道德要求；（三）客户关系和具体业务的接受与保持；（四）人力资源；（五）业务执行；（六）监控。

◆**违规责任**：《中国注册会计师协会会员执业违规行为惩戒办法》第十一条规定，会员违反会计师事务所质量控制准则的规定，有下列行为之一的，视情节给予训诫、通报批评或公开谴责：（一）未按规定制定质量控制制度的……

5.4.2 未按规定制定遵守相关职业道德的政策和程序

◆**相关规定**：《会计师事务所质量控制准则第 5101 号——会计师事务所对执行财务报表

审计和审阅、其他鉴证和相关服务业务实施的质量控制》第二条规定，会计师事务所在使用本准则时，需要结合相关职业道德要求。

第三十五条规定，会计师事务所应当制定政策和程序，以合理保证会计师事务所及其人员遵守相关职业道德要求。

第三十六条规定，会计师事务所应当制定政策和程序，以合理保证会计师事务所及其人员和其他受独立性要求约束的人员（包括网络事务所的人员），保持相关职业道德要求规定的独立性。

◆**违规责任**：《中国注册会计师协会会员执业违规行为惩戒办法》第十一条规定，会员违反会计师事务所质量控制准则的规定，有下列行为之一的，视情节给予训诫、通报批评或公开谴责：……（二）未按规定制定政策和程序，以合理保证事务所及其人员遵守相关职业道德要求的……

5.4.3 未合理保证事务所恰当接受或保持客户关系和具体业务

◆**相关规定**：《会计师事务所质量控制准则第5101号——会计师事务所对执行财务报表审计和审阅、其他鉴证和相关服务业务实施的质量控制》第四十一条规定，会计师事务所应当制定有关客户关系和具体业务接受与保持的政策和程序，以合理保证只有在下列情况下，才能接受或保持客户关系和具体业务：（一）能够胜任该项业务，并具有执行该项业务必要的素质、时间和资源；（二）能够遵守相关职业道德要求；（三）已考虑客户的诚信，没有信息表明客户缺乏诚信。

◆**违规责任**：《中国注册会计师协会会员执业违规行为惩戒办法》第十一条规定，会员违反会计师事务所质量控制准则的规定，有下列行为之一的，视情节给予训诫、通报批评或公开谴责：……（三）未合理保证事务所恰当接受或保持客户关系和具体业务的……

5.4.4 未合理保证注册会计师按照规定执行业务并出具恰当报告

◆**相关规定**：《会计师事务所质量控制准则第5101号——会计师事务所对执行财务报表审计和审阅、其他鉴证和相关服务业务实施的质量控制》第四十七条规定，会计师事务所应当制定政策和程序，以合理保证按照职业准则和适用的法律法规的规定执行业务，使会计师事务所和项目合伙人能够出具适合具体情况的报告。这些政策和程序应当包括：（一）与保持业务执行质量一致性相关的事项；（二）监督责任；（三）复核责任。

◆**违规责任**：《中国注册会计师协会会员执业违规行为惩戒办法》第十一条规定，会员违反会计师事务所质量控制准则的规定，有下列行为之一的，视情节给予训诫、通报批评或公开谴责：……（四）未合理保证事务所和注册会计师按照职业准则和适用的法律法规的规定执行业务并出具恰当报告的……

5.4.5 未按要求对特定业务实施项目质量控制复核

◆**相关规定**：《会计师事务所质量控制准则第5101号——会计师事务所对执行财务报表

审计和审阅、其他鉴证和相关服务业务实施的质量控制》第五十条规定，会计师事务所应当制定政策和程序，要求对特定业务实施项目质量控制复核，以客观评价项目组作出的重大判断以及在编制报告时得出的结论。这些政策和程序应当包括下列要求：（一）要求对所有上市实体财务报表审计实施项目质量控制复核；（二）明确标准，据此评价所有其他的历史财务信息审计和审阅、其他鉴证和相关服务业务，以确定是否应当实施项目质量控制复核；（三）要求对所有符合本条第二款第（二）项所提及标准的业务实施项目质量控制复核。

第五十一条规定，会计师事务所应当制定政策和程序，以明确项目质量控制复核的性质、时间安排和范围。这些政策和程序应当要求，只有完成项目质量控制复核，才可以签署业务报告。

◆**违规责任**：《中国注册会计师协会会员执业违规行为惩戒办法》第十一条规定，会员违反会计师事务所质量控制准则的规定，有下列行为之一的，视情节给予训诫、通报批评或公开谴责：……（五）未按要求对上市实体审计业务和其他规定的业务实施项目质量控制复核的……

5.4.6 未合理保证项目组按规定归整业务档案并保存业务工作底稿

◆**相关规定**：《会计师事务所质量控制准则第5101号——会计师事务所对执行财务报表审计和审阅、其他鉴证和相关服务业务实施的质量控制》第六十条规定，会计师事务所应当制定政策和程序，以使项目组在出具业务报告后及时完成最终业务档案的归整工作。对历史财务信息审计和审阅业务、其他鉴证业务，业务工作底稿的归档期限为业务报告日后六十天内。

第六十二条规定，会计师事务所应当制定政策和程序，以使业务工作底稿的保存期限满足会计师事务所的需要和法律法规的规定。对历史财务信息审计和审阅业务、其他鉴证业务，会计师事务所应当自业务报告日起对业务工作底稿至少保存十年。如果组成部分业务报告日早于集团业务报告日，会计师事务所应当自集团业务报告日起对组成部分业务工作底稿至少保存十年。

◆**违规责任**：《中国注册会计师协会会员执业违规行为惩戒办法》第十一条规定，会员违反会计师事务所质量控制准则的规定，有下列行为之一的，视情节给予训诫、通报批评或公开谴责：……（六）未合理保证项目组在出具业务报告后及时完成最终业务档案的归整工作并按照规定的期限保存业务工作底稿的……

5.4.7 未按制定与质量控制制度相关的监控政策和程序

◆**相关规定**：《会计师事务所质量控制准则第5101号——会计师事务所对执行财务报表审计和审阅、其他鉴证和相关服务业务实施的质量控制》第六十三条规定，会计师事务所应当制定监控政策和程序，以合理保证与质量控制制度相关的政策和程序具有相关性和适当性，并正在有效运行。

监控过程应当：（一）包括持续考虑和评价会计师事务所质量控制制度；（二）要求委派一个或多个合伙人，或会计师事务所内部具有足够、适当的经验和权限的其他人员负责监控过程；（三）要求执行业务或实施项目质量控制复核的人员不参与该项业务的检查工作。

持续考虑和评价会计师事务所质量控制制度应当包括：（一）周期性地选取已完成的业务进行检查，周期最长不得超过三年；（二）在每个周期内，对每个项目合伙人，至少检查一项已完成的业务。

◆**违规责任**：《中国注册会计师协会会员执业违规行为惩戒办法》第十一条规定，会员违反会计师事务所质量控制准则的规定，有下列行为之一的，视情节给予训诫、通报批评或公开谴责：……（七）未制定监控政策和程序，以合理保证与质量控制制度相关的政策和程序具有相关性和适当性并有效运行的……

5.4.8 其他违反质量控制准则的行为

◆**相关规定**：《会计师事务所质量控制准则第5101号——会计师事务所对执行财务报表审计和审阅、其他鉴证和相关服务业务实施的质量控制》的其他违规行为。

具体违规情形，参考本书"3.9 其他违反执业准则、规则的一般行为"。

◆**违规责任**：《中国注册会计师协会会员执业违规行为惩戒办法》第十一条规定，会员违反会计师事务所质量控制准则的规定，有下列行为之一的，视情节给予训诫、通报批评或公开谴责：……（八）其他违反质量控制准则的行为。

5.5 应当实施行业自律惩戒的其他行为

5.5.1 阻挠或拒绝注册会计师协会的执业质量检查和调查

◆**相关规定**：《会计师事务所执业质量检查制度》第二十九条规定，被检查事务所应当依据下列要求积极配合检查工作：（一）及时全面地提交检查所需的全部资料，并保证所提交资料的完整性和真实性；（二）为检查组提供必要的工作场所和办公条件；（三）确定专人负责与检查组的联络；（四）妥善安排股东（合伙人）、注册会计师和其他相关人员配合检查组开展工作；（五）如实回答检查人员的询问，准时参加检查组召集的会议，及时进行意见反馈。

对于被检查事务所及其注册会计师不配合检查工作，不按时提供相关资料，经提醒或敦促没有效果的，检查组在请示注册会计师协会并经其同意后，可以撤出被检查事务所。注册会计师协会将对相关事务所予以公告并给予相应的惩戒。

◆**违规责任**：《中国注册会计师协会会员执业违规行为惩戒办法》第十二条规定，会员阻挠或拒绝中国注册会计师协会的执业质量检查和调查，不按时提供相关检查资料、拒绝确认检查意见或沟通事项以及其他不配合检查工作情形的，应当给予公开谴责。

5.5.2 不按时提供相关检查资料

◆**相关规定**：《会计师事务所执业质量检查制度》第二十九条规定，被检查事务所应当依据下列要求积极配合检查工作：（一）及时全面地提交检查所需的全部资料，并保证所提交资料的完整性和真实性……

对于被检查事务所及其注册会计师不配合检查工作，不按时提供相关资料，经提醒或敦促没有效果的，检查组在请示注册会计师协会并经其同意后，可以撤出被检查事务所。注册会计师协会将对相关事务所予以公告并给予相应的惩戒。

◆违规责任：《中国注册会计师协会会员执业违规行为惩戒办法》第十二条规定，会员阻挠或拒绝中注协的执业质量检查和调查，不按时提供相关检查资料、拒绝确认检查意见或沟通事项以及其他不配合检查工作情形的，应当给予公开谴责。

5.5.3 拒绝确认检查意见或沟通事项

◆相关规定：《会计师事务所执业质量检查制度》第二十九条规定，被检查事务所应当依据下列要求积极配合检查工作：……（五）如实回答检查人员的询问，准时参加检查组召集的会议，及时进行意见反馈。

对于被检查事务所及其注册会计师不配合检查工作，不按时提供相关资料，经提醒或敦促没有效果的，检查组在请示注册会计师协会并经其同意后，可以撤出被检查事务所。注册会计师协会将对相关事务所予以公告并给予相应的惩戒。

◆违规责任：《中国注册会计师协会会员执业违规行为惩戒办法》第十二条规定，会员阻挠或拒绝中国注册会计师协会的执业质量检查和调查，不按时提供相关检查资料、拒绝确认检查意见或沟通事项以及其他不配合检查工作情形的，应当给予公开谴责。

5.5.4 其他不配合检查工作的行为

◆相关规定：《会计师事务所执业质量检查制度》第二十九条规定，被检查事务所应当依据下列要求积极配合检查工作：……（二）为检查组提供必要的工作场所和办公条件；（三）确定专人负责与检查组的联络；（四）妥善安排股东（合伙人）、注册会计师和其他相关人员配合检查组开展工作……

对于被检查事务所及其注册会计师不配合检查工作，不按时提供相关资料，经提醒或敦促没有效果的，检查组在请示注册会计师协会并经其同意后，可以撤出被检查事务所。注册会计师协会将对相关事务所予以公告并给予相应的惩戒。

◆违规责任：《中国注册会计师协会会员执业违规行为惩戒办法》第十二条规定，会员阻挠或拒绝中注协的执业质量检查和调查，不按时提供相关检查资料、拒绝确认检查意见或沟通事项以及其他不配合检查工作情形的，应当给予公开谴责。